HR必备法律工具书

企业用工风险防范 实务操作与案例精解

洪桂彬 著

中国法制出版社
CHINA LEGAL PUBLISHING HOUSE

图书在版编目（CIP）数据

HR必备法律工具书：企业用工风险防范实务操作与案例精解／洪桂彬著．—北京：中国法制出版社，2021.1（2022.12重印）
ISBN 978－7－5216－1519－7

Ⅰ.①H… Ⅱ.①洪… Ⅲ.①劳动法－案例－中国
Ⅳ.①D922.505

中国版本图书馆CIP数据核字（2020）第249641号

责任编辑 薛强 熊林林　　封面设计 北京一本好书艺术设计中心

HR必备法律工具书：企业用工风险防范实务操作与案例精解
HR BIBEI FALÜ GONGJUSHU：QIYE YONGGONG FENGXIAN FANGFAN SHIWU CAOZUO YU ANLI JINGJIE

著者/洪桂彬
经销/新华书店
印刷/北京虎彩文化传播有限公司
开本/730毫米×1030毫米 16开　　印张/27.25 字数/302千
版次/2021年1月第1版　　2022年12月第6次印刷

中国法制出版社出版
书号 ISBN 978－7－5216－1519－7　　定价：89.00元

北京西单横二条2号
邮政编码 100031　　传真：010－66031119
网址：http：//www.zgfzs.com　　**编辑部电话：010－66066620**
市场营销部电话：010－66033393　　**邮购部电话：010－66033288**

（如有印装质量问题，请与本社印务部联系调换。电话：010－66032926）

2020年1月27日，上海市总工会主办的微信公众号“申工社”发布的劳动法专业帖子《国家宣布春节假期延长，公司不放假违法吗？正常上班算加班吗？十问十答来了！》被公众竞相转发，阅读量很快突破了“10万+”。

这在抗疫初期有关政策尚未完全明朗的情况下，对稳定人心、劳动关系和谐起到了很好的作用。此文的撰稿人就是本书的作者、上海市汇业律师事务所合伙人洪桂彬律师。

在我国律师界，他是公认的劳动法专家。特别是在跨区域员工关系治理、高管治理、竞业限制及商业秘密等领域，他有着丰富的执业经验。他早年以家乡婺源“文科状元”的身份考入华东政法大学，以优异的成绩毕业后取得律师从业资格。现除了代理诉讼案件外，还担任多家跨国企业和机构的法律顾问，为全国多家行业协会、开发园区、知名高校及知名企业提供专题培训课程，累计授课企业逾千家，学员逾万名。

他曾参与《劳动合同法修正案》《劳务派遣暂行规定》《上海市工伤保险实施办法（修订）》等多部法规规章的立法专家讨论与建议工作，并为多家世界 500 强在华企业提供劳动关系综合解决方案。

记得 11 年前他的第一部专著《写给 HR 的社保法：社会保险风险控制与成本优化实务》出版的时候，我曾和他一起在上海《人才市场报》开设劳动法专栏。他主笔的专栏叫《模拟仲裁庭》，每期有洋洋洒洒两大版，读者反映读起来非常过瘾。

后来《人才市场报》因故停刊了，但洪律师却成了媒体的宠儿，在社会上的影响越来越大。现在他除了在诸多报纸、杂志、新媒体上发表劳动法专业文章外，还经常就裁员、集体停工、集体协商、企业搬迁、规模安置等新闻事件接受采访，借助电视荧屏进入千家万户，受到大众媒体的追捧。

今年是他著作的丰收年。刚刚出版专著《管理者全程法律顾问：非 HR 经理的员工高效管理指南》，又迎来了本书的再版。我也借此机会重新拜读了此书，发现此书再版，除了在内容上融入了他在疫情期间的新思考之外，还有以下几个特点。

一是对全书的构架作了调整，体系更加完善，内容更加充实。根据出现的新情况和新变化，本书再版在初版 8 章的基础上，新增了一些章节。

例如，“暴力裁员”等员工关系危机事件频发，引发社会舆论的持续关注，为此新增了第九章“4 种员工关系危机事件的处置实务”。

2017 年《民事诉讼法》进行了修正，2019 年最高人民法院颁布了《关于民事诉讼证据的若干规定》，对电子证据的采信作了新的规定，为此新增了第十章“人力资源证据管理实务”。

2019 年修订《反不正当竞争法》，为此新增了第二章第七节“商业秘密与知识产权管理中的风险防控”。

2020 年颁布了《民法典》，对个人隐私和个人信息分别作了定义，为此新增了第一章第三节“个人信息采集中的风险防控”。

2020 年《保障农民工工资支付条例》正式实施，为此新增了第二章第四节“农民工工资支付中的风险防控”。

2020年疫情期间，共享用工异军突起，为此新增了第四章第七节“共享用工中的风险管理”。

网络平台用工服务人员的权益保护越来越受到重视，为此新增了第四章第八节“网络平台用工的风险管理”。

2018年修正了《精神卫生法》，为此新增了第八章第二节“精神病、传染病、癌症等特殊疾病员工管理”。

二是书中引用的案例作了大量更新，同时法律分析也与时俱进。如第七章第四节“医疗补助费”的案例“违法解除劳动合同是否应支付医疗补助费?”，将原来郑州吕某的案例，更新为上海黄某的案例。

乍一看，两个案例的裁决结果其实是差不多的，为什么要调整呢？其实除了黄某的案例更新之外，还有一个重要原因，就是政策背景的变化。即如书中所述，原劳动部规定医疗补助费的《违反和解除劳动合同的经济补偿办法》已于2017年11月24日被人社部正式废止。“目前，除上海市、江苏省等地在地方性条例中仍保留医疗期满解除的医疗补助费规定外，《劳动法》《劳动合同法》均未规定医疗补助费制度，有些地区的法院以无法律依据为由不予支持医疗期解除劳动合同的医疗补助费诉请，也有些地区如北京市、广东省则明确医疗期满解除劳动合同仍需支付医疗补助费。”

故作者不仅在初版的基础上作出补充提示：“虽然《违反和解除劳动合同的经济补偿办法》已被废止，但《劳动法》时代所诞生的旨在解决员工离职后就医困难的医疗补助费制度并未被完全废止，如上海市、江苏省、北京市、广东省仍明确在符合法定情形下用人单位仍需支付医疗补助费。”同时，还特意将有关案例作了调整，充分体现了行文的专业和严谨。

三是“专家建议”部分的实操性进一步增强。如在第六章第一节“批量协商解除风险防控”中，针对实践中出现的情况，在新增案例“‘协商解除经济补偿金’能否附加付款条件?”的同时，还在“专家建议”部分新增了有关建议“用人单位可视情形就离职协议增设附加条件和违约责任”。

作者指出："在特定情形下如劳动者需要完成相应的工作交接或者协商解除协议签署时间和最终离职日期相距较远时，用人单位就补偿金支付设定条件十分必要，也是可行的做法，但用人单位宜明确约定具体的付款条件，如工作交接的具体内容、完成标志如何界定？如在解除协议约定的离职日期到达前，劳动者除了正常履行工作职责、不得有违纪失职行为外，是否还有出勤率的要求，如因病缺勤，是否会影响补偿金的支付等，这些问题都需要事先明确。"

作者还强调："对于离职以后的权利义务，包括保密、禁止招揽、不得对外发表针对公司或公司员工的言论等，用人单位可视情形确定是否有必要设置对应的违约金。如设置违约金，应明确协议项下支付的补偿金的对价性质，如补偿金不仅包括离职经济补偿，也包括员工履行协议所有内容的对价等。"

作为一个从业经历丰富、善于总结思考的著名劳动法专家，作者乐于毫无保留地分享宝贵的实操经验，这一点尤其难能可贵。

本书初版的时候，我就说过："言简意赅、静水深流，这就是我对此书的总体评价。"而在此书再版之后，可以加上"常读常新"四个字。无论是初次阅读此书还是曾读过此书初版的人，都有必要读读此书的再版。

祝大家阅读愉快！

《上海人力资源社会保障》杂志主编　周斌

2020 年 11 月 19 日于上海

前言

本书自2016年7月首次出版至今已逾四年，四年间虽《劳动合同法》未作二次修改，但企业劳动法律环境发生了较大变化。例如，《违反和解除劳动合同的经济补偿办法》于2017年12月被废止，2018年台港澳就业证取消，2019年税务部门统一征收社会保险费及《个人所得税法》修订，2020年5月1日《保障农民工工资支付条例》《最高人民法院关于民事诉讼证据的若干规定》实施，这些新规无论对司法实践还是对企业内部用工管理均产生重要影响。随着2018年《中央企业合规管理指引（试行）》的出台，包括国有企业在内的广大用人单位对企业劳动用工的“合规管理”愈加重视，有些开始推进企业合规管理体系建设，而劳动人事合规无疑是企业合规管理的重要组成部分。

此外，我国民事、商事、刑事法律体系愈加健全。如2017年《网络安全法》实施，2018年《反不正当竞争法》修订实施，2019年《公司法司法解释（五）》公布，涉及企业经营、内部治理、行业监管的法律法规也在不断增多，一些外资企业还受到境外法律规范（如 2018 年 5 月 25 日生效执行的欧盟《通用数据保护条例》）的规制。用人单位势必需要将相关外部合规义务转化为内部管理规范，加强内部员工的管理。但与此同时，劳动者私权利也在不断扩张，2020 年通过的《民法典》增设了“人格权编”，劳动者的诸多人格权利不可避免地与用人单位的用工自主权发生碰撞，涉及劳动者个人信息保护、隐私权、名誉权、通信自由权等矛盾开始增多。企业用工管理不仅要避免劳动法律风险，还需要兼顾民事、行政和刑事法律风险。

本书再版之际，2020 年世界范围内的新冠疫情尚未结束，其对企业用工管理的冲击前所未有，从撤销录用通知到延期办理离职体检，从延迟复工到企业停工停产，从集体降薪到规模裁员，既与企业管理决策和用工成本相关，又关乎劳动者切身利益。在相关法律规定不明的情况下，企业仍需合理决策，兼顾短期和长期利益，这为新时代的 HR 管理提出了更多的要求和挑战。

考虑上述变化，本书在第一版基础上作内容更新，重点包括：

1. 结合新法规：本书所列的“相关法规”将根据最新的法规、条例进行更新，既包括最新的《民法典》《保障农民工工资支付条例》等国家层面的规定，也涵盖地方层面最新的裁判口径，如有关疫情劳动争议案件的地方裁审口径。

2. 更新案例：2016 年以后劳动用工领域的典型案例不断增加，有些具有全国影响力，有些则反映企业内部管理的普遍性问题和前沿问题，本书根据司法实践最新动态更新了近 100 个最新劳动争议案件。

3. 关注新热点：本书将关注外部环境和企业内部管理的最新重点、难点和热点问题，包括疫情防控、企业减负、个人信息保护、电子合同、居家办公、集体降薪、缩短工时、私生活与劳动关系、电子证据和社交媒体管理等。

4. 增添新内容：本书除调整原有写作顺序外，还增加诸如农民工工资支付、商业秘密与知识产权管理、互联网平台用工与共享用工、精神病及传染病员工管理、劳动关系危机事件处置、人力资源证据实务等新内容，直面劳动关系领域的最新变化和趋势。

当然，本书仍保留原有的逻辑框架，即以 HR 工作中所面临的具体问题为出发点，澄清认识并提供解决方案。按照“必备知识”“典型案例”“专家建议”“相关法规”的体系展开，其中穿插 28 张相关工具图表，简明扼要地阐述所存在的问题及解决方案，并提供具体的法律条文便于参考。同时，考虑到员工关系实践具有极强的地域属性，本书精选了全国 20 多个省市实际发生的 137 个争议案件；为了更加清晰地阐释各地司法实践差异，本书脚注中大量引用了全国各地的司法裁判口径以便于读者检索参考。

最后，希望本书的再版能给读者带来更多的启示和收获。

洪桂彬

2020 年 11 月于上海

|目录|

Chapter 4 8 种弹性雇佣方式的风险防控 /159

Chapter 1
员工入职的 7 大核心步骤

在劳动关系领域，“入职”是劳动关系风险防控的关键环节，不仅涉及员工入职前招聘广告的发布、面试、背景调查、录用通知送达等事项，还涉及入职后的劳动合同签署、个人信息采集和规章制度告知等程序，一旦操作失误将给企业带来不可估量的风险。比如，用人单位随意撤销录用通知，应当向候选人承担赔偿责任；又如，劳动者未能办妥原单位的社保转移手续导致新单位无法缴纳社会保险，发生工伤事故后则由新单位承担所有赔偿责任；再如，未签劳动合同，用人单位应当支付双倍工资。

上述风险的防控，有赖于企业管理者特别是HR准确识别入职各环节的主要风险点，采取针对性措施方能防患于未然。

第一节　招聘与录用风险防控

◆ 必备知识

1. 用人单位具有自主招聘员工的权利

根据《就业促进法》等相关规定，用人单位依法享有自主用人的权利，包括自主确定招聘条件、自主安排招聘渠道、自主确定招聘流程以及合理确定招录结果。用人单位常用的招聘渠道有：

（1）委托公共就业服务机构或职业中介机构；

（2）参加职业招聘洽谈会；

（3）通过报纸、广播、电视、互联网等大众传播媒介发布招聘信息；

（4）利用本企业场所、企业网站等自有途径发布招聘信息；

（5）其他合法途径。

2. 用人单位应当提供公平就业机会，不得滥用权利

虽然用人单位具有自主招聘的权利，但不得滥用权利。根据《就业服务与就业管理规定》等相关规定，用人单位在招聘过程中，应当注意以下事项：

（1）发布的招用人员简章或招聘广告，不得包含歧视性内容；

（2）根据劳动者的要求，及时向其反馈是否录用的情况；

（3）对劳动者的个人资料予以保密，公开劳动者的个人资料信息和使用劳动者的技术、智力成果，须经劳动者本人书面同意；

（4）不得以诋毁其他用人单位信誉、商业贿赂等不正当手段招聘人员；

（5）除国家法律、行政法规和国务院卫生行政部门规定禁止乙肝病原携带者从事的工作外，不得强行将乙肝病毒血清学指标作为体检标准；

（6）不得以是传染病病原携带者为由拒绝录用，但是，经医学鉴定传染病病原携带者在治愈前或者排除传染嫌疑前，不得从事法律、行政法规和国务院卫生行政部门规定禁止从事的易使传染病扩散的工作；

（7）除国家规定的不适合妇女从事的工种或者岗位外，不得以性别为由拒绝录用妇女或者提高对妇女的录用标准。

3. 用人单位违反法定义务，侵犯劳动者公平就业权应承担法律责任

根据《就业促进法》的规定，用人单位在招聘过程中实施就业歧视的，劳动者可以向人民法院起诉要求该单位承担侵权责任。另外，《就业服务与就业管理规定》第六十八条规定："用人单位违反本规定第十九条第二款[①]规定，在国家法律、行政法规和国务院卫生行政部门规定禁止乙肝病原携带者从事的工作岗位以外招用人员时，将乙肝病毒血清学指标作为体检标准的，由劳动保障行政部门责令改正，并可处以一千元以下的罚款；对当事人造成损害的，应当承担赔偿责任。"2018年12月，最高人民法院在《民事案件案由规定》中新增了"平等就业权纠纷"[②]，将侵犯劳动者平等就业权纠纷作为案由固定下来。

由此可见，用人单位招录员工并非没有法律限制，实施法律禁止的行为将承担民事赔偿责任和面临被行政处罚的风险。

表1－1　平等就业权纠纷与一般劳动争议的区别

对比项目	平等就业权纠纷	一般劳动争议
发生阶段	求职者应聘阶段	劳动合同订立/履行/变更/解除/终止阶段
法律适用	民法典	劳动法、劳动合同法等
责任承担	经济损失、赔礼道歉等	法定经济补偿金、赔偿金等
程序适用	民事起诉	申请仲裁

① 《就业服务与就业管理规定》第十九条第二款规定："用人单位招用人员，除国家法律、行政法规和国务院卫生行政部门规定禁止乙肝病原携带者从事的工作外，不得强行将乙肝病毒血清学指标作为体检标准。"

② 详见最高人民法院《关于增加民事案件案由的通知》（法〔2018〕344号）。

◆ 典型案例

案例．因是河南人被拒绝录用，是否构成就业歧视？

案例实录：2019 年 7 月，某省喜来登度假村有限公司（以下简称喜来登公司）通过智联招聘平台向社会发布了一批公司人员招聘信息，其中包含“法务专员”“董事长助理”两个岗位。7 月 3 日，闫某通过智联招聘手机客户端就喜来登公司发布的前述两个岗位分别投递了求职简历。闫某投递的求职简历中，包含姓名、性别、户口所在地、现居住城市等个人基本信息，其中户口所在地填写为“河南 南阳”。后闫某登录智联招聘客户端，显示所投递的前述“董事长助理”岗位在 7 月 4 日下午 2 点 28 分被查看，28 分给出岗位不合适的结论，“不合适原因：河南人”；“法务专员”岗位在同日下午 2 点 28 分被查看，29 分给出岗位不合适的结论，“不合适原因：河南人”。

后闫某向法院提起诉讼，要求喜来登公司登报道歉并支付精神抚慰金人民币 6 万元等。庭审中喜来登公司主张其拒绝录用系因闫某简历不符合要求，“河南人”的记载只是工作人员的备注信息，仅供公司查看。

专家分析：根据相关法规，劳动者具有平等获得就业机会的权利。平等就业权是指具有劳动能力、达到法定年龄的劳动者能够在劳动力市场上选择用人单位从而平等地获得参加社会劳动的机会，不因民族、种族、性别、宗教信仰等不同而遭受歧视的权利。本案中喜来登公司以“河南人”不合适为由拒绝招录闫某，属在招聘条件上对劳动者的户籍进行差别对待，且该种差别对待缺乏合理性基础，构成了就业歧视。喜来登公司的辩解与客户端记载的信息相左，且不符合日常经验，侵犯了闫某的就业权利和人格尊严，最终法院判定喜来登公司赔偿闫某精神抚慰金及合理维权费用损失共计 10000 元并公开登报向闫某赔礼道歉。

♦ 专家建议

综合上述案例以及企业在招聘录用过程中的潜在法律风险，如下建议可供参考：

1. 用人单位应使用符合资质的招聘服务供应商

根据2018年10月1日生效实施的《人力资源市场暂行条例》规定，经营性人力资源服务机构从事职业中介活动须办理行政许可，即应获得人力资源服务许可证。经营人力资源供求信息的收集和发布、就业和创业指导、人力资源管理咨询、人力资源测评、人力资源培训等服务，也须向人力资源社会保障行政部门办理备案手续。

用人单位如直接委托人力资源服务机构完成招聘活动，则应当审查其是否已获得人力资源服务许可证。如委托其他事项，则应审查其是否办理备案手续。用人单位如选任不符合资质要求的供应商从事招聘活动，不仅导致企业内部不合规，也可能导致外部商业合作风险。

2. 应区分就业歧视和企业自主招聘权

在招聘录用环节，用人单位可就岗位资格、工作经历、学历或行业特殊要求设置准入性入职条件，此属于用人单位的自主权，并不构成就业歧视。当然，为了避免纷争和歧义，仍建议作弹性化表述。作为用人单位，在招聘环节应重点审查各差异化的招聘条件是否具有合理性，避免绝对化表述（如“硕士学历优先”“拥有职业资格证优先录取”“党员优先”等），但将户籍、年龄、身高、血型、户籍、宗教信仰、携带乙肝病毒、曾患某种特殊疾病作为禁止性录用条件则直接违反法律规定。如用人单位以候选人来自疫情重点地区为由拒绝录用，则属于不合理的差别对待，构成就业歧视。

尽管目前中国尚未对实施就业歧视行为执行惩罚性赔偿制度，但候选人提起诉讼，则用人单位需承担赔礼道歉、支付经济赔偿的法律责任。同时，就业歧视案件易被媒体大幅度报道，严重损害用人单位的信誉和形象。

3. 因招聘获知劳动者的个人信息应履行保密义务

劳动者在招聘环节向用人单位提交的简历、求职申请表等包含劳动者的联系方式、家庭住址、工作经历等信息，上述内容属于个人信息范畴。《民法典》规定，不得非法收集、使用、加工、传输他人个人信息，不得非法买卖、提供或者公开他人个人信息。用人单位不得将所获知的候选人信息转让给第三人，否则不仅涉嫌侵犯他人合法权益，还可能构成刑事犯罪（非法获取公民个人信息罪），为了进一步降低潜在风险，用人单位可以定期销毁未被录用者的个人资料。

◆ 相关法规

《就业促进法》

第二十六条 用人单位招用人员、职业中介机构从事职业中介活动，应当向劳动者提供平等的就业机会和公平的就业条件，不得实施就业歧视。

第六十二条 违反本法规定，实施就业歧视的，劳动者可以向人民法院提起诉讼。

《就业服务与就业管理规定》

第四条 劳动者依法享有平等就业的权利。劳动者就业，不因民族、种族、性别、宗教信仰等不同而受歧视。

第九条 用人单位依法享有自主用人的权利。用人单位招用人员，应当向劳动者提供平等的就业机会和公平的就业条件。

第六十八条 用人单位违反本规定第十九条第二款规定，在国家法律、行政法规和国务院卫生行政部门规定禁止乙肝病原携带者从事的工作岗位以外招用人员时，将乙肝病毒血清学指标作为体检标准的，由劳动保障行政部门责令改正，并可处以一千元以下的罚款；对当事人造成损害的，应当承担赔偿责任。

《人力资源市场暂行条例》

第十八条 经营性人力资源服务机构从事职业中介活动的，应当依法向人力资源社会保障行政部门申请行政许可，取得人力资源服务许可证。

经营性人力资源服务机构开展人力资源供求信息的收集和发布、就业和创业指导、人力资源管理咨询、人力资源测评、人力资源培训、承接人力资源服务外包等人力资源服务业务的，应当自开展业务之日起15日内向人力资源社会保障行政部门备案。

经营性人力资源服务机构从事劳务派遣业务的，执行国家有关劳务派遣的规定。

《民法典》

第一百一十一条 自然人的个人信息受法律保护。任何组织或者个人需要获取他人个人信息的，应当依法取得并确保信息安全，不得非法收集、使用、加工、传输他人个人信息，不得非法买卖、提供或者公开他人个人信息。

《刑法》

第二百五十三条之一 违反国家有关规定，向他人出售或者提供公民个人信息，情节严重的，处三年以下有期徒刑或者拘役，并处或者单处罚金；情节特别严重的，处三年以上七年以下有期徒刑，并处罚金。

违反国家有关规定，将在履行职责或者提供服务过程中获得的公民个人信息，出售或者提供给他人的，依照前款的规定从重处罚。

窃取或者以其他方法非法获取公民个人信息的，依照第一款的规定处罚。

单位犯前三款罪的，对单位判处罚金，并对其直接负责的主管人员和其他直接责任人员，依照各该款的规定处罚。

第二节　发送及撤销录用通知的风险防控

◆ 必备知识

1. 企业决定录用后通常会发出录用通知

在企业招录过程中，用人单位通常会给拟录用的人员发送录用通知，录用通知通常包含拟录用的岗位名称、薪资待遇、汇报对象、工作职责、工作地点、报到日、报到程序等信息。

如果员工接受录用，则可在录用通知上签名后发送给所应聘的用人单位，以表示接受录用。

2. 录用通知在法律性质上属于要约而非要约邀请

《民法典》第四百七十二条规定："要约是希望与他人订立合同的意思表示，该意思表示应当符合下列条件：（一）内容具体确定；（二）表明经受要约人承诺，要约人即受该意思表示约束。"第四百七十三条规定："要约邀请是希望他人向自己发出要约的表示……"

由于现实当中大部分录用通知上的薪资、岗位等内容具体明确，用人单位决定录用的意思表示明确，应视为法律上的"要约"而非"要约邀请"。同时，根据《民法典》的规定，要约到达受要约人时生效。只要劳动者收到录用通知，则该录用通知将自动产生法律效力。

3. 录用通知在劳动者承诺后无正当理由不得撤销

由于录用通知通常在送达劳动者时生效，但是否接受要约还需劳动者作出承诺的意思表示，根据《民法典》第四百七十六条、第四百七十七条规定，要约在承诺前可以撤销，但也存在例外情形，即用人单位在录用通知中明确不会撤销录用或者劳动者有理由认为要约不可撤销并已为履行合同作了充分准备。比如，劳动者在接受录用通知后辞去原工作，此时有理由相信该要约是不可撤销的。

◆ 典型案例

案例 1. 因疫情取消录用，是否应向应聘者赔偿?

案例实录：某汽车公司（以下简称汽车公司）对外发布招聘广告，拟招聘市场主管一名。2020 年 1 月底，汽车公司向候选人李某发送了录用通知，双方约定李某于 1 月 31 日报到。后因国内疫情暴发，公司 HR 与李某沟通暂缓办理入职手续并取得李某的确认。2 月 10 日，公司正式复工后李某询问 HR 何时办理入职手续，但公司 HR 一直拖延不回复，直到 3 月底汽车公司以疫情构成不可抗力，不再需要该岗位为由撤销了对李某的录用。后李某向法院提起诉讼要求支付 2 个月工资总计 25000 元的赔偿。

专家分析：《民法典》第一百八十条规定，不可抗力是不能预见、不能避免且不能克服的客观情况。因不可抗力不能履行民事义务的，不承担民事责任。本案中双方约定的报到日因国家疫情防控无法复工而延迟，确属于用人单位不能预见、不能避免且不能克服的情况，符合不可抗力的成立要件，故对于 2020 年 1 月 31 日至 2 月 9 日期间无法办理入职，汽车公司无须承担法律责任。但 2 月 10 日正式复工以后，汽车公司已经具备办理入职手续的条件，但其仍以疫情构成不可抗力为由撤销录用显然缺乏事实依据，且即使用人单位撤销岗位，候选人一方并无过错，用人单位仍应承担相应的缔约过失赔偿责任。本案经法院主持调解，最终汽车公司同意支付李某一个月工资 12500 元了结争议。

案例 2. 因背景调查取消录用，是否应承担赔偿责任?

案例实录：2019 年 3 月 11 日，朱某通过前程无忧网站向某技术公司（以下简称技术公司）投递简历，应聘该公司产品线经理职位。3 月 22 日，技术公司通过邮件向朱某发出聘用意向书及报到须知，要求朱某于 4 月 1 日上午 9:

30至公司报到。随后朱某与前雇主L公司办理了辞职手续。4月1日，技术公司以朱某提供虚假材料为由拒绝录用。后朱某提起诉讼，要求技术公司赔偿经济损失100000元。庭审中技术公司主张，朱某向公司提供的关于汇报对象、公司规模等简历信息与实际情况不符，据此提供了与L公司人事经理的谈话录音资料。朱某则否认录音资料的真实性，称无法确认被谈话人是否为L公司的工作人员。

专家分析：本案同为一起缔约过失案件，与前一个案例所不同的是，技术公司主张不予录用的原因是朱某简历信息虚假。然而技术公司在了解到朱某的简历信息与L公司HR提供的信息存在出入后，并未与朱某进行核实确认，而径自作出撤销录用的决定。按照证据规则，仅凭向第三方采集的一份孤立的录音资料无法证实朱某简历信息虚假。通常，在工作经历、工作岗位属实的情况下，如候选人对于公司规模、汇报对象等一些次要的细节性信息的描述与实际情况存在出入，并不当然影响公司的录用决定。而且，在缔约过程中，相对于实力较强的用人单位而言，应聘人员所要承担的风险远远高于用人单位，故用人单位应履行审慎核查义务，否则应承担相应的不利后果。法院审理后认为，技术公司在已经向朱某发出聘用意向书及报到须知的情况下，又以朱某提供虚假材料为由拒绝录用朱某，且无法证明其背景调查的真实性、准确性和即时性，其行为有违诚实信用，应当承担缔约过失的赔偿责任，最终判决技术公司向朱某支付67000元的赔偿。

◆ 专家建议

综合上述案例以及企业在招聘录用过程中的潜在法律风险，如下建议可供参考：

1. 录用通知并非因劳动合同的签订而自动失效

录用通知虽然并非劳动合同，但在员工入职后将对劳动合同产生补充作用，如录用通知约定员工每年可获得年终奖，则员工未来仍可依据录用通知主张年终奖。

用人单位在确定录用通知的具体内容过程中，诸如岗位、工资标准、福利待遇、工作地点、汇报关系等，应当谨慎考虑是否有变动的可能，一旦明确，用人单位就应当执行。用人单位可在录用通知书中明确相关具体待遇的前置条件，如明确"基于公司现有的经营状况、薪酬福利条件和你所任的岗位，公司提供下列聘用条件……"

2. 录用通知建议增加生效条款

为了增加企业自主权，录用通知可考虑增加生效要件，如员工应当签署并回复录用通知、通过背景调查、员工此前提交的简历等信息必须真实完整无误，如果员工未能及时承诺、如实反映个人情况，则用人单位有权取消录用并且不承担任何损失。

3. 谨慎对待第三方提供的背景调查报告

目前企业对重要岗位的招录一般会安排背景调查，或自行调查或委托第三方调查。为了控制背景调查所导致的法律风险，用人单位宜事先获得候选人对背景调查的授权以免侵犯个人隐私，同时优先考虑先作背景调查再发送录用通知。确需预先发送录用通知的，则应审核背景调查报告的内容是否有证据证明，并在撤销录用前与候选人进行沟通核实，通常员工前雇主的主观评价不能证明员工存在履历瑕疵，如果有证据证明员工存在伪造工作简历、虚构学历或职业资格等明显有悖诚信的情况，用人单位可撤销录用而无须承担赔偿责任。相反对于一些因社保代缴、关联公司混同用工等原因导致的简历信息出入，用人单位应给予合理的宽容。

4. 用人单位变更岗位计划应及时履行沟通义务

用人单位因管理层变动、组织架构调整临时取消岗位招录的情况并不鲜见，在此情况下应立即对劳动者进行披露，如实告知岗位可能取消或者已经取消的计划和事实，一则尽可能取得劳动者的谅解，二则也能适度降低公司的赔偿责任。如果确给劳动者造成损失的，也可通过签署谅解备忘录等方式承担部分损失。根据审判实践，缔约过失赔偿责任一般以 1—3 个月工资

（offer上记载的新工资标准或者员工原工资标准）作为与候选人协商损失赔偿的基准。

5. 用人单位在签订劳动合同以后撤销录用需承担赔偿责任

实践中，部分用人单位在劳动合同签署以后又以员工背景调查未通过、体检不合格等理由撤销录用，如员工已经入职的，该撤销录用应理解为解除劳动关系，如不能满足法定解除条件的，用人单位应当承担违法解除劳动合同的责任，包括支付法定赔偿金或恢复劳动关系。

对于用人单位在用工前就签署劳动合同、员工正式入职前撤销录用的，一般应参照撤销录用通知的相关规则确定是否应承担缔约过失赔偿责任，个别地区则明确规定该种情形需参照违法解除向劳动者承担法律责任①。

表1－2　撤销录用纠纷与解除劳动合同纠纷的区别

对比项目	撤销录用纠纷	解除劳动合同纠纷
发生阶段	应聘招录阶段	劳动合同解除、终止阶段
法律适用	民法典	劳动法、劳动合同法等
责任承担	缔约过失经济赔偿	法定经济补偿金、赔偿金等
程序适用	民事起诉	申请仲裁

① 《深圳经济特区和谐劳动关系促进条例》第十七条规定："用人单位与劳动者在用工前订立劳动合同，尚未用工，有《中华人民共和国劳动合同法》第四十条第（三）项、第四十一条第一款第（一）、（二）、（三）、（四）项规定情形之一的，用人单位可以提前通知劳动者解除劳动合同，不需支付经济补偿，但是应当支付劳动者为订立和准备履行劳动合同而支出的必要费用。用人单位与劳动者在用工前订立劳动合同，尚未用工，用人单位违法解除劳动合同，劳动者要求继续履行劳动合同的，用人单位应当继续履行；劳动者不要求继续履行劳动合同或者劳动合同无法履行的，用人单位应当支付劳动者相当于一个月工资标准的赔偿金和为订立、准备履行劳动合同而支出的必要费用。用人单位与劳动者在用工前订立劳动合同，尚未用工的，劳动者可以提前通知用人单位解除劳动合同。"

♦ 相关法规

《民法典》

第四百七十二条 要约是希望与他人订立合同的意思表示，该意思表示应当符合下列条件：

（一）内容具体确定；

（二）表明经受要约人承诺，要约人即受该意思表示约束。

第四百七十六条 要约可以撤销，但是有下列情形之一的除外：

（一）要约人以确定承诺期限或者其他形式明示要约不可撤销；

（二）受要约人有理由认为要约是不可撤销的，并已经为履行合同做了合理准备工作。

第五百条 当事人在订立合同过程中有下列情形之一，造成对方损失的，应当承担赔偿责任：

（一）假借订立合同，恶意进行磋商；

（二）故意隐瞒与订立合同有关的重要事实或者提供虚假情况；

（三）有其他违背诚信原则的行为。

第三节　个人信息采集中的风险防控

◆ 必备知识

1. 个人信息与隐私相互关联，但并不等同

《民法典》分别对“隐私”和“个人信息”做了定义，其中“隐私”是自然人的私人生活安宁和不愿为他人知晓的私密空间、私密活动、私密信息。而“个人信息”是以电子或者其他方式记录的能够单独或者与其他信息结合识别特定自然人的各种信息，包括自然人的姓名、出生日期、身份证件号码、生物识别信息、住址、电话号码、电子邮箱、健康信息、行踪信息等。

“隐私”与“个人信息”的客体可能存在交叉和重叠，如劳动者的家庭住址既是个人信息，也属于个人隐私范畴。但两者的法律属性仍存在差别，前者主要维护个人生活的安宁和个人秘密不被公开，对应的侵权行为主要表现为骚扰电话、私闯住宅、窃听他人隐私等；后者则更加强调维护个人信息的支配和自主决定权，侵权行为常包括未按约定方式获取个人信息、未按要求删除个人信息，以及信息处理者违反安全保障义务导致个人信息被泄露、篡改、丢失的行为。

表 1－3　隐私与个人信息的区别

对比项目	隐私	个人信息
定义	自然人的私人生活安宁和不愿为他人知晓的私密空间、私密活动、私密信息	以电子或者其他方式记录的能够单独或者与其他信息结合识别特定自然人的各种信息
保护对象	维护个人安宁	维护个人信息的支配和自主决定权
侵权行为	骚扰电话、私闯住宅、窃听	泄露、篡改或不当使用个人信息等

2. 用人单位采集个人信息应获得员工的同意或授权

在劳动关系建立阶段，用人单位采集员工的个人信息较为常见也甚为必要，劳动者的年龄涉及企业是否非法使用童工，劳动者的银行账户可用于工资发放，劳动者的家庭住址、紧急联系人等则便于未来的沟通联络。

虽然用人单位采集员工的个人信息多基于与聘用相关的目的，但考虑个人信息泄露或不当使用将给员工造成不利影响，用人单位仍应遵循合法、正当、必要原则处理员工的个人信息。根据《民法典》规定，个人信息的处理包括个人信息的收集、存储、使用、加工、传输、提供、公开等。正确处理个人信息应符合下列条件：

（1）征得该自然人或者其监护人同意，但是法律、行政法规另有规定的除外；

（2）公开处理信息的规则；

（3）明示处理信息的目的、方式和范围；

（4）不违反法律、行政法规的规定和双方的约定。

3. 用人单位对劳动者个人信息应承担安全保障责任

根据《民法典》等有关规定，信息处理者不得泄露或者篡改其收集、存储的个人信息；未经自然人同意，不得向他人非法提供其个人信息。信息处理者应当采取技术措施和其他必要措施，确保其收集、存储的个人信息的安全，防止信息泄露、篡改、丢失；发生或者可能发生个人信息泄露、篡改、丢失的，应当及时采取补救措施，按照规定告知自然人并向有关主管部门报告。

如用人单位未能履行管理责任，或者由于其他劳动者的不当行为给劳动者造成侵权或个人信息外泄，则需要承担民事赔偿责任，情节严重的，还可能构成刑事犯罪。

♦ 典型案例

案例 1. 未采集个人住址信息登报送达解雇通知，是否侵犯员工名誉权？

案例实录：王某在某乳业公司（以下简称乳业公司）担任销售经理一职，双方劳动合同的员工住址一栏显示空白。2018 年 4 月起王某不再向公司提供劳动。同年 5 月，乳业公司通过当地报纸刊登《通知》，载明：“王某，因你严重违反公司规章制度和劳动纪律，经公司研究决定，对你已作出解除劳动关系的处理。”王某获悉后则申请仲裁①，法院认定乳业公司在未采取直接送达或邮寄送达的情况下，径自采取报纸通知的形式予以送达，应视为该送达行为无效，故对于乳业公司已于 2018 年 5 月与王某解除劳动合同关系的辩解理由，不予采纳，据此判决乳业公司需支付经济赔偿金 36000 元。后王某再向法院提起诉讼，主张乳业公司通过报纸公告方式送达不成立的解雇通知，侵犯了其名誉权，要求乳业公司支付精神损害赔偿金 50000 元，无法再就业经济损失 70 万元。

专家分析：参考《民事诉讼法》关于送达的规定，在双方对送达方式无明确约定的情况下，用人单位送达通知应遵循送达方式穷尽原则，即按照直接送达、邮件送达和公告送达的先后顺序进行。本案中乳业公司直接登报送达，不符合法定程序。由于乳业公司的解除决定缺乏事实依据，乳业公司又通过报纸公告方式送达与事实不符的解雇通知，显然已超出了正常管理权限和合理影响范围，构成了一般的名誉侵权。本案二审法院不仅支持了王某 50000 元精神损害赔偿的请求，而且认定用人单位以劳动者“严重违反公司制度”为由，采取登报方式辞退劳动者，依一般社会观念之考量，确实会对劳动者的再次就

---

① 本书所指的“申请仲裁”是指向有管辖权的劳动人事争议仲裁委员会提出仲裁申请，如最终表述为“法院认为”或“法院判决”，则系因当事人不服仲裁裁决起诉到法院，由法院作出最终判决的情形，下同。

业产生一定程度的不良影响，据此判决乳业公司再支付王某损失赔偿总计75000 元。

案例 2. 员工否认通过公司邮箱发送辞职邮件，公司应否继续发放工资？

案例实录： 吴某系 M 公司员工。2018 年 5 月 12 日，显示备注名为 Kevin. wu 的公司邮箱发出邮件："出于个人考虑，现提出辞职申请，望批准，谢谢！"吴某的上级主管则回复邮件："同意你的申请，按照惯例，你的离职时间在6 月 12 日。"6 月 12 日以后吴某仍坚持到公司上班，后公司申请仲裁要求吴某办理离职交接，吴某也申请仲裁要求单位继续发放工资。庭审中吴某主张其从未通过公司邮箱发送辞职邮件。M 公司则提供了吴某曾作为劳务派遣员工时签署的劳动合同一份，劳动合同员工签名栏填写了 Kevin. wu 的公司邮箱地址。但吴某认为该劳动合同已过期无效，另法院询问其是否通过公司邮箱工作时，吴某表示其主要通过电话、口头和工作软件开展工作，从不使用公司邮箱。

专家分析： 本案 M 公司在分配员工工作邮箱时未有任何书面证据留存，导致员工辞职与否发生重大争议。所幸的是，吴某作为劳务派遣员工期间曾在与第三方签署的劳动合同落款处书写其公司邮箱，法院结合高度盖然性原则，对涉案电子邮件公证书的真实性予以采信，最终认定吴某发送了涉案邮件，对吴某主张继续发放工资的诉请予以驳回，支持了 M 公司要求吴某办理交接的诉请。但假使本案无涉案劳动合同，又无其他证据佐证该邮箱由吴某实际使用，势必会导致公司承担较大的法律风险。

案例 3. 离职后个人信息仍被用于报税，前雇主是否应承担赔偿责任？

案例实录： 跃某原系岩石公司的员工，2018 年 6 月办理离职手续后入职佳美公司。12 月，佳美公司在帮跃某录入公民个人税收信息时发现，其个人信息仍出现在岩石公司的税收系统内，怀疑跃某仍在前雇主处兼职，遂对跃某开展停职调查。经跃某了解，岩石公司在跃某离职后仍将其身份证信息用于兼职人员的报税，后跃某向税务部门投诉，岩石公司遂删除了跃某的个人信息。

跃某此后向法院提起诉讼，要求岩石公司赔礼道歉并赔偿精神损害抚慰金 50000 元。岩石公司则抗辩其属于误操作且已删除了跃某的个人信息。

专家分析：自然人的个人信息受法律保护。任何组织和个人需要获取他人个人信息的，应当依法取得并确保信息安全，不得非法收集、使用、加工、传输他人个人信息，不得非法买卖、提供或者公开他人个人信息。本案中，岩石公司在明知跃某已离职的情况下仍继续使用其个人信息报税，属虚构在职员工身份逃避税款，不仅违反法律规定，而且侵犯了跃某的民事权利。最终，法院基于岩石公司的侵权行为已经给跃某的工作造成了一定的影响，酌定岩石公司赔偿跃某损失 5000 元并赔礼道歉。

♦ 专家建议

综合上述案例以及企业在个人信息采集和公司分配电子数据中的潜在法律风险，如下建议可供参考：

1. 员工入职时应采集必要的个人信息并获得员工的授权

考虑与聘用有关的目的包括文件送达、利益冲突调查、背景调查、个人所得税扣减、休假天数核定、保险待遇理赔等诸多事项，用人单位有必要在员工入职时或入职前采集必要的员工信息，包括员工的姓名、国籍、年龄、工作经历、家庭基本成员、家庭住址、紧急联系人、个人信箱、微信号、社保和公积金账户、银行账户等。

尤为重要的是，用人单位有必要通过书面合同等方式与员工明确约定具体的送达方式和送达地址，并明确该地址信息将用于劳动用工期间有关事项的通知，如地址变更需在指定时限内向人力资源部门报告，若地址填写错误、信息变更未告知导致文件被他人签收、拒收等均视为有效送达。如前述案例 1 所示，用人单位未采集员工个人住址信息而直接登报解除劳动合同不仅导致公司违法解除，而且还引发名誉权侵权纠纷。

根据《民法典》规定，个人信息的使用应获得当事人的同意。建议入职时要求员工签署《个人信息承诺书》，明确员工接受公司基于合理目的采集和处置个人信息，同时也要求员工不得从事侵害他人个人信息的行为，如不得违规或超越职权获取、使用、转让、披露在工作过程中获取的重要数据及个人信息，不得将工作过程中获取的重要数据及个人信息转移/转存/下载至公司指定的工作场所/系统/空间之外等。

2. 公司分配电子数据应完成必要的证据固定

除了采集员工个人信息之外，越来越多的公司在日常工作中通过微信、钉钉、工作群组、公司电子信箱、公司网络系统等开展工作，包括制度的发布、休假和报销的审核、工作事项的布置、绩效管理等。如分配的相关地址或账户未被员工确认，事后发生争议时员工可能否认相关地址或账户不由本人持有或使用，从而带来巨大的证据风险。前述案例 2 中虽公司最终胜诉，但也产生了劳动争议的处理成本。

从最大限度控制风险角度，用人单位在入职时应与员工签署《入职交接表》或《入职须知》，将公司分配的物品（如门禁卡、电脑、钥匙、车辆、硬盘等）和电子数据（各类网络账户、邮箱地址等）进行清单罗列，写明相关注意事项和使用目的，并要求员工签名确认。如事后有物品和系统账户的更新，则应签署变更文件，避免电子数据的相关证据风险。

3. 用人单位应当制定与个人信息保护相关的规章制度

考虑个人信息对员工可能造成的影响，用人单位除了在员工入职时需要获得授权外，还应承担起安全保障义务。从外部合作角度，应当在相关商业合同中明确相对方（如人力资源软件供应商、人事代理机构、劳务派遣机构等）个人信息的保护义务和相关的违约责任。

从内部管理角度，用人单位应明确各类个人信息查阅、使用、传输、转移、销毁的相关审批流程，如案例 3 所示，用人单位在离职后未能及时删除个人数据，不仅导致企业违法违规，也侵犯了离职员工的合法权益，产生争议诉讼和赔付成本。用人单位在规章制度中应对相关违规行为设置相应处罚措施，情节严重的可设置解除劳动合同的处罚。此外，从最大限度控制个人信息数据风险角度，企业应建立个人信息数据全流程管理体系（信息收集—使用授权—访问—共享和传输—安全保护—删除销毁），成立相关部门、分配相关职责并建立配套的制度和流程。

◆ 相关法规

《民法典》

第九百九十条 人格权是民事主体享有的生命权、身体权、健康权、姓名权、名称权、肖像权、名誉权、荣誉权、隐私权等权利。

除前款规定的人格权外，自然人享有基于人身自由、人格尊严产生的其他人格权益。

第一千零二十五条 行为人为公共利益实施新闻报道、舆论监督等行为，影响他人名誉的，不承担民事责任，但是有下列情形之一的除外：

（一）捏造、歪曲事实；

（二）对他人提供的严重失实内容未尽到合理核实义务；

（三）使用侮辱性言辞等贬损他人名誉。

第一千零三十四条 自然人的个人信息受法律保护。

个人信息是以电子或者其他方式记录的能够单独或者与其他信息结合识别特定自然人的各种信息，包括自然人的姓名、出生日期、身份证件号码、生物识别信息、住址、电话号码、电子邮箱、健康信息、行踪信息等。

个人信息中的私密信息，适用有关隐私权的规定；没有规定的，适用有关个人信息保护的规定。

第一千零三十五条 处理个人信息的，应当遵循合法、正当、必要原则，不得过度处理，并符合下列条件：

（一）征得该自然人或者其监护人同意，但是法律、行政法规另有规定的除外；

（二）公开处理信息的规则；

（三）明示处理信息的目的、方式和范围；

（四）不违反法律、行政法规的规定和双方的约定。

个人信息的处理包括个人信息的收集、存储、使用、加工、传输、提供、公开等。

第四节　劳动合同签署类型的风险防控

◆ 必备知识

1. 劳动合同包括三种类型

根据《劳动合同法》规定，劳动合同分为固定期限劳动合同、无固定期限劳动合同和以完成一定工作任务为期限的劳动合同。

其中，固定期限劳动合同，是指用人单位与劳动者约定合同终止时间的劳动合同。无固定期限劳动合同，是指用人单位与劳动者约定无确定终止时间的劳动合同。以完成一定工作任务为期限的劳动合同，是指用人单位与劳动者约定以某项工作的完成为合同期限的劳动合同。

2. 劳动合同类型原则上经双方协商一致确定

除法律另有规定外，劳动合同类型的选定属于劳动者和用人单位协商范畴，经协商一致，用人单位既可以在员工入职时与员工签订固定期限劳动合同、无固定期限劳动合同或以完成一定工作任务为期限的劳动合同，也可以在劳动合同期满前、期满后与员工签订不同类型的劳动合同。

3. 用人单位在特定情形下只能选择与员工签订无固定期限劳动合同

根据《劳动合同法》有关规定，原劳动合同期满，用人单位在与员工无法就终止劳动合同或续订其他类型劳动合同达成一致的情况下，应当与员工签订无固定期限劳动合同的具体情形包括：

（1）劳动者在本单位连续工作满十年的；

（2）用人单位初次实行劳动合同制度或者国有企业改制重新订立劳动合同时，劳动者在该用人单位连续工作满十年且距法定退休年龄不足十年的；

（3）连续订立二次固定期限劳动合同，且劳动者没有《劳动合同法》第三十九条和第四十条第一项、第二项规定的情形，续订劳动合同的；

（4）用人单位自用工之日起满一年不与劳动者订立书面劳动合同的。

◆ 典型案例

案例 1. 劳动合同期限汉字和数字表述不一，以何为准？

案例实录：樊某于 2014 年 8 月 4 日进入某品牌公司（以下简称品牌公司）担任高级客户经理一职，双方于当日签订劳动合同，其中载明："1. 本合同为固定期限的劳动合同，期限为叁年，自 2014 年 8 月 4 日起至 2016 年 8 月 3 日止。2. 双方同意，本合同前（叁）个月为试用期，自 2014 年 8 月 4 日起至 2014 年 11 月 3 日止……" 2017 年 2 月樊某辞职后申请仲裁，要求品牌公司支付 2016 年 8 月 4 日至 2017 年 2 月未签订劳动合同的二倍工资。品牌公司则主张双方劳动合同期限为 3 年，不应支付二倍工资。

专家分析：固定期限劳动合同，是指用人单位与劳动者约定合同终止时间的劳动合同。本案双方就涉案固定期限劳动合同的终止日期产生争议。公司方认为"至 2016 年 8 月 3 日"系笔误，樊某则主张条款有歧义应从有利于员工角度解释。然本例关于合同期限的表述中，"叁"系汉字，从文字输入角度而言，无论是拼音或是五笔均与"贰"显著不同，不易产生笔误。且年限在前，具体起止时间在后。从语言逻辑角度而言，两者存在矛盾之时，大写的期限"叁"年更为可信。此外，从实际履行角度而言，樊某于 2016 年 8 月 3 日之后继续履行劳动合同义务，并未向公司提出过续签合同的要求，最终法院驳回了樊某的诉讼请求。

案例 2. 连续工龄超过 10 年，被通知终止劳动合同后能否要求续订无固定期限劳动合同？

案例实录：黄某于 2008 年 7 月 14 日入职广州 A 皮具公司（以下简称 A 公司），双方签订有效期至 2018 年 7 月 13 日的劳动合同。2016 年 3 月 22 日，黄某又与 B 皮具公司（以下简称 B 公司，与 A 公司系同一股东设立的公司）签订劳动合同，期限至 2018 年 7 月 13 日。其间黄某的工作地点、工作内容未作改变。2018 年黄某怀孕，B 公司在黄某哺乳期结束后，于 2019 年 4 月 5 日通知黄某 2019 年 4 月 7 日合同期满不再续签，该书面通知被黄某拒签。黄某 8 日继续前往公司上班遭到阻拦，故在当日向 B 公司提出续订无固定期限劳动合同仍遭到拒绝。后黄某申请仲裁，要求 B 公司支付违法终止劳动合同的赔偿金 193600 元。B 公司则主张黄某在该公司工作不满 10 年，且其未在合同到期前提出续订无固定期限劳动合同，公司系合法终止劳动合同。

专家分析：根据《劳动合同法》第十四条规定，劳动者在该用人单位连续工作满十年，在原劳动合同期满时有权提出续订无固定期限劳动合同，用人单位不得予以拒绝。本案中黄某虽于 2016 年 3 月开始与 B 公司建立劳动关系，但其用人单位从 A 公司变更为 B 公司并非黄某个人原因导致，且无证据证明 A 公司曾支付经济补偿金，故其在 A 公司的工作年限应连续计算至 B 公司。其后黄某的劳动合同因“三期”顺延至 2019 年 4 月 7 日，其仍然符合连续工作满十年可签订无固定期限劳动合同的条件。在符合签订无固定期限劳动合同基本条件的情形下，劳动者应何时提出续订，现行法规并无明确规定。但本案中黄某已明确拒绝公司的不续订通知，可见其并不同意终止劳动合同，其在合同期满次日上班被阻拦后再行提出续订无固定期限劳动合同的请求尚属合理，最终法院判决 B 公司系违法终止劳动合同并向黄某支付赔偿金。

案例 3. 连续订立二次固定期限劳动合同后，用人单位可否终止合同？

案例实录：2015 年 3 月 30 日，张某与上海某管理公司（以下简称管理公司）签订期限自 2015 年 5 月 4 日至 2018 年 5 月 3 日的劳动合同。2018 年 4 月 25 日，双方签订期限自 2018 年 5 月 4 日至 2019 年 5 月 3 日的劳动合同。第二次合同到期前即 2019 年 4 月 3 日，管理公司向张某发出《劳动合同到期不再续签通知书》，张某则在 19 日向公司送达了《关于要求签订无固定期限劳动合同的书面通知》，但管理公司仍在合同期满当日办理了退工手续。此后张某申请仲裁，要求管理公司恢复劳动关系并签订无固定期限劳动合同。管理公司则主张，由于双方对第三次合同的续订未达成一致，故张某不符合签订无固定期限劳动合同的条件。

专家分析：根据《劳动合同法》第十四条第二款第三项规定，连续订立二次固定期限劳动合同，续订劳动合同的，用人单位应与劳动者续订无固定期限劳动合同。本案的争议焦点在于二次合同到期后，续订劳动合同是否需经用人单位同意。从字面意思理解，如果二次劳动合同到期后用人单位即须签订无固定期限劳动合同，则立法无须另行增加“续订劳动合同”的表述。上海市第一中级人民法院即持该观点，并以用人单位不同意续订可以终止原劳动合同为由判决员工败诉。

关于“续订劳动合同”究竟理解为前置条件还是必经程序，各地司法实践存在一定争议，北京市①、浙江省、江苏省、广东省等全国大多数地区司法实践认为续订劳动合同是用人单位的义务，而上海市②等少数地区则认为应经用人单位同意后劳动者方有权要求续订无固定期限劳动合同。

♦ 专家建议

综合上述案例以及企业在劳动合同类型确定中的潜在法律风险，如下建议可供参考：

---

① 北京市高级人民法院、北京市劳动争议仲裁委员会《关于劳动争议案件法律适用问题研讨会会议纪要（二）》规定：“34. 用人单位与劳动者连续订立二次固定期限劳动合同的，第二次固定期限劳动合同到期时，用人单位能否终止劳动合同？根据《劳动合同法》第十四条第二款第三项规定，劳动者有权选择订立固定期限劳动合同或者终止劳动合同，用人单位无权选择订立固定期限劳动合同或者终止劳动合同。上述情形下，劳动者提出或者同意续订、订立无固定期限劳动合同，用人单位应当与劳动者订立无固定期限劳动合同。”

② 上海市高级人民法院《关于适用〈劳动合同法〉若干问题的意见》（沪高法〔2009〕73号）规定：“……四……（四）用人单位与劳动者连续订立几次固定期限劳动合同以后，续订合同应当订立无固定期限合同。《劳动合同法》第十四条第二款第（三）项的规定，应当是指劳动者已经与用人单位连续订立二次固定期限劳动合同后，与劳动者第三次续订合同时，劳动者提出签订无固定期限劳动合同的情形。”

1. 用人单位可根据员工工作性质和特点灵活确定合同类型

在首次劳动合同的签订过程中，用人单位可行使自主权，灵活确定劳动合同类型，诸如促销、建筑安装工程、项目代理销售等具有阶段性的工作任务，完全可与劳动者签订以完成一定任务为期限的劳动合同，并明确任务终止的标志（如以公司书面通知为准）。

对于其他具有较强稳定性的工作，用人单位可与员工签订固定期限劳动合同，劳动合同并无最长和最短期限的限制，企业可灵活选择，有些甚至可以签订一个月的固定期限劳动合同。

2. 非首次合同续订应注意无固定期限劳动合同的限制

员工工作满十年、连续签订二次或多次劳动合同，均可能导致应当订立无固定期限劳动合同的情形出现，用人单位应谨慎行使合同终止或续订的权利，具体包括：

（1）经协商一致，双方仍可续订固定期限劳动合同；

（2）经协商一致，双方可终止原劳动合同；

（3）如果员工提出续订无固定期限劳动合同或明示不同意终止合同或续订固定合同，则用人单位应做好续订无固定期限劳动合同的准备①。

表 1－4　涉无固定期限劳动合同的续签/终止选择

项目	协商终止合同	协商续签固定合同	期满终止合同
连续工作满十年	√	√	×
连续订立两次固定期限合同	√	√	×（上海除外）

需指出的是，前述连续工作满十年，应包括非劳动者原因发生工作单位变动的情形，如劳动者在关联公司之间因内部调动改签合同、劳务派遣转直接雇佣且派遣公司未支付补偿等。对于劳动合同次数的计算，如发生用人单位无正

① 如前所述，上海市司法实践中对于两次签订固定期限合同后是否应续订无固定期限合同存在例外解释。

当理由刻意通过变更劳动合同主体方式来规避法律义务的①，固定期限的劳动合同的次数仍可被连续计算。

表 1－5　涉无固定期限劳动合同的工龄计算和合同次数计算

项目	派遣转直接雇佣	关联企业调动	其他规避行为（如非法派遣）
工龄连续	√	√	√
次数连续	×	×	√

3. 续订无固定期限劳动合同应履行诚实磋商义务

在符合应当签订无固定期限劳动合同的条件下，用人单位仍应履行诚信磋商义务，不得恶意降低续订劳动合同的条件（如调整岗位、降低薪资、变更工作地点），如果因用人单位原因导致双方无法就签订无固定期限合同达成一致并最终导致劳动合同终止的，用人单位仍然存在违法终止劳动合同的风险。

另外，如果在用人单位对劳动合同条件未作不利变更的情况下，劳动者拒不接受签订无固定期限劳动合同，此时用人单位不仅可以依法终止原劳动合同，而且无须向劳动者支付经济补偿金。

◆ 相关法规

《劳动合同法》

第十二条　劳动合同分为固定期限劳动合同、无固定期限劳动合同和以完成一定工作任务为期限的劳动合同。

第十四条　无固定期限劳动合同，是指用人单位与劳动者约定无确定终止

---

①　如浙江省高级人民法院民事第一庭关于印发《关于审理劳动争议案件若干问题的意见》第三十五条规定："用人单位为规避《劳动合同法》第十四条而采取下列行为的，应认定无效，劳动者的工作年限和订立固定期限劳动合同的次数应连续计算：（一）采取迫使劳动者辞职后重新签订劳动合同的方式，将劳动者工龄'清零'的；（二）采取注销原单位、设立新单位的方式，将劳动者重新招用到新单位，且工作地点、工作内容没有实质性变化的；（三）通过设立关联企业，在与劳动者签订合同时交替变换用人单位名称的；（四）通过非法劳务派遣的；（五）其他明显违反诚信和公平原则的规避行为。"

时间的劳动合同。

用人单位与劳动者协商一致，可以订立无固定期限劳动合同。有下列情形之一，劳动者提出或者同意续订、订立劳动合同的，除劳动者提出订立固定期限劳动合同外，应当订立无固定期限劳动合同：

（一）劳动者在该用人单位连续工作满十年的；

（二）用人单位初次实行劳动合同制度或者国有企业改制重新订立劳动合同时，劳动者在该用人单位连续工作满十年且距法定退休年龄不足十年的；

（三）连续订立二次固定期限劳动合同，且劳动者没有本法第三十九条和第四十条第一项、第二项规定的情形，续订劳动合同的。

用人单位自用工之日起满一年不与劳动者订立书面劳动合同的，视为用人单位与劳动者已订立无固定期限劳动合同。

《劳动合同法实施条例》

第十一条 除劳动者与用人单位协商一致的情形外，劳动者依照劳动合同法第十四条第二款的规定，提出订立无固定期限劳动合同的，用人单位应当与其订立无固定期限劳动合同。对劳动合同的内容，双方应当按照合法、公平、平等自愿、协商一致、诚实信用的原则协商确定；对协商不一致的内容，依照劳动合同法第十八条的规定执行。

第五节　劳动合同签署内容的风险防控

◆ 必备知识

1. 劳动合同应具备法律规定的必备条款

根据《劳动合同法》相关规定，用人单位拟定的劳动合同应具有下列必备条款：

（1）用人单位的名称、住所和法定代表人或者主要负责人；

（2）劳动者的姓名、住址和居民身份证或者其他有效身份证件号码；

（3）劳动合同期限；

（4）工作内容和工作地点；

（5）工作时间和休息休假；

（6）劳动报酬；

（7）社会保险；

（8）劳动保护、劳动条件和职业危害防护。

应当注意的是，上述“工作内容”并非局限于工作岗位，也可约定具体的工作职责和工作范围；“劳动报酬”并非局限于具体的工资数额，也可包括劳动报酬的分配方法，如薪资制度、薪资结构等。

2. 用人单位可根据需要拟定非必备条款

根据企业用工管理的实践，用人单位可在劳动合同中约定如下常用的非必备条款：

（1）试用期期限；

（2）保密义务；

（3）竞业限制义务；

（4）专项培训；

（5）福利待遇；

（6）管理汇报关系；

（7）岗位职责；

（8）员工送达地址。

3. 并非经协商一致签署的劳动合同条款均有效

根据《劳动合同法》规定，以下三种情形将导致所订立的劳动合同条款无效：

（1）以欺诈、胁迫的手段或者乘人之危，使对方在违背真实意思的情况下订立或者变更劳动合同的；

（2）用人单位免除自己的法定责任、排除劳动者权利的；

（3）违反法律、行政法规强制性规定的。

例如，如用人单位与劳动者在劳动合同中约定试用期无须缴纳社保，该条款因违反法律的强制性规定而属于无效条款。又如，双方约定劳动者一方同意不享受加班费，该条款涉及免除用人单位责任和排除劳动者权利，亦不具有法律约束力。

◆ 典型案例

案例 1. 离职后重新入职能否再设试用期？

案例实录：王某于 2015 年 11 月 18 日入职某电子公司（以下简称电子公司），担任资深内容编辑，双方签订了书面劳动合同，试用期 6 个月，2016 年 6 月 16 日王某因个人原因离职。2017 年 5 月，王某重新入职电子公司，担任运营总监职位，双方签订期限为 2017 年 1 月 13 日至 2020 年 1 月 12 日的劳动合同，试用期 6 个月。王某于 2018 年 4 月二次离职后申请仲裁，要求电子公司支付违法约定试用期工资 72000 元。王某主张，法律规定同一用人单位对同一劳动者只能约定一次试用期，故电子公司在其第二次入职时重新约定试用期违反了法律规定，应支付赔偿。

专家分析：试用期是用人单位和劳动者建立劳动关系后为相互了解、选择而约定的不超过6个月的考察期。《劳动合同法》第十九条第二款规定："同一用人单位与同一劳动者只能约定一次试用期。"禁止多次约定试用期的立法本意在于杜绝和避免用人单位滥用试用期侵犯劳动者利益的情形，但劳动者离职时间较久又入职不同岗位，如仍禁止约定试用期不仅对用人单位有失公允，也可能间接导致用人单位谨慎回聘离职员工，对劳动者就业也未必有利。本案法院审理后认为，用人单位如对同一劳动者在同一劳动合同项下多次约定试用期违反该法律条款对于劳动者同工同酬、维护劳动者稳定就业的初衷，但本案中，电子公司虽然前后两次均与王某约定试用期，但第一份劳动合同系王某本人原因离职而解除，且离职时间与后一次劳动关系的建立时间间隔较长，王某又入职不同岗位。故基于本案实际情况，电子公司与王某约定两次试用期并不违反法律禁止性规定，亦不属于应支付赔偿及工资差额的情形。

案例2. 因办理上海户籍而设置的"违约金"条款是否有效？

案例实录：邹某于2017年7月3日入职某医药公司（以下简称医药公司），4月28日，邹某向医药公司出具承诺书一份，载明因公司为本人办理上海户籍，故同意服务满5年，否则向公司支付违约金，服务期每未满1年，向公司支付违约金人民币2万元整。12月28日，邹某的上海市户籍申报事宜办理完毕。2018年5月8日，邹某提出辞职。此后医药公司提起仲裁，要求邹某支付提前离职的违约金10万元。

专家分析：根据《劳动合同法》的规定，劳动者只需提前30日以书面形式通知用人单位，就有权解除劳动合同，如果劳动者违法解除劳动合同给用人单位造成损失，用人单位可以向劳动者行使赔偿请求权，除此之外，用人单位不得要求劳动者对辞职行为承担违约责任。然而，现实中包括北京、上海在内的特大城市的户籍办理难度较大，其内隐的价值并不能轻易否认。如果一律判决劳动者在承诺后可以肆意反悔，也可能导致双方利益失衡，故目前上海、北京两地司法实践对于该类特殊情形确有判决员工承担违约责任的诸多案例。如本案法院认为，虽然上海市户籍本身只是一个身份及居住地证明，没有可直接确定的经济利益，但依据现行的政策，上海市户籍在诸多方面与非上海市户籍人员所享有的条件、待遇均有所不同，其内含的隐性价值是客观存在的。并且在非上海生源应届普通高校毕业生申报办理上海市户籍的过程中，除对毕业生的学历、毕业院校、学习成绩、能力水平等个人条件进行评分之外，用人单位也是必备的要素和考量内容之一。在此情况下，被告为办理上海市户籍而向原告出具承诺书，对服务期以及违约金进行承诺，原告予以认可和接受，该约定系双方真实意思表示，内容不违反法律法规的强制性规定，且服务期的期限及违约金的标准亦无明显不当，应属有效。最终法院酌定邹某向医药公司支付违约金 80000 元。

案例 3. Termination 是解除还是终止，150 万元解约金条款是否有效？

案例实录： 张某于 2013 年 2 月入职某传媒公司工作，担任首席运营官一职，年薪为人民币 180 万元。双方签订一份 3 年期的英文劳动合同。合同约定："若公司自雇用之日起 36 个月内，由于公司原因 terminate（解除/终止）你的合同，公司将在 30 日内向你支付 200000 欧元作为终止合同之赔偿。"后因公司提前解散，传媒公司向张某发出了终止通知。此后张某申请仲裁，要求传媒公司支付 150 万元人民币的解约金，传媒公司则主张英文 termination 应翻译成解除，本案系法定终止，不应支付解约金，即使适用因违约金过高应酌情减少。张某则主张 termination 应翻译成解除或终止，故仍应支付解约金。

专家分析： 虽然《劳动合同法》严格限制用人单位对劳动者设置违约金（仅限于专项培训和竞业限制），但并未对用人单位承担违约金作出限制。如双方就用人单位行使劳动合同解除权作出法律以外的限制，包括支付高额的解约金，不为法律所禁止，相关合同条款系双方当事人真实意思表示，属于合法有效的约定，故传媒公司主张酌减并无依据可循。本案中双方就解除原因的适用产生争议，包括对英文 termination 的翻译各执一词，然作为劳动合同条款的制定方本应通过合同避免分歧，故在双方对合同条款有歧义时应作对条款制定方不利的解释，最终法院判决传媒公司败诉。

◆ 专家建议

综合上述案例以及企业在劳动合同条款确定中的潜在法律风险，如下建议可供参考：

1. 劳动合同应载明必备条款

鉴于必备条款是否缺失直接影响到劳动合同的成立与否，用人单位在与员工签订劳动合同时，应按照《劳动合同法》第十七条的规定明确合同期限、劳动报酬、工作内容、工作地点等核心内容，避免缺失必备条款导致未能签署劳动合同的情况出现。同时，从规范文本名称角度，应避免出现以offer、入职申请表、聘书等替代劳动合同的情形。

2. 设置非必备条款应注意法律限制

目前法律对用人单位设置试用期有严格限制，具体包括：

（1）试用期限不得超过法律规定的上限；

表1－6　劳动合同期限与试用期限对照表

劳动合同类型		试用期长短
无固定期限劳动合同		不超过6个月①
固定期限劳动合同	不满3个月	不得约定试用期
	3个月（含）以上不满1年的	不得超过1个月
	1年（含）以上不满3年的	不得超过2个月
	3年（含）以上	不得超过6个月
以完成一定任务为期限劳动合同		不得约定试用期

① 《民法典》第一千二百五十九条规定：“民法所称的‘以上’、‘以下’、‘以内’、‘届满’，包括本数；所称的‘不满’、‘超过’、‘以外’，不包括本数。”

（2）不得单独签订试用期合同；

（3）同一用人单位与同一劳动者只能约定一次试用期，应当特别注意的是，用人单位与劳动者协商延长试用期存在较大的法律风险；

（4）试用期的工资不得低于用人单位所在地的最低工资标准，同时不得低于本单位相同岗位最低档工资或者劳动合同约定工资的百分之八十。

3. 劳动合同约定违约金有严格限制

根据《劳动合同法》规定，在劳动合同中对劳动者设置违约金条款仅限于“专项培训服务期”和“竞业限制”两种情形，除此之外不得与劳动者约定违约金，包括不得针对员工的违纪行为、失职行为、辞职行为设置违约金。当然，一旦涉及培训服务期和竞业限制事项，则用人单位必须与员工明确约定违约金，否则会因无法举证实际损失从而导致“竹篮打水一场空”的悲剧。但如果用人单位为了吸引人才，对己方设置解约违约金，则必须清晰界定适用情形和范围（如严格依照《劳动合同法》的相关条款来描述离职理由），避免产生类似案例 3 的争议。

◆ 相关法规

《劳动合同法》

第十七条 劳动合同应当具备以下条款：

（一）用人单位的名称、住所和法定代表人或者主要负责人；

（二）劳动者的姓名、住址和居民身份证或者其他有效身份证件号码；

（三）劳动合同期限；

（四）工作内容和工作地点；

（五）工作时间和休息休假；

（六）劳动报酬；

（七）社会保险；

（八）劳动保护、劳动条件和职业危害防护；

（九）法律、法规规定应当纳入劳动合同的其他事项。

劳动合同除前款规定的必备条款外，用人单位与劳动者可以约定试用期、培训、保守秘密、补充保险和福利待遇等其他事项。

第十九条 劳动合同期限三个月以上不满一年的，试用期不得超过一个月；劳动合同期限一年以上不满三年的，试用期不得超过二个月；三年以上固定期限和无固定期限的劳动合同，试用期不得超过六个月。

同一用人单位与同一劳动者只能约定一次试用期。

以完成一定工作任务为期限的劳动合同或者劳动合同期限不满三个月的，不得约定试用期。

试用期包含在劳动合同期限内。劳动合同仅约定试用期的，试用期不成立，该期限为劳动合同期限。

第二十二条 用人单位为劳动者提供专项培训费用，对其进行专业技术培训的，可以与该劳动者订立协议，约定服务期。

劳动者违反服务期约定的，应当按照约定向用人单位支付违约金。违约金的数额不得超过用人单位提供的培训费用。用人单位要求劳动者支付的违约金不得超过服务期尚未履行部分所应分摊的培训费用。

用人单位与劳动者约定服务期的，不影响按照正常的工资调整机制提高劳动者在服务期期间的劳动报酬。

第二十三条 用人单位与劳动者可以在劳动合同中约定保守用人单位的商业秘密和与知识产权相关的保密事项。

对负有保密义务的劳动者，用人单位可以在劳动合同或者保密协议中与劳动者约定竞业限制条款，并约定在解除或者终止劳动合同后，在竞业限制期限内按月给予劳动者经济补偿。劳动者违反竞业限制约定的，应当按照约定向用人单位支付违约金。

第二十五条 除本法第二十二条和第二十三条规定的情形外，用人单位不得与劳动者约定由劳动者承担违约金。

第六节　劳动合同签署过程的风险防控

◆ 必备知识

1. 劳动合同必须采取书面形式

《劳动合同法》第十条第一款规定："建立劳动关系，应当订立书面劳动合同。"用人单位一旦决定招录建立全日制劳动关系的员工，就应当与劳动者签订书面劳动合同，所谓"书面形式"，根据《民法典》的相关规定是指合同书、信件和数据电文（包括电报、电传、传真、电子数据交换和电子邮件）等可以有形地表现所载内容的形式。实践中，用人单位一般与劳动者通过合同书方式签订书面合同。

2. 劳动合同应自用工之日起一个月以内签订

用人单位与劳动者存在合同条款磋商的过程，因此法律给予双方一个月的协商期。《劳动合同法》第十条第二款规定："已建立劳动关系，未同时订立书面劳动合同的，应当自用工之日起一个月内订立书面劳动合同。"所谓"一个月"，如果员工入职系首个日历天数（1 日），则按自然月确定一个月的经过。如果员工入职始于非首个日历天数，参考相关司法解释①，应以 30 日作为一个月的计算单位。

3. 未签订书面合同用人单位应支付二倍工资

《劳动合同法》第八十二条第一款规定："用人单位自用工之日起超过一

① 最高人民法院《关于贯彻执行〈中华人民共和国民法通则〉若干问题的意见（试行）》第一百九十八条第一款规定："当事人约定的期间不是以月、年第一天起算的，一个月为三十日，一年为三百六十五日。"

个月不满一年未与劳动者订立书面劳动合同的，应当向劳动者每月支付二倍的工资。”由此可见，用人单位未及时签订合同将面临向劳动者支付二倍工资的不利后果，该“二倍工资”已包含用人单位基于劳动者提供劳动给付的一倍工资，而非另付二倍工资。

表 1－7　未签署劳动合同的法律责任

未签署劳动合同的时间段	法律责任
入职后一个月内	无
入职后超过一个月不满一年	二倍工资
入职后满一年	视为无固定期限劳动合同

◆ 典型案例

案例 1. 通过电子签约平台签署的电子劳动合同是否有效?

案例实录：余某于 2018 年 7 月入职某网络科技公司（以下简称网络公司），余某使用加载 eID 的工商银行金融 IC 卡在某电子合同缔约平台注册了账号，并与网络公司签订了一份线上为期 3 年的劳动合同。2019 年 4 月，余某离职后申请仲裁要求网络公司支付未签订劳动合同的二倍工资差额 5 万元。余某认为电子合同并非法律规定的书面形式，且网络公司并未提供相关电子合同的副本。

专家分析：《劳动合同法》第八十二条规定，用人单位自用工之日起超过一个月不满一年未与劳动者订立书面劳动合同的，应当向劳动者每月支付二倍的工资。《民法典》第四百六十九条规定，书面形式是合同书、信件、电报、电传、传真等可以有形地表现所载内容的形式。以电子数据交换、电子邮件等方式能够有形地表现所载内容，并可以随时调取查用的数据电文，视为书面形式。本案中余某并未否认其通过电子合同缔约平台与网络公司签署合同，而仅主张电子数据并非法定书面形式，该主张与相关法律规定相悖，仲裁委员会最终驳回了余某的仲裁请求。

案例2. 补签劳动合同后是否应支付双倍工资?

案例实录: 周某于2013年3月1日进入安徽省某环保公司(以下简称环保公司)工作,9月双方补签了一份期限自2013年3月1日至2015年2月28日的劳动合同。2014年1月,周某被环保公司解聘。后周某申请仲裁,要求环保公司支付2013年4月至9月期间未签订书面劳动合同双倍工资差额13606.68元。环保公司则认为补签的劳动合同是双方真实意思表示,视为已签订劳动合同,不同意周某的仲裁请求。

专家分析:《劳动合同法》规定了未签订劳动合同的用人单位应向劳动者支付双倍工资,但未禁止用人单位与劳动者通过事后补签书面劳动合同来改变违法状态,加之补签合同系双方真实意思表示,可以理解为对原劳动关系履行期间权利义务予以书面化,对劳动者更为有利。本案发生在安徽省,安徽省高级人民法院《关于审理劳动争议案件若干问题的指导意见》第十一条规定,用人单位和劳动者补签劳动合同,该补签行为是双方真实意思表示,劳动者主张补签之日前劳动合同期内的双倍工资,人民法院不予支持。最终,仲裁机构驳回了周某的仲裁请求。

应当注意的是,在司法实践中,用人单位与劳动者虽然补签劳动合同,但未补签到实际用工之日的,对实际用工之日与补签之日之间相差的时间,劳动者仍有权主张未订立劳动合同的二倍工资。

◆ 专家建议

综合上述案例以及企业在签订劳动合同中的潜在法律风险,如下建议可供参考:

1. 避免以offer、求职申请表替代劳动合同

虽然在司法实践中,根据具备必备条款的offer也可认定双方已经签订书面合同。但对于用人单位而言仍存在较大的法律风险。一则各地司法审判实践差异较大,对劳动合同必备条款的“充分”程度仍有不同理解,如果严格根据《劳动合同法》第十七条判断，多数 offer 并不完全具备所有法定必备条款。二则仅有 offer，部分权利义务可能无从界定，用人单位也失去了通过劳动合同确定权利义务的机会。

考虑到现实当中劳动合同广泛运用于社保登记、公积金缴纳、居住证办理等事项，仍建议用人单位与员工签订正式书面劳动合同。在签署书面劳动合同过程中，用人单位应注意加盖法定印章（公司公章和合同专用章），避免以“人事专用章”等内设机构印章替代，同时就劳动合同交付员工的过程进行相应的证据固定，如在用人单位留存的劳动合同正本上写明员工已领取劳动合同正本一份，避免员工事后否认收到过劳动合同。

2. 签署电子劳动合同应注意证据固定

随着互联网的普及，用人单位通过电子数据方式强化用工全流程管理的情况愈加普遍，电子劳动合同也不例外。但用人单位落实电子劳动合同签署应注意以下事项：

（1）选择合格的供应商。如涉及劳动合同需电子签名的，依据《电子签名法》等相关规定，电子签名需要第三方认证的，由依法设立的电子认证服务提供者提供认证服务。故用人单位在甄选供应商时需审核相应的资质。

（2）劳动者的签约身份应通过多渠道验证，比如通过视频录像、银行 IC 卡、支付宝等方式进行交叉验证。如仅通过真实的手机号码、身份证材料进行账户印证，员工事后仍可能否认其实际签署了相关电子合同。

（3）电子合同的签署过程有可靠的时间戳予以印证。即电子签约平台应当保证涉案合同的签署经过，包括何时注册、何时验证、何时签署上传等均有相应的痕迹和记录。在发生争议时，电子签约平台能够提供相关证据加以证明或配合公证机关办理公证手续。

3. 签订及续签劳动合同应及时

用人单位一旦与劳动者建立劳动关系，必须在一个月内及时签订劳动合同。而对劳动合同期满的情况，也应在合同期满前及时办理续订劳动合同手续。否则在以上两种情况下用人单位均会面临支付双倍工资的风险。

对于总经理、人事经理等特殊群体的劳动合同，用人单位也应建立特殊的审批流程，由董事会、更高级别的主管与之签订劳动合同，并妥善保管劳动合同文本，避免支付双倍工资的风险。

4. 拒签劳动合同应及时处理

现实中也有部分劳动者为了追求额外利益，故意不主动签订劳动合同，或一直拖延签订。此时用人单位不能存有侥幸心理，而应积极督促劳动者签订劳动合同并明确告知逾期未签订劳动合同的后果，如果在合理期限内仍未签订，用人单位应及时书面通知终止事实劳动关系，避免双倍工资乃至“视为签订无固定期限劳动合同”的风险。

5. 补签劳动合同应注意技巧

目前法律并不禁止补签或倒签劳动合同，只要双方协商一致，不存在欺诈、胁迫、乘人之危等情形，双方补签或倒签的劳动合同仍然具有法律效力。所谓“补签”，是指用人单位与劳动者事后签订劳动合同，但把合同期限往前移至用工之日，签订日期仍为补签合同的时间。所谓“倒签”，是指用人单位与劳动者事后签订劳动合同，但把合同期限往前移至用工之日，同时签订日期也调整为劳动关系建立之初。虽然“倒签”有违背客观事实之嫌，但司法实践中法院更倾向于认定劳动者放弃双倍工资，产生与自始签订合同一样的法律效果，其对用人单位而言风险反而更小。

◆ 相关法规

《劳动合同法》

第八十二条 用人单位自用工之日起超过一个月不满一年未与劳动者订立书面劳动合同的，应当向劳动者每月支付二倍的工资。

用人单位违反本法规定不与劳动者订立无固定期限劳动合同的，自应当订立无固定期限劳动合同之日起向劳动者每月支付二倍的工资。

《劳动合同法实施条例》

第五条 自用工之日起一个月内，经用人单位书面通知后，劳动者不与用人单位订立书面劳动合同的，用人单位应当书面通知劳动者终止劳动关系，无需向劳动者支付经济补偿，但是应当依法向劳动者支付其实际工作时间的劳动报酬。

第六条 用人单位自用工之日起超过一个月不满一年未与劳动者订立书面劳动合同的，应当依照劳动合同法第八十二条的规定向劳动者每月支付两倍的工资，并与劳动者补订书面劳动合同；劳动者不与用人单位订立书面劳动合同的，用人单位应当书面通知劳动者终止劳动关系，并依照劳动合同法第四十七条的规定支付经济补偿。

前款规定的用人单位向劳动者每月支付两倍工资的起算时间为用工之日起满一个月的次日，截止时间为补订书面劳动合同的前一日。

《民法典》

第四百六十九条 当事人订立合同，可以采用书面形式、口头形式或者其他形式。

书面形式是合同书、信件、电报、电传、传真等可以有形地表现所载内容的形式。

以电子数据交换、电子邮件等方式能够有形地表现所载内容，并可以随时调取查用的数据电文，视为书面形式。

《电子签名法》

第十三条 电子签名同时符合下列条件的，视为可靠的电子签名：

（1）电子签名制作数据用于电子签名时，属于电子签名人专有；

（2）签署时电子签名制作数据仅由电子签名人控制；

（3）签署后对电子签名的任何改动能够被发现；

（4）签署后对数据电文内容和形式的任何改动能够被发现。

当事人也可以选择使用符合其约定的可靠条件的电子签名。

第七节　规章制度的制定与签署

◆ 必备知识

1. 用人单位有义务制定和完善规章制度

《劳动法》第四条规定，用人单位应当依法建立和完善规章制度，保障劳动者享有劳动权利和履行劳动义务。依法制定规章制度不仅是用人单位的权利，也是用人单位的义务。

用人单位制定规章制度是推进用工管理、维护企业自主权的重要途径，也是体现企业内部合规、保障员工管理公平性的重要体现。用人单位缺失规章制度不代表相关管理人员可以自由发挥、滥用管理自主权，相反，其管理权的行使会受到更多的限制和挑战。

2. 制定规章制度需要兼顾内容合法和程序合规

用人单位制定的规章制度内容不得与法律规定相抵触自不待言，肆意排除劳动者权利的规章制度条款不仅无效，而且在发生损害劳动者利益的情形下，劳动者还可以规章制度违法向公司提出离职并索要经济补偿金。

另外，用人单位制定规章制度的程序也需符合法定要求，包括制定的主体应当与劳动合同主体一致，制定的过程需履行民主程序和公示告知程序。

3. 规章制度内容需与劳动用工管理相关

虽然用人单位在哪些领域制定哪些具体的规则属于用人单位自主权范畴，但任何权利均不得滥用。用人单位就劳动合同订立履行相关的事项可设定具体义务，但如果用人单位通过规章制度干预劳动者的私生活，如规定员工在外举债属于违纪行为，则属于越权设定义务，难以得到法院支持。

此外，即使与劳动用工相关的事项，用人单位的规章制度内容仍需考虑合理性，如用人单位规定迟到一次即解除劳动合同，该内容虽并非法律所禁止，但该条款对劳动者而言明显过于严苛，涉嫌滥用企业管理权，在司法实践中，对完全缺失合理性的规章制度，人民法院可行使自由裁量权否定其约束力。

◆ 典型案例

案例1. 集团公司的规章制度能否适用于下属企业职工?

案例实录：许某于2005年10月9日入职阿里巴巴软件公司（以下简称软件公司）工作，因许某在职期间存在多次不在岗行为，软件公司于2015年6月3日解除了与许某的劳动合同。许某申请仲裁要求支付赔偿金。案件审理过程中，软件公司提供了《员工纪律制度》征求意见和公示程序的相关公证书，公证书系由阿里巴巴（中国）有限公司和淘宝（中国）软件有限公司申请公证。许某主张该规章制度系集团公司制定，制定主体不合法，无法适用于许某本人。

专家分析：根据《劳动法》等相关规定，用人单位应依法制定规章制度，故规章制度的制定主体通常应与劳动合同签订的主体相符。但是，在集团企业内部，关联公司之间共享组织架构、共享管理权的情况亦十分常见，多家公司适用相同内容的规章制度既保障了集团内用工管理上的公平，亦未严重损害劳动者利益，故集团公司制定规章时已广泛征求集团旗下公司相关员工的意见，并向所有员工履行公示告知程序的，不应轻易否定其效力。本案一审法院以制定主体不适格为由判决公司败诉，二审法院则认为许某在与软件公司缔结书面劳动合同时，对集团公司可以成为约束其劳动行为的规章制度的制定主体明知且并未持异议，且集团公司制定规章制度时已广泛采集各关联公司员工的意见并向许某本人履行了告知义务，故而最终改判用人单位合法解除劳动合同，无须向许某支付赔偿金。

案例 2. 通过办公自动化系统征求员工意见是否视为民主程序？

案例实录：开某于 2010 年 12 月 1 日至 H 公司工作，双方签订《劳动合同书》，约定开某具体从事婴线终端推广员工作。2015 年 5 月 20 日，H 公司以开某虚假报销违反《员工手册》规定为由，向开某送达《解除劳动合同通知书》。此后开某申请仲裁，要求 H 公司支付违法解除赔偿金。经查，涉案《员工手册》（征求意见稿）系由 H 公司人力资源部门在 2014 年 7 月 25 日至 8 月 1 日期间通过 OA 办公系统（办公自动化系统）向全体员工征求意见，员工可在五个工作日内反馈修改建议或意见。期满后，公司通过 OA 办公系统正式向全体员工发布《员工手册》，并提醒公司员工及时查阅、遵照执行。庭审中开某主张通过 OA 系统征求意见不能证明与全体职工进行协商，未履行民主程序。

专家分析：《劳动合同法》第四条规定，用人单位制定规章制度应履行法定民主程序，具体指“应当经职工代表大会或者全体职工讨论，提出方案和意见，与工会或者职工代表平等协商确定”。然法律并未对讨论、协商的具体形式作出规定，亦未规定民主程序存在瑕疵将导致规章制度无效。但探究规章制度民主程序的本旨，乃是充分保障职工在规章制度制定过程中的知情权和发言权，而非满足与员工协商一致的条件。随着现代化办公方式的普及，用人单位通过 OA 办公系统、单位局域网、电子邮件等方式与劳动者进行信息沟通与交流已成常态。本案中，H 公司将《员工手册》（征求意见稿）通过 OA 办公系统向全体员工发布，征询员工的意见或建议，员工如认为内容不适当，完全有权利向 H 公司提出，进而通过协商予以修改完善，员工未提修改意见或建议并不意味着平等协商的民主程序未履行。最终，法院认定涉案《员工手册》已履行民主程序，具有法律效力，可以作为处理员工的依据。

案例 3. 禁止携带手机进入车间，是否侵犯通信自由？

案例实录：杨某于 2008 年 2 月 18 日入职深圳某音响生产企业（以下简称音响公司），工作岗位为调试机器技术人员。2016 年 6 月 22 日及 9 月 6 日，音响公司分别发出通知，称基于其与客户签订保密协议和合理防止产品技术外泄风险，规定禁止员工携带手机进入车间，如有携带手机的，上班前必须交与各班组长存在保安室储物柜以待下班领回，有违上述规定者予以开除。杨某确认收到上述通知，并且在2016年9月6日的通知上签名。11月21日，音响公司在例行巡线检查时发现杨某携带手机，后基于上述规定对杨某作出开除处理。杨某遂申请仲裁要求给付赔偿。

庭审中，杨某主张禁止携带手机涉嫌侵犯通信自由，剥夺了劳动者的即时通信权，在未给公司造成损失的情况下难以认定严重违纪且相关制度规定未履行民主程序。音响公司则提供了与第三方公司签订的保密协议，证明基于客户的保密要求，如公司违约需承担相关责任并因此可能丧失客户订单。

专家分析：当前，劳动者随时携带手机已经成为普遍的生活习惯，也是实现个人通信自由的主要方式。在劳动者个人通信自由权与企业用工自主权发生冲突时，应作合理的权利平衡，避免过分夸大一方的权利而损害另一方的权利。本案中音响公司基于客户保密、控制产品信息泄密风险等需要，要求员工在工作时间内不得携带手机进入车间，未禁止员工在其他场所或时间段使用手机，应属行使公司自主权范畴，音响公司就相关制度的必要性、合理性提供了与第三方签署的保密协议等予以佐证，即违反保密协议可能因此丧失客户订单，而订单丢失不仅影响到公司的经营，也直接影响到全体员工的利益。故涉案的相关规定难言过于严苛，尚未构成权利滥用，杨某在上述行为可导致开除的情况下仍实施公司明令禁止的行为，应承担相应的后果。最终法院判定杨某败诉，法院认为主张禁止员工携带手机进入车间是“剥夺劳动者即时通信权”的意见，过分强调员工的个人权利，忽略了公司应享有的经营管理自主权和员工在工作期间、工作场所使用手机可能对公司造成的不良后果，法院不予采纳。

◆ 专家建议

综合上述案例以及企业在制定规章制度中的潜在法律风险，如下建议可供参考：

1. 用人单位应依法制定、完善规章制度

从员工入职到离职，员工与公司之间会在诸多方面产生权利义务关系，用人单位有必要在重点领域建立和完善规章制度。需指出的是，规章制度并非员工手册，而是涉及对员工管理规范的统称。

通常，涉及员工管理的规章制度会涉及以下内容，来确保相关规范的完整性：

（1）制度的适用范围（如劳务派遣人员、实习生、退休返聘人员、外籍员工是否适用）；

（2）聘用原则与入职程序；

（3）个人信息和隐私保护规范；

（4）工作时间（如上下班时间、工时制度等）；

（5）休息休假（如各类假期的待遇、申请和审批程序）；

（6）薪酬福利（如工资发放时间、奖金、商业保险的使用）；

（7）工作表现评估（涉及绩效考核、评估等）；

（8）商业道德准则（涉及诚信、反腐败等）；

（9）培训与职位发展（涉及职位调整、晋升、调动等）；

（10）奖励与惩戒（涉及常见违纪行为的界定、处罚措施和处理程序）；

（11）问责制度（涉及员工失职的处理）；

（12）内部沟通与申诉；

（13）行政管理及公司各类资源使用规定（如办公物品、电子资源等）；

（14）相关术语的定义。

此外，业务部门也可从业务角度制定相关规章制度，以确保公司的各项经营活动有序规范。

2. 规章制度应当避免张冠李戴、内容违法或程序违规

如前所述，规章制度制定过程中，应避免以下常见的误区：

（1）制定主体不适格。如用人单位发生变更后，应及时签署新公司的规章制度；又如使用集团公司的规章制度，应在集团公司层面明确规章制度的适用主体清单，同时在履行民主和公示程序时应广泛采集下属公司所有员工的意见。

（2）内容不合法或排除劳动者权利。如规定员工拒绝加班可作违纪处理，加班调休未申请自动作废等。

（3）制度内容越权设定义务。即对于与劳动合同订立、履行无关的事项设置惩戒条款，如员工拒绝参加公益活动作纪律处分，或员工乘坐黑车上下班可作开除处理等。

（4）内容过于苛刻。对于严苛的条款，用人单位在制定制度时应明示设置的目的和原因，并在日常用工管理过程中加强培训，重申其重要性，以便于发生争议后予以合理解释。

（5）未履行民主程序。用人单位可通过与工会、职工代表或全体职工协商的方式履行民主程序，具体可通过会议纪要、群发邮件、员工沟通会等多种方式固定相关证据。

（6）未履行公示告知程序。虽法律规定用人单位可采取公示或告知任意一种方式以确保员工知晓制度内容，但从控制证据风险角度，宜公示和告知双管齐下，如安排培训签到，同时通过 OA 系统、电子邮件群发、张贴公示栏等履行公示程序。用人单位还可以在劳动合同中约定具体的公示渠道，并要求员工及时查阅等。

3. 用人单位更新规章制度也需履行法定程序

有些用人单位在制定规章制度时较为严谨并注意相关民主公示程序的证据固定，但就规章制度更新则往往草率了事，导致在发生争议用人单位试图使用更新后的制度约束员工时遭遇阻力，员工或主张不清楚更新后的内容，或主张未履行民主程序更新后的制度无效，给用人单位带来较大的法律风险。

虽然目前从各地司法实践来看，未履行民主程序的制度并非一律无效，或无制度规定就无法惩戒员工，但制度的程序瑕疵仍将导致争议结果的不确定性，或造成损失，或影响后续员工管理，对企业弊大于利。

◆ 相关法规

《劳动法》

第四条 用人单位应当依法建立和完善规章制度，保障劳动者享有劳动权利和履行劳动义务。

《劳动合同法》

第四条 用人单位应当依法建立和完善劳动规章制度，保障劳动者享有劳动权利、履行劳动义务。

用人单位在制定、修改或者决定有关劳动报酬、工作时间、休息休假、劳动安全卫生、保险福利、职工培训、劳动纪律以及劳动定额管理等直接涉及劳动者切身利益的规章制度或者重大事项时，应当经职工代表大会或者全体职工讨论，提出方案和意见，与工会或者职工代表平等协商确定。

在规章制度和重大事项决定实施过程中，工会或者职工认为不适当的，有权向用人单位提出，通过协商予以修改完善。

用人单位应当将直接涉及劳动者切身利益的规章制度和重大事项决定公示，或者告知劳动者。

最高人民法院《关于审理劳动争议案件适用法律若干问题的解释》

第十九条 用人单位根据《劳动法》第四条之规定，通过民主程序制定的规章制度，不违反国家法律、行政法规及政策规定，并已向劳动者公示的，可以作为人民法院审理劳动争议案件的依据。

Chapter 2
劳动合同履行的 5 大核心要素

劳动合同履行是劳动关系领域的重要内容，履行的依据不仅包括劳动合同的约定、规章制度的规定，还涉及法律法规等强制性规定，诸如社会保险缴纳、加班时间限制、各类休假的权益等。

同时在劳动合同履行过程中，用人单位需要对员工的工作内容实施评估和反馈、对试用期进行针对性管理、对商业秘密和各类知识产权进行保护等，这些内容不仅涉及用人单位的自主权和经济利益，而且与劳动者的切身利益相关，更可能导致劳动合同的解除终止，需要用人单位引起高度重视。

第一节　工时及加班管理中的风险防控

◆ 必备知识

1. 工作时间的概念

《劳动法》规定的工作时间，是指作业时间、准备与结束时间、各类宽放时间和非劳动者个人原因造成的且劳动者处于待命状态的非生产工作时间、停工时间的总和。作业时间，是指直接用于产品加工、完成生产或者工作任务所消耗的时间；准备与结束时间，是指为加工产品、执行特定工作任务事前准备和事后结束工作所消耗的时间；宽放时间包括现场组织管理需要（交接班、安全检查、布置工作、整理现场、设备、资料等）所发生的组织性宽放时间、工艺技术装备需要（设备调整、检查等）所发生的技术性宽放时间、劳动者个人生理需要以及为消除过分紧张疲劳安排的间歇等个人需要与休息宽放时间。

2. 我国执行三种不同工时制度

根据国务院《关于职工工作时间的规定》，我国实行劳动者“每日工作 8 小时、每周工作 40 小时”的标准工时制度。企业因生产特点不能实行前述标准工时制度的，可以在办理行政审批手续后实行不定时工作制或综合计算工时工作制。

其中，不定时工时制度主要适用于劳动者机动作业（外勤、销售、长途运输、装卸等），无法按照标准工时制进行管理，或者劳动者自主安排工作和休息的情形（研发、高级管理人员）。而综合工时制主要适用于生产作业任务不均衡、需要连续工作及连续休息的岗位（如交通、铁路、邮电、水运、航空、渔业、建筑、旅游等行业）。

应当注意的是，用人单位与劳动者仅通过劳动合同约定执行综合工时制或不定时工作制存在法律风险，应尽可能获得各类特殊工时制的行政审批。

表 2-1 不同工时制度的法律区别

工时种类	特点	行政审批	加班类型
标准工时工作制	每日 8 小时，每周 40 小时	×	延时加班、休息日加班、法定节假日加班
综合计算工时工作制	集中工作、集中休息	√	延时加班、法定节假日加班
不定时工时工作制	外勤作业	√	法定节假日加班

3. 延时工作不等于加班

《劳动法》第四十一条规定："用人单位由于生产经营需要，经与工会和劳动者协商后可以延长工作时间，一般每日不得超过一小时；因特殊原因需要延长工作时间的，在保障劳动者身体健康的条件下延长工作时间每日不得超过三小时，但是每月不得超过三十六小时。"换言之，用人单位安排加班应当经过工会或劳动者同意，不可强制要求加班，且加班时间不得超出法律规定的上限（无论执行何种工时制度）。但在涉及公共利益如疫情防控等特殊情况下，加班时长的上限和协商程序可以豁免。

实践当中，也有劳动者自主延长工作时间的情况，由于并未反映用人单位的加班安排，不能视为加班。

4. 加班费支付倍率应结合工时制和加班类型确定

《劳动法》第四十四条规定："有下列情形之一的，用人单位应当按照下列标准支付高于劳动者正常工作时间工资的工资报酬：（一）安排劳动者延长工作时间的，支付不低于工资的百分之一百五十的工资报酬；（二）休息日安排劳动者工作又不能安排补休的，支付不低于工资的百分之二百的工资报酬；（三）法定休假日安排劳动者工作的，支付不低于工资的百分之三百的工资报酬。"

上述加班费的具体支付倍率为标准工时工作制所完整适用，如用人单位对部分岗位执行综合工时制，则需要根据审批周期，参照标准工时制计算周期内的总工时数（如一个月为 20.83[①] × 8 = 167 小时），超出的工时部分计算 1.5 倍延时加班报酬。如表 2 – 1 所示，综合工时制并无休息日加班费，不定时工时制则无休息日和延时加班费。

◆ 典型案例

案例 1. 朋友圈领导“点赞”，能否认定加班？

案例实录：杨某于 2012 年进入江苏某科贸公司（以下简称科贸公司）工作，劳动合同约定杨某岗位为业务代表，实行标准工时制度。2018 年 8 月杨某离职后申请仲裁，要求科贸公司支付休息日加班费。庭审中杨某提供了自行制作的加班统计表并提供朋友圈内容作为佐证，朋友圈内容显示杨某于休息日从事奶粉推广活动，有主管领导“点赞”记录。科贸公司则举证《考勤规定》并主张根据规定加班需申请，领导“点赞”不属于审批同意加班。在法庭要求科贸公司按照上述规定提供杨某在职期间的考勤记录时，科贸公司表示实际上未对杨某实行过考勤，无法提供考勤记录。

专家分析：加班是指经用人单位安排或同意，劳动者在法定工作时间以外继续从事本职工作的情形。根据相关司法解释，劳动者应就加班事实承担举证责任。本案中杨某提供的加班统计表与朋友圈记载的时间和内容基本相符，已就休息日加班事实承担了初步举证义务。然而科贸公司虽举证《考勤规定》但并无证据证明实际执行该制度规定（包括考勤和加班审批），双方劳动合同又约定杨某执行标准工时制，科贸公司应就无法提供考勤记录承担不利后果，最终，法院根据朋友圈的相关记录支持了杨某的部分诉讼请求。

案例 2. “996 工作制”可否认定超时加班？

案例实录：张某于 2017 年 3 月入职天津某教育科技公司（以下简称科技

---

① 《关于职工全年月平均工作时间和工资折算问题的通知》（劳社部发〔2008〕3 号）规定，月工作日：250 天 ÷ 12 月 = 20.83 天/月。

公司）担任体验官负责人一职，离职后申请仲裁要求科技公司支付加班费。张某主张公司实际执行“996 工作制”，即每周工作 6 天，周日休息，工作时间为早 9 点至晚 9 点，中间午休 1 小时。为此，张某举证了一封科技公司首席运营官唐某向该公司管理人员发送的邮件，邮件名为“【非常重要】关于在管理层中严格要求‘996 工作制’的决定”的邮件，内容载明：“公司高层郑重向各位管理者明确提出如下三点要求：一、从明天起，所有带团队的管理者，每周必须至少工作 72 小时（保证总量要求，适当弹性）……管理层会议一般放到晚上和周末开（销售市场等各部门的晨会、夕会正常进行）……”此外张某还举证了大量电子邮件和微信记录佐证实际加班事实。科技公司对电子邮件真实性无异议，但主张“996 工作制”非强制。

专家分析：根据相关司法解释，劳动者主张加班费的应当就存在加班事实承担举证责任。本案中张某主张工作期间实行“996 工作制”，即每周工作 6 天，周日休息，工作时间为早 9 点至晚 9 点（中间午休 1 小时），其提交的电子邮件系公司首席运营官向管理人员发送，题目及内容措辞为“严格要求‘996 工作制’”“非常重要”“决定”“每周必须至少工作 72 小时”等，上述词语使用与公司主张“996 工作制”并非强制要求明显不符。由于张某另提供了大量邮件和微信记录佐证“996 工作制”的事实，法院最终采信了张某关于存在延时和休息日加班的主张并酌情支持了张某的部分加班费诉请。

案例 3. 延迟复工期间在家办公，可否认定休息日加班？

案例实录：王某于上海某财务公司（以下简称财务公司）工作，2020 年国家延长春节假期后公司继续停工直到 2 月 10 日正式复工。王某于 2 月 3 日至 7 日被安排在家办公。3 月财务公司结算王某工资时按原工资标准核算，王某则提出 2 月 3 日至 7 日延迟复工期间是休息日，即使未提供劳动用人单位也应视为正常出勤支付工资，但其本人于该期间正常在家办公，故应当支付二倍工资方显合理。财务公司则对王某的说法不予认可，认为延迟复工在家办公不属于加班。

专家分析：新冠疫情导致的工时休假争议较多，皆因我国《劳动法》尚未能充分考虑社会公共卫生事件对劳动用工体系的冲击。但基于现行法律规定评价，延迟复工期间系用人单位为遵循防疫政策所导致的期间，该期间部分劳动者无法提供劳动，部分劳动者可在家办公。对于无法提供劳动的劳动者，可参照停工停产规定于第一个工资支付周期内正常给付工资，但不应视为正常出勤①。但对于在家办公者不宜理解为“休息日加班”，休息日仍应由国家层面的法律规定，主张疫情防控导致劳动者休息日增加并无法律依据。

◆ 专家建议

综合上述案例以及企业在执行工时加班制度中的潜在法律风险，如下建议可供参考：

1. 明确员工值班、出差等特殊时间的处理方法

员工值班、午休、出差、工间休息、待命等介于工作和休息之间，极容易产生是否属于工作时间、是否应计算加班费的争议。用人单位可通过规章制度明确上述时间的具体处理方式并固定相关证据。比如，值班应制定值班制度，

---

① 如北京市高级人民法院、北京市劳动人事争议仲裁委员会《关于审理新型冠状病毒感染肺炎疫情防控期间劳动争议案件法律适用问题的解答》（2020年4月23日）规定：“12. 受疫情影响延迟复工或未返岗期间，对不能提供正常劳动的劳动者，如何支付工资待遇？答：用人单位安排劳动者优先使用带薪年休假等各类假（包括用人单位自设的福利假）、综合调剂使用2020年度内休息日的，按照相关休假规定或劳动者正常出勤支付劳动报酬。用人单位可以依据与劳动者协商一致调整后的工资标准支付劳动报酬，调整后的工资标准不得低于本市最低工资标准。未复工时间较短（一般不超过一个月）且不存在第一款、第二款情形的，由用人单位按照劳动者正常工作期间劳动报酬中基本工资、岗位工资等固定构成部分支付，可以不支付绩效、奖金、提成等劳动报酬中非固定构成部分以及与实际出勤相关的车补、饭补等款项，但不得低于本市最低工资标准。未复工时间较长且不存在第一款、第二款情形的，参照《北京市工资支付规定》第二十七条向劳动者支付工资待遇。对于滞留湖北未返京劳动者自2020年3月起基本生活费的发放，按照《关于稳定滞留湖北未返京人员劳动关系有关措施的通知》（京人社办字〔2020〕30号）执行。出差执行工作任务的劳动者，因疫情防控未能及时返京期间的工资待遇由用人单位按正常工作期间劳动报酬支付。未返京期间用人单位停工停业的，按照《北京市工资支付规定》第二十七条处理。出差职工滞留期间的差旅费由用人单位承担。用人单位劳务派遣职工参照本条规定执行。”

明确值班的主要任务并非提供正常劳动，相关值班表应交由值班人员签名确认，并适当给予值班人员值班津贴以提高员工值班积极性；又如，午休时间较长的餐饮等行业企业应明确具体午休时长避免产生争议。出差途中所用时间则可通过支付部分津贴以体现更多合理性。对于因工作生产产生的工间休息、待命时间一般应按工作时间处理。

2. 特殊岗位可申请执行综合工时制和不定时工时制

由于不同工时制所承担的加班成本显著不同，用人单位可根据生产经营特点和劳动者工作性质申请执行特殊工时制，对于员工需要集中工作、集中休息（如做一休一、做二休一）的岗位，可向劳动部门申请执行综合工时制，获得批复后应主动告知劳动者并严格按照综合工时制批复文件中规定的周期核算加班费，避免实际履行与批复不符的情形；对于销售、外勤、市场、高级管理人员则可申请执行不定时工时制以降低加班费成本。有些地区如北京市对高级管理人员豁免不定时工作制审批，但仍建议通过劳动合同予以约定。无论执行何种工时制，用人单位应确保行政许可与劳动合同约定相符。

在无法获得审批但劳动者的岗位又确实符合综合工时制或不定时工时制特点的情形下，用人单位亦可通过制定规章制度或通过劳动合同明确相关特殊工时制度的岗位适用范围，该做法虽不能完全排除法律风险，但可以适度降低加班争议。

3. 完善加班和调休管理

由于劳动争议中加班费争议占比极高，用人单位应完善加班控制流程。对于标准工时制员工，企业可通过加班审批流程控制员工延时工作产生的加班风险，未经申请并获得书面批准可不视为加班。对于确因工作需要产生的加班、双休日加班的可先行补休，但平时加班尽可能通过支付加班费解决避免产生争议，如采取补休方式应尽可能与员工协商一致。对于综合工时制员工则应由上级主管控制加班时数，提升生产工作效率，综合工时可在周期内自主安排工作和补休，只要总工时数未超过法定标准即不存在支付加班费义务；但综合工时制周期内已经存在延时加班的，用人单位只得向员工支付 1.5 倍加班费，而不得跨周期补休。

此外，用人单位制定相关福利制度时应避免加班争议，如有些企业规定加班至晚 8 点以后可以报销打车费，此后员工以相关报销凭证来主张加班事实。用人单位在制定福利政策时应区分加班福利和自主延时工作的福利，避免混淆。

4. 明确加班费计算基数，避免基数争议

因加班费计算基数产生的争议近年来大幅攀升，由于实践中企业的薪资结构较为复杂，有基本工资、各类津贴、补贴、奖金、绩效工资等，劳动者往往事后主张将所有薪酬项目加总作为加班费计算基数，而用人单位则往往主张以基本工资或最低工资作为计算基数。在司法实践中，如果用人单位与劳动者通过劳动合同、协议等方式约定将福利性、考核性或偶发性的浮动收入剔除在加班费计算基数之外，一般予以认可，但是直接约定以当地最低工资作为加班费计算基数则面临较大的法律风险。

◆ 相关法规

《劳动法》

第四十四条 有下列情形之一的，用人单位应当按照下列标准支付高于劳动者正常工作时间工资的工资报酬：

（一）安排劳动者延长工作时间的，支付不低于工资的百分之一百五十的工资报酬；

（二）休息日安排劳动者工作又不能安排补休的，支付不低于工资的百分之二百的工资报酬；

（三）法定休假日安排劳动者工作的，支付不低于工资的百分之三百的工资报酬。

国务院《关于职工工作时间的规定》

第五条 因工作性质或者生产特点的限制，不能实行每日工作 8 小时、每周工作40小时标准工时制度的，按照国家有关规定，可以实行其他工作和休息办法。

劳动部《关于企业实行不定时工作制和综合计算工时工作制的审批办法》

第三条 企业因生产特点不能实行《中华人民共和国劳动法》第三十六条、第三十八条规定的，可以实行不定时工作制或综合计算工时工作制等其他工作和休息办法。

第四条 企业对符合下列条件之一的职工，可以实行不定时工作制。

（一）企业中的高级管理人员、外勤人员、推销人员、部分值班人员和其他因工作无法按标准工作时间衡量的职工；

（二）企业中的长途运输人员、出租汽车司机和铁路、港口、仓库的部分装卸人员以及因工作性质特殊，需机动作业的职工；

（三）其他因生产特点、工作特殊需要或职责范围的关系，适合实行不定时工作制的职工。

第五条 企业对符合下列条件之一的职工，可实行综合计算工时工作制，即分别以周、月、季、年等为周期，综合计算工作时间，但其平均日工作时间和平均周工作时间应与法定标准工作时间基本相同。

（一）交通、铁路、邮电、水运、航空、渔业等行业中因工作性质特殊，需连续作业的职工；

（二）地质及资源勘探、建筑、制盐、制糖、旅游等受季节和自然条件限制的行业的部分职工；

（三）其他适合实行综合计算工时工作制的职工。

北京市劳动和社会保障局《关于印发北京市企业实行综合计算工时工作制和不定时工作制办法的通知》

第十六条 区、县劳动和社会保障局对实行不定时工作制企业批准的实行时限为一至三年；实行综合计算工时工作制的企业在申报的岗位未发生变化的情况下，区、县劳动和社会保障局在批准时可以不规定实行时限，但因生产任务不均衡而实行综合计算工时工作制的企业，批准其实行时限为一至三年。

企业中的高级管理人员实行不定时工作制，不办理审批手续。

国家和本市已规定实行特殊工时制度的企业不再履行审批手续。

第二节　休息休假管理中的风险防控

◆ 必备知识

1. 休息休假权是劳动者的基本权利

休息是人的正常生活需要，包括生理和精神需要。一方面，人在劳动中的体力和脑力消耗需要通过休息得到恢复；另一方面，人除了职业生活（劳动）以外，还需要有家庭生活、文化生活、体育活动和社交活动，这些都需要在休息时间进行。为了保障劳动者休息休假的权利，《劳动法》对劳动者休息权作了多方面规定，具体包括：

（1）用人单位应当保证劳动者每周至少休息一日；

（2）加班每日不得超过三小时，每月不得超过三十六小时；

（3）用人单位在法定节假日应当依法安排劳动者休假；

（4）劳动者依法享受病假、带薪年休假、产假、婚丧假、公假等法定假期待遇。

2. 用人单位侵犯劳动者休息休假权将承担行政和民事责任

《劳动保障监察条例》第二十五条规定："用人单位违反劳动保障法律、法规或者规章延长劳动者工作时间的，由劳动保障行政部门给予警告，责令限期改正，并可以按照受侵害的劳动者每人100元以上500元以下的标准计算，处以罚款。"如果用人单位安排员工超时加班，则面临被行政处罚的风险。

《职工带薪年休假条例》第七条规定："单位不安排职工休年休假又不依照本条例规定给予年休假工资报酬的，由县级以上地方人民政府人事部门或者劳动保障部门依据职权责令限期改正；对逾期不改正的，除责令该单位支付年休假工资报酬外，单位还应当按照年休假工资报酬的数额向职工加付赔偿金……”

由此可见，侵犯劳动者休息休假权不仅将面临行政处罚，还将承担支付加班费、额外支付赔偿等民事责任。

3. 劳动者行使休假权利涉及企业经营管理权，应履行相关程序

除法定节假日和带薪年休假以外，劳动者可享受的病假、产假、公假、婚丧假、陪产假等其他假期应根据公司规定履行请假手续，提交相关证明材料，劳动者持有休假证明却未向公司提交的，不能享受相关假期。如果劳动者提供虚假证明材料或者拒不配合休假期间的工作交接，用人单位有权实施纪律处分。

由于休假将导致劳动者缺勤，用人单位对休假设置相应的程序和实体条件，属于企业自主权范畴，劳动者应当执行。

◆ 典型案例

案例1. 延长春节假期是否为法定节假日？

案例实录：2020年1月国务院办公厅发布《关于延长2020年春节假期的通知》，通知规定：“延长2020年春节假期至2月2日（农历正月初九，星期日），2月3日（星期一）起正常上班。”在某房产公司工作的李某于春节前申请了1月31日和2月1日的带薪年假。后李某以国家延长假期为由向公司交涉能否撤销已审批的年假申请，公司以无法律规定为由拒绝了李某的请求，李某遂向当地劳动部门投诉。

专家分析：国务院《关于职工工作时间的规定》第四条规定：“在特殊条件下从事劳动和有特殊情况，需要适当缩短工作时间的，按照国家有关规定执行。”2020年1月国家延长春节假期是因疫情防控这一“特殊情况”而产生特殊休息日，其并非“法定节假日”范畴，但基于行政机关的决定整体豁免了劳动者在该两日内的劳动义务，而带薪年假不得在法定节假日和休息日安排，故延长春节假期之前已审批的年假应允许劳动者撤销并重新安排，后经劳动部门协调，房产公司为李某补了两天年假。基于整体缩短工时的考量，对于执行综合工时制的员工如在延迟春节假期内未提供劳动，用人单位也不得在2020年度内安排劳动者补回等量工作时间①。

对于其他假期与延长春节假期重合的情形需分类讨论，如员工产假、延长生育假、停工留薪期、医疗期与延长春节假期竞合的，不作顺延；对于婚丧事假是否顺延，则应由双方协商确定②。

案例2. 病假工资政策中的"地方规定"如何理解?

案例实录：吴某于2008年1月与上海某商贸公司（以下简称商贸公司）签订劳动合同，但其工作地点在北京。2017年3月起吴某陆续请病假，其间商贸公司按照北京市最低工资标准的80%计发吴某的病假待遇。商贸公司的员工手册则规定，病假工资按照地方政府规定执行。2018年10月吴某离职后申请仲裁，要求商贸公司支付病假工资差额45000元，其理由为商贸公司注册地在上海，应执行上海市的病假工资规定，故存在差额。商贸公司则主张吴某在北京工作，应适用北京市的病假工资规定。

专家分析：1995年《劳动法》中未规定病假工资如何发放，原劳动部《关于贯彻执行〈中华人民共和国劳动法〉若干问题的意见》则规定："职工

---

① 部分地区亦对此问题进行明确，如北京市高级人民法院、北京市劳动人事争议仲裁委员会《关于审理新型冠状病毒感染肺炎疫情防控期间劳动争议案件法律适用问题的解答》（2020年4月23日）规定："6. 2020年春节延长放假期间加班费，如何计算？答：2020年1月31日、2月1日为春节延长假期，2月2日为正常休息日，上述3天用人单位安排实行标准工时制的劳动者加班的，可先行安排补休，不能安排补休的，支付不低于本人工资200%的加班工资。劳动者1月31日、2月1日休息的，用人单位应当视同劳动者正常出勤支付劳动报酬。对于实行综合计算工时工作制的劳动者，用人单位需减去1月31日和2月1日的对应工作时间，即从周期内的法定标准工作时间总数中减去该两日（共计16小时）的工作时间后，再行计算是否应支付延时加班工资。"

② 如广东省高级人民法院、广东省人力资源和社会保障厅《关于审理涉新冠肺炎疫情劳动人事争议案件若干问题的解答》（粤高法〔2020〕38号）规定："2. 2020年春节延长假与其他假期、医疗期、停工留薪期重叠，应如何处理？产假、奖励假、陪产假（看护假）、停工留薪期及医疗期与2020年春节延长假重叠的，不得顺延。年休假与2020年春节延长假重叠的，可以顺延，或者由劳动者另行申请或者由用人单位另行安排。婚丧假、事假与2020年春节延长假重叠的，可由劳动者与用人单位依法协商安排。"

患病或非因工负伤治疗期间，在规定的医疗期内由企业按有关规定支付其病假工资或疾病救济费，病假工资或疾病救济费可以低于当地最低工资标准支付，但不能低于最低工资标准的 80% 。”即国家层面仅规定了病假工资的底线不能低于当地最低工资标准的 80% ，但具体支付比例并未规定。目前全国各省市对病假工资的规定差异较大，如上海市、浙江省、陕西省、重庆市、黑龙江省、山东省、深圳市等地均规定了具体比例（见表 2 - 2），而全国多数地区包括北京市、江苏省等在内均由用人单位自行制定政策，但病假待遇不得低于当地最低工资的 80% 。

本案中商贸公司员工手册规定病假工资按“地方规定”，但未明确系执行注册地规定还是劳动合同履行地规定，故条款内容有歧义应作有利于劳动者的解释，最终法院按上海市病假工资标准（工龄 8 年，病假工资按月工资的 100% ）判决商贸公司补发病假工资差额。此外，需要注意的是如果公司员工手册规定的病假待遇高于地方规则，则应按公司制度规定执行。

案例 3. 疫情延迟复工期间可否强制安排带薪年休假?

案例实录：某金融企业于 2020 年 2 月初发布公告称：“公司统一安排的延迟复工期间以及员工因各类原因无法及时到岗的，将首先安排带薪年假。”该公告通过邮件群发后遭到部分员工的质疑，有员工提出，带薪年休假安排应与员工协商一致，不应直接统筹安排。公司方则认为年休假可以统筹安排无须征得员工本人同意。

专家分析：《企业职工带薪年休假实施办法》第九条规定：“用人单位根据生产、工作的具体情况，并考虑职工本人意愿，统筹安排年休假。用人单位确因工作需要不能安排职工年休假或者跨 1 个年度安排年休假的，应征得职工本人同意。”上述“考虑职工本人意愿”并非“征得员工本人同意”，而“征得本人同意”限于跨年度安排年休假的情形。故当年度带薪年休假的安排在协商不能达成一致的情况下员工仍应服从公司的统筹安排，本案中员工的质疑并无法律依据。

案例4. 放弃带薪年休假的“奋斗者协议”是否有效？

案例实录：曾某于2012年入职华为技术有限公司（以下简称华为公司）担任产品经理一职。离职后曾某申请仲裁，要求华为公司支付2016年至2018年未休年休假工资49674元。经查，曾某在职期间曾签署一份《奋斗者协议》，其中记载：“我深刻理解公司所处行业充满风险和不确定性，竞争激烈而残酷，按部就班的工作只能获得基本的劳动报酬，如果不努力工作，不艰苦奋斗，就不能获得更好的发展和机会。为获得分享公司长期发展收益的机会，我愿意长期艰苦奋斗，努力工作，自愿放弃享受部分福利待遇，我也理解，分享了公司创造的价值，就不再是简单的劳动者。因此，我承诺：自愿成为奋斗者，自愿放弃在公司工作期间的带薪年休假、带薪年休假工资，在公司工作期间，不申请带薪年休假，不申请带薪年休假工资，即使从公司离职，我无权也不会要求公司支付未休带薪年休假工资。”

专家分析：《职工带薪年休假条例》第五条第三款明确规定：“单位确因工作需要不能安排职工休年休假的，经职工本人同意，可以不安排职工休年休假……”2008年9月18日发布的《企业职工带薪年休假实施办法》第十条规定，用人单位安排职工休年休假，但是职工因本人原因且书面提出不休年休假的，用人单位可以只支付其正常工作期间的工资收入。本案中曾某通过《奋斗者协议》这一书面形式明确放弃带薪年休假，未违反法律规定，最终法院判决曾某败诉。需指出的是，放弃年休假只得以积极、明示的方式作出，用人单位通过制度规定“年休假逾期未申请自动作废”的做法难以获得司法机关支持。

案例5. 员工产假在家办公可否获得“双份工资”？

案例实录：张某月薪3万元，在某公司担任销售经理一职。2018年6月23日，张某诞下一女，其在生产前曾申请128天产假，产假期间公司按每月3万元正常支付了工资（未扣除），张某生产后向社保部门领取了每月8000元的生育津贴。7月18日，张某向上级发送邮件，告知身体已康复良好，在剩余的产假期间可全职在家办公。上级回复：“感谢你让我知道你的计划。”11

月1日，张某返回公司上班。11月张某离职后申请仲裁，向某公司主张额外支付7月至10月期间的工资10万元。张某认为公司于产假期间支付的工资系其在家办公的收入，其应获得的产假待遇扣除已理赔的生育津贴外仍存在差额。某公司则主张公司产假期间支付的工资即为产假待遇，对张某主张产假在家办公的说法不予认可。

专家分析：根据相关规定，产假期间已参保员工可获得生育津贴，如生育津贴低于本人工资，用人单位应作补差。本案中张某未提供证据证明就某公司另行支付产假期间的劳动报酬作过约定，故某公司于产假期间支付的款项难以认定为张某正常出勤的工资报酬。而某公司已按原工资标准支付产假待遇未违反法律规定，最终法院驳回了张某的诉讼请求。实践中确实存在员工产假期间提前返岗的情况，如用人单位同意员工返岗则应做好额外发放工资的准备①。本案中张某通过产假期间的收发邮件拟证明其在家办公正常出勤未被仲裁委和法院采信，但用人单位宜对产假期间提前返岗或在家办公作出明确的制度规定以预防此类争议，最大限度降低法律风险。

◆ 专家建议

综合上述案例以及企业在执行休假管理中的潜在法律风险，如下建议可供参考：

1. 结合国家和地方规定保障员工休假权利

休息休假涉及劳动保护、计划生育、女职工劳动保护等多方面内容，且各地差异较大，对于跨地区经营的企业而言，应结合国家和地方规定保障员工休假的具体权益，包括执行差别化的休假政策，避免“全国一盘棋”的休假政

---

① 浙江省劳动争议仲裁委员会《关于印发〈关于劳动争议案件处理若干问题的指导意见（试行）〉的通知》（浙仲〔2009〕2号）中规定：“女职工产假期间，用人单位经本人同意安排女职工工作的，按以下情形支付工资：（1）已参加生育保险的，女职工领取生育津贴外，用人单位应支付正常上班的工资；（2）未参加生育保险的，用人单位应参照生育保险待遇支付生育津贴，同时支付正常上班的工资。”

策，从而与地方性规定产生冲突。

表 2－2　部分省市病假工资分段计算办法一览表

省份	病休情形	计算基数	情形	计算比例	依据
深圳	所有情形	本人标准工资	医疗期内	60%	《深圳市员工工资支付条例》
山东	停工医疗累计不超过 180 天	本人工资	医疗期内	70%	鲁劳发〔1995〕67 号
	累计超过 180 天			60%	
重庆	医疗期内停工治疗在 6 个月以内	本人工资	连续工龄不满 10 年	70%	渝府发〔2000〕47 号
			满 10 年不满 20 年	80%	
			满 20 年不满 30 年	90%	
			满 30 年及以上	95%	
	医疗期内停工治疗在 6 个月以上		连续工龄不满 10 年	60%	
			满 10 年不满 20 年	65%	
			满 20 年及以上	70%	
陕西	规定医疗期内	约定工资标准	医疗期内	70%	《陕西省企业工资支付条例》

续表

省份	病休情形	计算基数	情形	计算比例	依据
浙江	病假在 6 个月以内	本人工资（不包括加班加点工资、奖金、津贴、物价生活补贴）	连续工龄不满 10 年	50%	浙劳险〔1995〕231 号
			满 10 年不满 20 年	60%	
			满 20 年不满 30 年	70%	
			满 30 年及以上	80%	
	连续病假在 6 个月以上		连续工龄不满 10 年	40%	
			满 10 年不满 20 年	50%	
			满 20 年不满 30 年	60%	
			满 30 年及以上	70%	
黑龙江	停工治疗在 6 个月以内	本人工资	连续工龄不满 10 年	65%	黑劳险字〔1993〕34 号
			满 10 年不满 20 年	75%	
			满 20 年不满 30 年	85%	
	病休停工治疗在 6 个月以上		连续工龄不满 10 年	60%	
			满 10 年不满 20 年	65%	
			满 20 年不满 30 年	70%	
	所有情形		连续工龄满 30 年及以上	100%	

续表

省份	病休情形	计算基数	情形	计算比例	依据
上海	疾病或非因工负伤连续休假在6个月以内	本人工资（按职工正常情况下实得工资的70%）	连续工龄不满2年	60%	沪劳保发〔1995〕83号
			满2年不满4年	70%	
			满4年不满6年	80%	
			满6年不满8年	90%	
			满8年及以上	100%	
	连续休假超过6个月		连续工龄不满1年	40%	
			满1年不满3年	50%	
			满3年及以上	60%	

需要注意的是，随着中国老龄化的趋势加剧，有些地方法规出台父母护理假等新型假期，在老年人患病住院期间，独生子女或非独生子女有7—20天的护理照料时间，四川、重庆、福建、广西、海南、湖北、黑龙江、广州、淮安、河北、河南、宁夏、内蒙古、山西、西安、云南均有类似规定。如劳动者申请该类假期，用人单位仍应予以批准并正常发放工资。

表2－3　部分省市父母护理假一览表

省市	适用对象	享受条件	护理假天数	实施日期	法律依据
西安	子女	老年人患病住院治疗期间	20天/年（独生子女） 10天/年（非独生子女）	2020－05－01	《西安市养老服务促进条例》

续表

省市	适用对象	享受条件	护理假天数	实施日期	法律依据
云南	子女	老年人患病住院治疗期间	20天/年（独生子女） 10天/年（非独生子女）	2019-10-01	《云南省老年人权益保障条例》
内蒙古	独生子女	老年人患病住院期间及生活不能自理	20天/年（独生子女）	2019-01-01	《内蒙古自治区老年人权益保障条例》
宁夏	子女	老年人患病住院期间	≤15天/年（独生子女） ≤7天/年（非独生子女）	2019-01-01	《宁夏回族自治区老年人权益保障条例》
河南	独生子女	领取独生子女父母光荣证的老年人患病住院治疗期间	≥20天/年（独生子女）	2019-01-01	《河南省老年人权益保障条例》
山西	符合计划生育政策的子女	年满60周岁的父母患病住院期间	≤15天/年	2018-09-12	《山西省人民政府办公厅关于开展老年人照顾服务工作的实施意见》
四川	子女	老年人患病住院期间不能自理	≤15天/年（独生子女） ≤7天/年（非独生子女）	2018-10-01	《四川省老年人权益保障条例》
重庆	独生子女	患病住院治疗且需要二级以上护理	≤10天/年	2018-03-01	《重庆市老年人权益保障条例》
淮安	独生子女	父母年满60周岁以上，患病住院治疗期间	≥5天/年（独生子女）	2018-01-01	《淮安市人口与计划生育实施办法》

续表

省市	适用对象	享受条件	护理假天数	实施日期	法律依据
黑龙江	子女	老年人患病住院期间	20天/年（独生子女）10天/年（非独生子女）	2018－01－01	《黑龙江省老年人权益保障条例》
湖北	赡养人、扶养人	老年人失能或者患病住院	≥15天/年（独生子女）≥10天/年（独生子女外的赡养人、扶养人）	2019－11－29	《湖北省实施〈中华人民共和国老年人权益保障法〉办法》
海南	独生子女	执行独生子女政策的老年人患病住院治疗期间	≤15天/年（独生子女）	2017－09－01	《海南省实施〈中华人民共和国老年人权益保障法〉若干规定》
广西	独生子女	父母年满60周岁以上，患病住院期间	≤15天/年（独生子女）	2017－09－01	《广西壮族自治区实施〈中华人民共和国老年人权益保障法〉办法》
福建	独生子女	父母年满60周岁以上，患病住院治疗期间	≤10天/年（独生子女）	2017－03－01	《福建省老年人权益保护条例》

2. 通过政策细化休假程序性规定保障企业管理权

随着二孩政策放开和员工关系的紧张程度增加，员工骗取休假、“泡病假”的案件不断增多，部分劳动者违反诚信滥用休假权利以对抗公司管理。对此用人单位应引起高度重视，重点细化各类请假程序，明确请假的具体时间、提交的材料类型、未提交的后果，采取渐进式的违纪处理方法，如给予书面警告、催告补交、安排复查复诊的辅助措施，情节严重或者严重违反诚信的，可以解除劳动合同。

但是用人单位不得滥用自己的审批权，当劳动者提交休假材料无真实性问题，且程序上完全按照公司政策执行时，则用人单位不得拒绝批准；对于劳动者未及时提交、材料不完整等程序瑕疵，不宜立即认定为旷工并按照旷工来解除劳动关系，用人单位应履行审慎核实义务，避免操之过急。

3. 规范年休假的相关制度和实施程序

在各类休假中，年休假的成讼率较高，有些企业无法举证员工实际已休过年假，而仅凭缺勤记录和工资发放记录证明员工已使用年假，往往难以得到法院支持。在年休假的具体政策制定和实施过程中，宜明确以下事项：

（1）员工累计工龄的确认，如提交材料的，应明确材料提交时限以及未提交的后果。

（2）如年假天数高于法定标准，则应区分法定年假和公司福利年假，并明确使用的先后顺序、福利年假的使用期限、未休是否折算薪资、多休是否扣回等，须知，法定年假多休不能扣回。

（3）年休假的审批程序、申请时限，未在年度内申请假期的处理方式。

（4）实际安排年休假时应注意保留相关的邮件、系统记录、书面通知留存；员工有义务服从公司的统筹安排，如员工申请年休假应备注对应哪一年的假期。

4. 高度重视不同假期以及假期与出勤的竞合处理

2020年新冠肺炎疫情导致假期管理中假期与延迟复工、假期与停工停产、假期与假期、假期与出勤之间的冲突明显增多。在法律规定不明的情况下，用人单位需要合理平衡劳动者和单位利益，作出审慎选择。如用人单位安排停工停产后劳动者次月开始申请病假，究竟是发放病假工资还是停工停产工资，法律未明确规定。从保障劳动者生存权角度，劳动者的病假待遇应优先得到保障，延迟复工期间企业安排停工停产未损及劳动者利益的，不应理解为增加了劳动者的休息日。

企业日常管理中也可能出现假期与出勤竞合的争议，员工产假、年休假或病假期间通过邮件处理公务又主张“二倍工资”，用人单位宜对假期的权利义务作出明确规定，如规定员工申请并使用假期后未经公司规定程序撤销的，假期待遇按照制度规定处理，员工假期期间未经批准自主工作的，不额外享受报酬和福利。

此外，不同假期之间也可能存在竞合的情形，如员工申请年假后适逢延迟春节假期，应允许顺延。如延迟复工期间企业安排年假应予以准许，或者劳动者申请了 10 天年假，在使用 5 天年假后要求变更为病假，又或者用人单位安排 10 天年假，劳动者同时申请病假，该类情形均需要制度加以明确究竟何种假期优先适用，假期变更应遵循何种程序等，以最大限度避免争议。通常，假期的申请和使用应遵循“禁止反言”原则，员工申请假期不应出尔反尔，随意变更假期类别。用人单位安排假期未经劳动者同意也不得随意撤销或变更。

◆ 相关法规

《女职工劳动保护特别规定》

第七条 女职工生育享受98 天产假，其中产前可以休假15 天；难产的，增加产假15 天；生育多胞胎的，每多生育1 个婴儿，增加产假15 天。

女职工怀孕未满4 个月流产的，享受15 天产假；怀孕满4 个月流产的，享受42 天产假。

第八条第一款 女职工产假期间的生育津贴，对已经参加生育保险的，按照用人单位上年度职工月平均工资的标准由生育保险基金支付；对未参加生育保险的，按照女职工产假前工资的标准由用人单位支付。

劳动部《关于贯彻执行〈中华人民共和国劳动法〉若干问题的意见》

59. 职工患病或非因工负伤治疗期间，在规定的医疗期内由企业按有关规定支付其病假工资或疾病救济费，病假工资或疾病救济费可以低于当地最低工资标准支付，但不能低于最低工资标准的80%。

《职工带薪年休假条例》

第五条 单位根据生产、工作的具体情况，并考虑职工本人意愿，统筹安排职工年休假。

年休假在1个年度内可以集中安排，也可以分段安排，一般不跨年度安排。单位因生产、工作特点确有必要跨年度安排职工年休假的，可以跨1个年度安排。

单位确因工作需要不能安排职工休年假的，经职工本人同意，可以不安排职工休年休假。对职工应休未休的年休假天数，单位应当按照该职工日工资收入的300%支付年休假工资报酬。

《企业职工带薪年休假实施办法》

第三条 职工连续工作满12个月以上的，享受带薪年休假（以下简称年休假）。

第十条 用人单位经职工同意不安排年休假或者安排职工年休假天数少于应休年休假天数，应当在本年度内对职工应休未休年休假天数，按照其日工资收入的300%支付未休年休假工资报酬，其中包含用人单位支付职工正常工作期间的工资收入。

用人单位安排职工休年休假，但是职工因本人原因且书面提出不休年休假的，用人单位可以只支付其正常工作期间的工资收入。

第三节　薪酬管理中的风险防控

♦ 必备知识

1.《劳动法》对工资执行底线保护

劳动者主要依靠劳动获得收入来源，维系自身及家庭开支。加之劳动者先提供劳动，用人单位后支付工资是国际惯例，对工资予以法律保护即显得十分重要。目前，《劳动法》对用人单位支付工资设置了诸多严格要求，包括：

（1）工资需及时足额支付，且必须按月支付；

（2）工资标准不得低于当地最低工资标准；

（3）用人单位应当在按劳分配的基础上执行同工同酬；

（4）工资应当以货币形式支付；

（5）用人单位应向劳动者交付工资清单。

2. 用人单位对工资标准的确定享有一定的自主权

虽然对工资应当给予特别的劳动法保护，但不应限制用人单位享有的自主权，包括在执行最低工资的基础上与劳动者协商一致确定劳动报酬支付标准、合理的支付时间、支付条件（涉及提成、绩效奖金、年终奖等特殊劳动报酬）以及通过薪资制度确定上述内容。

当然，用人单位在行使工资自主权时应避免歧视员工，设置歧视性条件或者与法律规定冲突的支付条件和支付时间。

3. 用人单位扣减工资受到法律的严格限制

劳动报酬一旦确定为劳动者的应得收入，其财产权应受到法律的严格保护，除法律另有规定外，用人单位不得以各种理由（违纪、离职等）扣减，包括以罚款等其他名义变相扣减。但劳动者确因过错或重大过失给用人单位造成损失的，应当承担赔偿责任，根据《工资支付暂行规定》的规定，用人单位可以酌情扣减工资，但不得超过劳动者当月工资的 20%，且扣减后不得低于最低工资标准。

同时，用人单位在未经劳动者同意或无法定理由的情况下不得单方降低工资标准。

◆ 典型案例

案例 1. 单位因疫情原因停工放假如何支付工资?

案例实录：某餐饮公司自 2019 年 1 月 28 日起执行春节放假，后因疫情防控需要一直处于停业状态，2020 年 2 月 10 日，公司人力资源部再次通知公司将继续停工放假至 3 月 31 日。该公司考勤周期为自然月，每月 15 日支付上一自然月工资。2 月和 3 月，餐饮公司均按照最低工资标准的 80% 支付员工工资。后个别员工向劳动监察部门投诉要求按全额工资标准补发工资。

专家分析：因疫情原因停工停产是劳动合同履行期间的一种特殊状态，对此《工资支付暂行规定》第十二条规定：“非因劳动者原因造成单位停工、停产在一个工资支付周期内的，用人单位应按劳动合同规定的标准支付劳动者工资。超过一个工资支付周期的，若劳动者提供了正常劳动，则支付给劳动者的劳动报酬不得低于当地的最低工资标准；若劳动者没有提供正常劳动，应按国家有关规定办理。”而本案发生在江苏省，《江苏省工资支付条例》第三十一条规定：“用人单位非因劳动者原因停工、停产、歇业，在劳动者一个工资支付周期内的，应当视同劳动者提供正常劳动支付其工资。超过一个工资支付周期的，可以根据劳动者提供的劳动，按照双方新约定的标准支付工资；用人单位没有安排劳动者工作的，应当按照不低于当地最低工资标准的百分之八十支付劳动者生活费。国家另有规定的，从其规定。”考虑到餐饮公司于 2020 年 2 月起即已停业，劳动行政部门最终要求公司对第一个工资支付周期即 2020 年 2

月的工资按全额工资标准予以补发。

案例 2. 员工上班玩手机可否给予罚款处罚？

案例实录：王某在东莞某销售服务有限公司（以下简称销售公司）工作。2017 年 7 月王某因在上班时间玩手机被罚款 500 元，10 月因违反公司公务车规定被罚款 200 元，2018 年 1 月被罚款 200 元。王某离职后申请仲裁，要求返还相应的罚款。销售公司则主张相应的处罚均有事实依据且经王某签字确认。

专家分析：工资财产权受法律保护，在劳动者未给公司造成损失的情况下用人单位单方罚款并无法律依据可循。《广东省劳动保障监察条例》第五十条规定："用人单位的规章制度规定了罚款内容，或者其扣减工资的规定没有法律、法规依据的，由人力资源社会保障行政部门责令改正，给予警告。用人单位对劳动者实施罚款或者没有法律、法规依据扣减劳动者工资的，由人力资源社会保障行政部门责令限期改正；逾期未改正的，按照被罚款或者扣减工资的人数每人二千元以上五千元以下的标准处以罚款。"本案中王某确实存在违纪行为，销售公司可以作出相应的纪律处分，但进行罚款则违反了上述规定，最终法院裁决销售公司败诉。

案例 3. 企业因疫情原因集体降薪是否合法？

案例实录：某教育培训公司（以下简称培训公司）因疫情营收大幅下滑，2020 年 2 月营收不足预算的 7%。2 月底，培训公司通过员工沟通会方式公布《疫情期间降薪方案》，方案规定经理级以上员工降薪 50%，主管及以下员工降薪 35%。该方案得到公司 90% 的员工签字同意，但仍有包括张某在内的四名员工未同意签署，后公司将《降薪方案》予以公示并实际执行。5 月 7 日，张某等四人申请仲裁，要求补发 2 月至 4 月的工资差额。其理由为降薪未征得本人同意。公司则认为此次降薪仅适用于疫情期间，且经与员工民主沟通后执行，如裁决补发工资对其他员工有失公平。

专家分析：企业的生产经营状况是随着市场竞争的形势和企业自身的情况而不断变化的，自身经营需要合理调整员工的工作岗位及薪酬标准是企业用人自主权的重要内容，对企业的正常生产经营不可或缺。根据《劳动合同法》

的规定，劳动报酬等涉及劳动者切身利益事项，用人单位应履行民主程序和公示告知程序。本案中培训公司通过员工沟通会的方式就降薪方案履行民主沟通和公示程序，未违反法律规定，且其降薪原因确系疫情导致的经营困难，可见降薪决定具有必要性；而从降薪范围看，并未针对张某等四人而是全员降薪，可见降薪决定具有公平性。此外，该降薪方案已实际履行一个月以上，张某等人并未提出异议，可视为通过实际履行方式达成的劳动报酬的阶段性变更。最终，仲裁机构认定涉案降薪方案仅适用于疫情期间，属于企业合理的稳岗措施，最终驳回了张某等人的仲裁请求。

案例 4. 可否通过缩短工时减少工资支付?

案例实录：上海某汽车零配件生产企业（以下简称汽配公司）因全球疫情导致业务缩减，于 2020 年 2 月起开始执行缩短工时方案，方案规定："缩短工时是指减少法定工作时间，并同步减少相应比例的工资，员工劳动合同约定的工资标准暂不变。以标准工资 5000 元为例，如 3 月实际工作时间为 10 天，3 月工资为 5000 ÷ 21.75 × 10。公司将确保员工每月收入不低于最低工资标准。具体缩短时间将由各业务部门通过会议、邮件或书面通知等方式进行提前合理安排。"该方案经工会审核同意后告知员工执行。市场部的李某则对该方案表示强烈不满，在上级安排的"非工作时间段"内仍继续前往公司提供劳动。后双方就工资发放问题产生争议。李某则向当地劳动保障部门投诉要求补发全额工资。

专家分析：在疫情防控的特殊时期，保障用人单位有序复工复产复市，尽可能减轻用人单位生产经营压力、稳定劳动者工作岗位和保障就业，是当前的首要任务。本案中汽配公司按照法定程序通过与工会进行民主协商的方式对轮岗轮休、缩短工时事项达成一致意见，该意见保障了员工的最低工资标准，也未针对个别员工实施，尚属公平合理，最终劳动行政部门未支持李某的投诉请求。

案例 5. 员工离职取消奖金发放是否合法?

案例实录：朱某于 2016 年 6 月入职北京某地产公司（以下简称地产公司）

担任置业顾问一职。双方劳动合同约定年终奖金根据公司经营状况、个人绩效表现等情况发放。公司员工手册则规定："公司可根据企业的经营情况决定是否向员工发放奖金。即使发放，该奖金也只是对完成工作任务且产生额外贡献员工的激励或奖励（须根据公司业绩及员工绩效考核结果确定）。因此，若双方的劳动合同在绩效奖金发放之前解除或终止或员工本人在绩效奖金发放前提出辞职申请的，则员工无权享受上述奖金。"2019年3月31日朱某因个人原因离职，此后向公司申请仲裁，要求地产公司支付2018年年终奖29000元。朱某认为其2018年4月获得了年终奖，2018年全年工作也达到了公司要求，地产公司没有理由取消年终奖。地产公司则主张按员工手册规定朱某不符合发放年终奖条件。

专家分析：根据相关规定，"工资"是指用人单位依据国家有关规定或劳动合同的约定，以货币形式直接支付给本单位劳动者的劳动报酬，一般包括计时工资、计件工资、奖金、津贴和补贴、延长工作时间的工资报酬以及特殊情况下支付的工资等。年终奖是用人单位根据全年经济效益和对员工全年工作业绩的综合考核情况而发放的一次性奖金，属于合法劳动报酬的范畴，而不只是用人单位激励员工、留住人才的手段，用人单位不得无故拖欠或克扣。本案中朱某已完成2018年的全年工作，在地产公司无证据证明朱某绩效不达标的前提下，朱某有公平获得劳动报酬的权利，地产公司员工手册关于发放时不在职即不能享受年终奖的规定涉嫌排除劳动者权利，应属于无效规定。最终，法院判决地产公司参照2017年的奖金数额发放给朱某。

当然，由于奖金发放涉及企业自主权和劳动者利益的平衡保护，发放时不在职取消奖金发放的条款在实践中仍存在一定争议，如北京市、江苏省、深圳市①

① 《深圳市员工工资支付条例》第十四条规定："员工工资应当从用人单位与员工建立劳动关系之日起计发至劳动关系解除或者终止之日。劳动关系解除或者终止时，员工月度奖、季度奖、年终奖等支付周期未满的工资，按照员工实际工作时间折算计发。"

等地多倾向于否认其效力，但浙江省则倾向于认可其效力①。上海市、天津市②等则需要考虑奖金的具体性质，如属于劳动报酬性质（如属于合同约定年薪的组成部分），则一般不支持离职即取消奖金发放的做法。

◆ 专家建议

综合上述案例以及企业在执行薪酬管理中的其他潜在法律风险，如下建议可供参考：

1. 正确理解最低工资的统计口径

最低工资应指劳动者正常提供劳动后执行的工资标准，如果劳动者因病、事假缺勤的，用人单位支付工资可不受最低工资限制。同时，最低工资不应包括加班费以及中班、夜班、高温、低温、井下、有毒有害等特殊工作环境、条件下的津贴。

对于最低工资标准是否应包含个人应缴纳社会保险和公积金，原劳动部《最低工资规定》第六条第一款明确规定：“确定和调整月最低工资标准，应参考当地就业者及其赡养人口的最低生活费用、城镇居民消费价格指数、职工个人缴纳的社会保险费和住房公积金……”目前全国大部分地区的最低工资标准包含劳动者个人应缴纳的社会保险和公积金，但也有北京市、上海市、江苏省少数地区按照不同的口径执行，其中上海市、北京市的最低工资标准需剔

① 浙江省高级人民法院民一庭、浙江省劳动人事争议仲裁院《关于审理劳动争议案件若干问题的解答（四）》（浙高法民一〔2016〕3 号）规定：“三、用人单位依法制定的规章制度规定，在发放年度绩效奖金时双方已解除或终止劳动合同的，不予发放年度绩效奖金。该规定是否有效？答：该规章制度未违反法律、法规的强制性规定，应属合法有效。在发放年度绩效奖金时双方已解除或终止劳动合同，劳动者请求用人单位支付年度绩效奖金的，一般不予支持。”

② 天津市高级人民法院《关于印发〈天津法院劳动争议案件审理指南〉的通知》（津高法〔2017〕246 号）规定：“37.【年终奖发放】用人单位以规章制度、通知、会议纪要等规定有权利领取年终奖的劳动者范围为年终奖实际发放之日仍然在职的劳动者为由，拒绝向考核年度内已经离职的劳动者发放年终奖的，如该年终奖属于劳动报酬性质，劳动者请求给付年终奖的，应予支持。劳动者在年终奖对应的考核年度工作不满一年的，用人单位应当按照劳动者实际工作时间占全年工作时间的比例确定发放年终奖的比例。”

除个人应缴纳的社会保险和公积金，江苏省则应剔除个人应缴纳的公积金，但个人应缴社会保险可包含在最低工资标准当中。

2. 执行停工停产降低工资不得违反法律规定

因疫情或经营困难等原因执行停工停产作为劳动合同履行期间用人单位进行自救的一种特殊情形，法律授予用人单位在员工未提供劳动的情况下单方调整工资支付标准的权利，其中停工停产第一个工资支付周期内应正常计发工资，次月起则按当地法规支付相应的工资（见表2-4）。实践中，对于第一个工资支付周期的理解亦存在一定争议①，但主流司法实践认为从公司实际停产日起算30天较为合理，而非按停工开始的自然月或发薪间隔来理解。

应当注意的是，停工停产既包括公司全体停工放假，也包括单位个别部门（车间、分厂）整体停工放假，但不应包括针对个别劳动者实施停工放假的情形②。此外，企业执行停工停产应履行相应的民主和公示程序，确保程序合规。

① 如广东省高级人民法院、广东省人力资源和社会保障厅《关于审理涉新冠肺炎疫情劳动人事争议案件若干问题的解答》（粤高法〔2020〕38号）规定："用人单位停工停产的起止日期计算，从停工停产当日起至复工复产前一日止连续计算。其中，一个工资支付周期最长不超过30天（不剔除休息日、法定节假日等各类假）。用人单位发薪日期在此期间的，不影响按停工停产相关支付标准分段计算工资。用人单位停工停产后复工，复工后再次停工停产的，每中断一次需重新计算，不得将两次停工停产的时间累加计算"。而重庆市劳动和社会保障局《关于贯彻执行原劳动部〈工资支付暂行规定〉有关问题处理意见的通知》（渝劳社办发〔2001〕6号）则规定："二、《工资支付暂行规定》第十二条所称'一个工资支付周期'是指用人单位按规定支付劳动者工资的时间间隔。实行月薪制的，一个工资支付周期为1个月，实行周、日工资制的，一个工资支付周期为1周、1日。"

② 广州市劳动人事争议仲裁委员会、广州市中级人民法院民事审判庭《关于劳动争议案件座谈会的意见综述》规定："21.《广东省工资支付条例》第三十五条中的停工、停产是否仅限于全单位停工、停产，还是包括可对本单位个别部门（车间、分厂），甚至个别劳动者进行停工、停产？包括可对个别部门（车间、分厂）进行停工、停产，因为对于业务范围宽泛的用人单位而言，市场因素导致其部分业务停运或者整体停产、停业的现象并不罕见，若将停工、停产的范围限于用人单位整体则要求过严，用人单位基于某种客观原因，在法律允许的范围内对劳动力进行调配，既是用人单位的自主权，也是积极履行劳动合同的行为。但不允许用人单位针对个别劳动者进行停工、停产。"

表2-4 部分省市停工停产工资一览表

省市	停产首月工资	停产次月工资（不低于）	法律依据
北京市	原工资标准	最低工资的70%	《北京市工资支付规定》
上海市	原工资标准	最低工资	《上海市企业工资支付办法》
广东省	原工资标准	最低工资的80%	《广东省工资支付条例》
深圳市	原工资标准	最低工资的80%	《深圳市员工工资支付条例》
江苏省	原工资标准	最低工资的80%	《江苏省工资支付条例》
浙江省	原工资标准	最低工资（付出正常劳动） 最低工资的80% （未付出正常劳动）	《浙江省企业工资支付管理办法》
山东省	原工资标准	最低工资（安排劳动的） 最低工资的70% （未安排劳动的）	《山东省企业工资支付规定》
陕西省	原工资标准	最低工资的75%	《陕西省企业工资支付条例》
河北省	原工资标准	最低工资的80%	《河北省工资支付规定》

3. 用人单位就提成、奖金等设置附加条件应公平合理

劳动者所应获得的基本工资、加班费、病假工资及国家法律规定的特殊津贴等属于“保障性劳动报酬”范畴，用人单位不得通过合同、规章制度设置任何限制性条件，否则司法机关可以排除劳动者的基本权利为由判定相关条款无效；但对于提成、奖金、住房补贴等“激励性劳动报酬”，用人单位享有一定的自主权，包括设置合理的程序条件和实体条件，如设置绩效考核程序、确定奖金的支付比例和具体时间。用人单位宜在规章制度中明确奖金的目的，如只用于激励员工未来表现的“留任奖”“在职激励金”等，以发放时在职作为发放奖金条件容易获得法院支持，相反，如果是基于对员工过去工作的肯定和需要进行考核的奖金，直接以发放时已离职为由取消奖金则风险较大。

应当注意的是，用人单位设置激励性劳动报酬所附条件也应有程序限制和实体限制，包括用人单位制定相关提成奖金办法应履行民主程序，执行考核程序应按既定的程序进行，保证考核结果公平合理；从实体上，用人单位创设的

条件不得违反法律规定，如将员工怀孕休产假作为不发放相关奖金的条件因违反了法律规定而无效。在实际履行阶段，如果用人单位通过违法解除等手段导致劳动者获取相关报酬的条件不成就的，应视为条件成就，用人单位仍应支付相关报酬。

◆ 相关法规

《劳动法》

第四十六条第一款 工资分配应当遵循按劳分配原则，实行同工同酬。

第四十七条 用人单位根据本单位的生产经营特点和经济效益，依法自主确定本单位的工资分配方式和工资水平。

第四十八条第二款 用人单位支付劳动者的工资不得低于当地最低工资标准。

第五十条 工资应当以货币形式按月支付给劳动者本人。不得克扣或者无故拖欠劳动者的工资。

《工资支付暂行规定》

第七条 工资必须在用人单位与劳动者约定的日期支付。如遇节假日或休息日，则应提前在最近的工作日支付。工资至少每月支付一次，实行周、日、小时工资制的可按周、日、小时支付工资。

第十二条 非因劳动者原因造成单位停工、停产在一个工资支付周期内的，用人单位应按劳动合同规定的标准支付劳动者工资。超过一个工资支付周期的，若劳动者提供了正常劳动，则支付给劳动者的劳动报酬不得低于当地的最低工资标准；若劳动者没有提供正常劳动，应按国家有关规定办理。

第十六条 因劳动者本人原因给用人单位造成经济损失的，用人单位可按照劳动合同的约定要求其赔偿经济损失。经济损失的赔偿，可从劳动者本人的工资中扣除。但每月扣除的部分不得超过劳动者当月工资的20%。若扣除后的剩余工资部分低于当地月最低工资标准，则按最低工资标准支付。

人力资源社会保障部、全国总工会、中国企业联合会/中国企业家协会、全国工商联《关于做好新型冠状病毒感染肺炎疫情防控期间稳定劳动关系支持企业复工复产的意见》

三、协商处理疫情防控期间的工资待遇问题

（四）支持协商未返岗期间的工资待遇。在受疫情影响的延迟复工或未返岗期间，对用完各类休假仍不能提供正常劳动或其他不能提供正常劳动的职工，指导企业参照国家关于停工、停产期间工资支付相关规定与职工协商，在一个工资支付周期内的按照劳动合同规定的标准支付工资；超过一个工资支付周期的按有关规定发放生活费。

（五）支持困难企业协商工资待遇。对受疫情影响导致企业生产经营困难的，鼓励企业通过协商民主程序与职工协商采取调整薪酬、轮岗轮休、缩短工时等方式稳定工作岗位；对暂无工资支付能力的，要引导企业与工会或职工代表协商延期支付，帮助企业减轻资金周转压力。

（六）保障职工工资待遇权益。对因依法被隔离导致不能提供正常劳动的职工，要指导企业按正常劳动支付其工资；隔离期结束后，对仍需停止工作进行治疗的职工，按医疗期有关规定支付工资。对在春节假期延长假期间因疫情防控不能休假的职工，指导企业应先安排补休，对不能安排补休的，依法支付加班工资。

第四节　农民工工资支付中的风险防控

◆ 必备知识

1. 国家长期聚焦“农民工欠薪”问题

从2003年“总理讨薪”事件开始，农民工欠薪问题被广泛关注。尤其是建设领域的拖欠工程款和拖欠农民工工资问题历史由来已久，成因复杂，包括工程款拖欠引发工资拖欠、工程款流转层级过多引发工资拖欠、工程争议引发工资拖欠等。欠薪问题在相当长的时期内未能根治，成为国家和政府十分关注的民生问题。

从2004年开始，国家和地方已陆续通过制定各种政策和制度设计来解决建设工程领域的农民工欠薪问题。2016年1月17日国务院办公厅发布的《关于全面治理拖欠农民工工资问题的意见》（国办发〔2016〕1号）规定：“在工程建设领域，实行人工费用与其他工程款分账管理制度，推动农民工工资与工程材料款等相分离。施工总承包企业应分解工程价款中的人工费用，在工程项目所在地银行开设农民工工资（劳务费）专用账户，专项用于支付农民工工资。”2019年3月1日起《建筑工人实名制管理办法（试行）》实施，要求在建筑工程领域实施农民工实名制信息采集。2019年8月13日，人社部发布《保障农民工工资支付条例（草案征求意见稿）》，旨在根治拖欠农民工工资现象。2019年12月4日，国务院常务会通过《保障农民工工资支付条例》，新法于2020年5月1日实施。

2. 《保障农民工工资支付条例》根治欠薪的举措

《保障农民工工资支付条例》（以下简称《条例》）是农民工欠薪措施的

集大成者，总结了我国十几年来在农民工欠薪领域的治理经验，以“两确保、一避免”的总体思路，强化工资拖欠问题的源头治理，具体措施包括：

（1）确保支付本项目农民工工资所需资金按时到位。《条例》规定，建设单位应按照保障农民工工资按时足额支付的要求及时拨付人工费用，拨付周期不得超过 1 个月。该规定将人工费用剥离成专项费用，明确由建设单位保证该笔资金按时足额拨付，从根本上确保了农民工工资所需资金来源。同时，《条例》规定施工总承包企业开设农民工工资专用账户，专项用于支付该工程建设项目农民工工资，确保劳务费用专款专用，避免了挪用、挤占资金引发的工资拖欠问题。

（2）确保农民工工资直接由企业支付到农民工本人。《条例》规定，施工单位应当依法与所招用的农民工订立劳动合同并进行用工实名登记，按月考核农民工工作量并编制工资支付表，施工总承包单位根据分包单位编制的工资支付表，通过农民工工资专用账户直接将工资支付到农民工本人的银行账户。上述规定明确了施工企业必须直接对务工人员进行实名制管理，与《建筑工人实名制管理办法（试行）》相呼应，农民工工资不经过任何其他组织或个人，直接从企业工资专户支付到工人手中，避免了资金层层流转引发的各类问题。

（3）避免工程争议引发工资拖欠。《条例》将劳务费列为一项专项费用单独管理，并明确了建设单位——施工总承包企业工资专户——农民工个人工资卡的资金流向，使劳务费拨付、工资发放不再与其他工程款项直接挂钩。上述措施避免了企业间因工程结算争议、工程亏损、不及时做工程进度结算等引发的工资拖欠问题，也从根本上避免了企业绑架工人工资讨要工程款的问题。

3. “农民工”与“工资”的相关概念

根据《条例》规定，农民工是指为用人单位提供劳动的农村居民。《条例》并未限定只有与用人单位建立全日制劳动关系的农民工方可受《条例》保护，此意味着个人劳务、外包、非全日制的灵活就业的农村居民，仍属于《条例》保障范畴。

工资是指农民工为用人单位提供劳动后应当获得的劳动报酬。该劳动报酬不仅包括劳动合同约定的基本工资，也包括加班费、各类奖金、津贴、补贴等货币化收入。根据《条例》规定，用人单位实行农民工劳动用工实名制管理，与招用的农民工书面约定或者通过依法制定的规章制度规定工资支付标准、支付时间、支付方式等内容。用人单位应当按照工资支付周期编制书面工资支付台账，并至少保存 3 年。书面工资支付台账应当包括用人单位名称，支付周期，支付日期，支付对象的姓名、身份证号码、联系方式，工作时间，应发工资项目及数额，代扣、代缴、扣除项目和数额，实发工资数额，银行代发工资凭证或者农民工签字等内容。用人单位向农民工支付工资时，应当提供农民工本人的工资清单。

◆ 典型案例

案例 农民工工资专用账户能被强制执行吗?

案例实录：2019 年 3 月 15 日，江苏省某县法院对原告某混凝土制品有限公司（以下简称混凝土公司）与被告某建设工程有限公司（以下简称工程公司）买卖合同纠纷一案作出民事判决：工程公司于本判决生效后十日内支付混凝土公司货款 597025 元及逾期付款利息。因工程公司未依法履行义务，法院作出执行裁定（扣划工程公司在江苏某农村商业银行城西支行账户款项人民币 1005697.66 元）。此后，第三人江苏某置业公司（以下简称置业公司）提出执行复议，主张被强制划扣的涉案账户是用于缴存某小区工程支付农民工工资的专用账户，故不应纳入执行范围。

专家分析：2016 年 1 月 17 日国务院办公厅发布的《关于全面治理拖欠农民工工资问题的意见》（国办发〔2016〕1 号）规定："在工程建设领域，实行人工费用与其他工程款分账管理制度，推动农民工工资与工程材料款等相分离。施工总承包企业应分解工程价款中的人工费用，在工程项目所在地银行开设农民工工资（劳务费）专用账户，专项用于支付农民工工资。建设单位应按照工程承包合同约定的比例或施工总承包企业提供的人工费用数额，将应付工程款中的人工费单独拨付到施工总承包企业开设的农民工工资（劳务费）专用账户。农民工工资（劳务费）专用账户应向人力资源社会保障部门和交通、水利等工程建设项目主管部门备案，并委托开户银行负责日常监管，确保专款专用……”自 2020 年 5 月 1 日起施行的《保障农民工工资支付条例》第三十三条规定：“除法律另有规定外，农民工工资专用账户资金和工资保证金不得因支付为本项目提供劳动的农民工工资之外的原因被查封、冻结或者划拨。”法院审理后认为，虽然本案发生在《保障农民工工资支付条例》施行之前，但原则上也不得对依法设立的农民工工资专用账户和农民工工资保证金账户采取冻结、扣划等强制措施，以保障账户资金专项用于农民工工资支付，最终，二审法院撤销了某县法院的执行裁定，确保了农民工工资权益不受影响。

◆ 专家建议

考虑到《保障农民工工资支付条例》对相关用人单位提出了新的要求，用人单位应履行相关法定义务，具体包括：

1. 履行工资约定和工资依法支付义务

根据《条例》规定，对于招用农民工的企业，无论采取何种用工方式均应履行以下义务：

（1）与农民工书面约定工资标准、工资结构、工资支付周期和具体支付日期；

（2）按照工资支付周期编制书面工资支付台账并至少保存 3 年；

（3）向农民工支付工资时，应当提供农民工本人的工资清单；

（4）避免非法派遣、违法分包，否则应就农民工工资承担连带清偿义务。

2. 建设工程领域相关单位应履行特别义务

根据《条例》相关规定，在建设工程领域执行更严格的管制措施。对于建设单位而言，其主要义务包括：

（1）落实工程项目包括农民工工资支付的资金安排，无资金安排的不得开工建设；

（2）通过书面工程施工合同明确约定工程款计量周期、工程款进度结算办法以及人工费用拨付周期；

（3）按照合同约定及时拨付工程款，并将人工费用及时足额拨付至农民工工资专用账户，人工费用拨付周期不得超过 1 个月；

（4）应当向施工单位提供工程款支付担保；

（5）对施工总承包单位按时足额支付农民工工资进行监督；

（6）因建设单位欠薪，以未结清的工程款为限先行垫付被拖欠的农民工工资。

施工总承包单位的主要义务包括：

（1）与分包单位依法订立书面分包合同，约定工程款计量周期、工程款进度结算办法；

（2）开设农民工工资专用账户，专项用于支付该工程建设项目农民工工资，有关资料应当由施工总承包单位妥善保存备查；

（3）依法与所招用的农民工订立劳动合同并进行用工实名登记；

（4）在工程项目部配备劳资专管员，对分包单位劳动用工实施监督管理，掌握施工现场用工、考勤、工资支付等情况，审核分包单位编制的农民工工资支付表；

（5）建立用工管理台账，并保存至工程完工且工资全部结清后至少 3 年；

（6）在施工现场醒目位置设立维权信息告示牌；

（7）项目转包导致欠薪，由施工总承包单位先行清偿。

分包单位的主要义务包括：

（1）依法与所招用的农民工订立劳动合同并进行用工实名登记；

（2）对所招用农民工的实名制管理和工资支付负直接责任；

（3）按月考核农民工工作量并编制工资支付表，经农民工本人签字确认后，与当月工程进度等情况一并交给施工总承包单位；

（4）配合总承包单位的劳动用工监督管理；

（5）建立用工管理台账，并保存至工程完工且工资全部结清后至少3年。

3. 用人单位违反《条例》规定将导致行政处罚

根据《条例》规定，用人单位违反下列法定义务，不仅将导致承担清偿责任、连带清偿责任，还可能导致行政处罚（最高10万元罚款、责令项目停工、限制承接新工程、降低资质等级、吊销资质证书），具体包括：

（1）以实物、有价证券等形式代替货币支付农民工工资；

（2）未编制工资支付台账并依法保存，或者未向农民工提供工资清单；

（3）扣押或者变相扣押用于支付农民工工资的银行账户所绑定的农民工本人的社会保障卡或者银行卡；

（4）施工总承包单位未按规定开设或者使用农民工工资专用账户；

（5）施工总承包单位未按规定存储工资保证金或者未提供金融机构保函；

（6）施工总承包单位、分包单位未实行劳动用工实名制管理；

（7）分包单位未按月考核农民工工作量、编制工资支付表并经农民工本人签字确认；

（8）施工总承包单位未对分包单位劳动用工实施监督管理；

（9）分包单位未配合施工总承包单位对其劳动用工进行监督管理；

（10）施工总承包单位未实行施工现场维权信息公示制度；

（11）建设单位未依法提供工程款支付担保；

（12）建设单位未按约定及时足额向农民工工资专用账户拨付工程款中的人工费用；

（13）建设单位或者施工总承包单位拒不提供或者无法提供工程施工合同、农民工工资专用账户有关资料。

基于上述法律责任和风险，相关单位不仅应履行法定义务，还应留存履行相关义务的凭证，以便相关部门实施监管时能够提供相应证据。

◆ 相关法规

《保障农民工工资支付条例》

第二条 保障农民工工资支付，适用本条例。

本条例所称农民工，是指为用人单位提供劳动的农村居民。

本条例所称工资，是指农民工为用人单位提供劳动后应当获得的劳动报酬。

第六条 用人单位实行农民工劳动用工实名制管理，与招用的农民工书面约定或者通过依法制定的规章制度规定工资支付标准、支付时间、支付方式等内容。

第十五条 用人单位应当按照工资支付周期编制书面工资支付台账，并至少保存3年。

书面工资支付台账应当包括用人单位名称，支付周期，支付日期，支付对象姓名、身份证号码、联系方式，工作时间，应发工资项目及数额，代扣、代缴、扣除项目和数额，实发工资数额，银行代发工资凭证或者农民工签字等内容。

用人单位向农民工支付工资时，应当提供农民工本人的工资清单。

第十八条 用工单位使用个人、不具备合法经营资格的单位或者未依法取得劳务派遣许可证的单位派遣的农民工，拖欠农民工工资的，由用工单位清偿，并可以依法进行追偿。

第十九条 用人单位将工作任务发包给个人或者不具备合法经营资格的单位，导致拖欠所招用农民工工资的，依照有关法律规定执行。

用人单位允许个人、不具备合法经营资格或者未取得相应资质的单位以用人单位的名义对外经营，导致拖欠所招用农民工工资的，由用人单位清偿，并可以依法进行追偿。

第五节　福利管理中的风险防控

◆ 必备知识

1. 福利包括法定福利和公司自有福利

福利作为一种吸引和挽留人才的手段被广泛使用。从内容上划分，福利包括法定福利和公司自有福利，前者包含社保、公积金、高温费、取暖补贴等法律明确规定的项目；后者则主要是基于用人单位自主权而设置的福利休假、商业保险、企业年金、弹性福利积分、代付社保/个税等项目。

2. 法定福利不可通过约定排除

《劳动法》第七十二条规定："……用人单位和劳动者必须依法参加社会保险，缴纳社会保险费。"《住房公积金管理条例》第二十条第一款规定："单位应当按时、足额缴存住房公积金，不得逾期缴存或者少缴。"根据上述法规可见，缴纳社会保险、住房公积金属于用人单位的法定义务，上述法定福利具有强制性，用人单位不得与劳动者约定不缴、少缴社会保险和公积金。

3. 公司设置自有福利享有一定自主权

在法定福利以外，用人单位可根据需要创设公司自有福利，包括给予劳动者高于法定标准的年休假、购买商业保险、赠予房产汽车、安排员工培训等。但用人单位创设自有福利不得违反法律规定，如用人单位以购买雇主责任险为由拒绝缴纳工伤保险费，对劳务派遣员工降低福利标准等。

◆ 典型案例

案例 1. 委托其他单位代缴社保是否合法？

案例实录：乔某于2014 年入职武汉某医药公司（以下简称医药公司），工作地点在北京市。其间，医药公司委托北京某科技开发公司为乔某在北京缴纳各项社会保险费。2015 年 12 月 25 日 9 时许，乔某因工作需要下楼取放在车里的 U 盘，在行至单位所在的大厦一楼下台阶时不慎踩空摔倒受伤，后被武汉市人力资源和社会保障局认定为工伤，伤残鉴定为 9 级。此后因无法获得工伤理赔，乔某申请仲裁要求医药公司支付各项工伤待遇总计 21 万余元。医药公司则主张已委托第三方在北京参保，应由社保部门理赔，故不同意支付。

专家分析：根据《社会保险法》等有关规定，社会保险登记实行属地管理，开户和缴费单位应当是“用人单位”，即与劳动者建立劳动关系的用人单位。可见，用人单位委托第三方代缴职工社会保险并不符合现行法律规定。在代缴社会保险的情形下，用人单位所在地与社会保险缴纳地、社会保险缴纳主体与实际工作单位均存在不一致，由此可能导致职工社会保险待遇无法通过代缴机构完成理赔。根据《社会保险法》第四十一条规定，“职工所在用人单位未依法缴纳工伤保险费，发生工伤事故的，由用人单位支付工伤保险待遇”，所以在代缴导致无法正常理赔的前提下，应由用人单位承担所有工伤保险待遇。本案中，医药公司委托第三方为其职工乔某代缴工伤保险，而社保代缴单位所在地社保经办机构未向乔某支付工伤保险待遇，乔某所享受的工伤保险待遇损失应由用人单位医药公司承担。最终，法院以代缴社保违反法律规定为由判决医药公司承担乔某的工伤保险待遇。

案例 2. 追缴社保有无 2 年时效限制？

案例实录：2013 年 2 月李某进入江苏某保安公司（以下简称保安公司）工作，后于 2014 年 8 月离职。2015 年 5 月李某再次进入保安公司处从事保安工作，于 2017 年 9 月再次离职。2017 年 12 月 5 日，李某向某区人社局投诉，要求保安公司补缴 2013 年 2 月至 2014 年 8 月期间的社会保险费，因李某申请仲裁导致劳动监察程序中止处理，2018 年 12 月人社局作出《劳动保障监察告知书》，记载："保安公司未依法为你办理 2013 年 2 月至 2014 年 8 月期间的社会保险属实，但上述违反劳动保障法律的行为在 2 年内未被劳动保障行政部门发现，也未被举报、投诉，根据《劳动和社会保障部办公厅关于劳动保障监察案件撤销立案事项的通知》（劳社厅发〔2005〕12 号）第七项规定的'违反劳动保障法律、法规或者规章的行为发生超过 2 年的'，我局决定撤销以上诉求的立案。"

后李某对该决定不符，起诉至法院。李某认为，保安公司的违法行为有连续或持续状态，不应起算时效。另外，根据人力资源和社会保障部对十二届人大五次会议代表第 5063 号建议的答复①，社保补缴不应受时效限制。

专家分析：《劳动保障监察条例》第二十条规定："违反劳动保障法律、法规或者规章的行为在 2 年内未被劳动保障行政部门发现，也未被举报、投诉的，劳动保障行政部门不再查处。前款规定的期限，自违反劳动保障法律、法规或者规章的行为发生之日起计算；违反劳动保障法律、法规或者规章的行为

① 《人力资源社会保障部对十二届全国人大五次会议第 5063 号建议的答复 》（人社建字〔2017〕105 号）规定："一、关于追缴时限问题。《劳动保障监察条例》第二十条规定为劳动保障行政执法时效规定，系依据行政处罚法第二十九条规定制定。同时，该条按照行政处罚法第二十九条的规定分为两款，在执法实践中不能仅依照第一款的两年时效规定，还需综合第二款规定，即'前款规定的期限，自违反劳动保障法律、法规或者规章的行为发生之日起计算；违反劳动保障法律、法规或者规章的行为有连续或者继续状态的，自行为终了之日起计算。'判断违法行为是否存在连续或者继续状态以确定劳动保障监察执法时效。但《社会保险费征缴暂行条例》和《社会保险稽核办法》（劳动保障部令第 16 号）均未对清缴企业欠费问题设置追诉期。因此，地方劳动保障监察执法实践中，对用人单位未及时、足额为劳动者办理社会保险，缴纳社会保险费的违法行为，一般按照《劳动保障监察条例》第二十条规定进行追缴和处罚，而地方经办机构追缴历史欠费并未限定追诉期。我们认为，企业欠缴社会保险费侵害参保人员权益，直接削弱基金支撑能力，加重了中央和地方财政负担，影响社会稳定。为此，我们高度重视欠缴清理工作，采取多种措施指导地方做好相关工作，促进基金应收尽收。为维护参保人员社会保险权益，强化征缴清欠工作，经办机构接到超过《劳动保障监察条例》第 20 条第一款 2 年的追诉期投诉后，一般也按程序进行受理。对能够提供佐证材料的，尽量满足参保者诉求，予以解决，以减少企业职工临近退休时要求企业足额补缴欠费的问题发生。"

有连续或者继续状态的，自行为终了之日起计算。”该条规定的“连续状态”是指用人单位连续实施同一种劳动保障违法行为，即基于同一个违法故意，连续实施了数个独立的劳动保障违法行为，这些劳动保障违法行为触犯的是同一行政处罚规定。“继续状态”是指行为人的一个违法行为实施后，该行为及其造成的不法状态处于不间断持续的状态。本案中，李某于 2014 年 8 月从保安公司离职后，未依法缴纳社保的违法行为已经终了，但未及时投诉，劳动行政部门以超过 2 年时效为由撤销立案并无不当。最终，法院驳回了李某的诉讼请求。

案例 3. 雇主责任保险与意外伤害保险有何区别?

案例实录：2015 年 2 月，乙方唐某与甲方安徽某环保公司签订《劳务合作协议书》一份，约定：乙方在甲方指定地点从事清扫保洁工作，甲方为乙方购买意外伤害保险，乙方在工作期间受到意外伤害，由甲方或乙方自行向保险公司索赔，索赔款项归乙方，除此以外甲方不承担任何责任。2017 年 9 月，环保公司作为投保人及被保险人在某财险公司投保了雇主责任保险。保险合同附有雇员名单及身份信息，唐某为雇员之一。保险条款约定：被保险所聘用员工在受雇过程中（包括上下班途中）从事被保险人的业务工作而遭受到意外伤害或罹患国家规定的职业性疾病所致伤残或死亡，依照法律应由被保险人承担的经济赔偿责任，保险人依照保险合同负责赔偿。特别约定条款载明：每人每次事故免赔额为 100 元或损失金额的 20%，两者以高者为准。

2017 年 11 月 28 日，唐某于清扫道路工作时发生交通事故导致死亡。事故发生后，唐某家属等六人与肇事方徐某达成调解协议，由徐某一次性赔偿 24 万元。后唐某家属提起诉讼，要求某财险公司支付保险款总计 16 万元。

专家分析：雇主责任险作为责任保险的一种，是指被保险人所雇用的员工在受雇过程中从事与保险单所载明的与被保险人业务有关的工作而遭受意外事故或疾病时，被保险人根据《劳动法》及劳动合同应承担的医药费用及经济赔偿责任，包括应支出的诉讼费用，由保险人在规定的赔偿限额内负责赔偿的一种保险。其保险标的是雇主应承担的赔偿责任，而不是以雇员的寿命和身体为保险标的。本案中，唐某与环保公司之间存在雇佣合同关系，双方虽然在合同中约定环保公司为唐某购买意外伤害保险，但环保公司实际投保的是雇主责任险而非人身意外伤害险。根据《雇主责任保险条款》第二条规定，本保险合同的被保险人是经登记注册，领有营业执照的各类公司、企业、事业单位。环保公司作为投保人，是雇主责任险的被保险人和受益人。唐某作为雇员，显然不是该保险条款规定的被保险人。在事故发生后，唐某的家属已经与实际侵权人徐某达成了调解协议，徐某已赔偿了唐某的家属各项损失 24 万元，该赔偿金额不低于唐某的家属依法应得到的赔偿金额。而本案中的环保公司并未承担赔偿责任，因此，财险公司无须承担给付保险金的责任。最终，法院驳回了唐某家属的诉讼请求。

案例 4. 弹性福利积分是工资还是福利?

案例实录：王某于 2016 年 6 月进入 M 公司工作，合同约定月薪 12000 元。M 公司的弹性福利制度规定，弹性福利积分是根据公司每年给员工提供的风险保障和健康管理福利折算而得，一个弹性福利积分相当于人民币 1 元。当年弹性福利积分可延续至下一年度 1 月 31 日之前进行福利报销。之后所有未用完积分将全部归零。2019 年 5 月底王某的劳动合同到期后，M 公司不再续签并按照合同约定月薪支付了相应经济补偿。王某则申请仲裁要求支付经济补偿金差额 1650 元以及要求返还作废的弹性福利积分折现 6000 元。王某主张每月给付的弹性福利积分依法代扣了个人所得税，属于工资组成部分，M 公司未计入经济补偿计算基数有误，另，M 公司弹性福利制度规定的自动作废条款无效，应返还作废的弹性福利价值。

专家分析：《劳动合同法实施条例》第二十七条规定："劳动合同法第四十七条规定的经济补偿的月工资按照劳动者应得工资计算，包括计时工资或者计件工资以及奖金、津贴和补贴等货币性收入……" 本案例中 M 公司授予的弹性福利积分，虽扣缴个人所得税，但并非货币性收入，亦不属于工资总额组成部分。此外，双方也未约定弹性福利积分可折算薪金，故王某的请求缺乏事实依据，最终仲裁机构驳回了王某的仲裁请求。

◆ 专家建议

综合上述案例以及企业在执行福利管理制度中的其他潜在法律风险，如下建议可供参考：

1. 严格执行国家法定福利，避免违法风险

诸如缴纳社会保险费、公积金系用人单位的法定义务，包括缴费主体、缴费地域、缴费险种、缴费基数、缴费时限都有严格规定，用人单位通过第三方委托代缴、异地缴纳或者漏缴、少缴社会保险费，不仅存在补缴社保和支付滞纳金风险，而且还应赔偿给劳动者造成的损失，包括养老保险待遇损失、医疗保险待遇损失、工伤保险待遇损失、失业保险待遇损失等。

对于社会保险费的追缴，各地对追溯时效的理解存在一定争议①，普遍认为如社保补缴问题由劳动行政部门进行查处且社保欠缴行为已经终了的（如劳动者离职或者用人单位在未依法缴纳社保后重新开始依法缴纳），可适用《劳动保障监察条例》关于 2 年的追溯时效规定，但如通过社保经办机构或征收机构直接追缴的，可以不适用时效限制。2019 年以后，社保由税务部门征收，故由税务部门直接追缴，按照《社会保险法》的规定不应受时效限制。需要指出的是，住房公积金的追缴无时效限制，无论员工是否离职，只要存在用人单位未依法缴纳住房公积金的情况，用人单位均有无限期补缴公积金的义务。

2. 通过政策而非合同设置公司各类自有福利

虽然用人单位有自主决定福利的权利，但一旦将各项福利待遇载入劳动合同条款中，则通过约定形成的权利义务便受到法律的严格保护。《劳动合同法》第三十五条规定，变更劳动合同须经双方协商一致。用人单位变更福利

---

① 如《深圳经济特区社会养老保险条例》第四十条规定，职工认为用人单位未按照规定为其缴纳养老保险费的，应当在知道或者应当知道权利被侵害之日起两年内向市社保机构投诉、举报。投诉、举报超过两年的，市社保机构不予受理。

条件则会产生“是否须协商一致”的争议。

因此，从便于未来调整的角度出发，建议用人单位通过制定政策明确各项福利的具体内容和享受条件，如果未来需取消或调整福利政策，可按照《劳动合同法》第四条所规定的经过民主程序后执行。需要注意的是，对于非集体福利，如分配到个人的福利（如实物、保险、弹性福利积分等），仍须按照国家税法依法扣缴个人所得税。

3. 设置福利应避免歧视，取消福利则应区分情形

用人单位可以根据需要灵活设置福利的具体范围和享受条件，但不宜基于身份歧视特殊员工尤其是劳务派遣员工。现实当中很多用人单位均将员工的违纪、绩效和是否离职与福利条件挂钩，但在具体执行时仍需用人单位举证员工客观上存在违纪行为或绩效不合格情形，如果因员工离职取消福利的，也应考虑离职的具体原因，如果系用人单位违法解除劳动合同、单方决定不续签导致劳动者不能享受福利的，用人单位仍然存在兑现福利待遇的法律风险。

4. 用人单位购买商业保险应区分保险险种

实践中，用人单位为劳动者购买商业保险的情况较为常见，如购买意外伤害险的，则根据《保险法》规定，被保险人和受益人只能是员工本人或其近亲属，如发生理赔事件，用人单位不得以人身意外险来抵扣所应承担的工伤保险责任，员工可以同时获得工伤保险待遇和人身意外险事故理赔，二者不存在冲突。

如用人单位投保雇主责任险，由于雇主责任险系财产保险，其就雇主可能承担的赔偿责任进行投保，用人单位是被保险人和受益人，如雇员发生意外事故符合理赔条件的，则保险公司的赔款可以抵扣用人单位应承担的赔偿责任。二者相比，雇主责任对企业更为有利，而意外伤害险则对员工更为有利，企业需要权衡利弊作出选择。

表 2－5　雇主责任险与意外伤害险的区别

比较项目	雇主责任险	意外伤害险
保险性质	财产保险	人身保险
被保险人	用人单位	劳动者及其近亲属
受益人	用人单位	劳动者及其近亲属
责任承担	可抵扣雇主应承担的赔偿责任	不可抵扣雇主应承担的赔偿责任
是否纳入社保缴费基数	不纳入	纳入

♦ 相关法规

《劳动法》

第七十二条　社会保险基金按照保险类型确定资金来源，逐步实行社会统筹。用人单位和劳动者必须依法参加社会保险，缴纳社会保险费。

《社会保险法》

第五十七条第一款　用人单位应当自成立之日起三十日内凭营业执照、登记证书或者单位印章，向当地社会保险经办机构申请办理社会保险登记。社会保险经办机构应当自收到申请之日起十五日内予以审核，发给社会保险登记证件。

第五十八条第一款　用人单位应当自用工之日起三十日内为其职工向社会保险经办机构申请办理社会保险登记。未办理社会保险登记的，由社会保险经办机构核定其应当缴纳的社会保险费。

第八十六条　用人单位未按时足额缴纳社会保险费的，由社会保险费征收机构责令限期缴纳或者补足，并自欠缴之日起，按日加收万分之五的滞纳金；逾期仍不缴纳的，由有关行政部门处欠缴数额一倍以上三倍以下的罚款。

《住房公积金管理条例》

第二十条第一款　单位应当按时、足额缴存住房公积金，不得逾期缴存或者少缴。

《劳动保障监察条例》

第二十条 违反劳动保障法律、法规或者规章的行为在2年内未被劳动保障行政部门发现，也未被举报、投诉的，劳动保障行政部门不再查处。

前款规定的期限，自违反劳动保障法律、法规或者规章的行为发生之日起计算；违反劳动保障法律、法规或者规章的行为有连续或者继续状态的，自行为终了之日起计算。

《保险法》

第三十九条 人身保险的受益人由被保险人或者投保人指定。

投保人指定受益人时须经被保险人同意。投保人为与其有劳动关系的劳动者投保人身保险，不得指定被保险人及其近亲属以外的人为受益人。

被保险人为无民事行为能力人或者限制民事行为能力人的，可以由其监护人指定受益人。

第六节 绩效管理中的风险防控

◆ 必备知识

1. 绩效管理是用人单位自主权的重要组成部分

劳动关系建立以后，劳动者需接受用人单位的用工管理，包括考勤、考核、奖惩等。其中，用人单位对劳动者的工作表现进行评价是企业用工管理权的重要组成部分，推进员工绩效不断提升是企业得以存续和发展的重要前提，而通过“优胜劣汰”淘汰低绩效员工，实现人力资源“能进能出”的机制也是企业经营决策的重要组成部分。

基于此，用人单位推进绩效管理，包括设置考核目标、确定考核方法和考核周期、收集绩效记录、开展绩效评估、组织绩效面谈等均属于企业自主权。上述活动属于劳动合同履行而非劳动合同变更范畴，虽仍需与员工沟通但无须征得员工同意。员工拒绝绩效管理中的各项管理指令将导致纪律处分。

2. 绩效管理活动受到《劳动法》的严格约束

虽然绩效管理系企业自主权，但是也涉及奖金的支付、职务的调整甚至劳动合同的解除终止，因此企业行使绩效自主权不得滥用权利或损害劳动者利益。比如用人单位解雇试用期员工，应充分证明其不符合录用条件，并履行说明理由义务；而对转正的员工，如果其能力不能达到岗位要求，用人单位不得直接解除劳动关系，而应给予劳动者培训或调岗的机会，再一次证明员工不能胜任工作后方可作出解除劳动合同的决定。如果劳动者处于医疗期、“三期”等解雇保护情形，用人单位还需待相应情形消失后方可解除合同，并依法通知工会和结算经济补偿金、代通知金等。

3. 用人单位对绩效考核结果承担举证责任

在绩效管理流程中，用人单位一般掌握劳动者一定周期内的绩效表现情况，因此由劳动者来证明自己的绩效表现已达到公司要求并不现实，用人单位应当提供证据证明员工的绩效表现未能达到公司要求。

用人单位需要在绩效管理中举证证明公司对员工提出过哪些具体绩效要求即绩效目标设定情况，以及员工的实际绩效表现情况、公司对员工绩效进行阶段性反馈的情况、告知员工绩效考核结果的情况等，以完成相应的举证义务。尤为重要的是，用人单位不仅应注意考核过程和考核结果的证据留存，而且应当就考核所依据的事实留存客观证据以便通过司法审查。

◆ 典型案例

案例 1. 试用期因病缺勤能否视为不符合录用条件?

案例实录：付某于 2015 年 10 月 9 日进入北京某金融公司（以下简称金融公司）从事人事经理工作，双方签订有 3 年期劳动合同，试用期 3 个月。21 日付某被诊断为“宫内孕 6 周”，当日请病假一天，26 日后付某又陆续请病假。11 月 6 日至 16 日，付某因孕期反应请病假住院治疗并要求继续调理休息两周。16 日金融公司向付某送达《不予录用通知》。后付某申请仲裁，要求恢复劳动关系。

专家分析：试用期是劳动关系当事人双方依照法律规定，在劳动合同期限内特别约定的一个供当事人双方相互考察的期间。在该期间，用人单位可进一步详细考察被录用员工是否符合录用条件，而劳动者也可进一步了解用人单位是否符合自己的职业技能和职业发展。对用人单位而言，劳动者身体健康以及是否具备向用人单位提供正常劳动的能力，是双方能否履行劳动关系的基本前提，将身体健康作为录用条件符合常识常理。本案中付某入职后不久就不断请病假，其作为人事经理长时间不能坚持上班工作，势必影响到金融公司日常经营活动的正常开展，据此金融公司以不符合录用条件解除不违反法律规定，最终法院驳回了付某的诉讼请求。

有观点认为，员工疾病应享受法定医疗期保护不应视为不符合录用条件，也即法定医疗期应扩展至试用期内。笔者认为该观点有失偏颇，首先，医疗期解雇保护针对的是无过错解除情形而未涵盖试用期不符合录用条件解除情形，如果试用期内执行医疗期保护则医疗期届满时试用期已过，此种情况下试用期将失去意义，不符合试用期制度的设置目的。其次，我国劳动立法尚未全面引入试用期遇病假中止制度，虽然地方法规和裁判口径对于试用期中止计算有积极探索①，但尚未进入国家立法层面，苛求用人单位必须执行试用期中止操作也不尽合理。

案例2. 对绩效考核结果如何进行司法审查?

案例实录：米某于2015年入职某保险股份公司（以下简称保险公司），双方劳动合同约定米某享有年度绩效考核工资。2019年4月25日米某离职后申请仲裁，要求保险公司给付年度绩效考核工资38100元。保险公司则主张米某2018年度绩效考核结果为不合格，年度绩效薪酬为0。米某不认可其2018年度绩效考核结果为不合格的认定，主张其曾向公司提过异议，但未获得回复。

经查，保险公司2018年度绩效考核工作安排的通知对员工设定有至少六项考核程序：一、确定考核计划：部门负责人与部门员工签订《个人考核计划表》；二、被考核人自评：被考核人按照《个人考核计划表》汇总整理年度计划完成情况，并进行自评；三、考核人评分：考核人根据被考核人自我评述及实际工作完成情况，对被考核人进行评价；四、考核成绩汇总：人力资源部

① 部分可执行试用期中止计算的地方规定如下：《江苏省劳动合同条例》第十五条规定："试用期包含在劳动合同期限内。劳动者在试用期内患病或者非因工负伤须停工治疗的，在规定的医疗期内，试用期中止。"浙江省高级人民法院民事审判第一庭、浙江省劳动人事争议仲裁院《关于审理劳动争议案件若干问题的解答（四）》（浙高法民一〔2016〕3号）规定："二、劳动者在试用期请病假，病假期间能否从试用期中扣除？答：试用期是用人单位与劳动者的相互考察期间。劳动者在此期间请病假，影响到考察目的的实现，故该病假期间可从试用期中扣除。"青岛市人力资源和社会保障局《关于规范劳动关系有关问题的意见》（青人社发〔2015〕1号）规定："（七）劳动者在试用期内患病或者非因工负伤停工治疗的，在规定的医疗期内，试用期中止。医疗终结或者医疗期满后试用期继续履行。"

汇总并上报个人考核结果；五、考核结果确定：公司绩效考核委员会审核相关人员的个人绩效考核结果，分管领导审核分管领域部门员工的个人绩效考核结果，提交司务会审定；六、绩效反馈：人力资源部以《绩效考核结果表》的形式向各部门反馈考评结果，部门负责人与员工进行绩效沟通反馈，并根据沟通情况填写《绩效沟通记录表》，部门考核联系人将本部门被考核人及上一级负责人签字确认后的《绩效考核结果表》及《绩效沟通记录表》统一提交人力资源部存档。此外，保险公司还设置有绩效申诉程序，即："在绩效评估过程中，员工若认为受到不公平对待或对考核结果有异议，可在得知考核结果3个工作日内向人力资源部提交申诉报告。人力资源部将及时对申诉进行核实处理，若员工对处理结果不服，可向绩效考核委员会提请二次申诉，由绩效考核委员会作出最终裁决。"案件审理中，保险公司除提交米某的《个人考核计划表》《绩效沟通记录表》可以证明其实施了第一项、第六项考核程序外，并未提供其实施第二项、第三项、第四项、第五项考核程序的相关证据。

专家分析：用人单位对员工的年终考核属于其行使用工管理权和用工自主权的范畴，但用人单位对员工作出的考核结果认定应当建立在考核实施之前即已预设的考核程序之上，用人单位是否严格按照设定好的考核程序对员工进行实体考核，直接影响到员工的考核结果是否客观公允。因此，绩效考核程序对于用人单位公平公正行使用工管理权，以及保障员工与考核相关的利益均具有重要意义。鉴于考核程序所具有的重要价值、公开透明且便于第三方评判的属性，在司法程序中，法院和劳动仲裁部门重点对用人单位实施的考核程序进行审查。本案中保险公司制定了较为完善和科学的考核程序，但在实际履行阶段并未严格执行，相关考核程序存在缺失的情况，使得法院难以认定对米某不合格的考核结论客观公允。最终，法院认定保险公司对米某的考核缺乏"程序正当"原则，其不合格的结论不能成立，并支持了米某关于年终绩效奖金的诉讼请求。

案例3. 未通过绩效改进计划能否解除劳动合同?

案例实录：吴某于大连某技术公司（以下简称技术公司）担任项目经理

一职，2018 年吴某绩效评估结果为“低于期望”，吴某收到考核结果后提出异议。2019 年 4 月，吴某的上级杨某为吴某制定了 30 天的绩效改进计划，其中罗列了 30 天内的“改善目标、核量标准、资源与支持、考核结果”，杨某在改进计划表上签名。5 月经上级评估，吴某未通过改进计划，技术公司以吴某不胜任工作为由解除了吴某的劳动合同。吴某则申请仲裁要求支付解除劳动合同的赔偿金。吴某主张，公司无法证明本人不胜任工作，且未对本人执行培训。技术公司则认为绩效改进计划已包含不胜任培训。

专家分析：《劳动合同法》第四十条规定，劳动者不能胜任工作，经过培训或者调整工作岗位，仍不能胜任工作的，用人单位提前三十日以书面形式通知劳动者本人或者额外支付劳动者一个月工资后，可以解除劳动合同。本案中吴某 2018 年考核结果并未经其本人确认，且公司也未提供其他证据证明 2018 年考核结果有客观证据佐证，由于绩效改进表格未记载吴某已构成不胜任的事实，技术公司仅以吴某实际参加改进计划主张吴某已认可考核结果并无事实依据。此外，技术公司为吴某制定了绩效改进计划，但未明确具体培训内容、时间，使得劳动者在缺乏指导的情况下继续从事本职工作，未能履行用人单位法定义务，亦无法充分证明员工属于经培训后仍属于不胜任的情形，最终法院判定技术公司系违法解除劳动合同。

◆ 专家建议

综合上述案例以及企业在执行绩效管理中的其他潜在法律风险，如下建议可供参考：

1. 试用期员工应提前约定录用条件

虽然法律规定用人单位可以不符合录用条件为由解聘试用期员工，但录用条件并非法定而是由当事人进行约定，并且是否符合录用条件由用人单位承担举证责任。据此，用人单位应当积极与劳动者书面约定录用条件（或者反向约定哪些情形属于不符合录用条件），对员工试用期的身体健康、工作表现、团队合作、职业道德、劳动纪律等提出具体要求，以便于事后进行评估；同时在试用期内，上级主管应当追踪员工的绩效表现，对员工工作的不足和差错应及时指出并给出绩效改进的建议，以形成相关证据。

应当注意的是，原劳动部办公厅对《关于如何确定试用期内不符合录用条件可以解除劳动合同的请示》的复函曾规定："对试用期内不符合录用条件的劳动者，企业可以解除劳动合同；若超过试用期，则企业不能以试用期内不符合录用条件为由解除劳动合同。"也即试用期解除劳动合同必须在试用期满前作出，如超过试用期则不得以不符合录用条件进行解雇。

2. 非试用期员工应加强绩效评估的程序管理

虽然用人单位对员工的绩效表现有单方判断的权利，但该判断权的行使需受到程序上的严格限制，具体包括：公司制定的绩效政策应当按照《劳动合同法》第四条的规定履行民主程序；绩效考核流程应尽可能反映员工的参与（包括员工参与绩效目标的设置、绩效改进计划的设置、员工可提出绩效申诉）以及上级主管的跟踪管理（上级主管参与绩效目标设置、日常跟踪和反馈、绩效面谈、对考核结果履行充分说明义务等）。同时，用人单位应当按照既定的绩效评估程序作出评估，避免因程序缺失导致评估结果被司法机关推翻；绩效考核应给予员工合理的绩效考核周期，确定恰当的考核方法（末位淘汰多被司法实践所否定）以多方面体现程序的公正性和合理性。

只有在程序公正并且严格执行的情况下，用人单位对员工绩效表现的单方判断权才不会被司法机关所否定。

3. 绩效管理应当秉承持续性原则，避免自相矛盾

绩效管理贯穿劳动关系的始终，用人单位对员工的绩效管理应当保持持续性，避免对员工进行突击考核或改变既定的考核程序。实践中部分用人单位在年中给员工升职、与员工续签劳动合同，但在年底又给予员工较低的绩效分值，这种自相矛盾的处理方式会给企业的绩效管理活动带来巨大的法律风险，而且很容易遭到员工的质疑，破坏企业内部的信任关系。

现实当中，上级主管放弃对员工日常工作进行跟踪管理，最终导致绩效评估难以顺利进行是目前企业的“重灾区”，企业管理人员不能想当然认为“员工应该自觉展现自我能力，呈现工作绩效”，而应关心员工日常工作表现，持续跟进员工的绩效并给予及时反馈，只有持续性地推进绩效管理的双向反馈，才能最终解决绩效管理这一人力资源管理中的难点和重点问题。

4. 用人单位执行绩效改进计划应注意程序合规和内容合理

用人单位对劳动者执行绩效改进计划的原因多种多样，有些是员工的工作态度存在问题，有些是员工绩效存在问题但尚未构成不胜任工作的情形，有些则已经达到不胜任的程度。对于前两者，劳动者未通过改进计划不足以导致解除劳动合同，但可以事先界定该种情况下属于不胜任工作的情形，用人单位可执行二次改进计划以满足法律要求。

对于劳动者已经不胜任工作的情形，用人单位首先应当留存充分证据加以证明。其次在此基础上制定的绩效改进计划应注明原因，明确因员工不胜任工作而开展，在开始绩效改进计划前，应先安排培训计划以提高劳动者能力和适应水平，之后再安排相应的目标设定，否则直接开启目标设定和考核，即使员工未能通过改进计划，也无法证明员工经过培训仍不胜任工作，用人单位对此应作合理的准备。

◆ 相关法规

《劳动合同法》

第二十一条 在试用期中，除劳动者有本法第三十九条和第四十条第一项、第二项规定的情形外，用人单位不得解除劳动合同。用人单位在试用期解除劳动合同的，应当向劳动者说明理由。

第三十九条 劳动者有下列情形之一的，用人单位可以解除劳动合同：

（一）在试用期间被证明不符合录用条件的；

……

第四十条 有下列情形之一的，用人单位提前三十日以书面形式通知劳动者本人或者额外支付劳动者一个月工资后，可以解除劳动合同：

……

（二）劳动者不能胜任工作，经过培训或者调整工作岗位，仍不能胜任工作的；

……

劳动部《关于〈劳动法〉若干条文的说明》

第二十六条第三款 本条第（二）项中的“不能胜任工作”，是指不能按要求完成劳动合同中约定的任务或者同工种、同岗位人员的工作量。用人单位不得故意提高定额标准，使劳动者无法完成。

第七节　商业秘密与知识产权管理中的风险防控

◆ 必备知识

1. 知识产权是企业保持竞争优势的重要战略

2020 年 5 月 18 日，中共中央、国务院印发的《关于新时代加快完善社会主义市场经济体制的意见》（以下简称《意见》）中指出，加快建立知识产权侵权惩罚性赔偿制度，加强企业商业秘密保护，完善新领域新业态知识产权保护制度。

目前我国正在实施创新驱动发展战略，知识产权制度是一个鼓励创新的重要制度。根据《民法典》相关规定，民事主体享有知识产权。知识产权是权利人依法就下列客体享有的专有的权利：（1）作品；（2）发明、实用新型、外观设计；（3）商标；（4）地理标志；（5）商业秘密；（6）集成电路布图设计；（7）植物新品种；（8）法律规定的其他客体。

2. 企业有权选择不同的知识产权保护方式

在各类知识产权中，商业秘密占比最高，根据 2019 年修订的《反不正当竞争法》的规定，商业秘密是指不为公众所知悉、具有商业价值并经权利人采取相应保密措施的技术信息、经营信息等商业信息。其中，技术信息具体包括设计、程序、产品配方、制作工艺、制作方法、管理诀窍等，而经营信息则主要包括客户名单、货源情报、产销策略、招投标中的标底及标书内容等信息。与专利相比，商业秘密保护具有无期限、不公开、无须登记注册的特点，但商业秘密保护无垄断性，可能由人员流动、商业间谍等原因导致其被泄露。

相反，专利等形式的保护具有公开性、一定时间的垄断性特点，但是其有相应的保护期限限制，可见二者之间各有优劣。

表2-6 商业秘密保护与专利保护的区别

知识产权类型	是否公开	是否需要登记/注册	是否垄断	保护期限
专利保护	√	√	√	一定期限（10—20年）
商业秘密保护	×	×	×	无期限

此外，著作权与专利亦存在差异。著作权，是指以各类形式创作的文学、艺术和自然科学、社会科学、工程技术等作品所相应的权利。作品具体包括文字作品、口述作品和计算机软件等。根据《著作权法》相关规定，公民为完成法人或者其他组织工作任务所创作的作品是职务作品，著作权由作者享有，但法人或者其他组织有权在其业务范围内优先使用。

表2-7 著作权与专利的区别

类型	权利属性	登记/注册	是否垄断	保护期限
专利	财产权	√	√	发明：20年；实用新型：10年；外观设计：15年
著作权	财产权和人身权	×	×	A. 署名权、修改权、保护作品完整权无期限限制；B. 发表权及其他：公民为死亡后第50年的12月31日；法人为作品首次发表后第50年的12月31日

3. 劳动者在知识产权事项中亦享有相应的合法权益

虽然知识产权的主要功能在于维护公司的竞争优势，但用人单位也主要依托劳动者的职务行为获得各类知识产权，特别是对于经登记的职务发明、实用新型和外观设计等，企业可能从中获得巨额经济利益，故根据《专利法》《专利法实施细则》等有关规定，劳动者作为发明人可以获得相应的职务报酬。

表 2－8　无约定情形下的职务发明报酬

<table>
<tr><th>专利类型</th><th>奖励</th><th colspan="2">报酬（专利有效期内）</th></tr>
<tr><td>发明专利</td><td>不低于 3000 元</td><td>企业使用该专利，则提取不低于实施该发明专利的营业利润的 2%或参照比例给予一次性报酬</td><td rowspan="2">许可他人使用的，应当从收取的使用费中提取不低于 10%作为报酬</td></tr>
<tr><td>实用新型专利或外观设计专利</td><td>不低于 1000 元</td><td>企业使用该专利，则提取不低于实施该实用新型专利的营业利润的 2%，实施外观设计专利的营业利润的 0.2%，或参照比例给予一次性报酬</td></tr>
</table>

现实中，有些跨国企业对知识产权进行“中央集权”式集中管理，通过国内企业申请专利后无偿转让给境外母公司，该种模式并不能完全免除对国内劳动者给付职务发明报酬的义务。

◆ 典型案例

案例 1. 员工下载安装盗版软件，企业是否要承担赔偿责任？

案例实录：广西某科技公司（以下简称科技公司）系一家大型企业，给所有员工配备了工作电脑。2016 年，某公司发现科技公司未经授权许可，擅自在其办公场所的相关计算机上非法复制、安装并商业使用了某公司依法享有著作权的办公软件。后某公司提起诉讼，要求科技公司立即停止侵权行为并赔偿经济损失 50 万元及某公司为制止侵权行为所支付的各类调查费、律师费等。科技公司在诉讼中主张，其只是为员工提供了办公电脑，员工在办公电脑上下载安装软件系其个人行为，与公司无关。

专家分析：最高人民法院《关于审理著作权民事纠纷案件适用法律若干问题的解释》第二十一条规定：“计算机软件用户未经许可或者超过许可范围商业使用计算机软件的，依据著作权法第四十七条第（一）项、《计算机软件保护条例》第二十四条第（一）项的规定承担民事责任。”本案中科技公司办公电脑上装有某公司盗版办公软件，员工安装某公司盗版软件是基于完成工作任务，并且是在科技公司办公场所使用，因而科技公司成为案涉计算机软件的实际用户。由于科技公司不能提供合法购买正版软件来源，也不能证明企业尽到监管义务，最终法院判决科技公司赔偿某公司各项经济损失总计16万元。

案例2. 职务发明无偿转让到境外，劳动者还能否主张支付发明报酬？

案例实录：吴某在希美克（广州）实业有限公司（以下简称希美克公司）工作期间，完成了“防止锁闭的防风门插芯锁”的职务发明创造。2003年12月5日，吴某签署了专利申请权转让书，向希美克公司的关联公司BETTELI LIMITED（以下简称BETTELI）转让涉案职务发明创造在美国、美国领属地以及所有外国的与发明有关的一切权益。但BETTELI就专利申请权转让未向吴某或希美克公司支付过转让对价。BETTELI于2003年12月9日就涉案职务发明创造在美国申请发明专利，发明人列明为吴某。希美克公司和BETTELI未将涉案职务发明创造在美国以外的国家申请过其他专利。其后BETTELI委托希美克公司在中国境内制造使用涉案专利的产品，然后由希美克公司再全部出口至美国提供给BETTELI进行销售。后吴某提起诉讼，要求希美克公司和BETTELI共同支付职务发明创造发明人报酬共计43万美元以及维权合理费用人民币52598元。

庭审中，希美克公司主张：(1) 涉案专利为美国专利，应适用美国专利法而非中国《专利法》《专利法实施细则》关于职务发明创造奖励和报酬的规定。根据美国专利法，没有职务发明创造的发明人报酬的相关规定。(2) 吴某在签署专利申请权转让书时已经知道专利存在，却直至起诉前才主张职务发明创造报酬，已超过2年诉讼时效。(3) 即使吴某有权主张发明人报酬，其主张的报酬金额也没有充分依据。

专家分析：本案中，涉案发明专利属于吴某在被告希美克公司工作期间在中国大陆所完成的职务发明创造，虽然由于专利申请权转让导致未在中国申请发明专利，但BETTELI其后又委托希美克公司在中国生产专利产品并出口销售，根据《涉外民事关系法律适用法》相关规定，可依最密切联系原则确定本案可受中国法律管辖。

《专利法》第十六条规定，被授予专利权的单位应当对职务发明创造的发明人或者设计人给予奖励。上述“被授予专利权的单位”不应理解为现在的专利权人，而应理解为与发明人有劳动雇佣关系且在职务发明创造完成时本应依法享有专利申请权的用人单位。至于用人单位将专利申请权转让给第三人，或者在获得专利权后转让给第三人的情况，不影响职务发明人应获得报酬的权利。否则用人单位可通过无偿转让方式规避支付发明人报酬，则显失公允。故而本案希美克公司作为用人单位应属于支付职务发明创造报酬的义务主体，至于职务发明创造报酬的支付期限，《专利法》并未规定，双方当事人也未约定履行期限，本案专利仍在有效期内，故无法认定超过诉讼时效。最终，法院酌定希美克公司向吴某支付 30 万元报酬。

◆ 专家建议

考虑到知识产权对外侵权和内部管理的相关风险，以下建议供用人单位参考：

1. 企业应通过制定制度、实施培训、定期检查等降低知识产权侵权风险

目前，中国公民及企业的知识产权保护意识仍有待提高，作为用人单位应首先规范自身的经营行为，提高正版化意识，对于像 Windows、Office、Adobe、WPS 等工作中十分常见的软件，应通过正规渠道采购并为劳动者安装使用。

同时，用人单位还需要对员工办公电脑软件的使用尽到监管义务。如在《员工手册》等公司规章制度中明确禁止员工下载盗版软件，违反相关规定将导致处罚甚至被解除劳动合同，如给公司造成经济损失，员工还应承担赔偿责任。此外，用人单位可通过培训、定期检查、安装监控软件等方式执行违规行为检查。如确因员工违规导致侵权纠纷，上述相关证据可以适度降低企业的赔偿责任。

当然，要系统降低知识产权风险，企业应加强知识产权管理体系建设，如设置相关部门、任命人员，在研发立项、生产销售、对外合同签署等多领域控制侵权风险。

2. 企业应加强商业秘密保护，避免竞争优势丧失

除通过专利等方式保护公司已有技术信息外，企业通过商业秘密保持自身竞争优势应注意以下事项：

（1）明确规定公司商业秘密（含技术信息和经营信息）的相关内容、载体；

（2）对上述商业秘密采取严格的保护措施，包括签订保密协议、制定保密制度、对涉密文件标识保密等级、安装安全软件等；

（3）与关键岗位员工签署《竞业限制协议》并设定违约责任，最大限度避免人才流动时商业秘密泄露风险；

（4）如涉及关键人才流失可能导致企业重大损失的情形，企业宜推行股权激励计划，增设劳动者同时作为合伙人、股东的身份，就其离职、违约或加入竞争对手设置严格的违约责任。

3. 企业应加强各类知识产权的申报、管理程序，建立和健全有关职务发明的奖励及报酬制度，具体包括：

（1）明确各类职务作品、职务发明的权利归属、申报方式以及转让方式等；

（2）明确职务发明奖励的发放方式、数额和比例，如根据职务发明的重要性划定等级并设置一次性报酬①，避免发生争议时将职务发明奖励与企业销售数额、销售利润等涉及企业经营秘密的数据挂钩；

（3）拓展职务发明奖励和报酬的内容，奖励亦可包括股权激励、提升工资、职务晋升、带薪休假等；

---

① 详见上海市高级人民法院《职务发明创造发明人或设计人奖励、报酬纠纷审理指引》（2013年6月25日）的相关规定。

（4）避免对职务发明奖励或报酬附加不合理的条件，如规定离职后不再发放职务发明奖励或报酬。

◆ 相关法规

《反不正当竞争法》

第二条第一款 经营者在生产经营活动中，应当遵循自愿、平等、公平、诚信的原则，遵守法律和商业道德。

第九条 经营者不得实施下列侵犯商业秘密的行为：

（一）以盗窃、贿赂、欺诈、胁迫、电子侵入或者其他不正当手段获取权利人的商业秘密；

（二）披露、使用或者允许他人使用以前项手段获取的权利人的商业秘密；

（三）违反保密义务或者违反权利人有关保守商业秘密的要求，披露、使用或者允许他人使用其所掌握的商业秘密；

（四）教唆、引诱、帮助他人违反保密义务或者违反权利人有关保守商业秘密的要求，获取、披露、使用或者允许他人使用权利人的商业秘密。

经营者以外的其他自然人、法人和非法人组织实施前款所列违法行为的，视为侵犯商业秘密。

第三人明知或者应知商业秘密权利人的员工、前员工或者其他单位、个人实施本条第一款所列违法行为，仍获取、披露、使用或者允许他人使用该商业秘密的，视为侵犯商业秘密。

本法所称的商业秘密，是指不为公众所知悉、具有商业价值并经权利人采取相应保密措施的技术信息、经营信息等商业信息。

《民法典》

第一百二十三条 民事主体依法享有知识产权。

知识产权是权利人依法就下列客体享有的专有的权利：

（1）作品；

（2）发明、实用新型、外观设计；

（3）商标；

（4）地理标志；

（5）商业秘密；

（6）集成电路布图设计；

（7）植物新品种；

（8）法律规定的其他客体。

《专利法》

第十六条 被授予专利权的单位应当对职务发明创造的发明人或者设计人给予奖励；发明创造专利实施后，根据其推广应用的范围和取得的经济效益，对发明人或者设计人给予合理的报酬。

《专利法实施细则》

第七十六条 被授予专利权的单位可以与发明人、设计人约定或者在其依法制定的规章制度中规定专利法第十六条规定的奖励、报酬的方式和数额。

企业、事业单位给予发明人或者设计人的奖励、报酬，按照国家有关财务、会计制度的规定进行处理。

第七十七条 被授予专利权的单位未与发明人、设计人约定也未在其依法制定的规章制度中规定专利法第十六条规定的奖励的方式和数额的，应当自专利权公告之日起3个月内发给发明人或者设计人奖金。一项发明专利的奖金最低不少于3000元；一项实用新型专利或者外观设计专利的奖金最低不少于1000元。

由于发明人或者设计人的建议被其所属单位采纳而完成的发明创造，被授予专利权的单位应当从优发给奖金。

第七十八条 被授予专利权的单位未与发明人、设计人约定也未在其依法制定的规章制度中规定专利法第十六条规定的报酬的方式和数额的，在专利权有效期限内，实施发明创造专利后，每年应当从实施该项发明或者实用新型专利的营业利润中提取不低于2%或者从实施该项外观设计专利的营业利润中提取不低于0.2%，作为报酬给予发明人或者设计人，或者参照上述比例，给予发明人或者设计人一次性报酬；被授予专利权的单位许可其他单位或者个人实施其专利的，应当从收取的使用费中提取不低于10%，作为报酬给予发明人或者设计人。

上海市高级人民法院《职务发明创造发明人或设计人奖励、报酬纠纷审理指引》

第四条【约定的内容】 根据专利法实施细则的规定，被授予专利权的单位可与职务发明创造发明人、设计人就职务发明创造奖励与报酬的方式和数额进行约定。可以约定的不限于奖励、报酬的数额，也包括奖励、报酬的方式。

按照约定优先原则，奖励报酬的形式可以是多种多样的，除了采取货币形式之外，还可以采取诸如股票、期权、提高职位、提升工资、带薪休假等形式，只要能达到专利法规定的合理的原则要求即可。

如果约定的奖酬仍采货币的形式，则约定数额既可以比法定标准高，也可以比法定标准低，单位可以自主地根据自身的行业特性、生产研发状况、知识产权战略发展需求制定相应的具体标准。在职务发明创造奖酬规定的实际执行过程中，有的企业采用如专利申请奖、专利授权奖、专利实施后的报酬等方式执行；也有的企业对奖励报酬采取一次性补偿方式，补偿的具体总额按照研发领域的平均发明价值确定，该种方式对于企业而言，可以避免复杂的计算过程、较高的计算成本。这些均是应该被允许的。

Chapter 3
劳动合同调整 6 大关键环节风险防控

劳动关系的核心特征之一为“继续性”，意指劳动关系的权利义务一直在持续变动中，劳动者的工作技能、知识经验随着时间的推演发生变动，其所从事的工作内容、工作职责也可能因公司需要而不断发生变更；而用人单位出于资本整合、架构调整或内部管理的需要也可能发生合并分立、股权收购、资产业务收购等事项，如何动态平衡用人单位和劳动者的合法权益，不仅是《劳动法》研究的重点，也是用人单位十分关注的问题。

第一节　岗位调整的风险防控

◆ 必备知识

1. 岗位调整同时涉及企业自主权和劳动者利益

劳动合同作为一种继续性的契约，随着时间的经过在合同当事人间还会产生一系列新的权利义务。而企业的经营情况并非一成不变，其组织架构、经营战略、业务条线都可能发生轻微或者剧烈的变动；而劳动者的知识、经验和技能也在持续变动当中，或增强或减退，劳资双方的变动并非劳动合同订立当时所能充分预见，这也意味着劳动合同订立当初所安排的劳动者工作内容、工作职责和工作岗位在特定条件下存在调整的必要。

上述调整为市场经济所必需，触及用人单位的经营管理权，但也涉及劳动者工资报酬、职业发展等核心利益，因此需要综合评判。既不能一味认为所有调整都需要员工同意，也不能理解为任何调整员工均应服从。

2. 正确理解劳动合同变更的概念

《劳动合同法》第三十五条第一款规定："用人单位与劳动者协商一致，可以变更劳动合同约定的内容……"立法之所以规定合同变更需要劳动者同意，目的在于预防用人单位通过单方变更合同内容损害劳动者利益，如随意执行岗位变动或者降低工资标准，但对劳动者有利的变化（如增加工资、奖金）一般无须经过劳动者的同意。

因此，涉及需要协商一致的劳动合同变更应指对劳动者利益造成实质性不利影响的事项，比如大幅降低工资、将员工调整至其他毫无关联度的工作岗位，这些调整严重损及劳动者利益，如果允许企业无须员工同意即可执行调整，则不利于劳动关系的和谐稳定，与劳动法的宗旨相违。但是企业基于管理需要安排员工做适度的岗位调整，薪资不变，且原岗位和新岗位大部分工作职责相同，此时并不影响劳动合同的继续履行，如果机械地理解为“劳动合同变更”需要员工同意，不仅对企业开展经营不利，而且最终可能损及劳动者通过拓展工作职责获得技能提升的机会。

3. 即使构成劳动合同变更范畴的调岗，也应根据情形确定员工可否拒绝

调岗既可能产生于企业的经营需要，也可能产生于劳动者不能胜任工作。如果因劳动者个人原因导致原劳动合同履行出现障碍，此时如仍需经过劳动者同意才能执行调岗，则用人单位通过优胜劣汰实现经营效率提升的目的无法实现。在公司通过公平合理的绩效评价机制确定员工无法胜任工作的情况下，用人单位可以对员工进行单方调岗，即使该调岗属于“劳动合同变更”范畴。

当然，企业在员工不胜任情形下对其进行调岗，仍然需要把握合理性，如调整的薪资、职级的降低不宜幅度太大，仍应尽可能考虑劳动者能否具备从事新工作的基本技能和经验，而不能安排员工到根本无法胜任的新岗位工作。

4. 通过协商一致的调岗，既可能通过明示的方式达成，也可能通过默示的方式达成

如果调岗损及劳动者的利益，但劳资双方你情我愿，通过协商一致的方式确认岗位调整，该种通过双方合意方式达成的调岗受到法律保护。现实当中，协商调岗既可能通过签订书面协议、书面劳动合同等“明示”的方式达成，也可能通过劳动者直接执行企业的调岗决定，即通过实际履行这一“默示”的方式达成。

应当注意的是，通过默示方式达成调岗应当由用人单位承担举证责任，证明员工以实际行动同意了调岗决定，且在实际履行期间未提出异议。根据相关司法解释，如果员工在新岗位上实际提供劳动超过1个月，视为协商调岗成立，员工事后反悔则难以得到司法机关的支持。

◆ 典型案例

案例1. 因经营需要调岗不降薪，员工可否拒绝?

案例实录：杨某于2011年8月进入惠州某电子公司（以下简称电子公司）工作，担任A生产线技术员一职，双方劳动合同约定公司有权根据经营需要调整员工工作岗位。2014年9月电子公司董事会作出决议，因订单锐减为降低成本决定撤销A生产线，所在部门安排岗位调整。后电子公司通知杨某进入B生产线担任工模技术员一职，并承诺工资不变。杨某明确拒绝，后以公司单方变更岗位为由向电子公司提出解除劳动合同，离职后申请仲裁诉请电子公司支付解除劳动关系的经济补偿金。

专家分析：在公平合理范围内，用人单位也可以对劳动者适当行使一定的单方调岗权。判断用人单位单方调整劳动者工作岗位的行为是否违反法律规定，关键在于对“合理性”的正确把握，包括：一是调岗是否基于企业的生产经营需要或因劳动者个人能力、工作态度等因素导致，即调岗具有必要性；二是调岗前后工资待遇应当持平；三是调岗后是否增大了劳动者的劳动成本；四是调岗不具有侮辱性和惩罚性。本案中，电子公司出于订单缩减撤销部门并进而调整杨某岗位系基于经营需要产生，并明确工资待遇不变，且杨某新从事的也为技术类岗位，该项调整不违反劳动合同的约定，双方继续履行劳动合同不存在障碍，故应理解为用人单位合理调岗的范畴，杨某径自提出解除合同并索要经济补偿金不应得到法院支持。最终，仲裁机构以电子公司是在公平合理的范围内行使适当的单方调岗权，没有违反《劳动合同法》为由判决驳回了杨某的诉讼请求。

案例2. 因不胜任调岗降薪，是否须经员工同意？

案例实录：罗某于2013年3月进入北京某房产开发公司（以下简称房产公司）工作，双方签订有书面劳动合同，合同约定罗某担任工程部部长，同时约定，公司执行岗变薪变、随岗定薪原则。2014年6月，房产公司以罗某业绩未达标为由调整工作岗位，安排罗某任职某地产项目的工程师，工资由每月6500元调整为5000元。此安排遭到罗某的拒绝，后罗某申请仲裁，要求撤销调岗决定并按原岗位标准补发工资差额，其认为即使不胜任工作，调岗也需协商一致，变更劳动报酬更应协商一致。

专家分析：工作内容和劳动报酬属于劳动合同的重要内容之一，一般情形下应根据《劳动合同法》第三十五条的规定履行协商一致程序，但本案中罗某存在不胜任原岗位的情形，《劳动合同法》第四十条对此明确规定，“有下列情形之一的，用人单位提前三十日以书面形式通知劳动者本人或者额外支付劳动者一个月工资后，可以解除劳动合同：……（二）劳动者不能胜任工作，经过培训或者调整工作岗位，仍不能胜任工作的”。从上述法条可以看出，劳动者不能胜任本职工作的，用人单位无须征求劳动者的意见即可单方变更劳动者的工作岗位，这是法律赋予用人单位在合法合理的情况下行使自主管理权的范畴。同时，用人单位对劳动者进行调岗，往往涉及薪酬的调整，这也是用人单位的用工自主权之一。员工因不胜任被调整到新的岗位，其薪酬应当根据新岗位的标准确定，否则有违《劳动法》“同工同酬”的基本原则。本案中罗某确认其存在不胜任情形，房产公司对罗某岗位和薪酬的调整尚在合理范畴，故仲裁机构最终驳回了罗某的诉讼请求。

案例3. 因部门撤销安排员工停工待岗，员工可否拒绝？

案例实录：李某于2008年9月进入A公司工作，双方签订有劳动合同，李某担任研发中心项目开发主管一职，月薪15000元。2020年2月，A公司发布公告，称受疫情影响，项目锐减导致人员冗余，李某所在的部门和岗位亦随之被撤销。后A公司通知李某自3月1日起停工待岗，其间按照最低工资标准支付。李某对此提出异议，认为即使停工待岗，也应支付全额工资。后双方就此发生劳动争议。

专家分析：根据规定，劳动合同订立时所依据的客观情况发生重大变化，致使劳动合同无法履行，经用人单位与劳动者协商，未能就变更劳动合同内容达成协议的，用人单位应提前30日以书面形式通知劳动者本人或额外支付劳动者一个月工资后，可以解除劳动合同。本案中李某所在部门因公司经营情况变化被撤销，原劳动合同实际上无法继续履行，此时A公司与李某可以协商变更劳动合同，如无法就协商变更合同达成一致，A公司可依《劳动合同法》第四十条第三项的规定解除劳动合同（须支付经济补偿金），但A公司直接安排停工待岗本质上仍属于变更劳动合同范畴，需取得员工同意。故A公司直接发放最低工资依据不足，且部门撤销导致无工作内容的情形与企业停工停产仍有所区别，在双方无任何事先约定或规章制度无事先规定的情况下，企业直接发放最低工资面临补发工资风险。后经仲裁委员会主持调解，A公司同意额外支付2个月工资和法定经济补偿金与李某了结争议。

◆ 专家建议

综合上述案例以及企业在执行岗位调整中的其他潜在法律风险，如下建议可供参考：

1. 正确行使“合理调岗权”

在各地劳动争议司法实践中，虽然用人单位的单方合理调岗权受到法律保护①，但一旦劳资双方就调岗合理与否产生分歧，司法机关将秉承“合法性”和“合理性”并重原则对用人单位的调岗决定进行审查。对此，用人单位在行使合理调岗权时应当注意如下限制：

（1）调岗产生经营需要，用人单位应对调岗产生的基础原因进行合理解释或者提供相关证据证明；

（2）由于并非劳动者原因产生调岗，因此员工的工资水平不应下降，否则调岗的合理性可被“一票否决”；

（3）调整后的岗位虽然不可能与原岗位完全一致，工作职责或工作内容定会有所不同，但用人单位应尽可能保障员工的职级基本不变，工作强度不作大

---

① 广东省高级人民法院、广东省劳动人事争议仲裁委员会《关于审理劳动人事争议案件若干问题的座谈会纪要》规定：“22. 用人单位调整劳动者工作岗位，同时符合以下情形的，视为用人单位合法行使用工自主权，劳动者以用人单位擅自调整其工作岗位为由要求解除劳动合同并请求用人单位支付经济补偿的，不予支持：（1）调整劳动者工作岗位是用人单位生产经营的需要；（2）调整工作岗位后劳动者的工资水平与原岗位基本相当；（3）不具有侮辱性和惩罚性；（4）无其他违反法律法规的情形。”北京市高级人民法院、北京市劳动人事争议仲裁委员会《关于审理劳动争议案件法律适用问题的解答》（2017 年 4 月 24 日）规定：“5. 用人单位调整劳动者工作岗位的，如何处理？用人单位与劳动者约定可根据生产经营情况调整劳动者工作岗位的，经审查用人单位证明生产经营情况已经发生变化，调岗属于合理范畴，应支持用人单位调整劳动者工作岗位。用人单位与劳动者在劳动合同中未约定工作岗位或约定不明的，用人单位有正当理由，根据生产经营需要，合理地调整劳动者工作岗位属于用人单位自主用工行为。判断合理性应参考以下因素：用人单位经营必要性、目的正当性，调整后的岗位为劳动者所能胜任、工资待遇等劳动条件无不利变更。用人单位与劳动者签订的劳动合同中明确约定工作岗位但未约定如何调岗的，在不符合《劳动合同法》第四十条所列情形时，用人单位自行调整劳动者工作岗位的属于违约行为，给劳动者造成损失的，用人单位应予以赔偿，参照原岗位工资标准补发差额。对于劳动者主张恢复原工作岗位的，根据实际情况进行处理。经审查难以恢复原工作岗位的，可释明劳动者另行主张权利，释明后劳动者仍坚持要求恢复原工作岗位，可驳回请求。用人单位在调整岗位的同时调整工资，劳动者接受调整岗位但不接受同时调整工资的，由用人单位说明调整理由。应根据用人单位实际情况、劳动者调整后的工作岗位性质、双方合同约定等内容综合判断是否侵犯劳动者合法权益。”《长三角区域“三省一市”劳动人事争议疑难问题审理意见研讨会纪要》（2019 年 12 月 31 日）规定：“六、用人单位未与劳动者协商或者协商未达成一致意见，调整劳动者工作岗位的有效性认定。除《中华人民共和国劳动合同法》四十条第一项和第二项规定的用人单位可以单方调整劳动者工作岗位的法定情形外，用人单位可以按劳动合同约定或者规章制度规定对劳动者工作岗位进行调整。如劳动合同无约定或者规章制度未规定，但确属用人单位生产经营所必需，且对劳动者的劳动报酬以及其他劳动条件未作不利变更，劳动者有服从安排的义务，可以认定用人单位调整劳动者工作岗位有效。”

幅增加，员工的工作能力基本能适应新岗位，或者用人单位通过培训、轮岗等多种手段降低员工的适应障碍，用人单位安排的岗位如具有惩罚性、侮辱性的，将难以获得法院支持；

（4）无论何种岗位调整，均可能对劳动者利益产生或多或少的影响，此时员工可能提出异议，用人单位应履行诚信沟通义务，即对员工提出的异议应进行合理解释，尽可能通过沟通解决争端；

（5）用人单位可通过劳动合同、规章制度等载体明确用人单位的合理调岗权，以降低发生争议时的风险。

2. 因不胜任调岗应避免权利滥用

在员工不胜任工作岗位的情况下，用人单位可以合理调岗调薪，岗位职级等一般作向下调整，此时劳动者有服从的义务。用人单位在执行不胜任调岗时仍然需要考虑如下限制：

（1）用人单位应当提供充分证据证明员工绩效表现确实未能达到该岗位要求，具体包括有证据证明绩效评估按照既定程序进行，绩效评估的结果亦有相关证据加以佐证；

（2）用人单位应告知员工调岗的具体理由为不胜任工作，避免与合理调岗产生混淆；

（3）岗位调整时应明确告知劳动者新岗位的具体职责、工作要求（通常应降低绩效要求）、工作汇报关系、拒绝报到的处理后果等事项，通常调岗幅度不宜过大，尽可能在同一部门内进行调整以保障新旧岗位的相关性，当然，用人单位也可通过培训等方式降低员工对新岗位的适应障碍；

（4）调岗时可以根据劳动合同约定进行合理调薪，调薪幅度不宜过度（超过50%的薪资调整通常不具有合理性），并应保证同工同酬原则；

（5）员工拒绝调岗的，用人单位应履行催告劝导义务，连续不服从管理指示的，可以实施违纪处分，但应固定相关证据。

3. 注意“实际履行调岗”的适用范围

根据相关司法解释，变更劳动合同未采用书面形式，但实际履行超过一个月的，视为变更成立。该规定系对实践中广泛存在的通过实际履行达成调岗决定的情形予以法律保护，但用人单位不能将此理解为只要劳动者未提出异议，即视为调岗已经生效。在执行“实际履行调岗”时，用人单位应注意如下限制：

（1）用人单位已明确告知员工岗位调整决定，包括具体的工作职责和薪资标准；

（2）劳动者以实际履行方式执行了调岗决定，包括接受新的工作汇报关系、新的工作部署等，用人单位对实际履行内容承担举证责任，如果劳动者客观上未至新岗位报到，不能视为已经接受了调岗决定；

（3）上述实际履行已经超过一个月，且劳动者未提出异议；

（4）岗位调整未带有惩罚侮辱性质，未显著减损劳动者利益；

（5）劳动者事后对岗位调整提出异议，用人单位应予以合理解释。

4. 企业单方安排员工停工待岗应注意其必要性和合理性

停工待岗并非法律名词，系指用人单位安排员工脱离原岗位工作职责并在家休息的一种管理举措，由于涉及薪酬的变化，本质上仍属于劳动合同变更的范畴。在无任何事先约定或规定的情形下，用人单位安排员工停工待岗并降低工资仍需获得劳动者同意。当然，双方对于如组织架构变化导致员工无工作内容进而实际处于停工待岗状态的薪资发放有事先约定的，则可以视情形认可其效力。但仍需要审查用人单位安排员工停工待岗的必要性和合理性，如为何作出岗位撤销决定等。

需要指出的是，停工停产与停工待岗有所联系又有所区别，如果基于整体的原因公司安排停产或无实际工作内容可安排，此时可执行停工停产，首个工资支付周期正常支付工资，次月起按地方规定支付生活费。但如属于个别员工岗位被撤销或无实际工作内容，并非部门或公司层面整体停业，则难以适用停工停产规则确定工资发放标准。该种情形下，用人单位可将停工待岗作为劳动合同变更的方案之一，与员工进行充分协商，如向员工发送《变更劳动合同征求意见通知》，双方无法达成一致的，用人单位可考虑按照《劳动合同法》第四十条第三项规定与劳动者解除劳动合同①，并依法支付相应的经济补偿金和代通知金。

◆ 相关法规

《劳动合同法》

第三十四条 用人单位发生合并或者分立等情况，原劳动合同继续有效，劳动合同由承继其权利和义务的用人单位继续履行。

第四十条 有下列情形之一的，用人单位提前三十日以书面形式通知劳动者本人或者额外支付劳动者一个月工资后，可以解除劳动合同：

（一）劳动者患病或者非因工负伤，在规定的医疗期满后不能从事原工作，也不能从事由用人单位另行安排的工作的；

（二）劳动者不能胜任工作，经过培训或者调整工作岗位，仍不能胜任工作的；

（三）劳动合同订立时所依据的客观情况发生重大变化，致使劳动合同无法履行，经用人单位与劳动者协商，未能就变更劳动合同内容达成协议的。

最高人民法院《关于审理劳动争议案件适用法律若干问题的解释（四）》

第十一条 变更劳动合同未采用书面形式，但已经实际履行了口头变更的劳动合同超过一个月，且变更后的劳动合同内容不违反法律、行政法规、国家政策以及公序良俗，当事人以未采用书面形式为由主张劳动合同变更无效的，人民法院不予支持。

---

① 如广东省高级人民法院、广东省人力资源和社会保障厅《关于审理涉新冠肺炎疫情劳动人事争议案件若干问题的解答》（粤高法〔2020〕38号）规定："13. 用人单位因受疫情影响导致生产经营严重困难而解除劳动合同，劳动者能否主张经济补偿。用人单位因受疫情影响导致生产经营严重困难的，可以与劳动者协商，采取调整薪酬、轮岗轮休、缩短工时、待岗等方式变更劳动合同，稳定工作岗位。如双方未能协商一致，用人单位根据劳动合同法第四十条、第四十一条规定解除劳动合同，应当依照劳动合同法第四十六条、第四十七条规定向劳动者支付经济补偿。"

第二节　工作单位调动中的风险防控

◆ 必备知识

1. 调动包括"内部调动"和"外部调动"

在企业特别是集团企业的用工实践中，用人单位出于经营需要安排员工从一家用人单位调动到另一家用人单位的情况较为普遍，其主要有两种形态：一为保持劳动者的劳动合同不变，仅改变服务对象，即将劳动者的管理关系由A公司调整到B公司；二为调整劳动者的劳动合同主体，安排劳动者与A公司解除劳动合同，后与B公司重新建立劳动关系。

上述两种形式的工作调动在实践中广泛存在，经各方协商一致并不违反法律规定，其因此产生的权利义务受《劳动法》调整。

2. 内部调动可能涉及"合同变更"或"合同履行"

如果调动仅涉及劳动者的服务单位（提供劳动的对象）的变动，而不涉及劳动合同的解除，则实际上属于劳动合同内容变更范畴，劳动者的工作内容、工作地点、工作汇报关系、劳动条件等可能发生一系列的变化。由于上述变化与劳动者切身利益密切相关，一般需征得劳动者同意。

在集团企业内部，出于授权管理、委派借调等诸多原因，也可能发生劳动者的工作单位调动对劳动者利益影响甚小的情况，如劳动者实际与A公司签订劳动合同，但所有工作安排、管理汇报均在B公司进行。后由于业务重新转移至A公司，此时可能所有工作内容、工作地点、工作汇报关系也大体保持不变，A公司要求员工调动至A公司，该种调动实际上并未损害劳动者利益，应属于劳动合同继续履行范畴，员工应当服从。

3. 外部调动必须履行协商一致程序

如果调动属于变更劳动关系主体，则本质上存在劳动合同的协商解除与劳动合同的重新订立过程。考虑到劳动合同的相对性，用人单位调整劳动合同主体必须获得劳动者的同意，并办妥相关社保转移等手续。

如前所述，劳动者实际与A公司签订劳动合同，但被安排在B公司工作，员工的工作地点、管理汇报关系、劳动条件等均在B公司执行，后由于集团内部清理劳动关系的需要，A公司实际已不能负担员工的工资社保，故要求员工与B公司直接签订劳动合同，此时调动涉及劳动合同主体的变更，虽然员工的工作地点、工作岗位、薪资福利全部不变，但仍应获得员工的同意。

◆ 典型案例

案例1. 劳动合同约定可调动至全国各关联公司的条款是否有效?

案例实录：季某于2011年9月进入深圳A照明公司（以下简称A公司）工作，双方签订的劳动合同约定："乙方的工作地点：甲方总部所在地或甲方分支机构所在地。3.2乙方声明，其明确知悉甲方在全球范围内设有子公司或分支机构，并同意甲方根据工作需要，有权安排乙方在甲方及其直接或间接控制的全球范围内的母公司、子公司或母公司下属其他子公司、分支机构派驻工作……"合同签订后季某实际在上海普陀区工作。2014年2月，A公司向季某发出《调令》，要求其前往集团下属福建B公司工作。此要求遭到季某的拒绝，由于季某未至福建工作，A公司以旷工多日为由解雇了季某。后季某申请仲裁，要求A公司支付违法解除劳动合同的赔偿金。

专家分析：根据法律规定，劳动者与用人单位经协商一致，可以变更劳动合同约定的内容。本案中双方的劳动合同虽约定季某的工作地点为A公司总部所在地或分支机构所在地，且季某也已声明其明确知悉A公司在全球范围内设有子公司或分支机构。但合同条款对员工的工作地点的约定过于宽泛，意味着公司可任意将员工派往任何一个地方工作，使员工对工作地点的确立和变更丧失预见性，故该条款同《劳动合同法》的立法精神相悖，实质上剥夺了员工协商变更合同的权利，实属无效。本案中的调动涉及季某工作地点（从上海市到福建省）、工作内容的变动（服务对象的变更），A 公司在与季某未协商一致的情况下以违纪为由解除劳动合同，不符合法律规定，最终仲裁机构裁决 A 公司败诉。

案例 2. 因调动转移劳动关系承继工龄，原单位是否应付补偿金？

案例实录：2001 年 9 月，王某进入杭州 A 食品有限公司（以下简称 A 公司）工作，双方于 2010 年 7 月签订了无固定期限劳动合同。2014 年 10 月，王某、A 公司及 B 食品公司（系 A 公司的关联企业）三方签订《转移协议》，约定："王某与 A 公司签署的劳动合同中王某的权利义务全部由第三人 B 公司承担，王某在 A 公司的工龄、工资待遇视为在 B 公司的工龄、工资待遇；该协议签订之日起，王某即为第三人员工，按照第三人要求履行劳动合同，王某、A 公司不存在任何劳动争议。"2015 年 9 月王某申请仲裁，要求 A 公司支付 2014 年 10 月之前的工龄经济补偿金 75000 元。A 公司则认为王某的劳动关系因调动已转入 B 公司，其工龄补偿请求无事实依据。

专家分析：本案中王某的劳动关系从 A 公司转移至 B 公司系经三方协商一致达成，《转移协议》明确 B 公司承继王某在 A 公司的工作年限，王某与 A 公司则不存在任何劳动争议，协议未约定 A 公司应向王某支付经济补偿金。故虽然王某与 A 公司的劳动关系系因协商一致解除，但各方明确工龄连续计算至 B 公司，未明显排除王某的合法权益，王某诉请支付经济补偿金并无合同依据。原劳动部《关于实行劳动合同制度若干问题的通知》第二十一条亦明确规定："劳动者在劳动合同期限内，由于主管部门调动或转移工作单位而被解除劳动合同，未造成失业的，用人单位可以不支付经济补偿金。"本案审理法院最终以王某的诉请无事实依据为由判决王某败诉。

案例 3. 分公司注销，总公司是否应承继履行劳动合同？

案例实录：王某于 2011 年 9 月与 A 公司常州分公司签订劳动合同。2016 年 11 月，注册地在杭州的 A 公司的董事会作出撤销常州分公司的决议。2017

年7月6日，常州分公司向王某送达了终止劳动合同通知书。此后王某申请仲裁，要求常州分公司支付违法终止劳动合同的赔偿金，其理由为分公司并不具有独立法人资格，常州分公司注销后应由A公司承继履行劳动合同。

专家分析：《劳动合同法实施条例》第四条规定："劳动合同法规定的用人单位设立的分支机构，依法取得营业执照或者登记证书的，可以作为用人单位与劳动者订立劳动合同……"本案中A公司常州分公司经依法注册成立，虽不具备独立法人资格，但具有独立用人单位的主体资格。常州分公司经A公司董事会决议撤销后，其与王某的劳动合同实际上无法继续履行而只得根据《劳动合同法》第四十四条规定终止。王某主张其与常州分公司的劳动合同应由另一用人单位A公司承继履行并无法律依据。需要指出的是，分公司不具有法人资格，其民事责任由总公司承担，系《公司法》关于分公司民事责任承担方式的规定，在劳动法律法规有特别规定的情况下，应适用劳动法的特别规定。

◆ 专家建议

综合上述案例以及企业在进行工作调动中的其他潜在法律风险，如下建议可供参考：

1. 进行工作调动应明确劳动关系归属

关联企业间进行工作调动较为常见，有些不仅涉及劳动者服务对象的变更，更可能同时要办理社保转移等手续，如果在进行调动时未明确劳动关系归属，将可能产生劳动关系主体是否发生变更的争议。劳动者事后可能主张与调入单位形成事实劳动关系，进而主张未签订劳动合同的双倍工资等，调入单位如果直接发放工资、缴纳社会保险并执行劳动管理，则存在败诉风险。

相反，如果公司本不希望发生劳动关系主体变动，员工以为变更用人单位进而抗拒公司的管理，也会产生无谓的争议。因此，用人单位应当避免通过"实际履行"方式达成工作调动，在调动时通过三方协议等方式积极明确劳动关系主体是否发生变化。

2. 内部调动应区分情形确定是否构成合同变更

因公司经营需要执行短期的工作调派，不减少员工工资标准，一般属于企业自主权范畴，无须员工同意。但若要求员工长期前往关联公司服务，并且可能涉及岗位、薪资待遇和工作地点的调整，此时一般构成劳动合同的变更，根据法律规定应当履行协商一致、书面确认程序。

如果调动构成劳动合同变更事项，员工拒绝调动，不宜按照违纪处理，可考虑协商解除劳动合同或其他形式；如果员工接受调动，建议签署书面劳动合同变更协议，明确调派期间的管理关系、工作内容、中止调派的具体情形等以增加管理的灵活性，同时控制法律风险。

3. 外部调动应明确工龄承继、补偿等特殊事项

因经营需要安排员工以转移劳动关系的方式至关联公司工作，此时应办理劳动合同协商解除及重新签署劳动合同的手续，实践当中也有企业通过签署三方协议的方式降低操作成本，上述两种做法均不违反法律规定。但对于后者，应当明确原劳动合同除变更主体外，其余权利义务继续履行，以避免未签订劳动合同的风险，对于员工广泛关注的补偿金、工龄等问题也应明确约定，如工龄承继计算，补偿金可不予支付。如果约定不明，原单位仍存在支付经济补偿金的风险。

由于外部调动涉及劳动关系转移，原单位应及时办理离职交接手续、社保和公积金转移手续等，避免手续滞后产生社保待遇理赔障碍和相关损失。

4. 总分公司之间劳动合同的承继仍需履行协商一致原则

根据《民法典》第七十四条第二款的规定：“分支机构以自己的名义从事民事活动，产生的民事责任由法人承担；也可以先以该分支机构管理的财产承担，不足以承担的，由法人承担。”但在劳动法上，依法注册的分支机构具备独立用人单位主体资格，如劳动者要求将劳动合同由分支机构变更转移至法人单位或者由法人单位变更转移至分支机构，需征得用人单位的同意。相反，如果用人单位试图将劳动者的劳动合同主体在总分公司之间变更，也需要经劳动者本人的同意。

如果劳动者与法人单位签订劳动合同，但实际在分支机构任职，分支机构被撤销后，由于员工的劳动合同主体仍为法人单位，应由法人单位继续履行劳动合同而非终止劳动合同。

◆ 相关法规

《劳动合同法实施条例》

第四条 劳动合同法规定的用人单位设立的分支机构，依法取得营业执照或者登记证书的，可以作为用人单位与劳动者订立劳动合同；未依法取得营业执照或者登记证书的，受用人单位委托可以与劳动者订立劳动合同。

第十条 劳动者非因本人原因从原用人单位被安排到新用人单位工作的，劳动者在原用人单位的工作年限合并计算为新用人单位的工作年限。原用人单位已经向劳动者支付经济补偿的，新用人单位在依法解除、终止劳动合同计算支付经济补偿的工作年限时，不再计算劳动者在原用人单位的工作年限。

最高人民法院《关于审理劳动争议案件适用法律若干问题的解释（四）》

第五条 劳动者非因本人原因从原用人单位被安排到新用人单位工作，原用人单位未支付经济补偿，劳动者依照劳动合同法第三十八条规定与新用人单位解除劳动合同，或者新用人单位向劳动者提出解除、终止劳动合同，在计算支付经济补偿或赔偿金的工作年限时，劳动者请求把在原用人单位的工作年限合并计算为新用人单位工作年限的，人民法院应予支持。

用人单位符合下列情形之一的，应当认定属于“劳动者非因本人原因从原用人单位被安排到新用人单位工作”：

（一）劳动者仍在原工作场所、工作岗位工作，劳动合同主体由原用人单位变更为新用人单位；

（二）用人单位以组织委派或任命形式对劳动者进行工作调动；

（三）因用人单位合并、分立等原因导致劳动者工作调动；

（四）用人单位及其关联企业与劳动者轮流订立劳动合同；

（五）其他合理情形。

劳动部《关于实行劳动合同制度若干问题的通知》

21. 劳动者在劳动合同期限内，由于主管部门调动或转移工作单位而被解除劳动合同，未造成失业的，用人单位可以不支付经济补偿金。

《民法典》

第七十四条 法人可以依法设立分支机构。法律、行政法规规定分支机构应当登记的，依照其规定。

分支机构以自己的名义从事民事活动，产生的民事责任由法人承担；也可以先以该分支机构管理的财产承担，不足以承担的，由法人承担。

第三节　公司搬迁中的员工关系风险防控

◆ 必备知识

1. 搬迁是企业经营自主权的组成部分

企业用工实践中，公司搬迁的原因多种多样，有些是为配合政府的污染治理“被动搬迁”，有些则是公司出于经营成本、经营战略的考量“主动搬迁”，但无论是“被动搬迁”还是“主动搬迁”，均属于企业的自主权，无须征得员工同意。

2. 公司搬迁涉及的劳动者利益具有复杂性

虽然员工无从干预搬迁决定本身，但搬迁决定一旦形成将会对所有员工的劳动关系产生重要的影响。考虑到工作地点属于劳动合同的必备条款，也是劳动合同履行的必要条件之一，用人单位搬迁后要求员工随迁，则涉及劳动者是否应当同意这一核心问题。

上述问题涉及劳动者居所位置以及公司提供的居住条件等多重因素，不可一概而论。有些搬迁可能会对劳动者产生有利影响，比如新的工作地点离劳动者的居所更近，此时劳动合同继续履行并无障碍；有些搬迁则极大地延长了劳动者的上下班时间，对劳动者的休息时间和生活便利产生较大的负面影响；有些劳动者原本居住在单位提供的宿舍，搬迁后仍然提供住宿，此时只在短期产生负面影响。故搬迁所涉及的员工利益具有复杂性。

3. 公司搬迁往往容易引发群体性劳动纠纷

由于搬迁所涉及的劳动者人数众多，如果大批劳动者抵制随迁，而企业又不愿意支付经济补偿金，则由此产生群体性劳动关系的矛盾极为突出，通常企业在制定搬迁方案前应履行诚信沟通义务，妥善处理给员工造成的不便以最大限度预防群体性纠纷。

◆ 典型案例

案例1. 同一城市搬迁，员工可否拒绝随迁？

案例实录：浙江某工业公司（以下简称工业公司）原办公地点在宁波市江北区，2019年3月12日，工业公司张贴了《搬厂政策公告》，明确将搬迁至宁波市江北区慈城私营工业区，双方劳动合同继续履行，公司会安排上下班班车、房子租赁等事宜。由于多数员工均不愿复工，29日工业公司又发布《关于公司搬迁以及员工安置补助暂行方案》，明确："按照1000元/年的标准支付员工安置补助费；若员工愿意到江北区上班自行解决交通且正常履行劳动义务满3个月，公司给予员工搬厂补贴8000元；自搬厂之日起一年内，公司提供班车接送员工上下班，员工准时到公司班车接送地点上班的，在途时间视为员工上班时间……新厂房附近有公租房可供员工租住，房租每平方米大致为20—30元。"由于部分员工仍然拒绝至新址复工，熊某等24名员工以公司未提供劳动条件等为由向工业公司发出《解除劳动关系通知书》。后熊某等申请仲裁，要求支付经济补偿金并主张公司安置方案不合理，严重影响职工生活。

专家分析：尽管《劳动合同法》规定工作地点属于劳动合同必备条款，也即属于劳动合同的内容之一，而劳动合同内容的变更原应经双方协商一致亦是法律的明确要求。但搬迁所导致的工作地点变更员工能否拒绝还应考虑劳动合同能否继续履行，公司有无创造条件降低对员工上下班的影响。本案中工业公司搬迁，新旧工作地点均在宁波市行政区范围内，且工业公司通过投放班车，提供安置费、公租房等多种方式解决职工困难，应当视为已为继续履行劳动合同创造了条件，在能够继续履行劳动合同的情况下熊某等人提出离职，其主张的经济补偿金于法无据，最终法院驳回了熊某等人的诉讼请求。

案例2. 跨区搬迁导致群体性停工应否支付工龄补偿?

案例实录: 厦门某电子公司（以下简称电子公司）办公地和注册地均在市内湖里区，后基于经营需要电子公司于2014年年初决定将工厂从岛内搬迁到岛外同安区。2014年1月，电子公司公布了搬迁公告，部分员工则表示要求支付工龄补偿。2月12日，电子公司发布声明明确无义务支付工龄补偿，但愿意提供合理的安置及福利，包括交通补贴、住房补贴等。2月13日至28日期间数百名员工集体停工。3月4日，电子公司以严重违纪为由解雇了包括蒋某在内的34位员工。后蒋某等人申请仲裁要求电子公司支付违法解除劳动合同的赔偿金。经查，电子公司成立有工会，但在制定搬迁方案时未征求工会意见。

专家分析: 本案系跨区搬迁引发的劳动争议，涉及劳动者工作地点的变动是否已经超出合理范围的争议。电子公司将办公地变更至岛外同安区，新旧工作地点距离较为遥远且电子公司并未提供班车等降低对员工上下班的不利影响，其虽在声明中表示愿意提供合理交通补贴，但未予明确。综合上述事实，电子公司变更工作地点已经超出合理指示范畴，属于劳动合同变更事项，应征得员工同意，如果双方无法就变更工作地点达成一致，电子公司可以在支付经济补偿金后以客观情况发生重大变化为由解除劳动合同，但电子公司却选择了以违纪解除。电子公司的员工直接选择停工虽有不妥，但不能免除电子公司支付经济补偿金的义务。本案经仲裁、一审和二审审理，最终二审法院判决电子公司向员工支付工龄补偿金。

值得注意的是，电子公司成立有工会，在制定搬迁方案时未能履行民主程序，征求工会或员工意见，也是导致集体停工发生的原因之一。

案例3. 愿意支付补偿，搬迁仍引发集体停工究竟为何?

案例实录: 注册在上海的L公司决定将工厂从上海市搬迁到江苏省的生产基地，两地相距300公里。公司计划2014年9月30日完成搬迁，其中员工安置方案将于2014年3月底完成。公司初定的《安置方案》主要内容为:“1. 能随迁至江苏，为员工提供搬迁补助；2. 不愿意随迁，协议解除‘N+2’，并提供其他关联公司工作岗位；3. 不愿意接受协解，启动裁员程序，支付法定补偿金。”2014 年年初公司成立搬迁工作领导小组，最终定稿的《安置方案》中增加了支付随迁员工 2013 年浮动奖金和年底双薪，协解员工提供再就业支援服务。L 公司就搬迁与政府进行了沟通，《安置方案》得到劳动部门认可，L 公司也与所在地地方工会沟通，地方工会表示会予以协助。2014 年 1 月 20 日，L 公司人力资源总监约见工会主席，希望得到工会配合。当天下午 L 公司召开全体员工大会，宣布启动搬迁并公布《安置方案》。21 日，L 公司在工厂设置了 8 个会场，由律师解答员工疑问。大部分员工表示不接受《安置方案》，在网上建立数个 QQ 群商讨对策。由于 6 位部门经理、工会主席也都在安置范围内，在当天下班前的例会上集体反对公司《安置方案》，要求提高经济补偿金。而人力资源总监则要求部门经理应当以身作则。23 日上午，无人接受《安置方案》，中午，300 名员工围堵了办公楼，现场选出 5 名员工代表并提出 16 项诉求。

专家分析：本案 L 公司的搬迁方案从实体上符合《劳动法》的规定，程序上也履行了民主程序，但最终仍引发集体停工，其原因值得深思。在员工关系中，员工通常与上级主管（部门经理）存在实质上的信任关系，员工主管是否落实公司的各项调整决定对公司决策的最终效果有重要影响，本案中部门经理、工会主席均在安置范围，显然其不可能作出对公司有利的行动，而最终 L 公司也意识到了这一点，于 1 月 23 日当晚为 6 位部门经理、工会主席量身定做了特殊安置方案，包括支付留用奖金等并于当晚与上述人员签署了协商解除协议。次日，L 公司再次宣布《安置方案》并明确协商解除方案的截止时间为当日下午 5 点，同时告知大家部门经理和工会主席已经签订了协议，24 日，所有拒绝随迁的员工均签署了协商解除协议，事情得以圆满解决。

◆ 专家建议

综合上述案例以及企业在搬迁决定过程中的其他潜在法律风险，如下建议可供参考：

1. 制定搬迁方案应综合评估对员工的影响

公司搬迁涉及劳动者工作地点的变更，既可能是劳动合同履行范畴，也可能是劳动合同的重大变更范畴，前者员工拒绝随迁可按违纪处理，后者用人单位则应支付经济补偿金后解除劳动合同。而究竟是劳动合同履行范畴还是变更范畴，需结合以下因素综合判断：

（1）新旧工作地点的远近；

（2）员工居所与新旧地点的距离；

（3）公司提供班车、住宿等情况；

（4）员工工作职责和实际履行的工作地点。

从全国各地的司法实践来看，跨省市的搬迁一般会认定为劳动合同重大变更范畴①，而同一城市内的搬迁则主要结合距离远近和公司提供的补救措施综合判断②。

如经审查属劳动合同变更范畴，公司应做好支付经济补偿金的准备。为了提高员工随迁的积极性，公司亦可为愿意随迁的员工提供特别激励方案，包括支付年终奖、加薪、提高福利待遇等。

2. 制定搬迁方案应履行民主程序

尽管是否搬迁、何时搬迁由公司自主决定，但搬迁所涉及的员工安置问题，应属于《劳动合同法》第四条规定的重大事项范畴。用人单位依法应履行民主程序，且因搬迁涉及员工人数众多，为预防集体争议，用人单位也应通过征求员工意见方式将可能存在的分歧和意见提前消化解决。

在执行民主程序过程中，公司可依托本公司工会或上级工会的力量尽可能

---

① 深圳市中级人民法院《关于审理劳动争议案件的裁判指引》规定：“八十、用人单位在深圳市行政区域内搬迁，劳动者要求用人单位支付经济补偿的，不予支持。用人单位由深圳市行政区域内向深圳市行政区域外搬迁，劳动者要求支付经济补偿的，应予支持。”

② 《关于妥善解决当前劳资纠纷重点问题的通知》（粤人社发〔2013〕189 号）规定：“3. ……企业在本市行政区域内搬迁变更工作地点的，如职工上下班可乘坐本市公共交通工具，或企业提供交通补贴、免费交通工具接送等便利条件，对职工生活未造成明显影响的，劳动合同继续履行。劳动合同继续履行的，企业无需支付经济补偿，职工的本企业工作年限连续计算。”

保证搬迁方案实体和程序上均合法合理。

3. 落实搬迁方案需要中层管理者的配合和支持

由于公司是拟制主体，搬迁中大量的工作需要中层管理者支持，有时为了提升搬迁效率，也可为执行搬迁的管理人员制定特别奖励或考核方案。公司推行搬迁方案应避免只有高层和人力资源部参与，应最大程度上争取中层管理者的支持，优先落实中层管理者的搬迁方案，以降低搬迁的阻力。

♦ 相关法规

《劳动合同法》

第四条 用人单位应当依法建立和完善劳动规章制度，保障劳动者享有劳动权利、履行劳动义务。

用人单位在制定、修改或者决定有关劳动报酬、工作时间、休息休假、劳动安全卫生、保险福利、职工培训、劳动纪律以及劳动定额管理等直接涉及劳动者切身利益的规章制度或者重大事项时，应当经职工代表大会或者全体职工讨论，提出方案和意见，与工会或者职工代表平等协商确定。

在规章制度和重大事项决定实施过程中，工会或者职工认为不适当的，有权向用人单位提出，通过协商予以修改完善。

用人单位应当将直接涉及劳动者切身利益的规章制度和重大事项决定公示，或者告知劳动者。

第十七条 劳动合同应当具备以下条款：

……

（四）工作内容和工作地点；

……

第四节　合并分立中的员工关系风险防控

◆ 必备知识

1. 公司合并分立的概念和类型

根据《公司法》的相关规定，公司合并，是指两个以上公司依照《公司法》有关规定，通过订立协议而归并成为一个公司。公司合并可以采取吸收合并和新设合并两种形式。其中吸收合并，是指公司接纳其他公司加入本公司，接纳方继续存在，加入方解散。新设合并，是指两个以上公司合并设立一个新的公司，合并各方解散。

公司分立，是指一个公司依照《公司法》有关规定，通过公司最高权力机构决议分成两个以上的公司。公司分立可以采取存续分立和解散分立两种形式。其中存续分立，是指一个公司分离成两个以上公司，本公司继续存在并设立一个以上新的公司。解散分立，是指一个公司分解为两个以上公司，本公司解散并设立两个以上新的公司。

2. 公司合并分立属于股东会权利

根据《公司法》的规定，公司合并或者分立，应当由公司的股东会作出决议。公司合并的，应当由合并各方签订合并协议并办理工商登记手续（包括设立登记和解散登记）；公司分立的，则应对财产作相应分割并办理工商登记手续等。

3. 公司合并分立不影响劳动合同继续履行

《公司法》规定，公司合并时，合并各方的债权、债务应当由合并后存续的公司或者新设的公司承继。公司分立时，公司分立前的债务由分立后的公司承担连带责任。

《劳动合同法》则规定，用人单位发生合并或者分立等情况，原劳动合同继续有效，劳动合同由承继其权利和义务的用人单位继续履行。可见合并分立系公司层面的变化，员工劳动合同不受影响。

◆ 典型案例

案例 1. 公司合并是否构成“客观情况发生重大变化”应付经济补偿金？

案例实录：宁波 A 电子公司（以下简称 A 公司）系中外合资企业，其关联企业 B 公司也注册在宁波市。因经营需要，A、B 公司股东决定采取吸收合并方式，将 B 公司并入 A 公司，原 B 公司注销，相关 B 公司人员全部转入 A 公司，劳动合同继续履行。在执行吸收合并的过程中，B 公司的部分老职工提出，根据原劳动部《关于〈中华人民共和国劳动法〉若干条文的说明》第二十六条的规定，企业被兼并属于客观情况发生重大变化，应协商一致方可变更合同，故要求“买断工龄”支付经济补偿金。

专家分析：《劳动合同法》实施以前，原劳动部《关于贯彻执行〈中华人民共和国劳动法〉若干问题的意见》规定：“用人单位发生分立或合并后，分立或合并后的用人单位可依据其实际情况与原用人单位的劳动者遵循平等自愿、协商一致的原则变更、解除或重新签订劳动合同。在此种情况下的重新签订劳动合同视为原劳动合同的变更，用人单位变更劳动合同，劳动者不能依据劳动法第二十八条要求经济补偿。”原劳动部《关于〈中华人民共和国劳动法〉若干条文的说明》第二十六条则规定，客观情况发生变化包括企业“被兼并”的情形。然而上述规定是在《劳动法》未明确合并分立后劳动合同如何处理的背景下制定的，2008 年实施的《劳动合同法》则明确规定合并分立后劳动合同应当继续履行，根据新法优于旧法、上位法优于下位法的法律适用原则，应当优先适用《劳动合同法》的规定。本案中 B 公司被 A 公司吸收合并，在员工岗位、工作地点、薪资等均不发生变化的情况下，劳动合同完全可以由 A 公司承继履行，故员工主张经济补偿金并无法律依据。假使合并分立的同时员工的工作岗位、地点、薪资等发生变更，则应通过协商一致确定相关权利义务。

案例 2. 公司分立时签署三方协议，是否应支付经济补偿金？

案例实录：张某于 1995 年 12 月与四川省 A 变压器公司（以下简称 A 公司）签订无固定期限劳动合同。2012 年 5 月 22 日，A 公司召开股东会，会议决议 A 公司就电力变压器业务单独分立出全资子公司即重庆 B 变压器有限公司（以下简称 B 公司），相关人员以“人随业务走”的原则进行划分。2013 年 6 月 3 日，A 公司、B 公司与张某签订《劳动关系转移三方协议》，该协议约定：张某与 B 公司签订劳动合同，同时与 A 公司解除劳动合同并终止劳动关系；A 公司与张某签订的劳动合同中的权利义务转移到 B 公司，B 公司计算张某的工作年限以张某到 A 公司处入职时间为起算点，开始连续计算。8 月 12 日，B 公司开始对包括张某在内的职工进行指纹打卡上班。后张某申请仲裁，要求 A 公司支付违法解除劳动关系的经济赔偿金。

专家分析：《劳动合同法》第三十四条规定：“用人单位发生合并或者分立等情况，原劳动合同继续有效，劳动合同由承继其权利和义务的用人单位继续履行。”因此，用人单位发生合并或者分立情形，并不产生劳动合同解除或者终止的法律后果。劳动者与合并或者分立前的用人单位签订的劳动合同继续有效，由合并或者分立后继承原用人单位权利和义务的新用人单位继续履行。本案 A 公司根据《公司法》的规定，将其电力变压器业务单独成立全资子公司即 B 公司，属于法律规定的分立情形。根据股东会议决议，原 A 公司的电力变压器业务由 B 公司继承，从事电力变压器业务的人员也同时分流到 B 公司，因此，张某与 A 公司之间的原劳动合同，应由 B 公司继续履行。A 公司在公司分立后，已不再是张某的用人单位，双方之间也没有劳动合同关系。至于各方签订《劳动关系转移三方协议》，仅仅是分立企业之间依法完善相关的分立手续而已，不能视为 A 公司违法解除劳动合同。最终，仲裁机构以不存在违法解除为由裁决张某败诉。

◆ 专家建议

综合上述案例以及企业执行合并分立员工安置过程中的其他潜在法律风险，如下建议可供参考：

1. 需综合判断合并分立对劳动合同的影响

虽然《劳动合同法》规定合并分立后劳动合同应当继续履行，但实践中合并分立的同时可能存在组织架构重组、岗位变动、岗位消失、工作地点变动等情形，此时不应理解为所有情形下劳动合同都应当继续履行。只有在劳动合同其他要素均未发生变化，仅是签订劳动合同的主体发生合并分立时才适用“继续履行”原则。

如果确定为继续履行，则任何一方希望提前解除劳动合同，均应获得相对方同意。劳动者单方要求支付经济补偿金没有法律依据，但用人单位能够继续履行合同而选择解除劳动关系也需获得劳动者同意，否则亦构成违法解除。

2. 合并分立时应谨慎操作合同重签、社保转移等手续

既然法律明确规定劳动合同继续履行，则劳动合同并非必须重签，用人单位可以告知员工原劳动合同继续有效，待员工合同到期需续签时变更劳动合同的主体名称。如果强制要求员工签署合同，则可能面临员工拒签合同的尴尬。

另外，无论是合并还是分立均可能导致原用人单位须办理工商注销手续。此时用人单位应将社会保险、公积金账户批量转移至合并分立后的实体，确保社会保险、公积金缴费不间断，避免出现断档期影响劳动者的社保待遇。

3. 合并分立涉及员工安置的应履行民主程序

近年来，因合并分立引发集体争议的案件不胜枚举，用人单位应当预防合并分立可能导致的群体性纠纷。虽然企业作出合并分立决定无须员工同意，但如果合并分立后涉及员工安置（如需变更或解除部分员工的劳动合同），应理解为重大事项，履行相关民主程序，征求员工意见，确保沟通渠道畅通。

即使合并分立后所有员工的合同均继续履行，也可考虑通过员工沟通会等方式及时告知员工，避免产生误解和无谓的争议。

◆ 相关法规

《民法典》

第六十七条 法人合并的，其权利和义务由合并后的法人享有和承担。

法人分立的，其权利和义务由分立后的法人享有连带债权，承担连带债务，但是债权人和债务人另有约定的除外。

劳动部《关于〈中华人民共和国劳动法〉若干条文的说明》

第二十六条第四款 本条中的“客观情况”指：发生不可抗力或出现致使劳动合同全部或部分条款无法履行的其他情况，如企业迁移、被兼并、企业资产转移等，并且排除本法第二十七条所列的客观情况。

《劳动合同法》

第三十三条 用人单位变更名称、法定代表人、主要负责人或者投资人等事项，不影响劳动合同的履行。

第三十四条 用人单位发生合并或者分立等情况，原劳动合同继续有效，劳动合同由承继其权利和义务的用人单位继续履行。

《公司法》

第一百七十二条 公司合并可以采取吸收合并或者新设合并。

一个公司吸收其他公司为吸收合并，被吸收的公司解散。两个以上公司合并设立一个新的公司为新设合并，合并各方解散。

第一百七十四条 公司合并时，合并各方的债权、债务，应当由合并后存续的公司或者新设的公司承继。

第一百七十五条第一款 公司分立，其财产作相应的分割。

第一百七十六条 公司分立前的债务由分立后的公司承担连带责任。但是，公司在分立前与债权人就债务清偿达成的书面协议另有约定的除外。

第一百七十九条第一款 公司合并或者分立，登记事项发生变更的，应当依法向公司登记机关办理变更登记；公司解散的，应当依法办理公司注销登记；设立新公司的，应当依法办理公司设立登记。

第五节　股权收购中的员工关系风险防控

◆ 必备知识

1. 股权收购属于股东的法定权利

《公司法》第四条明确规定，公司股东依法享有资产收益、参与重大决策和选择管理者等权利。由于公司股东享有对公司股份的所有权，其可以自由转让所拥有的公司股份。

应当注意的是，股东仅享有对公司股份的所有权而不享有公司财产的所有权。公司财产归公司所有，公司虽作为拟制主体但具有独立法人人格，可以自由支配公司财产，作出相关重大决策。

2. 股权收购不影响劳动合同继续履行

实践中，自然人和法人均可收购目标公司的股份，与目标公司的股东签署股权转让协议办理工商登记后获得股东身份，但公司股东的变化不影响公司财产的独立性和完整性，公司仍然可以对外和对内签署合同，承担权利义务。

对此，《劳动合同法》第三十三条规定："用人单位变更名称、法定代表人、主要负责人或者投资人等事项，不影响劳动合同的履行。"可见，公司投资人即股东变更，不影响劳动合同的继续履行。

3. 股权收购对劳动关系产生间接影响

虽然法律规定股东变更后劳动合同继续履行，但股东往往有选任董事、高级管理人员的权利。在股东发生变更后，新的股东往往更换董事、高管甚至管理团队，而劳动者与公司的信任关系系以中高层管理者为纽带而建立，管理人员更新后劳动者与公司的信任关系自然会受到影响，新的管理团队往往又采取一些改革措施引发员工不满，造成大批员工离职，有些甚至会引发群体性纠纷。

◆ 典型案例

案例 1. 股权收购中公司可否提前买断员工工作年限？

案例实录：A 汽车配件公司（以下简称 A 公司）系中外合资企业，股东方为 B 公司（中方）和 C 公司（外方），各占 A 公司 51% 和 49% 的股份。2010 年 2 月 10 日，B 公司与 C 公司签订股权整体转让协议，协议约定 B 公司将所有股份转让给 C 公司，收购股权完毕后，B 公司出资对员工按在 A 公司的年限进行不超过 9 年的补偿。3 月，A 公司与于 2000 年 1 月入职的王某签署了协商解除劳动关系协议，协议签署后 A 公司向王某支付了 9 个月工资的经济补偿金，但未办理社保转移和退工手续。此后王某继续在 A 公司工作，双方于 4 月 1 日起重签了 3 年期固定期限劳动合同。2013 年 3 月 31 日合同到期前，王某提出工作已满 10 年要求续订无固定期限劳动合同，而 A 公司则以股权收购时曾买断工龄为由拒绝续订，双方后发生争议。

专家分析：本案形式上虽为续订无固定期限合同的争议，实为股权收购中用人单位能否通过提前支付经济补偿金买断工龄的争议。通常劳动关系解除伴随员工停止劳动、社保转出等，但本案的特殊之处在于股权收购后 A 公司主体仍然存续，双方虽签署了协商解除协议，但各项手续均未办理，员工也继续提供劳动与公司形成劳动关系。对此应当分析协商解除协议买断工龄条款是否具有法律效力，结合《劳动合同法》第二十六条判断，该买断条款系双方真实意思表示，未违反法律强制性规定，在股权收购的背景下也未明显排除劳动者权利，应视为有效的约定。虽然工龄还涉及劳动者无固定权利等内容，但基于权利可以处分的原则，王某自愿接受买断工龄及领取补偿金，则应视为放弃工龄上的附加利益。本案仲裁机构最终裁决王某败诉。

应当注意的是，劳动关系的解除系意思表示行为，后续手续的办理与否与劳动关系的解除虽有牵连，但不能否定解除效力。同时，实践当中用人单位在无股权收购等特殊背景下通过逐年“支付补偿金”以准买断工龄的做法存在排除劳动者权利的嫌疑，存在较大的法律风险。

案例2. 股权收购中，员工拒签劳动合同可否解雇？

案例实录：A外资银行（以下简称A公司）拟100%收购B公司的股权，A、B公司于2015年6月签署股权转让协议，协议约定在交割日前B公司必须确保所有员工签署A公司提供的劳动合同版本，否则应承担违约责任。协议签订后B公司名称变更为C公司，7月，B公司原股东和管理团队开始落实劳动合同重签事宜（以股东变更、公司名称亦已变更为由），但遭到部分员工的抵制。12月31日交割日届满前，B公司以拒签劳动合同为由解聘了部分员工，进而引发了劳动争议。员工申请仲裁要求恢复劳动关系，继续履行劳动合同。

专家分析：股权收购中收购方往往要求目标公司与员工重签合同，以替代此前签署的劳动合同，变更相关薪酬和福利条件。但根据《劳动合同法》的规定，公司名称变更、投资人变更不影响劳动合同的履行，此时重签合同需满足协商一致的条件，在原劳动合同继续有效的情况下，员工拒绝重签合同不构成违纪行为，亦不构成解除劳动合同的理由。故B公司解除劳动关系构成违法解除，应承担恢复劳动关系的法律后果。最终，仲裁机构裁决B公司败诉。

◆ 专家建议

综合上述案例以及企业在执行股权收购背景下员工关系调整中的其他潜在法律风险，如下管理建议可供参考：

1. 收购方应强化“隐性债务”的尽职调查

对于收购方而言，股权收购后，公司的所有权利义务将继续承继，新股东面临承担公司此前隐性负债的风险，在劳动关系领域包括欠付的工资、奖金、加班费、社保和公积金、残保金、工会费等。如果收购前未能进行有效的背景调查，则潜在的风险最终可能转嫁给收购方。

因此，在收购方执行股权收购的尽职调查时，不能局限于劳动合同签订率、社保覆盖率等显性因素，还应高度关注劳动合同次数、工龄、工资和福利条件（包括现金激励等）、职业禁忌、工伤、社保缴费和公积金缴费基数、竞业限制、年终奖等隐性因素。有些公司将上述风险通过股权收购协议转嫁给目标公司股东，但考虑到上述风险可能在若干年后才显现，彼时诉讼时效可能已经超过，且目标公司股东也可能不具备承担违约责任能力，故将尽职调查的风险转嫁于股权协议的条款并不具有现实意义。

2. 劳动关系调整优先考虑买断工龄

工龄所带来的利益具有复杂性，既可能产生医疗期、无固定期限劳动合同、双倍赔偿金等潜在的法律成本，也可能因员工自行辞职而不复存在。但无论如何，从收购方角度而言，要求目标公司先行买断工龄，清理历史债务是控制风险的较好选择，如果无法切断工龄，则应在股权转让条款中就工龄补偿进行细致的约定。

如公司不希望买断工龄但员工又以买断工龄作为诉求抵制收购进程，实践中可以考虑在认可员工工作年限连续计算的前提下，适当给予员工一定数额的感谢费（如 1—2 个月工资）以缓解劳资矛盾。

3. 稳妥推进股权收购后的改革措施

通常股权收购会引发员工关系领域的信任危机，如果交割后新的股东方立即推进大刀阔斧的改革，包括组织架构调整、重签合同、修订员工手册等，新旧矛盾势必聚焦于一时，导致改革难度增大，最终可能影响公司正常经营，损及新股东的长远利益。

在股权交割前后，新股东方应稳定核心管理团队，确保员工待遇不变，及时做好沟通和反馈工作，通过正式和非正式渠道更多地掌握公司内部情况。在管理团队、员工队伍稳定后再实施渐进式改革，这对于收购方更为有利。

◆ 相关法规

《公司法》

第四条 公司股东依法享有资产收益、参与重大决策和选择管理者等权利。

第七十一条第一款 有限责任公司的股东之间可以相互转让其全部或者部分股权。

《劳动合同法》

第三十三条 用人单位变更名称、法定代表人、主要负责人或者投资人等事项，不影响劳动合同的履行。

第六节　资产业务收购中的员工关系风险防控

◆ 必备知识

1. 出售资产业务属于公司行为，而非股东行为

与股权收购不同，资产业务收购的交易主体并非股东而是公司。公司的资产和业务归公司所有而非股东所有，因而公司可作为所有者出售资产业务，包括出售设备、数据、销售合同等。一般而言，公司重大资产业务的处置需要公司董事会作出相关决议，有些根据公司章程规定还需股东会作出决议，但无论何种机构作出决定，公司对外出售资产业务均系公司与第三方签订转让协议，这与股权收购中和股东签署转让协议有本质不同。

对于收购方而言，收购目标公司的资产业务可能导致税务成本较高，但无须承担目标公司的历史债务（如员工的社保加班费等均与收购方无关），相关风险仅局限于资产业务本身的风险。

2. 资产业务收购通常伴随人员转移

由于公司是拟制主体，相关资产业务以及与之相关的经营活动一般由员工完成，当公司将资产业务转让给第三方后，对于出售方而言业务因转让而取消，其没有必要再设置相关岗位保留员工，但对于收购方而言资产业务购得后还须安排人员加以利用，从市场上再招聘的成本较大，故而会优先考虑聘用出售方的相关员工。“人随业务走”是资产业务收购中的基本模式。

3. 资产业务收购的难点在于人员转移

与股权收购中劳动合同继续履行不同，资产业务转移中收购方和出售方实体仍然存续，作为独立法人之间劳动关系进行转移必须征得员工同意，而员工往往对收购方缺乏信任，进而抵制人员转移的情况十分普遍。即使在支付经济补偿金的情况下，员工仍然可能拒绝前往收购方成立的公司工作。

对于收购方而言，不仅存在转移部分员工的经营需要，而且还可能存在“有所保留、有所放弃”的需要，即与转移业务相关的人员收购方并非想全盘接收，而可能挑选自己中意的人选，拒绝不中意人选的转移，这更增加了人员转移的复杂性和操作难度。对于出售方而言，如果员工拒绝转移或者收购方拒绝接收部分人员，则需面临单方解除劳动合同的风险。

表 3－1　不同收购模式下员工关系事项比较

比较项目	合并分立	股权收购	资产业务收购
劳动合同签订	无须重签	无须重签	收购方重签
劳动合同履行	继续履行	继续履行	无法履行
劳动合同变更	协商一致	协商一致	协商一致
劳动合同解除	协商一致	协商一致	协商/单方

◆ 典型案例

案例1. 资产业务收购中，员工签署劳动合同是否视为成功转移？

案例实录： 2011年10月，A公司与B公司签署资产转让协议，约定将B公司的瓶装水业务转让给A公司。12月6日，A、B公司联合发文，内容为：“……基于业务整合计划，管理层决定B公司瓶装水业务关闭。自2012年1月1日起，员工将全部转由A公司雇用，所有转入员工原先的权利及义务由A公司承继，员工与B公司签订的劳动合同解除。人力资源部将安排相关员工与A公司签订新的劳动合同。员工的销售奖金、津贴、其他员工福利以及发薪日按A公司的制度执行。”同日，原在B公司的华某与A公司签署无固定期限劳动合同，由于工作地点发生变更华某并未至A公司工作场所工作，2012年1月

20 日，A 公司以旷工多日为由解聘了华某。华某申请仲裁要求 A 公司支付违法解除劳动合同的赔偿金。

专家分析：本案 A 公司与 B 公司均系独立的公司法人，二者之间系因资产业务收购产生人员整合，但并未发生合并分立等情况，故 A 公司并非法定承继 B 公司劳动法上的权利和义务。员工华某是否与 A 公司建立劳动关系，应根据《劳动合同法》规定的劳动关系成立要件进行判断。《劳动合同法》第十条第三款规定：“用人单位与劳动者在用工前订立劳动合同的，劳动关系自用工之日起建立。”本案中华某虽与 A 公司签订了劳动合同，但未实际向 A 公司提供劳动，二者之间并未发生实际用工，故华某与 A 公司并未建立劳动关系，A 公司虽作出解除劳动合同的决定，但因双方未建立劳动关系而不形成消灭劳动关系的效力，华某主张违法解除亦因未建立劳动关系而不能成立。本案经仲裁、一审和二审程序，最终二审法院以华某未与 A 公司建立劳动关系为由判决华某败诉。

案例 2. 资产业务收购中员工提交辞职报告，工龄是否连续计算？

案例实录：2002 年 9 月，刘某进入江苏 A 医疗器械公司（以下简称 A 公司）工作，担任检验员一职。2009 年 9 月，A、B 公司签署了资产业务转让协议，约定业务和部分员工一并转入 B 公司，合同约定交割前的所有员工债务由 A 公司承担。10 月，刘某与 B 公司签订劳动合同。签署劳动合同前，刘某向 A 公司提交了辞职报告，并办理了社保转移手续。2013 年 12 月，B 公司以严重违纪为由解雇了刘某。刘某则申请仲裁要求支付违法解除劳动合同的赔偿金，并要求工作年限应从 2002 年计算。经查，B 公司提供的工资表中记载刘某进入公司的日期为 2002 年 9 月，同时病假工资和年休假亦按照 A、B 公司合并的工作年限进行计算。

专家分析：本案的争议焦点之一为刘某的工龄自何时开始计算，刘某在 A 公司的工作年限是否应连续计算至 B 公司。根据《劳动合同法实施条例》的规定，非劳动者原因发生工作单位调动，原单位未支付经济补偿的，工龄连续计算。本案刘某因资产业务转移劳动关系从 A 公司转入 B 公司，但刘某向 A

公司提交了辞职报告，应视为劳动者个人原因，故从工龄法定承继角度，刘某无法主张工龄连续计算。但法律并未禁止当事人以明示或默示的方式约定工龄连续计算，本案中B公司与刘某建立劳动关系后，在实际履行劳动合同期间，记载刘某的入职日期为2002年9月，且按照两公司合并计算的工龄确定病假工资等，应视为已实际履行的默示方式同意工龄连续计算。最终，仲裁机构裁决A公司系违法解除劳动合同并支付赔偿金（赔偿年限自2002年起计算）。

◆ 专家建议

综合上述案例以及企业在执行资产业务收购员工关系调整中的其他潜在法律风险，就收购方而言，以下建议可供参考：

1. 收购方仍应执行转移人员尽职调查

虽然资产业务收购中员工的潜在风险小于股权收购，但员工的部分劳动关系因素仍不可避免地带入新的劳动关系中，包括工龄、职业禁忌、工伤等因素。为了控制风险，除要求出售方提供相关劳动关系文件外，还可执行岗位职业禁忌检测、体检等控制有关潜在疾病和工伤风险。

2. 人员转移应以提供劳动为成功要件

很多资产业务收购中，将人员与收购方签署劳动合同作为交割的前提条件之一。但现实中也存在如前述案例中所提及的“签署合同但未执行合同”的情况，如果以签署劳动合同为成功要件，则势必可能导致合同签署后员工拒绝履行合同，收购方面临“竹篮打水一场空”的不利后果。

3. 转移劳动关系时优先选择重签合同而非签署三方协议

在资产业务收购中，部分用人单位选择签订三方协议以实现劳动关系转移，虽然该做法并不违反法律规定，但上述“新主体履行旧合同”的模式不可避免地产生员工与原用人单位的权利义务纠纷是否应由新用人单位解决的争议（包括劳动合同次数等争议）。由于劳动关系转移的同时还需办理社会保险转移等手续，部分地区还要求提供劳动合同方能办理，故仍建议收购方与转移员工重新签订劳动合同以实现人员转移，通过新的劳动合同明确工龄的计算起点，细化劳资双方各项权利义务，通过“新约定”取代“旧约定”以控制法律风险。

4. 实际履行新合同时注意潜在风险

收购方与转移人员缔约后，可能在实际履行合同时承认员工在此前单位的工作年限，此时即使原单位支付经济补偿金，新单位仍有工龄连续计算的风险。有时新单位可能是为给予员工的特定福利（自原单位入职日期开始计算年限），而非表示愿意承继工龄，故在出台相关福利政策时应予以明确，避免产生理解上的分歧。

◆ 相关法规

《劳动合同法》

第十条 建立劳动关系，应当订立书面劳动合同。

已建立劳动关系，未同时订立书面劳动合同的，应当自用工之日起一个月内订立书面劳动合同。

用人单位与劳动者在用工前订立劳动合同的，劳动关系自用工之日起建立。

劳动部《关于〈中华人民共和国劳动法〉若干条文的说明》

第二十六条第四款 本条中的“客观情况”指：发生不可抗力或出现致使劳动合同全部或部分条款无法履行的其他情况，如企业迁移、被兼并、企业资产转移等，并且排除本法第二十七条所列的客观情况。

Chapter 4

8 种弹性雇佣方式的风险防控

在严格的劳动法框架下，“签合同、交社保”式的标准用工方式成本最高、风险最大，极大地限制了企业的用工灵活性。随着2012年《劳动合同法》的修改，“劳务派遣”这一被广泛采用的灵活用工方式也受到极大的限制。越来越多的企业开始谋求多元化的用工方式组合，而互联网的普及催生了平台用工、共享用工等新型用工方式。

然而，采取多种灵活用工方式的企业也面临着各种难题，诸如异地用工、兼职管理、派遣管理、费用支付、社保缴纳等一系列问题长期困扰着企业管理者。那么，面对多变的市场环境，企业如何审慎选择各种灵活的用工形式？各种用工方式的风险要点如何？如何对灵活雇佣人员进行有效管理？这些问题不仅关乎企业的风险和成本，也直接影响到企业的运营效率。

第一节　非全日制用工的风险管理

◆ 必备知识

1. 非全日制用工的概念

自2008年1月1日起实施的《劳动合同法》第六十八条规定："非全日制用工，是指以小时计酬为主，劳动者在同一用人单位一般平均每日工作时间不超过四小时，每周工作时间累计不超过二十四小时的用工形式。"由此可见，非全日制用工区别于传统的"每天工作八小时，每周工作四十小时"的全日制标准用工方式，其工作时间更短，用工形式更加灵活，劳动者具有更多自由支配时间的权利。

2. 非全日制用工的限制

虽然非全日制用工对劳资双方而言均带来了更多的自由度，但并非毫无限制。根据法律规定，非全日制用工的主要限制有三：一为时间限制，即员工每周工作时间不得超过24小时；二为禁止设置试用期，即用人单位不得与非全日制员工约定试用期；三为最低工资及工资支付周期限制，即非全日制员工小时工资不得低于当地政府公布的最低小时工资标准，且工资支付周期不得超过15日。

3. 非全日制用工的法律后果

如果满足上述限制性条件，则非全日制用工将带来与全日制劳动关系迥然不同的法律后果，主要差别有二：一为非全日制用工双方当事人不强制签订书面劳动合同，用人单位亦不存在支付二倍工资的法律责任；二为非全日制用工双方当事人均可以随时终止劳动关系，如用人单位终止用工的，无须向员工支付补偿金，这也意味着非全日制员工将不享受全日制劳动关系项下的解雇保护、补偿金、年休假等一系列有利于劳动者的制度设计。

表4-1　非全日制劳动关系与全日制劳动关系主要特征对比

比较项目	非全日制劳动关系	全日制劳动关系
劳动合同	可以订立口头协议	应当签订书面合同
试用期	不得约定	可以约定
工作时间	每周不得超过24小时	一般每周不超过40小时
工资标准	执行小时最低工资标准	执行月最低工资标准
工资周期	不得超过15日	按月发放
社会保险	应当缴纳工伤保险	应当缴纳“五险”
加班费	无	有
年休假	无	有
解约条件	随时解约	根据法定条件方可解约
解约补偿	无	有（视情形）

◆ 典型案例

案例1. 促销员按月发工资是否成立非全日制劳动关系?

案例实录：王某于2011年5月1日进入A公司工作，工作内容为在卖场担任酒类促销员，工作时间为做六休一，每天工作4小时，但双方未签订劳动合同。每月15日左右A公司委托某人力资源有限公司向王某发放上月工资，每月实发工资4000—5000元。双方均明确工作期间没有考勤，A公司也未为王某缴纳社会保险费。王某工作至2013年4月。

2013年4月，王某申请劳动仲裁，要求A公司支付2011年6月至2012年4月未签订劳动合同的双倍工资差额48000元。仲裁裁决A公司败诉，A公司不服起诉到一审法院，认为与王某系非全日制劳动关系，依法无须订立书面劳动合同，也无须支付其二倍工资，故请求法院判决不支付王某双倍工资差额。

专家分析：本案中 A 公司支付的工资不低于当地小时工资标准，且就王某每周工作时间未超过 24 小时进行积极举证，可认定其工作时间符合非全日制用工要求。但其工资系按月发放，与法律规定的 15 日的工资支付周期相悖，是否据此认定非全日制用工不成立呢？

对此，应当结合非全日制用工的核心特征、《劳动合同法》第七十二条的具体条款进行评判。首先，非全日制的核心特征是工作时间的灵活性，而非工资支付周期的强制性，法律并没有以发放工资的周期作为认定非全日制用工的条件；其次，按月支付工资符合大多数企业的惯例，客观上也未大幅减损劳动者利益；最后，"不得超过 15 日"确属法律强制性规定，但违反上述规定不宜导致整个非全日制用工安排无效，在双方未建立全日制劳动关系的合意的前提下，强制拟制为全日制劳动关系与当事人的真实意思相悖。

本案审理法院最终综合"王某工作时间未超过 24 小时""不考勤""员工也未要求签订书面合同、缴纳社保"等一系列事实作出评判，认为"工资结算周期并不是评判双方劳动关系性质的唯一标准"，确认双方系非全日制劳动关系并驳回了王某的诉请。

案例 2. 在两单位兼职，上下班途中发生事故应由哪家公司承担工伤责任？

案例实录：从 2018 年开始，张某到某快餐店做服务员，双方签订了非全日制劳动合同，工作时间是每天上午 8 点到 12 点，周六、周日不上班。同时，张某每天下午到某物业公司做门卫值班，时间是 1 点半至 5 点半，周六、周日休息，双方口头约定按非全日制管理，未订立书面劳动合同。8 月某日，张某在快餐店下班，吃完午饭离开快餐店，骑自行车直接前往物业公司上班。正常情况下，张某于上班前 15 分钟左右赶到物业公司。中途，张某被机动车剐倒，造成肋骨骨折。事后，机动车逃逸。为此，张某共支付 5000 多元医疗费，并且两周无法上班。张某上班后，听说上下班途中发生交通事故应按工伤处理，便分别向快餐店和物业公司要求享受工伤待遇。但是，两家单位均未给张某缴纳工伤保险，并一致认为非全日制职工下班时间发生事故，不应按工伤处理。

专家分析：2011 年 7 月 1 日，人力资源和社会保障部（以下简称人社部）公布的《实施〈中华人民共和国社会保险法〉若干规定》正式实施，该规定第九条明确规定："职工（包括非全日制从业人员）在两个或者两个以上用人单位同时就业的，各用人单位应当分别为职工缴纳工伤保险费。职工发生工伤，由职工受到伤害时工作的单位依法承担工伤保险责任。"本案中张某与快餐店和物业公司同时建立非全日制劳动关系，两公司均有义务为张某缴纳工伤保险费。张某结束快餐店工作后前往物业公司报到，究竟是认定为下班途中（快餐店）还是上班途中（物业公司）？一般认为，员工上班前的活动受上班时间制约，而下班后的活动往往与公司无关，如娱乐、购物等。故下班的路途，一般应该限定为工作区域与住所之间，而上班的路途，对于出发点则不应限制为一定要从住所出发。本案中张某从快餐店下班后并不是返回住所，而是去物业公司上班，其发生事故的路途不具备"下班途中"的特征，应认定负伤时处于"上班途中"。因此，张某的工伤待遇应当由物业公司承担。由于物业公司没有为张某缴纳工伤保险，按《工伤保险条例》的规定，由该用人单位按照条例规定的工伤保险待遇项目和标准支付费用。

◆ 专家建议

综合上述案例、法律规定及非全日制用工的其他潜在法律风险，如下建议可供参考：

1. 非全日制用工务必签订书面劳动合同

虽然从法律规定角度非全日制用工并不强制用人单位签订书面劳动合同，但考虑到非全日制用工中用人单位对员工的工作管理通常较为松散，甚至不执行考勤，单位举证员工工作时间不超过 24 小时本身又有非常大的难度，如果通过合同形式明确约定工作时间，势必将大幅降低举证不能的风险。

如本节第一个案例中 A 公司若直接与王某签订了书面的非全日制劳动合同，甚至可能不会发生劳动争议，即使发生争议，A 公司完全可主张"双方已就建立非全日制劳动关系达成合意”，从而大幅增加案件胜诉的机会。

有鉴于此，用人单位采用非全日制用工方式务必与员工在入职时签订书面劳动合同。

2. 应避免按月发放工资

鉴于法律明确规定非全日制工资支付周期不得超过 15 日，如有条件的单位仍建议调整工资支付周期，由“按月发放”改为“每 15 日发放”；如确实不具备按双周发放工资的条件，用人单位在招聘时应取得员工谅解，并在合同中加以注明，如表述为“乙方（指劳动者一方）同意，出于结算薪资的便利，甲方（指用人单位一方）可按月向乙方发放工资，上述薪资支付周期调整不改变双方非全日制用工性质”。相信在取得员工谅解、充分沟通并且有书面约定的情况下，发生争议的概率也将大幅下降。

3. 非全日制用工应缴纳工伤保险费

非全日制用工虽然属于灵活用工，但双方建立的仍然是劳动关系，如发生事故，员工仍可按照《工伤保险条例》的规定申报和认定工伤，并享受相应的工伤保险待遇。另根据相关规定，用人单位有义务为非全日制员工缴纳工伤保险费，如未缴纳工伤保险费，则相应的损失将由用人单位自行承担。如第二个案例中由于物业公司未为张某缴纳工伤保险费，导致所有工伤待遇均最终由物业公司承担。

据此，用人单位应积极为员工办理用工登记并缴纳工伤保险费，如确因当地政策因素导致无法为非全日制员工单独缴纳工伤保险费的，可考虑为员工购买雇主责任险等商业保险以适度降低公司的风险。

4. 非全日制员工应避免安排“加班”

由于非全日制的核心特征在于工作时间的限制，即每周不得超过 24 小时。如果用人单位违反上述规定安排劳动者从事超过 24 小时的工作，即使用人单位将超过 24 小时的部分认定为“加班”并结算加班费，也将直接导致整个非全日制用工方式无效，司法机关可据此认定双方建立全日制劳动关系，用人单位将面临巨大的法律风险，包括执行月最低工资（非小时最低工资）、二倍工资（未签订书面合同）、经济补偿金（辞退补偿）、年休假工资等。

除了严格执行每周 24 小时的工作时间上限外，用人单位要尽可能避免安排非全日制员工在法定节假日提供劳动。如果确因经营需要安排工作的，则应根据当地政策确定是否应支付加班费。

5. 非全日制员工不享受“法定年休假”

我国《职工带薪年休假条例》规定，职工可享受法定带薪年休假，但对于非全日制员工是否有年休假，法律规定并不明确。人社部《关于〈企业职工带薪年休假实施办法〉有关问题的复函》中提及，《企业职工带薪年休假实施办法》第四条中的“累计工作时间”，包括职工在机关、团体、企业、事业单位、民办非企业单位、有雇工的个体工商户等单位从事全日制工作期间，以及依法服兵役和其他按照国家法律、行政法规和国务院规定可以计算为工龄的期间（视同工作期间）。从上述规范性文件的表述来看，年休假适用对象应为全日制工作的员工，而不包括非全日制员工。

部分地区也作了进一步规定，如重庆市劳动和社会保障局《关于贯彻〈企业职工带薪年休假实施办法〉有关问题的通知》规定，（享受带薪年休假的）“职工”为实行全日制用工制度的用人单位职工。浙江省劳动和社会保障厅《关于贯彻实施企业职工带薪年休假制度的若干意见》则明确“非全日制用工不享受职工带薪年休假待遇”。

综上，考虑到非全日制员工工作时间并不饱和，用人单位可不予安排年休假。

6. 非全日制用工可按“工资薪金”扣缴个人所得税

根据《个人所得税法实施条例》规定，工资、薪金所得，是指个人因任职或者受雇取得的工资、薪金、奖金、年终加薪、劳动分红、津贴、补贴以及与任职或者受雇有关的其他所得。非全日制用工虽系一种灵活用工方式，但员工与所在单位建立劳动关系，其所获得的报酬仍属于任职受雇所得，故用人单位应以“工资薪金所得”而非“劳务报酬所得”预扣预缴个人所得税。

◆ 相关法规

《劳动合同法》

第六十八条 非全日制用工，是指以小时计酬为主，劳动者在同一用人单位一般平均每日工作时间不超过四小时，每周工作时间累计不超过二十四小时的用工形式。

第七十条 非全日制用工双方当事人不得约定试用期。

第七十二条 非全日制用工小时计酬标准不得低于用人单位所在地人民政府规定的最低小时工资标准。

非全日制用工劳动报酬结算支付周期最长不得超过十五日。

人力资源和社会保障部《实施〈中华人民共和国社会保险法〉若干规定》

第九条 职工（包括非全日制从业人员）在两个或者两个以上用人单位同时就业的，各用人单位应当分别为职工缴纳工伤保险费。职工发生工伤，由职工受到伤害时工作的单位依法承担工伤保险责任。

《个人所得税法实施条例》

第六条 个人所得税法规定的各项个人所得的范围：

（一）工资、薪金所得，是指个人因任职或者受雇取得的工资、薪金、奖金、年终加薪、劳动分红、津贴、补贴以及与任职或者受雇有关的其他所得。

（二）劳务报酬所得，是指个人从事劳务取得的所得，包括从事设计、装潢、安装、制图、化验、测试、医疗、法律、会计、咨询、讲学、翻译、审稿、书画、雕刻、影视、录音、录像、演出、表演、广告、展览、技术服务、介绍服务、经纪服务、代办服务以及其他劳务取得的所得。

……

第二节 劳务合同用工的风险管理

◆ 必备知识

1. 劳务合同用工的概念

劳务合同用工是区别于传统标准劳动关系用工的一种灵活用工形态，虽然《民法典》未明确劳务合同用工的概念①，但其大体是指雇员在一定或不特定的期间内，从事雇主授权或者指示范围内的生产经营活动或者其他劳务活动，雇主接受雇员提供的劳务并按约定给付报酬。

2. 劳务合同用工的特点

劳务合同用工关系本质上是平等主体之间的一种民事法律关系。与劳动关系不同，劳务合同用工中个人与单位之间不存在管理与被管理的关系，个人一般无须遵守服务单位工作时间（如考勤）的规定，在时间支配上具有更多的自由度；在劳务内容提供上单位只进行有限的管理，无法行使奖惩、绩效评估等传统劳动关系项下的管理方式，更不能适用服务单位的规章制定进行违纪处分；而在费用支付上一般按照劳务报酬代扣个人所得税，费用的结算方式、支付周期更加灵活。显而易见，劳务合同用工在合同缔结、费用支付、工作指示

---

① 最高人民法院《关于审理人身损害赔偿案件适用法律若干问题的解释》第九条规定，“雇员在从事雇佣活动中致人损害的，雇主应当承担赔偿责任”。故有人称之为“雇佣关系”，在审判实践中有法院称之为“劳务关系”，而在2011年2月18日最高人民法院发布的《关于修改〈民事案件案由规定〉的决定》中新设“提供劳务者受害责任纠纷”案由，删除了2008年《民事案件案由规定》中的“特殊类型的侵权纠纷”（包括“雇员受害赔偿纠纷”）案由，同时该决定也将2008年《民事案件案由规定》中的“劳务（雇佣）合同纠纷”修改为“劳务合同纠纷”。基于法律层面并无劳务关系、劳务合同、雇佣关系的概念，为了便于读者理解，结合审判实践中法院的案由确定方式，笔者暂将之表述为“劳务合同用工”。

等领域具有更多弹性。

3. 劳务合同用工的限制

首先，作为一种民事关系，建立劳务合同用工关系需要当事人协商一致，如果双方按照劳动法规、劳动合同的必备条款缔结契约，则无法认定劳务合同关系；其次，考虑到劳务合同用工个人与单位之间没有严格的人身隶属性，个人不接受单位的严格劳动管理，自然单位也无须承担严格的《劳动法》责任，包括最低工资、医疗期、补偿金等《劳动法》项下的义务，但假使单位对个人实施严格的劳动管理，包括考勤、考核、奖惩、规章制度约束，则双方也无法成立劳务合同关系，只能根据劳动法规及劳动关系来确定双方的权利义务；最后，即便属于劳务合同用工，如果雇员在提供劳务过程中受到伤害，雇佣单位仍应就雇员的人身损害承担赔偿责任。

表 4－2　劳动合同关系与劳务合同关系主要特征对比

比较项目	劳动合同关系	劳务合同关系
契约形式	签订书面劳动合同	口头或书面
管理关系	严格的劳动管理	无
组织成员	纳入公司成员	不纳入公司成员
费用标准	较为稳定	较为灵活
费用支付	按月	从约定
税务承担	按工资薪金纳税	按劳务报酬纳税
稳定性	长期、稳定、持续	临时性、一次性或按需
社会保障	有	无
契约解除	严格	松散

◆ 典型案例

案例 1. 签订兼职协议就是劳务关系吗?

案例实录：2011 年 6 月 2 日，沈某被某电炉设备公司（以下简称电炉公司）聘请为电源技师，负责中频电源之技术工作。双方签订有《兼职技术顾问协议书》，协议约定："电炉公司每月支付沈某技师津贴6000元，出差的费用由公司报销，兼职应遵循各项规定和政策，但沈某在公司工作期间不享受社保及福利待遇。"经查，电炉公司每月支付沈某6000元，并由电炉公司代扣代缴个人所得税，纳税项目为工资、薪金所得。其间，电炉公司对沈某实行考勤。另查，沈某在某机械公司缴纳社会保险。

后沈某申请仲裁，要求确认2011年6月2日至2014年8月15日期间与电炉公司存在劳动关系。电炉公司则辩称，双方签有兼职协议，且沈某的社会保险在案外第三人处缴纳，故双方不成立劳动关系，而是劳务关系。

专家分析：本案的争议焦点在于沈某与电炉公司是否建立劳动关系。原劳动和社会保障部《关于确立劳动关系有关事项的通知》规定："（一）用人单位和劳动者符合法律、法规规定的主体资格；（二）用人单位依法制定的各项劳动规章制度适用于劳动者，劳动者受用人单位的劳动管理，从事用人单位安排的有报酬的劳动；（三）劳动者提供的劳动是用人单位业务的组成部分。"据此，双方成立劳动关系。

综合本案的事实来看，双方签订的兼职协议包含工作职责、劳动报酬、用工管理等内容，协议还约定沈某应遵守电炉公司处的各项规定和政策，已经满足了一般劳动合同的主要要求。而从实际履行角度，沈某主要负责电炉公司处产品的技术、质量，其负责的工作内容无疑属于电炉公司的主要业务范围；同时，沈某按月领取相对固定的报酬，电炉公司的考勤等制度也对沈某适用，双方权利义务的履行符合一般劳动关系的特征，故虽然双方签订的是《兼职技术顾问协议书》，但实际形成的是劳动关系。最终，仲裁机构支持了沈某的诉请。

案例2. 兼职保洁员下班途中因交通事故伤亡是否算工伤？

案例实录：2014年1月1日，某环卫公司与瑞某签订《道路保洁劳务合同书》一份，约定：劳务范围为市区道路的卫生保洁，作业内容及清扫周期以建设部相关保洁规定为准；自本合同签订之日起一年，瑞某可自由支配保洁时间。2014 年 8 月 24 日，瑞某在从事道路卫生保洁劳务的过程中被第三人何某驾驶的机动车撞伤，受伤后，瑞某被送至某医院住院治疗。后瑞某提起诉讼，请求环卫公司赔偿医疗费 32717.52 元、住院伙食补助费 780 元、护理费 8930.9 元、误工费 7314.3 元、交通费 800 元，共计 50542.72 元。环卫公司则认为自身并无过错，瑞某应当向肇事方索赔，故不同意支付。

专家分析：劳务合同关系中个人在提供劳务过程中受到伤害，因与服务单位并不存在劳动关系，故无法认定工伤，亦无法主张《工伤保险条例》项下的各项工伤待遇。但劳务合同关系中接受服务的单位作为受益方，其相对于个人仍存在天然的优势（包括风险防范和控制能力、用工环境管理能力、社会资源的占有和利用能力、经济补偿和恢复能力等），故应承担相应的赔偿责任。

现行劳务合同关系的人身损害赔偿责任主要根据最高人民法院《关于审理人身损害赔偿案件适用法律若干问题的解释》确定，该解释第十一条第一款规定："雇员在从事雇佣活动中遭受人身损害，雇主应当承担赔偿责任。雇佣关系以外的第三人造成雇员人身损害的，赔偿权利人可以请求第三人承担赔偿责任，也可以请求雇主承担赔偿责任。雇主承担赔偿责任后，可以向第三人追偿。"因此，本案中肇事方何某将正在从事道路卫生保洁劳务的瑞某撞伤，对瑞某而言属于"从事雇佣活动中遭受人身损害"，瑞某有权选择请求环卫公司承担民事赔偿责任，并有权要求环卫公司先行垫付全部经济损失。最终，法院根据《侵权责任法》、最高人民法院《关于审理人身损害赔偿案件适用法律若干问题的解释》等规定，支持了瑞某的请求。

◆ 专家建议

综合上述案例、法律规定及劳务合同用工其他潜在的法律风险，如下建议可供参考：

1. 劳务合同用工务必签订书面合同

虽然劳务合同用工并不强制签订书面合同，双方亦可形成口头劳务合同关系。但考虑到劳务合同用工与劳动关系用工之间存在混同因素（如都存在提供劳动支付报酬的关系，甚至提供的劳动是单位业务组成部分），如果双方通过合同形式确定用工关系性质，可以大幅降低被认定为事实劳动关系的风险。

实际上，在审判实践中当事人的合意（即究竟是形成建立劳动关系的合意还是形成建立劳务合同关系的合意）对于认定劳务合同关系是否成立也起到十分重要的作用，通过书面合同明确用工关系性质并注意劳务合同内容与劳动合同的差异将大幅降低法律风险。

2. 避免对劳务人员执行严格劳动管理

因劳务合同关系与标准劳动关系最核心的区别在于是否存在严格的劳动管理关系，如果雇佣单位对劳务人员实施考勤、考核、管理惩戒，那么就与劳务合同用工的要求相悖，从而产生事实劳动关系的风险（包括承担未签订书面合同的双倍工资、最低工资、加班费、年休假、经济补偿金、工伤待遇等一系列风险）。

因此，一旦双方合意建立劳务关系，有关劳务内容就应由雇员自行完成，雇佣单位除了对劳务内容的成果和质量加以控制外，整个提供劳务的过程应避免执行管理指挥（特别是执行考勤、惩处）。如确因业务需要进行部分管理指示，也应注意范围和强度，不宜持续实施管理指示。

3. 控制劳务人员的人身伤害风险

劳务合同用工虽然也属于灵活用工方式，但雇员在提供劳务过程中受到伤害，雇佣单位仍应承担赔偿责任。与劳动关系项下的工伤责任不同，劳务合同中虽然实行无过错责任，但如果受雇者自身亦存在重大过错，则可以适度降低雇佣单位的赔偿责任。

因此，雇佣单位可以在劳务合同中明确受雇者在提供劳务过程中的注意义务，如果劳务内容在用人单位工作场所执行的，应采取必要的安全防护措施降低伤害事故发生的可能性。同时，雇佣单位可以购买商业保险（如雇主责任险）分散事故赔偿风险。

4. 注意劳务报酬的个人所得税处理

虽然2018年修订的《个人所得税法》规定，居民个人取得的工资薪金所得、劳务报酬所得等，按纳税年度合并计算个人所得税。但在实际执行时，劳动关系项下的工资薪金所得和劳务报酬所得执行的预缴个人所得税不尽一致。如果将劳务报酬所得按照工资薪金预扣预缴个人所得税，则不仅会产生税务法律风险，而且亦可能导致“是否属于劳动关系”的争议。

表4－3　居民个人工资、薪金所得预扣率表

级数	预扣预缴应纳税所得额	预扣率（%）	速算扣除数
1	不超过36000元的部分	3	0
2	超过36000元至144000元的部分	10	2520
3	超过144000元至300000元的部分	20	16920
4	超过300000元至420000元的部分	25	31920
5	超过420000元至660000元的部分	30	52920
6	超过660000元至960000元的部分	35	85920
7	超过960000元的部分	45	181920

表4－4　劳务报酬个人所得税预扣率表

级数	预扣预缴应纳税所得额	预扣率（%）	速算扣除数
1	不超过20000元的部分	20	0
2	超过20000元至50000元的部分	30	2000
3	超过50000元的部分	40	7000

◆ 相关法规

最高人民法院《关于审理人身损害赔偿案件适用法律若干问题的解释》

第二条　受害人对同一损害的发生或者扩大有故意、过失的，依照民法通则第一百三十一条的规定，可以减轻或者免除赔偿义务人的赔偿责任。但侵权人因故意或者重大过失致人损害，受害人只有一般过失的，不减轻赔偿义务人的赔偿责任。

适用民法通则第一百零六条第三款规定确定赔偿义务人的赔偿责任时，受害人有重大过失的，可以减轻赔偿义务人的赔偿责任。

第十一条 雇员在从事雇佣活动中遭受人身损害，雇主应当承担赔偿责任。雇佣关系以外的第三人造成雇员人身损害的，赔偿权利人可以请求第三人承担赔偿责任，也可以请求雇主承担赔偿责任。雇主承担赔偿责任后，可以向第三人追偿。

雇员在从事雇佣活动中因安全生产事故遭受人身损害，发包人、分包人知道或者应当知道接受发包或者分包业务的雇主没有相应资质或者安全生产条件的，应当与雇主承担连带赔偿责任。

属于《工伤保险条例》调整的劳动关系和工伤保险范围的，不适用本条规定。

第三节　实习用工的风险管理

◆ 必备知识

1. 实习用工的概念

实习用工主要指的是学生实习，现行法律法规并未明确学生实习的概念。但学生实习大体是指“学校按照专业培养目标和教学计划的要求，组织在校学生到企业等用人单位进行教学实习和顶岗实习，也包括在校学生利用自身社会关系前往企业等用人单位进行社会实践和顶岗学习”。

2. 实习用工的对象

实习用工主要针对全日制在校就读且尚未毕业的学生。如果在校学生已经毕业或者系非全日制就读的学生，则完全符合“劳动者”身份，用人单位实际用工的，应当与之签订劳动合同。

《高等学校学生勤工助学管理办法》第二条规定：“本办法所称高等学校是指根据国家有关规定批准设立、实施高等学历教育的全日制普通本科高等学校、高等职业学校和高等专科学校（以下简称学校）。”第三条规定：“本办法所称学生是指学校招收的本专科生和研究生。”据此，实习生须具备四个要素：（1）在中国依法设立的学校就读；（2）接受学历教育；（3）全日制在读；（4）学生。实践当中也不乏劳动者处于非全日制学习阶段（如广泛存在的在职研究生、函授教育、成人教育等），此时不应界定为实习生。

3. 注意实习和见习的区别

劳动合同制度实施后，我国在《关于引导和鼓励高校毕业生面向基层就业的意见》中首次提出高校毕业生见习制度，该意见规定：“探索建立高校毕业生就业见习制度。为帮助回到原籍、尚未就业的高校毕业生提升职业技能和促进供需见面，地方政府要创造条件，探索建立高校毕业生见习制度。地方政府有关部门可根据实际需要，联系部分企事业单位，为高校毕业生建立见习基地或提供见习岗位，安排见习指导老师，组织开展见习和就业培训，促进他们尽快就业。见习期一般不超过 1 年，见习期间由见习单位和地方政府提供基本生活补助。”2006 年人事部等多部委联合发布《关于建立高校毕业生就业见习制度的通知》，再次细化毕业生见习制度的相关内容。

由此可见，见习系针对已毕业尚未就业的大学生，由有一定规模、各方面条件较好的企事业单位申请见习基地，并安排见习生从事一定的见习任务，见习单位和地方财政部门提供相关补助补贴，本质上是一项促进就业政策。在各地的司法实践中，见习生与见习单位不建立劳动关系①。

◆ 典型案例

案例 1. 能否招用不满 16 周岁的实习生?

案例实录：河南安阳某中等技术学校一年级的学生小周和 100 余名同校同学一起，在学校统一发放的实习协议上签了字，然后在老师的带领下前往上海市嘉定区某空调生产企业实习。经过两天至一周的岗前培训后，该批学生被安排独立上岗，与公司普通员工一道在流水线上工作，而且几乎天天都要加班，有时还要上夜班。后小周向嘉定区劳动保障监察大队进行了举报。调查中该企业主张，学生实习不算建立劳动关系，不适用《禁止使用童工规定》等在内的劳动保障法律法规的规定，使用实习生没有年龄的限制，与违法使用童工存在本质区别，即使学生年龄未到 16 周岁，也不违法。

专家分析：2016 年 4 月 11 日发布实施的《职业学校学生实习管理规定》

① 如《北京市高校毕业生就业见习工作管理办法（试行）》规定：“见习期间，北京市高校毕业生就业见习基地（以下简称见习基地）与进入见习基地的高校毕业生（以下简称见习人员）签订就业见习协议书，不建立劳动关系。”

第二十七条规定："对违反本规定安排、介绍或者接收未满16周岁学生跟岗实习、顶岗实习的，由人力资源社会保障行政部门依照《禁止使用童工规定》进行查处；构成犯罪的，依法追究刑事责任。"本案中，空调生产企业未经审核，招用不满16周岁的学生实习，违反了相关法规规定。最终，劳动行政部门对该公司违法接收使用1名未满16周岁中等职业学校学生2个月的行为，根据国务院《禁止使用童工规定》第六条第一款之规定，按照每人每月5000元的标准予以处罚，共计罚款10000元，并责令用人单位立即将该名学生送回原居住地交其父母。

案例2. 实习生签订劳动合同是否视为建立劳动关系？

案例实录：2013年4月，李某与北京某货代公司（以下简称货代公司）签订劳动合同，合同期限为3年，自2013年4月17日始至2016年4月16日止。李某担任客服工作人员，月工资2000元，2013年4月27日，李某在工作中左脚摔伤致左踝骨骨折。伤后李某在家休养，于9月17日被货代公司解除劳动合同。双方就经济补偿、扣发工资及李某受伤是不是工伤事项未达成一致意见。故李某提出仲裁申请，请求确认其与货代公司自2013年4月17日至9月17日期间存在劳动关系。经查，李某2013年7月1日毕业于北京某职业技术学院。货代公司则认为李某毕业前系实习生，不符合建立劳动关系的主体资格，李某毕业前发生的事故也不是工伤。

专家分析：虽然原劳动和社会保障部曾规定，"在校生利用业余时间勤工助学，不视为就业，未建立劳动关系"，但该规定仅针对利用学习之余空闲时间打工补贴学费、生活费的在校学生，不仅包括大学生，也包括中学生，所涉情形仅指在校学生不以就业为目的，参加短期或不定期劳务工作以获得一定劳务报酬的情况。而如果在校学生以就业为目的，参加用人单位的顶岗实习，接受用人单位的劳动管理，且其符合16周岁以上的就业年龄条件，则双方可建立劳动关系。

本案中，货代公司明知李某尚未毕业，仍与其签订劳动合同，双方建立劳动关系的意思表示明确，货代公司主张李某不符合就业主体资格的理由不能成立。最终，法院判定李某在进入货代公司工作时已年满 16 周岁，符合《劳动法》规定的就业年龄，其在校大学生的身份也并非《劳动法》规定排除适用的对象，法律亦没有禁止临毕业大学生就业的规定，双方于 2013 年 4 月 17 日至 9 月 17 日期间存在劳动关系。

♦ 专家建议

综合上述案例以及企业使用实习生的其他潜在法律风险，如下建议可供参考：

1. 甄别学生身份，确定是否属实习生

鉴于目前实习用工仅针对全日制在校就读学生，用人单位在使用实习生之前应核查学生相关身份信息，确定其就读性质（是全日制就读还是非全日制就读）以及拟毕业的具体时间，并要求其提供相关在校证明文件，避免误判。同时应当注意审核实习生的年龄，避免使用未满 16 周岁的实习生。如实习生已经满 16 周岁但不满 18 周岁，则应获得其监护人签字的知情同意书。

同时，如果用人单位使用外籍实习生，应局限在中国高校就读的外籍留学生范围内，并按照相关法律要求办理实习签注手续后方可聘用，否则将面临非法用工的行政处罚①。此外，即使合法聘用外籍实习生，也应避免支付劳动报酬。如上海市《外国留学生在本市从事校外教学实习活动管理办法（暂行）》（沪公境〔2014〕199 号）第一条规定：“外国留学生校外教学实习活动，是指外国留学生按照学校教育教学计划组织实施的，不获取任何劳动报酬（车贴、餐贴除外）的校外实习活动。”

2. 签订书面实习协议，明确用工性质

实习生与所在单位是否建立劳动关系在各地司法实践中尚存争议，有些法院以主体不符合法律要求为由认定实习生与实习单位存在劳务关系，有些则区

① 《出境入境管理法》第八十条第三款规定：“非法聘用外国人的，处每非法聘用一人一万元，总额不超过十万元的罚款；有违法所得的，没收违法所得。”

分勤工助学和就业实习，将以就业为目的的实习活动视为建立劳动关系。用人单位如不希望建立劳动关系，应签订书面实习协议明确实习活动的性质，如表述为“不视为就业，实习活动是在校期间社会实践的组成部分”。

如果用人单位与未毕业的学生签订劳动合同，即使仍然无法为实习生缴纳社会保险费，法院仍可据此判定成立劳动关系。

3. 预防实习生事故伤害风险

实习生在实习活动中受到伤害的，用工单位将按照《民法典》侵权责任编、最高人民法院《关于审理人身损害赔偿案件适用法律若干问题的解释》等规定进行赔偿，上述赔偿范围包括精神损失费等传统工伤保险待遇中未涵盖的费用，最终用工单位支付的赔偿标准可能远高于同等条件下的工伤赔偿。

因此，为实习生购买适当的商业保险或工伤保险①，有助于化解用工单位的赔偿风险。同时，用工单位应当加强对实习生的安全生产教育，进行相关工作流程、生产流程的培训并安排实习生签署确认相关事宜，一来降低事故发生率，二来即使因实习生违反操作规程发生事故，也可以主张实习生自身存在过错，要求降低赔偿的额度。

4. 结合地方规定，遵守部分劳动基准

虽然在全国多数地区，实习生与实习单位不确立劳动关系，但对于全日制顶岗实习的在校学生而言，部分地区要求执行部分劳动基准。例如，《江苏省劳动合同条例》规定，全日制顶岗实习企业应执行当地月最低工资标准，实习工作时间每天不超过 8 小时，每周不超过 40 小时。用人单位应当提供必要的劳动条件和安全健康的劳动环境，不得安排学生从事与所学专业无关的高空、井下作业和接触放射性、高毒、易燃易爆物品的劳动，以及国家规定的第四级体力劳动强度的劳动。《贵州省工伤保险条例》规定：“大中专院校、技

① 部分省市如浙江、贵州允许实习单位为实习生缴纳工伤保险费。2012 年 3 月 1 日实施的《贵州省工伤保险条例》第二十六条规定：“大中专院校、技工学校、职业高中等学校学生实习期间，由实习单位和学校缴纳工伤保险费；学生因工作原因遭受事故伤害或者患职业病的，享受工伤保险相应待遇，具体办法由省人民政府制定。”

工学校、职业高中等学校学生实习期间，由实习单位和学校缴纳工伤保险费；学生因工作原因遭受事故伤害或者患职业病的，享受工伤保险相应待遇，具体办法由省人民政府制定。”企业应根据地方性法规执行必要的劳动基准。

5. 安排职业学校在校生顶岗实习应遵循“特别规定”

根据 2016 年 4 月 11 日教育部等五部门颁布实施的《职业学校学生实习管理规定》的相关规定，用人单位安排全日制学历教育的中等职业学校或高等职业学校的学生进行顶岗实习，应当遵循如下特别规定：

（1）禁止安排未满 16 周岁的学生跟岗实习、顶岗实习，安排未满 18 周岁的学生实习，应取得学生监护人签字的知情同意书；

（2）禁止通过中介机构或有偿代理组织、安排和管理学生实习工作；

（3）职业学校、实习单位、学生三方应签订实习协议，协议文本由当事方各执一份；

（4）顶岗实习学生的人数不超过实习单位在岗职工总数的 10%，在具体岗位顶岗实习的学生人数不高于同类岗位在岗职工总人数的 20%；

（5）参考本单位相同岗位的报酬标准和顶岗实习学生的工作量、工作强度、工作时间等因素，合理确定顶岗实习报酬，原则上不低于本单位相同岗位试用期工资标准的 80%；

（6）职业学校和实习单位应根据国家有关规定，为实习学生投保实习责任保险。

◆ 相关法规

《职业学校学生实习管理规定》

第二条第一款 本规定所指职业学校学生实习，是指实施全日制学历教育的中等职业学校和高等职业学校学生（以下简称职业学校）按照专业培养目标要求和人才培养方案安排，由职业学校安排或者经职业学校批准自行到企（事）业等单位（以下简称实习单位）进行专业技能培养的实践性教育教学活动，包括认识实习、跟岗实习和顶岗实习等形式。

第九条第一款 实习单位应当合理确定顶岗实习学生占在岗人数的比例，顶岗实习学生的人数不超过实习单位在岗职工总数的10%，在具体岗位顶岗实习的学生人数不高于同类岗位在岗职工总人数的20%。

第十二条第一款 学生参加跟岗实习、顶岗实习前，职业学校、实习单位、学生三方应签订实习协议。协议文本由当事方各执一份。

第十七条 接收学生顶岗实习的实习单位，应参考本单位相同岗位的报酬标准和顶岗实习学生的工作量、工作强度、工作时间等因素，合理确定顶岗实习报酬，原则上不低于本单位相同岗位试用期工资标准的80%，并按照实习协议约定，以货币形式及时、足额支付给学生。

第二十七条 对违反本规定安排、介绍或者接收未满16周岁学生跟岗实习、顶岗实习的，由人力资源社会保障行政部门依照《禁止使用童工规定》进行查处；构成犯罪的，依法追究刑事责任。

第三十五条第一款 推动建立学生实习强制保险制度。职业学校和实习单位应根据国家有关规定，为实习学生投保实习责任保险。责任保险范围应覆盖实习活动的全过程，包括学生实习期间遭受意外事故及由于被保险人疏忽或过失导致的学生人身伤亡，被保险人依法应承担的责任，以及相关法律费用等。

第四节 劳务派遣人员的风险管理

◆ 必备知识

1. 劳务派遣是一种典型的三角用工方式

劳务派遣是由劳务派遣单位与被派遣劳动者签订劳动合同，然后向用工单位派出该员工，使其在用工单位的工作场所内劳动，接受用工单位的指挥、监督，以完成劳动力和生产资料结合的一种特殊的用工方式。

劳务派遣用工中涉及劳务派遣单位、用工单位、被派遣劳动者三方，是一种典型的三角雇佣关系。劳务派遣单位“雇人不用人”、用工单位“用人不雇佣”，使得这一用工方式与标准劳动关系有很大的区别。2008 年 1 月 1 日实施的《劳动合同法》中首次通过法律形式明确劳务派遣这一用工方式，该法“特别规定”一章对劳务派遣进行了详细规定。

2. 劳动权利义务在劳务派遣中出现分离

传统标准劳动关系项下，劳动合同主体、社保缴费主体、工资发放主体均为同一“用人单位”。但在劳务派遣用工方式中，劳务派遣单位系派遣劳动者的“用人单位”，但其仅执行劳动合同（签订及解除）、工资发放、社保缴纳、接受用工单位退回、另行安排工作等内容；日常工作布置和管理、奖励和惩处、休假安排等均由用工单位执行，传统的劳动关系权利义务在不同主体之间的分离导致各方关系的复杂性。

3. 《劳动合同法》对劳务派遣进行了严格限制

虽然劳务派遣对用工单位而言是一种灵活用工方式，但 2012 年修改后的《劳动合同法》对劳务派遣进行了多方面的限制，具体包括：

（1）主体限制，经营劳务派遣业务必须获得行政许可；

（2）合同限制，劳务派遣单位应当与被派遣劳动者签订两年以上固定期限劳动合同；

（3）岗位限制，用工单位使用劳务派遣只能在临时性、辅助性、替代性岗位上实施；

（4）比例限制，用工单位使用劳务派遣人数不得超过用工总量的 10%；

（5）报酬限制，用工单位对派遣员工应当执行"同工同酬"；

（6）退回限制，用工单位需基于法律规定的条件方可将派遣劳动者退回劳务派遣单位；

（7）责任限制，用工单位给被派遣劳动者造成损害的，应当承担连带赔偿责任。

◆ 典型案例

案例 1. 劳务派遣员工可否主张签订无固定期限劳动合同?

案例实录：自 2002 年 1 月起，马某通过北京某劳务服务中心（以下简称服务中心）派遣至某配送中心工作，服务中心陆续与马某签订劳动合同，2009 年 1 月 1 日和 2010 年 1 月 1 日又连续两次续签书面劳动合同。2011 年 12 月 31 日双方合同到期，马某以连续签订两次合同为由向服务中心提出签订无固定期限劳动合同，但遭到服务中心的拒绝。服务中心认为，《劳动合同法》规定劳务派遣员工应当签订两年固定期限劳动合同，所以马某的诉请无法律依据。后双方发生争议，诉至法院。

专家分析：《劳动合同法》第十四条第二款第三项规定，连续订立两次固定期限劳动合同，且劳动者没有本法第三十九条和第四十条第一项、第二项规定的情形，续订劳动合同的，用人单位应当签订无固定期限劳动合同。本案中马某虽然系劳务派遣员工，但其与服务中心建立的仍是正式的劳动合同关系，应当适用《劳动合同法》第十四条规定，据此法院判决服务中心应当与马某续订无固定期限劳动合同，而非选择终止合同，构成违法终止。根据马某的诉请，服务中心应当向马某支付违法终止劳动合同的赔偿金。

应当注意的是，本案发生在北京市，目前北京市、广州市①等地均认为劳务派遣应当适用无固定期限劳动合同的规定。但也有部分地区（如上海市、江苏省②）认为劳务派遣属于灵活用工，不应强制适用签订无固定期限劳动合同的规定。

案例2. 在“非三性岗位”实施劳务派遣，是否视为直接用工？

案例实录：甲某与某人才公司签订期限自2008年8月1日至2010年7月31日的劳动合同，约定甲某被派往农行某支行从事银行相关工作，每月基本工资加奖金不低于960元，由人才公司按月发放，除此之外，甲某每月的收入中还含有不等额的奖金及加班工资。甲某被派遣到某支行后，先后担任柜台营业员及大堂经理工作。2010年7月28日，人才公司通知甲某双方劳动关系于2010年7月31日终止。后甲某申请仲裁，要求确认与人才公司订立的劳动合同无效；确认与某支行存在劳动关系；某支行支付未订立劳动合同的二倍工资196633元，支付精神损失费146万元。甲某认为大堂经理并非辅助性岗位，不应实施劳务派遣，故人才公司与其签订的劳动合同无效。某支行则认为双方并未签订劳动合同，甲某与人才公司签订的劳动合同合法有效，且实际履行，不同意甲某的诉请。

专家分析：本案发生在《劳动合同法》修改前，彼时《劳动合同法》第六十六条规定，劳务派遣一般在临时性、辅助性或者替代性的工作岗位上实

① 广州市中级人民法院《关于审理劳动人事争议案件若干问题的研讨会纪要》规定：“28. 劳务派遣是一种特殊的用工形式，劳务派遣单位作为用人单位，应当履行用人单位对劳动者的义务。故劳务派遣用工适用《劳动合同法》关于劳动合同的订立、履行、变更、解除和终止等一般规定，同样也适用《劳动合同法》第十四条关于无固定期限劳动合同的规定。”

② 江苏省高级人民法院、江苏省劳动争议仲裁委员会《关于审理劳动争议案件的指导意见》第十条规定：“被派遣劳动者请求与劳务派遣单位订立无固定期限劳动合同的，不予支持，但劳务派遣单位同意的除外。”

施。这一规定并非强制用工单位在“三性岗位”上实施劳务派遣，故仲裁机构驳回了甲某的仲裁请求，并且认为甲某无证据证明大堂经理属于非辅助性岗位。

然修改后的《劳动合同法》第六十六条第一款、第二款规定：“劳动合同用工是我国的企业基本用工形式。劳务派遣用工是补充形式，只能在临时性、辅助性或者替代性的工作岗位上实施。前款规定的临时性工作岗位是指存续时间不超过六个月的岗位；辅助性工作岗位是指为主营业务岗位提供服务的非主营业务岗位；替代性工作岗位是指用工单位的劳动者因脱产学习、休假等原因无法工作的一定期间内，可以由其他劳动者替代工作的岗位。”由此，“三性岗位”成为用工单位的强制性义务。如果违反，是否应视为劳务派遣关系无效，并视为被派遣劳动者与用工单位建立事实劳动关系呢？

对此，《劳动合同法》未作明确说明，而仅规定“用工单位违反本法有关劳务派遣规定的，由劳动行政部门责令限期改正；逾期不改正的，以每人五千元以上一万元以下的标准处以罚款”。但部分地区（如辽宁省、重庆市、汕头市[①]等地）将违反“三性岗位”的用工行为视为用工单位直接与被派遣劳动者建立劳动关系。

♦ 专家建议

综合上述案例以及企业使用劳务派遣人员的潜在法律风险，如下建议可供参考：

1. 避免使用未签订书面劳动合同的派遣工

由于法律明确规定劳务派遣员工应签订二年以上固定期限劳动合同，用工单位在接受派遣工时应核实其是否与劳务派遣单位签订书面劳动合同，执行

---

① 《汕头经济特区职工权益保障条例》第三十一条第一款规定，“有下列情形之一的，视为用工单位已与被派遣职工建立劳动关系，用工单位应当与其订立劳动合同：……（二）在非临时性、辅助性、替代性岗位使用被派遣职工的；……（六）其他违反法律、法规有关劳务派遣的禁止性规定行为的”。

“先签合同再上岗”的入职操作流程。

如果用工单位使用未签订劳动合同的派遣工，且派遣员工拒绝与派遣公司签订合同，而员工又实际接受用工单位管理，对用工单位而言存在与“派遣工”建立事实劳动关系的风险。

2. 用工单位应督促派遣单位履行法定义务

虽然劳务派遣单位系派遣员工的实际雇主，但若用工单位已经向派遣单位支付了派遣员工的工资、社会保险费用，仅仅因为劳务派遣单位未为员工缴纳社会保险费而导致派遣员工发生工伤无法理赔，用工单位还需承担连带责任。

因此，用工单位不宜“事不关己，高高挂起”，应积极敦促劳务派遣单位履行劳动法项下的各项义务，包括工资支付、社保缴纳等并展开定期核查以避免大范围侵犯劳动者利益的情况。对于用工单位而言，在劳动报酬、福利待遇方面应执行“非歧视原则”，实行相同的劳动报酬分配方法和福利政策，避免发生劳动争议和群体性纠纷。

3. 用工单位应正确行使“退回”权利

由于劳务派遣员工并非用工单位的正式雇员，用工单位“清退”劳务派遣员工的唯一方式是“依法退回”，法律规定以外的情形不应执行退回，否则应承担违法责任。结合《劳动合同法》《劳务派遣暂行规定》的规定，用工单位可以执行退回的条件有：

（1）被派遣员工有《劳动合同法》第三十九条规定的情形；

（2）被派遣员工有《劳动合同法》第四十条第一项、第二项规定的情形；

（3）用工单位有《劳动合同法》第四十一条规定的情形；

（4）用工单位被依法宣告破产、吊销营业执照、责令关闭、撤销、决定提前解散或者经营期限届满不再继续经营的；

（5）劳务派遣协议期满终止的。

除上述法律规定的退回情形外，用工单位与被派遣劳动者、劳务派遣单位另行约定的退回条件一般不会得到司法机关的支持（部分地区除外[①]）。

4. 用工单位还应正确理解“连带责任”

劳务派遣员工利益受损，既可能是用工单位原因导致（如未休年休假、工伤、违法退回等），也可能系劳务派遣单位的过错（未依法缴纳社保、支付经济补偿金等）导致。修改后的《劳动合同法》规定“用工单位给被派遣劳动者造成损害的，劳务派遣单位与用工单位承担连带赔偿责任”，其实质上取消了劳务派遣单位给劳动者造成损害，用工单位须承担连带责任的规定。

虽然新法修改对用工单位有利，但用工单位仍应在日常管理中敦促劳务派遣单位履行各项义务。

5. 控制派遣“三性”和“比例”违法风险

由于修改后的《劳动合同法》增加了“三性”和“比例”的强制性要求，用工单位可通过履行民主程序确定“辅助性岗位目录”，如召开职工代表大会、职工大会，与工会平等协商确定相关派遣岗位的范围。

派遣比例较大的用工单位，应按照《劳务派遣暂行规定》积极整改并将派遣比例控制在10%以内。需要注意的是，外国企业常驻代表机构和外国金融机构驻华代表机构等使用被派遣劳动者的，以及船员用人单位以劳务派遣形式使用国际远洋海员的，不受临时性、辅助性、替代性岗位和劳务派遣用工比例的限制。

---

① 上海市人力资源和社会保障局、上海市高级人民法院《关于劳务派遣适用法律若干问题的会议纪要》（2014年12月31日）规定：“《派遣规定》第十二条对退回情形作了部分列举式规定，属于提示性条款，实践中，还存在法律规定的退回情形、派遣单位主动撤回劳动者、协商一致退回等情况。因此，依据以下情形之一的，也可退回劳动者：（一）《劳动合同法》第六十五条第二款规定的情形；（二）《劳动合同法》第四十四条第（一）、（二）项规定的情形；（三）《劳动合同法实施条例》第二十一条规定的情形；（四）派遣期限届满的；（五）劳务派遣协议解除的；（六）三方事前约定或者事后达成合意的；（七）用工单位不履行义务，派遣单位主动撤回劳动者的；（八）依据《派遣规定》第十六条规定，派遣单位在办理注销登记手续前，用工单位与派遣单位协商后退回的；（九）违反法律规定派遣进行整改的；（十）其他依据法律规定确需退回的。”

◆ 相关法规

《劳动合同法》

第三十九条 劳动者有下列情形之一的，用人单位可以解除劳动合同：

（一）在试用期间被证明不符合录用条件的；

（二）严重违反用人单位的规章制度的；

（三）严重失职，营私舞弊，给用人单位造成重大损害的；

（四）劳动者同时与其他用人单位建立劳动关系，对完成本单位的工作任务造成严重影响，或者经用人单位提出，拒不改正的；

（五）因本法第二十六条第一款第一项规定的情形致使劳动合同无效的；

（六）被依法追究刑事责任的。

第四十条 有下列情形之一的，用人单位提前三十日以书面形式通知劳动者本人或者额外支付劳动者一个月工资后，可以解除劳动合同：

（一）劳动者患病或者非因工负伤，在规定的医疗期满后不能从事原工作，也不能从事由用人单位另行安排的工作的；

（二）劳动者不能胜任工作，经过培训或者调整工作岗位，仍不能胜任工作的；

（三）劳动合同订立时所依据的客观情况发生重大变化，致使劳动合同无法履行，经用人单位与劳动者协商，未能就变更劳动合同内容达成协议的。

第四十一条 有下列情形之一，需要裁减人员二十人以上或者裁减不足二十人但占企业职工总数百分之十以上的，用人单位提前三十日向工会或者全体职工说明情况，听取工会或者职工的意见后，裁减人员方案经向劳动行政部门报告，可以裁减人员：

（一）依照企业破产法规定进行重整的；

（二）生产经营发生严重困难的；

（三）企业转产、重大技术革新或者经营方式调整，经变更劳动合同后，仍需裁减人员的；

（四）其他因劳动合同订立时所依据的客观经济情况发生重大变化，致使劳动合同无法履行的。

裁减人员时，应当优先留用下列人员：

（一）与本单位订立较长期限的固定期限劳动合同的；

（二）与本单位订立无固定期限劳动合同的；

（三）家庭无其他就业人员，有需要扶养的老人或者未成年人的。

用人单位依照本条第一款规定裁减人员，在六个月内重新招用人员的，应当通知被裁减的人员，并在同等条件下优先招用被裁减的人员。

第五十七条第二款 经营劳务派遣业务，应当向劳动行政部门依法申请行政许可；经许可的，依法办理相应的公司登记。未经许可，任何单位和个人不得经营劳务派遣业务。

第五十八条第二款 劳务派遣单位应当与被派遣劳动者订立二年以上的固定期限劳动合同，按月支付劳动报酬；被派遣劳动者在无工作期间，劳务派遣单位应当按照所在地人民政府规定的最低工资标准，向其按月支付报酬。

第六十六条 劳动合同用工是我国的企业基本用工形式。劳务派遣用工是补充形式，只能在临时性、辅助性或者替代性的工作岗位上实施。

前款规定的临时性工作岗位是指存续时间不超过六个月的岗位；辅助性工作岗位是指为主营业务岗位提供服务的非主营业务岗位；替代性工作岗位是指用工单位的劳动者因脱产学习、休假等原因无法工作的一定期间内，可以由其他劳动者替代工作的岗位。

用工单位应当严格控制劳务派遣用工数量，不得超过其用工总量的一定比例，具体比例由国务院劳动行政部门规定。

第九十二条第二款 劳务派遣单位、用工单位违反本法有关劳务派遣规定的，由劳动行政部门责令限期改正；逾期不改正的，以每人五千元以上一万元以下的标准处以罚款，对劳务派遣单位，吊销其劳务派遣业务经营许可证。用工单位给被派遣劳动者造成损害的，劳务派遣单位与用工单位承担连带赔偿责任。

《劳务派遣暂行规定》

第九条 用工单位应当按照劳动合同法第六十二条规定，向被派遣劳动者提供与工作岗位相关的福利待遇，不得歧视被派遣劳动者。

第二十四条 用工单位违反本规定退回被派遣劳动者的，按照劳动合同法第九十二条第二款规定执行。

第二十八条第一款 用工单位在本规定施行前使用被派遣劳动者数量超过其用工总量10%的，应当制定调整用工方案，于本规定施行之日起2年内降至规定比例……

第五节　业务外包人员的风险管理

◆ 必备知识

1. 业务外包的概念

业务外包，又称劳务外包、劳务承揽，是指企业将其部分业务或职能工作发包给相关机构，由该机构自行安排人员按照发包企业的要求完成相应的业务或工作。

业务外包本质上是两个经济主体之间的合作关系。在劳动法领域，并无业务外包的概念。在民法领域，业务外包对应的是《民法典》规定的承揽关系，我国《民法典》第七百七十条第一款对承揽合同的定义为："承揽合同是承揽人按照定作人的要求完成工作，交付工作成果，定作人支付报酬的合同。"本书考虑读者理解的方便，将之表述为"业务外包"。

2. 业务外包虽涉及三方，但并未发生劳动力雇用与使用的分离

如同劳务派遣一样，业务外包也涉及三方关系，包括发包单位、承包单位和外包劳动者。外包员工工作场所甚至可能在发包单位，但外包员工受雇于承包单位，接受承包单位的实际管理，劳动合同签订主体与实际执行管理的主体并未发生分离。

从员工劳动法上权利义务履行角度，外包员工的所有工资、社保、管理关系、奖惩、休假均由承包单位执行。

3. 发包单位不对外包员工的劳动权利义务承担连带责任

虽然发包单位将业务外包给第三方，但外包员工的实际唯一雇主为承包单位，承包单位承担所有劳动法项下的义务，并对员工进行实际劳动管理，故外

包员工发生工伤事故、被拖欠工资社保、被违法辞退的，相关法律责任均由承包单位承担，而与发包单位无关。

4. 业务外包与劳务派遣存在本质区别

虽然业务外包与劳务派遣用工中，员工均与第三方签订劳动合同，均涉及两家单位和一名劳动者，但业务外包和劳务派遣在经营资质、员工管理模式、合同签署、责任承担等多个方面存在本质区别。

表4-5 业务外包与劳务派遣对比

项目	业务外包	劳务派遣
关注重点	事/结果 关注业务本身 考察工作成果	人/过程 关注派遣员工 考察工作过程
合同签订	与发包方签订合同，合同类型无限定，一般不注明服务单位	与派遣公司签订两年以上固定期限劳动合同，注明用工单位名称
费用结算	根据项目完成情况结算	派遣员工的工资按人按月支付
人员任职资格	一般不对外包人员的任职资格作硬性规定但保留替换权	硬性规定派遣员工的任职资格
对人员工作的管理和监督	承包方负责管理与监督	用工单位管理与监督
规章制度的遵守	不要求外包人员遵守发包方的规章制度	派遣员工需遵守用工单位的规章制度
考核评价	发包方对工作成果验收，不对外包人员进行评价	用工单位考核评价派遣员工
离职手续	与发包方进行办理	与用工单位办理工作交接手续

◆ 典型案例

案例1. “真假外包”如何识别?

案例实录： 2012年7月，黄某与某劳务公司（具备劳务派遣资质）签订劳动合同，约定：“同意根据劳务公司与劳务合作单位（某汽车配件公司）签订的劳务外包合同之相关内容，接受安排至汽配公司从事冲压岗位工作。黄某确认接受公司安排至劳务合作单位的行为，不属于劳务派遣关系。黄某应当接受劳务合作单位的管理指令，根据劳务合作单位要求，完成任务并接受考核。”

2012 年 7 月 11 日，劳务公司与汽配公司签订一份《劳务外包合同》，约定劳务公司委托汽配公司向劳务服务人员直接发放工资，费用按照“工资社保 + 管理费”方式结算。2013 年 5 月 4 日，黄某在工作时右手中指不慎受伤。后黄某申请仲裁，要求汽配公司支付一次性伤残补助金、一次性工伤医疗补助金、一次性伤残就业补助金、停工留薪期工资差额等 20 万元，并要求劳务公司承担连带责任。汽配公司则认为三方系业务外包关系而非劳务派遣关系，故应由劳务公司独立承担赔偿责任。

专家分析：本案的争议焦点在于汽配公司主张的“业务外包关系”是否成立，是否存在“以外包名义实施劳务派遣的行为”。如果系“假外包真派遣”，则汽配公司应就黄某的事故伤害承担连带赔偿责任，反之则与汽配公司无关。

由于业务外包法律关系中员工实际应由承包单位执行劳动管理，发包单位不行使劳动管理权，而本案中黄某与劳务公司签订的劳动合同明确约定，黄某实际接受汽配公司管理指挥，显然不符合业务外包的法律要求，加之黄某的费用支付由汽配公司直接完成，费用结算也并非按照传统业务外包中的工作量、工作进度结算，而系“工资社保 + 管理费”模式（符合劳务派遣的费用结算特点），劳务公司也具有劳务派遣资质。综合上述几点，仲裁机构认为本案系“名为外包，实为派遣”，并裁决汽配公司和劳务公司共同就黄某的工伤待遇承担连带赔偿责任。

案例 2. “假外包”是否视为事实劳动关系？

案例实录：2016 年 1 月 1 日，蓝天公司与南方翻译公司签订合作协议，蓝天公司将翻译业务外包给南方翻译公司。2017 年 6 月 1 日李某与南方翻译公司签订《口译服务协议》，期限至2018年5月31日，之后以外包人员身份被南方翻译公司派往蓝天公司提供口译翻译服务。李某的工资福利等按照《口译服务协议》的约定，由南方翻译公司发放。李某在蓝天公司除了提供翻译服务以外，其所服务部门领导也经常给其安排其他事务性工作，如文件收发、组织活动等。李某平时的加班、休假及出差等也由其所服务部门的领导安排。李某与南方翻译公司签订的《口译服务协议》于2018年5月31日到期后，双方没有签订新的《口译服务协议》，此后李某仍然在蓝天公司工作。2019年3月5日至4月4日，李某生病请假一个月，部门领导批准。10月25日，蓝天公司通知南方翻译公司翻译工作结束，李某被退回南方翻译公司。后李某申请仲裁，要求蓝天公司支付2018年7月1日至2019年5月31日的二倍工资8万元。庭审中，蓝天公司主张李某系南方翻译公司职工，双方无劳动关系。

专家分析：本案中蓝天公司与南方翻译公司虽签有《口译服务协议》，但李某除提供口译服务外，还为蓝天公司提供其他事务性劳动，已超出服务协议范畴，且李某日常休假、工作布置等由蓝天公司执行，并不符合业务外包特点，李某在2018年5月31日与南方翻译公司的合同到期后未再续订新的合同，其实际又接受蓝天公司的劳动管理，与蓝天公司存在事实劳动关系。最终，法院判决蓝天公司败诉。

◆ 专家建议

综合上述案例以及企业使用业务外包人员的潜在法律风险，如下建议可供参考：

1. 避免将业务外包给自然人

用人单位将业务外包给第三方，既可能外包给有相应经营资质的机构，也可能外包给自然人。但自然人通常无用工主体资格，如果该自然人雇用其他自然人提供劳务，被雇用者发生事故伤害，根据相关司法解释，发包单位应就该员工的事故伤害承担连带赔偿责任。

考虑到发包单位根本无从监控承包者的再次雇佣行为，相关法律风险极大，应避免使用个人承包者承接业务。即使选择相关机构，也应审查其是否有提供相关服务的经营资质。

2. 避免使用未签订劳动合同的业务外包人员

虽然业务外包具有一定的独立性，员工应与承包单位签订劳动合同，但若用工单位直接接受外包员工在自己的工作场所提供劳动，且该员工实际上也并未与承包单位签订劳动合同，对于发包单位而言，存在与该员工建立事实劳动关系的风险。

此外，用人单位还应严格审查员工与供应商的劳动合同逾期情况，避免外包服务人员合同逾期导致与本公司存在事实劳动关系的风险。

3. 通过排除管理关系严控“假外包”风险

由于业务外包的核心特征在于发包单位不得对外包员工实施劳动管理，故避免管理控制是法律风险防控的核心。发包单位应当避免直接对外包员工实施考勤、考核、奖惩、工作布置、签署规章制度等内容，并应要求承包单位落实用工管理责任，包括确定员工的上级主管、需遵守的规定制度、工作流程等。同时，发包单位可要求承包单位提供相关的证据（如考勤表、工资表、奖惩单等）予以备案。

4. 监控发包单位的劳动用工风险

虽然法律上承包单位应独立承担员工《劳动法》上的责任，但一旦发生外包员工被承包单位侵犯权益的情况，外包员工往往通过过激行动、群体性行动等给发包单位施加压力，故发包单位应避免完全置身事外的态度，而要积极履行社会责任，定期核查承包单位有无及时发放工资、缴纳社会保险等，降低发生劳动争议的风险。

◆ 相关法规

《民法典》

第七百七十条 承揽合同是承揽人按照定作人的要求完成工作，交付工作成果，定作人支付报酬的合同。

承揽包括加工、定作、修理、复制、测试、检验等工作。

最高人民法院《关于审理工伤保险行政案件若干问题的规定》

第三条 社会保险行政部门认定下列单位为承担工伤保险责任单位的，人民法院应予支持：

……

（四）用工单位违反法律、法规规定将承包业务转包给不具备用工主体资格的组织或者自然人，该组织或者自然人聘用的职工从事承包业务时因工伤亡的，用工单位为承担工伤保险责任的单位；

……

《劳务派遣暂行规定》

第二十七条 用人单位以承揽、外包等名义，按劳务派遣用工形式使用劳动者的，按照本规定处理。

第六节　跨境委派人员的风险管理

◆ 必备知识

1. 跨境委派用工的常见类型

随着经济的全球化和一体化进程加速，人才的跨境流动也日趋普遍。中国企业将员工派往境外为境外关联企业提供劳务，以及境外法人向境内关联公司委派外籍员工是跨境委派用工的两种常见类型。

传统委派用工方式中，通常被委派员工与派出单位继续保留劳动关系，在委派期内为关联公司提供劳动，委派期结束后重新回到派出单位继续履行劳动合同。

2. 跨境委派不同于对外劳务输出

跨境委派本质上仍然是集团企业内部人力资源的调剂方式，虽然也涉及各方费用的承担，但委派本身并不是严格意义上的经营性行为；但对外劳务输出，是指组织劳务人员赴其他国家或者地区为国外的企业或者机构工作的经营性活动。对外劳务输出类似于“人才中介”行为，相关劳务输出单位应当经过商务部门批准后方可实施对外劳务输出活动，被输出劳务人员一般不与劳务输出单位签订劳动合同，而系直接与境外雇主签订劳动合约，与境外雇主建立劳动关系。

3. 跨境委派用工涉及国际《劳动法》冲突问题

由于被委派员工的名义雇主与实际提供劳动的单位并不一致，故两国《劳动法》亦可能存在冲突。如果案件在中国审理，根据 2011 年 4 月 1 日实施的《涉外民事关系法律适用法》的规定，劳动合同纠纷，一般适用劳动者工作地法律，难以确定劳动者工作地的，适用用人单位主营业地法律，涉及劳务派遣的，适用劳务派出地法律。在司法实践中，如果劳动关系被确定为在国内，一般优先适用中国法律。

◆ 典型案例

案例 1. 员工在境外工作，是否与境外单位建立劳动关系？

案例实录：2011 年 10 月，新疆某天然气公司（以下简称天然气公司）在吉尔吉斯斯坦投资成立某能源公司。2012 年 3 月天然气公司与冯某签订试用合同，合同约定冯某的工作岗位为挖掘机司机，月工资 5000 元。4 月 25 日天然气公司为冯某办理出境务工签证及相关出国手续后，冯某到吉尔吉斯斯坦某能源公司工作，在国外工作期间吉尔吉斯斯坦政府部门向冯某核发了劳动卡。2013 年 10 月 22 日冯某回国。因劳动报酬事宜，冯某申请仲裁，要求天然气公司支付其境外工作期间的工资差额。天然气公司认为只是代能源公司在境内招聘，冯某实际上是与能源公司建立劳动关系，故认为工资差额应在吉尔吉斯斯坦地方法院起诉解决。经查，天然气公司并无对外劳务输出资格。

专家分析：本案的争议焦点为冯某在境外工作究竟是境外委派用工还是对外劳务输出，即究竟是先与天然气公司建立劳动关系后跨境委派至能源公司，还是经天然气公司安排直接与能源公司建立劳动关系。《对外劳务合作管理条例》第五条规定："从事对外劳务合作，应当按照省、自治区、直辖市人民政府的规定，经省级或者设区的市级人民政府商务主管部门批准，取得对外劳务合作经营资格。"第七条第四款规定："未依法取得对外劳务合作经营资格证书并办理登记，不得从事对外劳务合作。"本案中，在中国境内注册的天然气公司并未依法取得对外劳务合作经营资格证书并办理登记，其无权代理国外企业在国内招聘工人并代办出国手续组织劳动者出国。故天然气公司主张的代为招聘无法成立，加之该公司曾与冯某签订试用合同，仲裁机构最终认定冯某实际与天然气公司建立劳动关系，并酌情支持了冯某的工资差额诉请。

案例2. 境外委派的外籍高管在中国办理就业证，是否与中国企业建立劳动关系？

案例实录：山某系日本籍人士，1996 年年初日本 L 公司委派山某至中国参与筹建 S 公司。2010 年，山某被 L 公司聘请担任 S 公司总经理，S 公司则为山某办理外籍人士就业证，并与山某每年都签订劳动合同，最后一份劳动合同期限为 2010 年 4 月 1 日至 2011 年 3 月 31 日，工作岗位为总经理。2010 年 5 月 20 日，山某向日本 L 公司递交了辞职申请书。后因经济补偿金等事宜，山某在境内申请仲裁，要求 S 公司支付经济补偿金和工资奖金等。S 公司则认为与山某之间并无劳动关系，山某系 L 公司的委派人员，其在日本的国民保险由 L 公司缴纳，故其与 L 公司建立劳动关系，之所以在境内签订劳动合同系为办理就业证方便。

专家分析：本案系境外法人向境内中国公司委派外籍高管产生的劳动关系确认争议，形式上山某与 S 公司签订劳动合同并且由 S 公司办理了就业证，双方似乎形成了合法劳动关系。但本案的特殊之处在于山某系先与日本 L 公司建立雇佣关系，并被委派至 S 公司工作，考虑到劳动关系应当以存在“合意”为前提，S 公司作为子公司只是被动地接受了 L 公司的安排，并无与山某形成劳动关系的合意，山某向 L 公司辞职也表明其日常系接受日本 L 公司的管理，与 L 公司形成劳动关系。最终，仲裁机构认定山某实际是受日本母公司委任，指派来组建、管理 S 公司，并直接向母公司负责，故与 S 公司未建立劳动关系，据此驳回了山某的诉讼请求。

◆ 专家建议

综合上述案例以及企业在执行境外委派用工中的潜在法律风险，如下建议可供参考：

1. 中国企业未经批准不得从事对外劳务输出活动

根据《对外劳务合作管理条例》的相关规定，未获得对外劳务合作经营资格的企业，不得从事跨境劳务输出活动，否则将承担行政和刑事责任。用人单位应当避免自己推荐本公司员工与境外关联企业直接形成劳动关系。

如确有对外劳务输出的要求，可通过有资质的劳务合作单位办理相关出国务工手续。

2. 向境外委派员工应注意劳动关系的确认问题

在劳动关系不变的情况下，境内用人单位可向境外关联公司委派员工提供一定期限的劳务，与境外关联公司协商委派员工工资支付的具体数额和支付主体，与境外关联公司签订《工资委托代发协议》，并与委派员工签订《委派协议》，明确委派期间的各项权利义务（包括中止委派的条件、拒绝回国的处理、委派期间的社保及工资问题），避免产生争议。

考虑到委派人员可能在境外发生人身伤害，可以在境外投保相关商业保险，如果根据所在国应当参加当地工伤保险的，国内的工伤保险关系中止；不能参加当地工伤保险的，其国内的工伤保险关系不中止。境外发生工伤事故仍然可以通过中国社保机构办理理赔手续。

3. 接受境外关联公司委派员工应注意区分情形

中国企业接受境外母公司的委派员工，应注意确定该员工是否与母公司建立劳动关系，保留派遣函等证明文件以确定其劳动关系归属。此外，如果系长期委派（如超过 3 个月），应按相关规定为外籍员工办理职业签证和就业证件；如果系派往境内分公司、子公司、代表处完成短期工作（停留时间不超过 90 日的），根据《外国人入境完成短期工作任务的相关办理程序（试行）》的规定，应当为委派员工办理 M 字签证。

◆ 相关法规

《对外劳务合作管理条例》

第五条 从事对外劳务合作，应当按照省、自治区、直辖市人民政府的规定，经省级或者设区的市级人民政府商务主管部门批准，取得对外劳务合作经营资格。

《涉外民事关系法律适用法》

第四十三条 劳动合同，适用劳动者工作地法律；难以确定劳动者工作地的，适用用人单位主营业地法律。劳务派遣，可以适用劳务派出地法律。

《外国人入境完成短期工作任务的相关办理程序（试行）》

二、以下情形不视为完成短期工作任务：

……

（三）派往境内分公司、子公司、代表处完成短期工作的；

……

具有（一）（二）（三）（四）情形，且停留时间不超过90日的，应当申请办理M字签证；具有（五）（六）情形，且停留时间不超过90日的，应当申请办理F字签证。

第七节　共享用工中的风险管理

◆ 必备知识

1. 共享用工多发生在关联企业之间

共享员工，是指两个用人单位之间通过签署共享或者借调协议，将劳动者从一个用人单位（原用人单位）安排/借调到另一个用人单位（即派入单位或借入单位），通常员工的劳动关系仍保留在原用人单位（即派出单位或借出单位）。

与劳务派遣类似，共享用工也存在劳动合同签约主体与服务对象分离的情形。但与劳务派遣不同的是，共享用工并非经营性行为，而系不同企业之间的人力资源调剂活动，不能视为劳务派遣行为，也不受《劳动合同法》关于劳务派遣规定的约束。现实当中，共享用工只需各方当事人协商一致即可，无须履行政府审批程序。

在新冠疫情期间，催生了非关联企业之间的共享用工行为。如盒马鲜生向餐饮企业“借兵”，受到社会的高度认可，不仅缓解了餐饮企业的经营压力，也为劳动者提供了新的收入来源。

2. 共享用工企业之间可以协商约定劳动权利义务

原劳动部《关于贯彻执行〈中华人民共和国劳动法〉若干问题的意见》第十四条规定：“派出到合资、参股单位的职工如果与原单位仍保持着劳动关系，应当与原单位签订劳动合同，原单位可就劳动合同的有关内容在与合资、参股单位订立的劳务合同时，明确职工的工资、保险、福利、休假等有关待遇。”《工伤保险条例》第四十三条第三款则规定：“职工被借调期间受到工伤事故伤害的，由原用人单位承担工伤保险责任，但原用人单位与借调单位可以约定补偿办法。”

由此可见，员工在共享期间的相关费用，如经各方协商一致，可以由派入或借入单位支付部分劳动报酬、奖金，享受相关福利待遇等。但劳动合同的解除权仍应当由派出或借出单位行使。

3. 员工实际接受双重管理，但不形成双重劳动关系

员工在共享用工期间，不可避免地需要同时接受派出单位和派入单位、借出单位和借入单位的管理，包括日常考勤、考核、奖惩、合同变更、终止共享等，虽然管理关系可能存在交叉、混同，但派出单位或借出单位仍是劳动者的实际雇主，就员工劳动法项下的权利义务承担最终责任。共享员工并不同时与派入/借入单位建立双重劳动关系①。

◆ 典型案例

案例. 共享用工如何认定劳动关系?

案例实录：王某于 2017 年 4 月入职某科技集团公司，担任采购部副主任，双方签署了期限自 2017 年 4 月起至 2020 年 4 月止的劳动合同，某科技集团公司按月向王某支付劳动报酬，为其缴纳社会保险和住房公积金。2018 年 2 月王某被派往该公司的子公司管理采购工作，其间其工资发放主体、社会保险缴纳主体均未发生变化，亦未签署新劳动合同。2019 年 1 月，王某离职。后王某要求确认与子公司存在劳动关系，要求子公司支付其自 2018 年 3 月至 2019

① 上海市高级人民法院、上海市人力资源和社会保障局《关于疫情影响下劳动争议案件处理相关指导的意见》》（沪高法〔2020〕203 号）规定，“共享用工”等新型灵活用工模式，在一定程度上缓解了用人单位的用工压力和劳动者的就业压力，起到了多方共赢的效果。在处理相关纠纷时，要注意区分共享用工、劳务派遣、劳务外包等的差别。对于借出单位（即与劳动者存在劳动关系的用人单位）非以营利为目的，与借入单位、劳动者三方在疫情期间签订员工借调协议，约定劳动者在疫情期间为借入单位提供劳动，疫情结束后回到借出单位工作的，不应认定借出单位、借入单位、劳动者三者之间形成双重劳动关系。借调期间劳动者与借出单位仍为单一劳动关系，双方劳动权利义务不变。

年1月期间未签订劳动合同的二倍工资差额。庭审中，王某主张其于2018年2月被派往子公司后，为该公司提供劳动，受该公司管理，与该公司建立了事实劳动关系。

专家分析：本案中王某与某科技集团公司签署了2017年4月至2020年4月期间的劳动合同，2017年4月至2019年1月期间某科技集团公司按月支付劳动报酬，为王某缴纳社会保险和住房公积金，双方在此期间存在劳动关系。虽然某科技集团公司后期存在将王某派往子公司的行为，但该行为系某科技集团公司的自主用工行为，王某对此并未提出异议，该行为并不导致劳动关系主体的变更，王某与子公司不存在劳动关系，子公司无须支付王某未签订劳动合同二倍工资差额。法院最终判决驳回了王某的诉讼请求。

◆ 专家建议

综合上述案例以及企业在执行共享用工中的潜在法律风险，如下建议可供参考：

1. 共享用工不应成为营利性行为

无论是关联企业之间的共享用工还是非关联企业之间的员工共享，其本质上均是一种劳动力资源重新调剂行为，如用人单位从员工共享中谋利，则极容易被认定为营利性的劳务派遣行为，需要获得劳动行政部门的行政许可，否则可能招致行政处罚等法律风险。

2. 多方签署协议而非双方签署协议

由于员工共享涉及三方，现实当中很多用人单位只在单位与单位之间签订借调协议或共享协议，但上述协议并无劳动者的确认，对被共享或借调的员工而言，上述双向协议并无约束力。

为了控制可能存在的劳动关系确认争议，以及进一步明确员工共享期间各方的权利义务，仍建议用人单位通过签署三方协议的方式控制风险。协议可约定工资报酬、社会保险、奖金福利、规章制度适用、商业秘密保护及竞业限制等核心内容。同时，在员工与原单位劳动合同到期前，应积极办理劳动合同续订手续，避免与派入或借入单位形成事实劳动关系。

3. 派入/借入单位可进行部分管理惩戒，但不得执行解雇

虽然在员工共享期间，员工实际须同时接受两个用人单位的管理指挥，派入或借入单位可以对员工执行考勤、考核、奖惩等，但涉及劳动合同主体的转移、劳动合同的解除则必须以原用人单位名义进行，派入或借入单位不得行使解除劳动合同的权利。对于违反本单位规章制度的员工，派入或借入单位可以将之退回原用人单位，由原用人单位行使解除劳动合同的权利。

◆ 相关法规

劳动部《关于贯彻执行〈中华人民共和国劳动法〉若干问题的意见》

14. 派出到合资、参股单位的职工如果与原单位仍保持着劳动关系，应当与原单位签订劳动合同，原单位可就劳动合同的有关内容在与合资、参股单位订立的劳务合同时，明确职工的工资、保险、福利、休假等有关待遇。

《工伤保险条例》

第四十三条第三款 职工被借调期间受到工伤事故伤害的，由原用人单位承担工伤保险责任，但原用人单位与借调单位可以约定补偿办法。

北京市高级人民法院、北京市劳动人事争议仲裁委员会《关于审理新型冠状病毒感染肺炎疫情防控期间劳动争议案件法律适用问题的解答》

22. 疫情防控期间，用工单位临时借用其他用人单位的劳动者提供劳动，劳动者在借用期间的劳动报酬、社会保险费、工伤保险待遇等由谁承担?

答：劳动者被临时借用期间，由出借单位承担用人单位主体责任。出借单位与借用单位可就劳动者被借用期间的劳动报酬、社会保险费、工伤保险待遇等约定补偿办法。排除出借单位承担用人单位主体责任的约定无效。

上海市高级人民法院、上海市人力资源和社会保障局《关于疫情影响下劳动争议案件处理相关指导的意见》

八、关于“共享用工”法律关系的问题

疫情期间，“共享用工”等新型灵活用工模式，在一定程度上缓解了用人单位的用工压力和劳动者的就业压力，起到了多方共赢的效果。在处理相关纠纷时，要注意区分共享用工、劳务派遣、劳务外包等的差别。对于借出单位（即与劳动者存在劳动关系的用人单位）非以营利为目的，与借入单位、劳动者三方在疫情期间签订员工借调协议，约定劳动者在疫情期间为借入单位提供劳动，疫情结束后回到借出单位工作的，不应认定借出单位、借入单位、劳动者三者之间形成双重劳动关系。借调期间劳动者与借出单位仍为单一劳动关系，双方劳动权利义务不变。

广东省高级人民法院、广东省人力资源和社会保障厅《关于审理涉新冠肺炎疫情劳动人事争议案件若干问题的解答》

18. 疫情防控期间共享用工的劳动关系，应如何认定

疫情防控期间，员工富余单位将劳动者借出至缺工单位共享用工的，不改变借出单位与劳动者之间的劳动关系，但劳动合同中的相关条款经双方协商可以变更。

第八节　网络平台用工的风险管理

◆ 必备知识

1. 网络平台用工劳动力从属性发生较大变化

随着共享经济的兴起，如滴滴、美团等互联网平台大量崛起，在极大方便人们的生产、生活的同时，也吸纳和聚集了大量劳动力，形成“互联网＋劳务”的全新平台用工方式。互联网平台用工既有传统的自雇、外包模式，也有新生的众包模式。但是众多互联网平台企业为了降低运营成本特别是人力成本，却往往不愿与聚集在平台、对外以平台名义提供劳务的从业者建立劳动关系。

在传统劳动关系理论中，判断劳动关系为“从属性”的指标具体包括“组织从属、人格从属、经济从属”。而在网络平台用工形态下，平台从业者通过平台注册后直接向消费者提供服务，其组织从属性、人格从属性明显减弱，即传统的劳动者与用人单位之间“管理与被管理”的关系明显弱化，平台劳动者享有较强的自主性，包括是否提供服务、提供多少服务、何时何地提供服务等，而传统劳动者不能自由决定是否工作以及工作的数量、时间和地点。对平台劳动者的监督更多的是通过顾客的评价进行，传统劳动者则多由雇主直接行使考核评价的权利等。

由于网络平台用工的诸多特殊性，导致服务人员与网络平台之间是否成立劳动关系成为当下的主要争议之一。部分网络平台公司还引入第三方参与人员管理、缴纳商业保险等，进一步加剧了网络平台用工劳动关系认定的复杂性。

2. 国家法律滞后于网络平台用工的发展现状

在网络平台用工领域，目前国家针对网约车领域出台了新的规定，如

2016 年 11 月 1 日实施的《网络预约出租汽车经营服务管理暂行办法》第十八条第一款规定："网约车平台公司应当保证提供服务的驾驶员具有合法从业资格，按照有关法律法规规定，根据工作时长、服务频次等特点，与驾驶员签订多种形式的劳动合同或者协议，明确双方的权利和义务……"依据上述规定，网约车平台和驾驶员可以建立劳动关系，也可以建立其他合同关系。

然而涉及平台用工社会保险、发生侵权事件如何处理等，则仍缺乏针对性的法律规定予以规范。

3. 网络平台用工服务人员的权益保护越来越被国家所重视

近年来，诸如外卖骑手发生交通事故导致死亡的案件屡见于报端。网络平台企业作为共享经济的受益方，其在获取巨大收益的同时如何合理承担相应责任成为各界关注的重点。尽管网络平台用工服务人员被认定与平台企业建立劳动关系的普遍较少，但在服务人员遭遇人身伤害事故或者导致第三方人身伤亡事件时，司法实践越来越倾向于以成立"劳务关系"为由判定平台企业承担一定的赔偿责任。

◆ 典型案例

案例 1. 网络平台用工是否成立事实劳动关系?

案例实录：上海乐快公司运营一款名为"好厨师"的客户端，可在线预约厨师上门提供烹饪服务。张某通过注册成为好厨师。乐快公司为主张双方为合作关系，提交了 2015 年 6 月 3 日双方签订的《合作协议》，其中第七条记载："双方确认并强调，本协议系商务合作协议，无须接受甲方管理，双方不存在任何人身隶属关系，乙方为劳务成果承担相应的责任，乙方同意接受双方之间的法律关系不直接或间接构成劳动关系。"在协议履行期间，客户下单后，张某应当于客户议定的时间内抵达服务地点为客户提供烹饪服务，张某则按月领取报酬。乐快公司为张某提供专业的烹饪服务工具一套，工具如有遗失、损坏，则张某应当承担损失。2015 年 10 月张某离职后申请仲裁，要求乐快公司支付经济补偿金、二倍工资等，乐快公司以双方不存在劳动关系抗辩。

专家分析：本案中张某与乐快公司虽签署有合作协议，明确双方不存在劳动关系，但是否建立劳动关系仍需结合实际履行情况判定。乐快公司通过客户端平台对张某进行指派、调度及奖惩等，按月发放给张某较为固定的报酬，张某受乐快公司的劳动管理，在乐快公司安排的工作地点，从事该公司安排的有报酬的劳动；双方符合有关法律法规规定的用人单位和劳动者的主体资格；乐快公司仅经营厨师类业务平台，张某主要提供厨师技能，双方具有较强的从属关系，此种情况下双方建立的关系符合劳动关系的特点。后法院认定双方成立劳动关系并支持了张某关于经济补偿的诉讼请求。

案例2. 外卖骑手发生交通事故导致他人伤亡，平台企业是否应承担赔偿责任?

案例实录：陈某系上海某信息科技公司（以下简称科技公司）经营的蜂鸟众包注册配送员，其报酬系通过其注册的蜂鸟客户端送餐平台结算后支付至其注册账户内，此外上海某人力资源公司为陈某投保了意外险。2018 年 6 月 5 日，陈某在外卖送单骑行途中与万某发生交通事故，交警部门认定陈某负主要责任。后万某提起诉讼，要求陈某、网络平台企业科技公司承担各项损失总计 95000 元。科技公司则主张，陈某是在其运营的蜂鸟客户端平台上注册的众包骑手，所送外卖为“饿了么”平台的订单，是否接单由陈某自由选择，不受平台约束。平台注册仅代表其获得接单的资格，并不代表其与科技公司有其他关系，双方只是承揽关系，平台企业不应承担侵权赔偿责任。

专家分析：本案中陈某与科技公司之间虽未签订劳务协议，但事发时陈某系为“饿了么”平台从事外卖配送服务，具备为科技公司运营的“饿了么”外卖平台服务的外观表征。科技公司在利用现代科技给自己带来便利、降低经营成本的同时，也应该承受由此带来的风险，依据权利义务对等原则，科技公司在享有权利的同时也应对陈某造成的损害后果承担责任。据此，法院判决科技公司就万某的损失承担 70% 的赔偿责任。

◆ 专家建议

综合上述案例以及互联网平台用工的潜在法律风险，如下建议可供参考：

1. 平台企业应与注册人员签订书面协议

企业通过互联网平台直接为消费者提供服务，其与服务提供者之间到底是劳动关系、劳务关系还是承揽关系在司法实践中存在较大争议，在平台对注册人员工作过程实施较为严格的管理时（如禁止为其他平台提供服务等）有可能被认定为劳动关系。网络平台企业应通过电子合同等方式与注册对象签订书面协议，明确双方的法律关系性质。

尽管如此，法院仍将结合实际履行来判定双方法律关系性质，比如服务提供者的工作时长、工作周期、收入稳定性、考核管理措施等都将纳入评价范畴。平台企业需重点审查对注册人员提出的若干要求的合理性，避免过度干预其工作过程可能导致认定劳动关系风险的增加。

2. 平台企业应就第三方与服务人员之间存在劳动关系或劳务关系承担举证责任

有些平台企业实际由第三方入驻运营，并由第三方实际对注册对象实施劳动管理，则平台企业和入驻企业之间存在服务合同关系，此需通过书面协议明确注册人员的管理方式、报酬支付、保险缴纳以及发生争议时的责任承担。如发生争议平台企业无法举证的，仍可能被认定与服务提供者成立劳动关系或劳务关系，而无法以承揽关系、居间服务为由免责。

3. 平台企业应督促第三方或亲自为从业者提供事故伤害保险

考虑到互联网平台用工中注册人员在提供服务过程中可能遭受意外事故或者对第三方造成财产损失或人身伤亡，指望该等损失完全由服务人员来承担不仅缺乏公平也不现实，就平台企业可能承担的赔偿责任，平台企业可以购买责任保险来降低损失赔偿。同时平台企业亦可督促第三方或亲自为注册人员购买意外伤害保险，以最大限度降低从业人员的事故伤害风险。

◆ 相关法规

《网络预约出租汽车经营服务管理暂行办法》

第十八条 网约车平台公司应当保证提供服务的驾驶员具有合法从业资格，按照有关法律法规规定，根据工作时长、服务频次等特点，与驾驶员签订多种形式的劳动合同或者协议，明确双方的权利和义务。网约车平台公司应当维护和保障驾驶员合法权益，开展有关法律法规、职业道德、服务规范、安全运营等方面的岗前培训和日常教育，保证线上提供服务的驾驶员与线下实际提供服务的驾驶员一致，并将驾驶员相关信息向服务所在地出租汽车行政主管部门报备。

网约车平台公司应当记录驾驶员、约车人在其服务平台发布的信息内容、用户注册信息、身份认证信息、订单日志、上网日志、网上交易日志、行驶轨迹日志等数据并备份。

《网络餐饮服务食品安全监督管理办法》

第十三条 网络餐饮服务第三方平台提供者和入网餐饮服务提供者应当加强对送餐人员的食品安全培训和管理。委托送餐单位送餐的，送餐单位应当加强对送餐人员的食品安全培训和管理。培训记录保存期限不得少于两年。

广东省高级人民法院、广东省劳动人事争议仲裁委员会《关于劳动人事争议仲裁与诉讼衔接若干意见》

二、网络平台经营者与相关从业人员之间的用工关系性质，原则上按约定处理。如双方属于自负盈亏的承包关系或已订立经营合同、投资合同等，建立了风险共担、利益共享的分配机制的，不应认定双方存在劳动关系。实际履行与约定不一致或双方未约定的，以实际履行情况认定。

Chapter 5
员工个别离职 6 类情形风险防控

员工离职是人力资源管理中的常见现象，也是劳动关系矛盾十分突出的环节。由于劳动关系将彻底消灭，可能涉及经济补偿金、年休假清理、社保转移等各类权利义务的结算，用人单位往往基于管理需要推进一些限制辞职的措施（比如延长预告期），而劳动者则可能以用人单位存在违法行为要求提前解除劳动合同。不同离职形式所产生的权益差别极大，也是导致冲突的根源。

与此同时，用人单位推进个别解雇也往往受到法律和证据的多重限制，需要仔细评估风险后方能执行单方解除的操作，如何把握各种离职形式以及控制因此所带来的潜在法律风险是本章的重点内容。

第一节　员工主动辞职的风险防控

◆ 必备知识

1. 员工辞职权受《劳动法》特别保护

在传统民商事法律领域，当事人缔结的合同未经对方同意，任何一方不得擅自提前解除合同，否则将承担违约责任。但在劳动关系领域，基于劳动关系具有人身属性以及《劳动法》保护弱者的立法定位，《劳动法》明确赋予劳动者单方辞职权，无须用人单位同意。即在劳动合同有效期内劳动者提前解除劳动合同不仅不构成违约行为，相反还是一项独立的权利。

2. 员工辞职权的行使受到法律限制

《劳动合同法》第三十七条规定："劳动者提前三十日以书面形式通知用人单位，可以解除劳动合同。劳动者在试用期内提前三日通知用人单位，可以解除劳动合同。"第九十条规定："劳动者违反本法规定解除劳动合同，或者违反劳动合同中约定的保密义务或者竞业限制，给用人单位造成损失的，应当承担赔偿责任。"

由此可见，劳动者虽可以提前解除劳动合同，但应履行提前通知义务，如系非试用期员工还应通过书面形式通知用人单位，以便用人单位寻找替代人选，避免给用人单位造成损失。

3. 员工提出辞职后不可任意撤销辞职表示

由于法律赋予劳动者可以通过单方行为消灭劳动关系的权利，为维系劳动关系的稳定性，辞职表示一旦形成并送达用人单位即产生一定期限后劳动关系消灭的效力，未经用人单位同意劳动者不得撤销意思表示。

尽管从提出辞职到最终离职，劳动者仍然有 30 天的劳动合同履行期，该期间如员工发生怀孕、工伤、疾病等亦不影响辞职表示的有效性，劳动者诉请要求恢复劳动关系难以得到法院的支持。

◆ 典型案例

案例 1. 员工提出辞职后单位未及时回复是否视为撤销辞职申请?

案例实录：2014 年 8 月，姜某入职某医药公司（以下简称医药公司）担任医药代表一职。2018 年 5 月 13 日，姜某向其直属领导李某发送电子邮件，称其因个人原因提出离职。5 月 28 日，姜某向李某再次发送电子邮件，称其因意气用事草率提出离职，现希望能收回辞职申请。6 月 26 日，姜某第三次向李某发送电子邮件，称其发送辞职邮件是不理智的反应，已特地发送邮件收回辞职报告。6 月 30 日，医药公司 HR 向姜某发送电子邮件，称接受姜某的离职申请，并要求办理工作交接。此后姜某申请仲裁要求恢复劳动关系。姜某认为其辞职申请已被撤销，双方应继续履行劳动合同。

专家分析：本案姜某于 2018 年 5 月 13 日提出辞职后，医药公司并未立即回复批准，且在姜某两次提出撤销辞职申请的表示后仍未及时回复，双方劳动合同持续履行至 6 月 29 日，此时距姜某提出辞职已一月有余，虽然该期间医药公司一直处于“沉默”状态，但鉴于医药公司以实际履行合同的方式接受姜某继续提供劳动，可以认定双方以“默示”方式撤销了辞职申请。最终法院判决医药公司败诉，并认定医药公司在姜某提出辞职后，并未安排办理工作交接手续，在收到姜某收回辞职申请的电子邮件后也未提出不同意见并继续正常发放工资，据此姜某的辞职行为未产生相应的法律后果，其撤回辞职申请的主张有效。此后医药公司以姜某曾提出辞职为由于 6 月 30 日解除与姜某的劳动关系没有法律依据。

案例 2. 辞职预告期内单位要求员工提前离职是否构成违法解除?

案例实录：王某于 2017 年 1 月进入南京某材料公司（以下简称材料公司）工

作，2019年3月14日王某向材料公司提出辞职，要求4月1日至30日期间离职。3月17日，材料公司回复王某："同意你的辞职申请，从2019年3月18日起公司与你终止劳动合同。"后王某申请仲裁，要求材料公司支付违法解除劳动合同赔偿金30000元。庭审中，王某主张即使其提出辞职，公司也无权单方决定本人的最后工作日。

专家分析：《劳动合同法》第三十七条规定："劳动者提前三十日以书面形式通知用人单位，可以解除劳动合同。劳动者在试用期内提前三日通知用人单位，可以解除劳动合同。"由此可见，法律规定劳动者行使辞职权需履行提前30日预告期义务主要是为了保障用人单位利益而设置，其立法目的就是追求和实现劳动关系双方的利益平衡。因此，可以认为"预告"主要体现为用人单位的一种权利诉求，相反对劳动者而言则体现为其应承担的一种义务。提前30日对用人单位而言是权利，自然用人单位可以采用"批准"等方式作出放弃权利的意思表示，即允许劳动者不提前通知而辞职，或不足30日内终结劳动关系。本案中材料公司要求王某3月18日离职，实为放弃预告期利益，而非作出新的解除决定。最终，法院驳回了王某的诉讼请求。

◆ 专家建议

综合上述案例以及企业执行员工辞职管理的其他潜在法律风险，如下建议可供参考：

1. 正确理解辞职的书面形式

在企业用工管理实践中，员工口头提出辞职的情况十分常见，有些用人单位将此视为"自动离职"或"辞职"，而一旦发生争议员工可能否认提出辞职的情况，此时用人单位如无法举证员工辞职，则面临劳动关系继续存续或者被认定视为经协商一致解除劳动合同需支付经济补偿的风险。

故劳动者口头提出辞职的，应要求其书面撰写辞职报告，并按公司要求办理工作交接手续以印证员工的辞职行为。即便员工以微信、电子邮件等方式提出辞职，用人单位仍可在相关离职交接表格中再次注明离职理由以进一步降低风险。

2. 正确履行辞职审批程序

尽管目前大多数用人单位均设置了辞职审批程序，但该审批程序应局限于内部管理范畴，不得用于排除或限制劳动者的辞职权。如果劳动者已经提出辞职，即使用人单位在内部程序上不予批准（包括以内部审计等为由），甚至拒绝办理社会保险转移等手续，均不影响双方劳动关系的消灭。在劳动关系消灭后如果公司未能依法办理社会保险转移手续，导致员工再就业受到影响的，还应赔偿劳动者的再就业损失。

此外，用人单位在员工提出辞职后应及时作出回复，确定最后工作日和安排工作交接手续。如逾期特别是超过一个月仍未办理工作交接，则可能导致法院认定辞职申请已被撤销。当然，员工提出辞职后如公司希望缩短或延长辞职预告期的，也可在与员工协商一致后执行，如无法达成一致，可推定提出辞职后的第 30 日作为最后工作日。

3. 有效管理员工“不辞而别”“即辞即别”

员工不辞而别或者提出辞职后未能履行提前通知义务的情况较为普遍，但是用人单位不能将不辞而别理解为“员工自离”。由于劳动关系的消灭需由当事人作出表示，劳动者未提交辞职报告而缺勤应构成旷工行为，而非视为“已经提出辞职”，用人单位可以通过书面快递、邮件、短信等多种方式通知员工上班，并作出违纪处分直至解除劳动合同。

对于员工已经提出辞职，但未能遵守提前通知义务的情况，用人单位可收集劳动者提前离职给公司造成损失的证据，通过司法途径追究员工的违约责任，但不宜以拒绝办理社保转移手续等方式与之“对抗”。

4. 分类处理员工“辞而不别”

员工提出辞职后可能因各种原因主张反悔或者否认，如员工以邮件、短信方式提出辞职但事后否认邮件、短信是由其本人发送，此时应当审查员工是否持有和使用该邮箱或手机号码，如果相关邮箱和手机号码均在劳动合同或入职登记表中载明，员工否认邮件是本人发送应承担举证责任，否则公司可正常办理离职手续。

员工虽认可提出辞职，但事后以怀孕、病假、工伤等为由主张撤销辞职申请，因上述事由不影响辞职表示的真实性，且系劳动者个人所为，未经用人单位同意不得反悔。

◆ 相关法规

《劳动合同法》

第三十七条 劳动者提前三十日以书面形式通知用人单位，可以解除劳动合同。劳动者在试用期内提前三日通知用人单位，可以解除劳动合同。

第九十条 劳动者违反本法规定解除劳动合同，或者违反劳动合同中约定的保密义务或者竞业限制，给用人单位造成损失的，应当承担赔偿责任。

《民法典》

第一百四十条 行为人可以明示或者默示作出意思表示。

沉默只有在有法律规定、当事人约定或者符合当事人之间的交易习惯时，才可以视为意思表示。

第二节 员工被动辞职的风险防控

◆ 必备知识

1. 员工被动辞职系因单位过错导致劳动合同解除

众所周知，员工主动辞职无权获得经济补偿金，但在用人单位存在过错、损害劳动者利益的情况下，劳动者可根据《劳动合同法》第三十八条的规定通知用人单位提前解除劳动合同，并且有权获得经济补偿金。

劳动者究竟是主动辞职还是被动辞职，取决于劳动者提出解除劳动合同的具体原因，如其在辞职报告中注明辞职的理由为拖欠工资、未缴社保等《劳动合同法》第三十八条规定的项目，则应按照被动辞职来进行评价。如未注明离职理由或者主动注明系个人原因，一般认定为主动辞职。

2. 员工被动辞职存在法律事由的限制

现实中用人单位存在过错、损害劳动者利益的情况较为复杂，有些是未安排年休假，有些是未签订书面劳动合同，有些是拖欠工资，但并非所有侵权或违法行为都可以作为被动辞职的理由。根据《劳动合同法》第三十八条的规定，劳动者可以行使被动辞职权的事由仅包括以下几种：

（1）用人单位未按照劳动合同约定提供劳动保护或者劳动条件；

（2）用人单位未及时足额支付劳动报酬；

（3）用人单位未依法为劳动者缴纳社会保险费；

（4）用人单位的规章制度违反法律、法规的规定，损害劳动者权益；

（5）因用人单位过错导致劳动合同无效；

（6）用人单位以暴力、威胁或者非法限制人身自由的手段强迫劳动者劳动；

（7）用人单位违章指挥、强令冒险作业危及劳动者人身安全。

由此可见，并非用人单位所有的违规行为都能导致劳动者行使被动辞职权，如未休年休假的，劳动者可以诉请年休假工资，未签订劳动合同可以诉请双倍工资，上述情形法律已给予救济，不能作为劳动者选择提前解除劳动合同的理由。

3. 员工被动辞职存在程序上的限制

尽管被动辞职亦是劳动者的法定权利，但上述权利的行使仍然受到一定的限制，即劳动者以《劳动合同法》第三十八条规定的事由提出解除劳动合同，应通知用人单位，但无须像主动辞职一样提前一定的天数。此外，针对前述第（6）项、第（7）项的事由劳动者可以不通知即离开用人单位，事后再向用人单位补发解除通知。

◆ 典型案例

案例1. 加班费基数存分歧，员工以拖欠加班费为由可否解除劳动合同?

案例实录：马某于2007年2月进入上海某食品公司（以下简称食品公司）工作，双方签订劳动合同，劳动合同约定基本工资2500元，岗位工资1500元，加班费计算基数按照基本工资确定。马某在职期间存在平时、双休和法定节假日加班的情况，食品公司均以基本工资为基数测算马某的应付加班费。2009年8月24日，马某以“未按时足额发放劳动报酬、未能依法发给加班工资”等为由向食品公司提出解除劳动合同，食品公司则回函表示不认可马某所述的事实和理由。马某离职后申请仲裁，要求食品公司支付解除劳动关系的经济补偿金。

专家分析：根据《劳动法》的规定，加班费按照本人正常工作时间的工资测算，但对于用人单位和劳动者能否约定加班费计算基数，各地司法实践并不统一（如广东省、深圳市等地允许用人单位与劳动者约定加班费计算基数）。本案发生在上海市，相关司法实践并不认同通过约定基数降低劳动者加班费收入的做法。但正因我国工资概念的复杂性以及司法实践的争论导致劳资双方对加班费基数的理解存在分歧，此时用人单位按照已约定的基数支付工资，尚难以认定其恶意拖欠加班费，亦不影响双方劳动合同继续履行。对此，上海市高级人民法院曾规定，“确因客观原因导致计算标准不清楚、有争议，导致用人单位未能‘及时、足额’支付劳动报酬或未缴纳社保金的，不能作为劳动者解除合同的依据”①。本案仲裁机构认定用人单位应补发加班费，但驳回了劳动者关于经济补偿的诉讼请求。

案例 2. 社保未按实际工资缴费，员工可否辞职索要经济补偿金?

案例实录：李某于 2006 年 2 月与北京某股份公司（以下简称股份公司）建立劳动合同关系。李某在职期间股份公司为李某缴纳了社会保险，但社会保险缴费基数系按照劳动合同约定的基本工资缴纳，未包括日常支付的岗位津贴、奖金、年终奖、加班费等项目。2014 年 9 月 27 日，李某向股份公司提交辞职报告，称：“由于公司一直以来未按国家有关法律规定给我足额购买五险一金，现特向公司提出辞职，望领导批准为感。”股份公司批准了李某离职。后李某申请仲裁，要求股份公司支付解除劳动合同的经济补偿金 56902 元（补偿年限自 2006 年开始计算）。股份公司则以已缴纳社保费为由不同意支付。

专家分析：《劳动合同法》第三十八条规定，用人单位未依法为劳动者缴纳社会保险费的，劳动者可以解除劳动合同。本案中，股份公司虽然为李某办理了社会保险登记手续，并缴纳了相应的社保费，但相关社保缴费基数并非按李某的实际工资总额确定，而只选取基本工资为基数，与《社会保险法》相关规定不符，属于“未依法缴纳社会保险费”的情形。最终，仲裁机构裁决股份公司应当向李某支付经济补偿金，但因“未依法缴纳社保可以解除劳动

---

① 参见上海市高级人民法院《关于适用〈劳动合同法〉若干问题的意见》（沪高法〔2009〕73 号）。

合同的规定”系《劳动合同法》新增的解除事由，故补偿年限应自 2008 年 1 月 1 日起计算。

◆ 专家建议

综合上述案例以及企业在面对员工行使被动辞职权时的其他法律风险，如下建议可供参考：

1. 确保劳动合同能够诚信履行

用人单位承担的《劳动法》项下的义务不仅来自劳动合同的约定、本企业规章制度的规定，也来自其他劳动法律法规。用人单位应当为劳动者提供必要的劳动条件和劳动保护，不得对劳动者实施惩罚性、侮辱性的措施；在劳动者正常提供劳动的情况下，用人单位应及时足额支付劳动报酬，上述报酬不仅包括基本工资，也包括提成、奖金、加班费等。而用人单位缴纳社会保险的义务为法律的强制性规定，不得通过协议或员工自愿申请免缴的方式免除义务。

如果用人单位不能正确履行法定及约定义务，则不仅面临补发工资、补缴社保等法律风险，而且还面临劳动者提前辞职须支付经济补偿金的法律风险。

2. 区分劳动合同恶意履行和履行瑕疵

现实当中，用人单位因计算失误、理解分歧导致工资少发、社会保险漏缴等情况并不鲜见，此时如果用人单位出现的任何瑕疵都导致可以解除劳动合同，将不利于劳动关系的和谐。司法实践中一般需结合用人单位存在瑕疵的具体情形、所产生的原因、给劳动者造成损害的具体后果等综合判断，而非千篇一律地支持劳动者提前解除劳动合同。

当然，用人单位在发现履行瑕疵后应及时采取补救措施，包括补发工资、补缴社会保险，妥善处理员工提出的异议。如果在员工对劳动合同履行已经提出异议的情况下用人单位拒不改正，则可能成立恶意履行，法院可判决用人单位支付经济补偿金。

3. 注意各地司法实践的差异

对于劳动合同履行瑕疵的理解，各地司法实践并不一致，用人单位应当高度关注所在地的司法实践动态，及时掌握一手信息，将风险控制在萌芽状态。比如，对于晚发工资的情况，如果用人单位晚发工资并未超过一个月的支付周期，在上海市一般不会被判支付经济补偿金，但在深圳市、北京市却未必如此。这种地区性的司法实践差异给异地用工的企业带来潜在的法律风险，需要企业人力资源部门高度重视。

◆ 相关法规

《劳动合同法》

第三十八条 用人单位有下列情形之一的，劳动者可以解除劳动合同：

（一）未按照劳动合同约定提供劳动保护或者劳动条件的；

（二）未及时足额支付劳动报酬的；

（三）未依法为劳动者缴纳社会保险费的；

（四）用人单位的规章制度违反法律、法规的规定，损害劳动者权益的；

（五）因本法第二十六条第一款规定的情形致使劳动合同无效的；

（六）法律、行政法规规定劳动者可以解除劳动合同的其他情形。

用人单位以暴力、威胁或者非法限制人身自由的手段强迫劳动者劳动的，或者用人单位违章指挥、强令冒险作业危及劳动者人身安全的，劳动者可以立即解除劳动合同，不需事先告知用人单位。

第三节　企业过错解雇的风险防控

◆ 必备知识

1. 过错解雇的条件只能“法定”不能“约定”

根据《劳动合同法》的规定，劳动者存在严重违纪等过错情形，用人单位可以在劳动合同期内提前解除劳动合同，而且无须支付经济补偿金，更无须提前通知劳动者。但用人单位以劳动者存在过错为由消灭劳动关系，不仅涉及劳动者的经济利益（无经济补偿金、再就业的时间成本等），而且还涉及劳动者的职业声誉，势必会受到司法机关的严格审查。

根据现行的法律规定，何种过错事由可以导致劳动合同解除，只能由法律加以明确规定，而不允许用人单位通过劳动合同、规章制度等创设。如用人单位规定合同期内怀孕可以解除劳动合同，即使员工签字同意，该解除条件也因违反法律规定而无效。

2. 行使过错解除权存在“实体限制”

用人单位在劳动者存在过错的情况下提前解除劳动合同，属于用人单位的法定权利，亦是企业管理自主权的重要组成部分。但是用人单位并非可以对任何过错情形行使解除劳动合同的权利，根据《劳动合同法》第三十九条的规定，可以实施解除劳动合同的过错情形主要包括以下六种：

（1）劳动者在试用期内被证明不符合录用条件；

（2）劳动者严重违纪；

（3）劳动者严重失职、营私舞弊，给企业造成重大损害；

（4）劳动者同时与其他用人单位建立劳动关系，对完成本单位的工作任务造成严重影响，或者经用人单位提出，拒不改正的；

（5）劳动者欺诈导致劳动合同无效；

（6）劳动者被追究刑事责任。

同时，过错解雇一般由用人单位举证，用人单位需提供充分证据证明相关情形客观存在，而非主观认定劳动者存在过错。如用人单位以不符合录用条件为由解除试用期员工，应举证录用条件的存在、劳动者不符合录用条件的具体表现等；如用人单位以严重违纪为由解除员工，应举证违纪行为有相应的制度处理依据、规章制度经过民主和告知程序、员工的违纪行为客观存在、违纪行为达到严重的程度等。

3. 行使过错解除权存在"程序限制"

即使劳动者存在法定解除劳动合同的过错情形，用人单位提前解除劳动合同仍然存在诸多限制，具体包括：

（1）以不符合录用条件解除劳动合同必须在试用期内行使；

（2）以不符合录用条件解除劳动合同应当说明理由；

（3）其他解除情形应当告知劳动者解除劳动合同的理由；

（4）解除劳动合同应当通知工会；

（5）在获知劳动者解除事由后应在合理期限内行使解除权；

（6）避免双重处罚，即已经对一项过错实施了非解雇类处分，又以同一事由实施解雇处分。

♦ 典型案例

案例1. 病假期间出境巴西，能否认定严重违纪？

案例实录：丁某于2013年1月28日入职阿里巴巴北京公司（以下简称阿里巴巴公司）。2013年4月19日，丁某通过电子邮件向阿里巴巴公司请病假两周，上级主管予以批准。丁某提交的诊断证明书、病历手册、医疗费单据记载，2013年4月18日丁某到北京按摩医院就诊，诊断及建议为：颈椎病，建议休两周。丁某于2013年4月19日前往巴西，5月4日回国。后阿里巴巴公司以丁某提供虚假申请信息并恶意欺骗公司为由解雇了丁某。丁某申请仲裁要求恢复劳动关系。诉讼过程中，丁某主张其病情属实，且公司规章制度、法律法规均未规定病假期间不得外出。

专家分析：诚实信用是民事活动的基本原则，员工请病假也不例外。本案中丁某于4月18日就诊，4月19日出境。众所周知，出境涉及签证办理、机票订购，此意味着丁某事先安排了出境行程，而后通过申请病假来达到实现行程的目的，其行为有悖于诚实信用原则。并且丁某所患的是颈椎病，异国长途飞行对该病症康复并非有利，虽法律未禁止员工于病假期间外出，但员工休病假的主要目的为休息，劳动者病休期间从事的活动应与病休目的基本相符，本案中丁某亦未举证其前往巴西有诊疗行为，故当属于滥用病假权利的情形。最终，法院以丁某的行为严重违反诚信为由判决丁某败诉。

案例2. 酒店出现过期食品，能否以严重失职解雇相关员工?

案例实录：吕某于某五星级酒店（以下简称酒店公司）担任西餐行政副总厨，入职时吕某签署一份《岗位职责》，记载："岗位概述……食品的安全及卫生：确保所有的厨房都有最高的安全卫生标准……为防止食品变质，要彻底检查冰箱……"酒店公司审计部于2017年6月19日上午在内部检查过程中发现西厨房6楼库房有9桶过期咖喱酱，过期日期为2017年5月21日，同日在地下3层冻库发现包括土豆与红薯在内的大量发霉变质食物。后酒店公司以吕某严重失职为由解除与吕某的劳动合同。吕某则申请仲裁要求支付赔偿金，其认为公司并未发生食品安全事故，自己未给公司造成重大损害，只是轻微失职，酒店公司明显处罚过重。

专家分析：食品安全为餐饮行业的立身之本，酒店公司对其自身的服务及品控严格要求，既是对企业自身发展的保障，亦是对消费者群体的负责，吕某作为西餐行政副总厨，领导负责西厨区域，也曾签署《岗位职责》，故其应当勤勉、审慎地履行自身职责，保障食品安全卫生。但本案确有证据证明吕某未能履行监管职责，导致食品过期问题未被及时处理，亦可能造成较为严重的影响。故结合行业特点，认定吕某严重失职并给公司造成重大损害并无不当，法院最终驳回了吕某的诉讼请求。

案例3. 员工十年前提供虚假学历，十年后公司可否以欺诈解除合同?

案例实录：2006年4月，吴某与某人才派遣公司签订两年期劳动合同并被派往某电子公司（以下简称电子公司）从事销售工作，入职时吴某填写的《信息登记表》记载的学历为“大专”，毕业院校为某市自立计算机电算财会学校。2009年3月及同年12月，吴某两次获得职务晋升。经派遣公司多次续签劳动合同后，2013年5月吴某与电子公司签订劳动合同，后于2014年4月改签无固定期限劳动合同。2017年6月25日，电子公司以提供虚假学历为由解除了吴某的劳动合同。吴某则申请仲裁要求支付违法解除赔偿金，吴某认为虚假学历即使属实也已超过10年，其能力一直得到公司认可，且历经派遣转直雇，劳动合同多次续签等。电子公司则主张该行为被规章制度明令禁止，亦严重违反诚信且公司一直不知情。

专家分析：劳动法并未对用人单位行使解除权设置类似于民法的“除斥期间”制度，但一般认为用人单位如已获知劳动者的过错事实，应在合理期限内行使解除权①，否则当视为放弃。本案中吴某的学历证书确为虚假，其行为严重违反诚信自不待言，但用人单位多次续签劳动合同是否意味着免除相应不当行为的责任有待商榷，学历不代表能力，能力也不代表品行，诚信既是法律对劳动合同主体的基本要求，也是企业评价员工的基本尺度，本案尚无证据证明电子公司已事先获知了李某的虚假学历事实，其事后发现有悖于诚信的情况仍可行使解除权，最终法院判决吴某败诉。

---

① 如浙江省高级人民法院民一庭、浙江省劳动人事争议仲裁院《关于审理劳动争议案件若干问题的解答（二）》（浙高法民一〔2014〕7号）规定：“八、劳动者违反用人单位规章制度，符合用人单位与其解除劳动合同的条件，用人单位应在多长时间内行使劳动合同解除权？答：劳动者违反用人单位规章制度，符合用人单位与其解除劳动合同的条件，用人单位一般应在知道或者应当知道之日起5个月内行使劳动合同解除权。”

案例4. 员工被列入失信名单，用人单位能否解除劳动合同?

案例实录：刘某于2015年4月进入江苏某控股公司（以下简称控股公司）工作，担任驾驶员。2016年8月10日，刘某被控股公司解除劳动合同，解除理由包括刘某于2011年曾与他人发生交通事故经法院判决需赔偿44683.47元，该案后进入执行程序，刘某因未履行生效判决所确定的义务，被列为失信被执行人。后刘某申请仲裁要求控股公司支付赔偿金，认为其驾驶证未被吊销，可正常履行劳动合同。控股公司则主张刘某入职前即存在未履行生效判决且被列为失信被执行人的情形但却未主动向公司报告，严重违背职业道德。

专家分析：为维护社会整体信用体系，国家已初步建立失信被执行人的联合惩戒机制，但惩戒机制的运行仍然应当严格限制在法律框架内，不宜简单地将“失信”与合法解除劳动合同画等号。根据《劳动合同法》相关规定，用人单位有权了解劳动者与劳动合同直接相关的基本情况，劳动者应如实告知，但是用人单位的这一知情权具有一定界限，限于“与劳动合同直接相关的基本情况”。本案中，刘某招致失信的案件为交通事故案件，其作为驾驶员面对较高的事故风险，发生交通事故实属正常，且案件发生后驾驶资格依然存在，未被执法部门吊销驾照，不影响劳动合同的履行。此外，刘某并非高级管理人员及负责人，亦无行业主管部门相关从业禁止性规定的限制，刘某的失信被执行人身份与其是否可以继续在司机岗位正常履职之间不存在直接或者必然的关联。最终法院审理后认为，刘某的失信被执行人身份和其与控股公司的劳动合同之间并不直接相关，刘某并无义务主动说明，加之控股公司并未举证已给公司造成损失，最终判决控股公司败诉。

案例5. 朋友圈吐槽公司减薪，能否以严重违纪解雇?

案例实录：马某于2010年入职北京某教育科技公司（以下简称教育公司）担任商务经理一职。2017年4月，因公司经营困难，教育公司向员工群发了《减薪告知书》邮件，邮件提及公司遭遇经营困难等事实。5月16日，马某通过朋友圈发布了该邮件的截图，经公司交涉后马某于5月17日删除涉案朋友圈内容。当日，教育公司对马某作出了解雇决定。后马某申请仲裁要求支付赔偿金。经查，教育公司的员工手册规定：“未经允许擅自向传播媒介透露有关情况给公司造成损失，违反一次最终警告，违反两次终止合同。泄露公司技术或经营上的秘密给公司造成损失，违反一次终止合同。”马某在庭审中主张发布朋友圈只是吐槽公司欠薪事实，且相关信息并非商业秘密也未给公司造成损失。教育公司则认为马某发布公司经营困难的信息，让客户知道了公司的内部信息，降低了公司的商誉，给公司造成了损失。

专家分析：劳动者作为公民享有言论表达的自由，但行使言论自由权不得损害他人权利，而涉及对公司事务的评价，由于直接触及公司利益，劳动者在发布相关信息时应该负有更高的注意义务。本案中马某即使对公司减薪决定不满，也应首先通过内部沟通渠道解决，其直接发布容易被复制和传播的微信朋友圈，违反了公司相关规定，属于对欠薪的过激表达。然而用人单位对劳动者的不当行为处置，仍应符合公司内部规范以及遵循比例原则，不得处罚过重。本案中教育公司未能举证已给公司造成经济损失或其他客观负面影响，故应当适用“最终警告”的处罚，但教育公司在未给予员工纠正机会的前提下直接解雇马某，既违反了公司内部政策，也违反了比例原则。法院审理后认为，马某发布朋友圈的行为有失妥当，但是公司并未证明马某给公司造成了损失及后果。况且马某事后已经认识到自己的行为有一定的不妥，也及时删除了上述信息，消除了影响。因此即使根据公司的规章制度，公司也应先给予警告处分，而不是直接解除劳动合同。

案例6. 检察院酌定不起诉，用人单位能否以被追究刑事责任解除劳动合同?

案例实录：王某于2019年4月因遭遇交通执法与民警发生肢体冲突，后以妨碍公务罪被刑事拘留，王某所在单位A公司则于次月向王某家属送达了《中止劳动合同通知书》。2019年7月，某区人民检察院作出不起诉决定，认定王某以暴力方法阻碍国家机关工作人员依法执行职务，其行为已触犯《刑法》第二百七十七条第一款、第五款规定，犯罪事实清楚，证据确凿，但考虑王某系初犯、偶犯，到案后认罪、悔罪并取得被害人谅解，故根据《刑事诉讼法》第一百七十七条第二款规定决定对王某不起诉。此后王某将不起诉决定书告知 A 公司，A 公司仍以被追究刑事责任为由解除了王某的劳动合同。此后双方发生劳动争议。

专家分析：依据现行刑事法律，检察院不予起诉决定有三种情形：（1）法定不起诉，即依据《刑事诉讼法》（2018 年修正）第十六条作出的不起诉决定；（2）酌定不起诉，即对于犯罪情节轻微，依据刑法规定不需要判处刑罚或免除刑罚的，由检察院作出的不起诉决定；（3）证据不足不起诉，即对于补充侦查的案件，检察院仍然认为证据不足，不符合起诉条件，而作出的不起诉决定。原劳动和社会保障部办公厅在 2003 年 7 月 31 日发布的《关于职工被人民检察院作出不予起诉决定用人单位能否据此解除劳动合同问题的复函》中作出了答复：人民检察院根据《刑事诉讼法》第一百四十二条第二款规定（即酌定不起诉）作出不起诉决定的，不属于《劳动法》第二十五条第四项规定被依法追究刑事责任的情形。本案属于酌定不起诉，王某虽确实违反了刑事法律，但尚不构成“被追究刑事责任”，A 公司解除劳动合同于法无据，应支付相应的赔偿金。

需要注意的是，如果系人民法院认定有罪并免予刑事处罚，则仍属于“被追究刑事责任”的情形。

◆ 专家建议

综合上述案例以及企业在执行过错解雇中的其他潜在法律风险，如下建议可供参考：

1. 严重违纪解雇应坚持合法合理并重原则

尽管目前多数企业通过制定规章制度明确严重违纪行为的具体类型，但在审判实践中基于违纪解雇不仅涉及劳动者的经济利益（无任何经济补偿），而且影响劳动者的职业声誉，司法机关有权审查规章制度的内容、制定程序的合法性，而且亦有权审查规章制度的合理性，比如一次未能服从工作安排就构成严重违纪的规章制度条款可能会被司法机关认为过于苛刻。

同时，对于员工违纪行为是否达到“严重”的程度亦属于司法机关自由裁量范围，用人单位可以结合以下因素判断违纪的严重程度，包括：

（1）违纪行为是否属于违反职业操守范畴（诸如商业贿赂、虚假报销、虚假学历、性骚扰、伪造文件等）；

（2）违纪行为发生的次数以及公司是否曾给予员工提醒和改正的机会；

（3）违纪行为产生的损害后果（是否造成损失或产生负面影响）；

（4）员工的职位高低及具体职责范围。

2. 严重失职行为解雇须举证损害后果及因果关系

违纪多为“明知故犯”，而失职并非主观故意，系“疏忽大意或者轻信能够避免”，故失职解雇不仅要求“失职需严重”，而且用人单位还需举证已造成了“重大损害”。重大损害的具体情形一般由用人单位通过规章制度加以明确，如无规定则由司法机关行使自由裁量权。通常损害后果不局限于经济利益，也包括严重损害生产经营秩序以及被媒体负面报道等情形。

在失职解雇类案件中，用人单位通常难以完全举证证明实际经济损失的大小，但劳动争议并非财产损害纠纷，如果用人单位能举证证明损失存在的必然性和高度可能性，也可以成立“重大损害”，比如员工的失职行为导致公司停产，停产所导致的损失虽然无法通过显性的证据加以证明，但并非全然不存在。此外，对于一些特殊行业（如食品行业）和特殊岗位（消防安保等），发生潜在威胁事件（如食品过期、禁火区发生明火等）也可以被认定为遭受重大损害。但是用人单位还需分析损害的成因，结合员工的工作职责、过错程度等合理界定重大损害的形成原因，一般宜与劳动者进行沟通面谈，询问劳动者事件发生原因等，如涉及多人失职的，则需要公平合理地确定各自应当承担的责任。

3. 解雇“兼职员工”可考虑转化为“违纪解雇”

虽然《劳动合同法》第三十九条第四项规定用人单位可以解聘同时与其他单位建立劳动关系的职工，但实践中举证劳动者与其他单位建立劳动关系难度极高，因此用人单位可以通过规章制度设置兼职申报程序，明确为避免利益冲突的需要，要求员工投资其他单位或与其他单位建立法律关系的应提前向公司申报以便公司辨识是否存在利益冲突，违反者则按严重违纪处理。

用人单位在事后查明员工确实存在为其他用人单位服务的情况，可以违反兼职申报程序为由实施纪律惩戒，涉及利益冲突的还可解除劳动关系。

4. 解雇“入职欺诈员工”需谨慎

劳动者在入职阶段提供的信息，有些涉及个人隐私等（如是否结婚或怀孕）与劳动合同订立无关的事项，有些只是用人单位具有一定合法利益但不足以影响劳动合同订立的事项（如家庭地址），有些则与用人单位决定是否录用密切相关（如工作经历、职业资格、与原单位的竞业限制义务约定情况）。只有在与劳动合同订立密切相关的事项上，劳动者提供虚假信息或隐瞒真实信息导致劳动合同无效，用人单位方可解除劳动关系。

同时，考虑到用人单位在办理入职时亦负有一定的审核义务，对于员工入职时间已经较长，且其提供的劳动能够胜任公司要求，如事后发现入职时填写的材料存在部分出入，径自解除劳动合同仍然存在一定的法律风险。

5. “判刑解雇”与“违纪解雇”应区分

劳动者在劳动关系履行期间可能涉嫌触犯《刑法》或相关行政法规，但并非所有的违法行为最终都可能被定罪，而《劳动合同法》第三十九条第六项须以劳动者客观上已经被追究刑事责任为前提，而非劳动者仅仅被采取了刑事强制措施（如逮捕、取保候审、监视居住等）。根据相关法律规定，“被依法追究刑事责任”是指被人民法院判处处罚的、被人民法院依据刑法免予刑事处分的情形，而被人民检察院免予起诉的则不属于被追究刑事责任的情形，但用人单位可将违法行为导致缺勤的情况纳入严重违纪行为处理。

在劳动者被最终追究刑事责任之前，用人单位不得以“被追究刑事责任”为由解除劳动合同，但在劳动者无法提供劳动期间，可以采取中止劳动合同履行的措施（停发工资、办理社会保险公积金封存手续等），中止期间不计入工作年限，亦不起算劳动合同期限的经过。当然，如果劳动者的行为同时构成严重违纪行为，则用人单位可提前以严重违纪为由解除劳动合同。

◆ 相关法规

《劳动合同法》

第四条 用人单位应当依法建立和完善劳动规章制度，保障劳动者享有劳动权利、履行劳动义务。

用人单位在制定、修改或者决定有关劳动报酬、工作时间、休息休假、劳动安全卫生、保险福利、职工培训、劳动纪律以及劳动定额管理等直接涉及劳动者切身利益的规章制度或者重大事项时，应当经职工代表大会或者全体职工讨论，提出方案和意见，与工会或者职工代表平等协商确定。

在规章制度和重大事项决定实施过程中，工会或者职工认为不适当的，有权向用人单位提出，通过协商予以修改完善。

用人单位应当将直接涉及劳动者切身利益的规章制度和重大事项决定公示，或者告知劳动者。

第三十九条 劳动者有下列情形之一的，用人单位可以解除劳动合同：

（一）在试用期间被证明不符合录用条件的；

（二）严重违反用人单位的规章制度的；

（三）严重失职，营私舞弊，给用人单位造成重大损害的；

（四）劳动者同时与其他用人单位建立劳动关系，对完成本单位的工作任务造成严重影响，或者经用人单位提出，拒不改正的；

（五）因本法第二十六条第一款第一项规定的情形致使劳动合同无效的；

（六）被依法追究刑事责任的。

第四节　企业无过错解雇的风险防控

◆ 必备知识

1. 无过错解雇的具体情形

无过错解雇的情形非劳动者个人过错导致，或因劳动者长期患病无法提供劳动，或劳动者的工作能力始终不能达到公司要求，或出现劳动合同无法履行的情况。根据《劳动合同法》第四十条的规定，用人单位可以在下述三种情形下实施无过错解雇，具体包括：

（1）劳动者患病或者非因工负伤，在规定的医疗期满后不能从事原工作，也不能从事由用人单位另行安排的工作的；

（2）劳动者不能胜任工作，经过培训或者调整工作岗位，仍不能胜任工作的；

（3）劳动合同订立时所依据的客观情况发生重大变化，致使劳动合同无法履行，经用人单位与劳动者协商，未能就变更劳动合同内容达成协议的。

2. 无过错解雇的人员限制

根据法律规定，即使符合无过错解雇的条件，但劳动者属于法律特别保护的群体，则用人单位不得实施无过错解雇，而只得与员工协商变更劳动合同或解除劳动合同。上述群体主要包括：

（1）从事接触职业病危害作业的劳动者未进行离岗前职业健康检查，或者疑似职业病病人在诊断或者医学观察期间的；

（2）在本单位患职业病或者因工负伤并被确认丧失或者部分丧失劳动能力的；

（3）患病或者非因工负伤，在规定的医疗期内的；

（4）女职工在孕期、产期、哺乳期的；

（5）在本单位连续工作满 15 年，且距法定退休年龄不足 5 年的；

（6）法律、行政法规规定的其他情形。

3. 无过错解雇的程序限制

用人单位实施过错解雇无须履行提前通知义务或者额外支付一个月工资，但用人单位实施无过错解雇，则应当提前 30 日书面通知员工或者额外支付一个月工资以替代提前 30 日通知义务。在司法实践中用人单位未履行提前通知义务不会导致违法解除，但应补足一个月工资的代通知金。

如同实施过错解雇需通知工会一样，用人单位实施无过错解雇也应依法通知工会，否则亦构成违法解雇。

◆ 典型案例

案例 1. 医疗期计算是否存在计算周期的限制？

案例实录：马某于 2012 年 11 月 15 日应聘至天津某公司（以下简称某公司）工作，双方签订至 2015 年 1 月截止的劳动合同。2013 年 3 月 24 日，马某遭遇交通事故，该事故未被认定为工伤。同年 3 月 28 日，马某第一次病休，自该日病休至 6 月 20 日。2013 年 9 月 29 日至 12 月 31 日，马某又因人工助孕就诊并进行治疗。某公司于 2013 年 10 月 30 日以医疗期满为由解除劳动合同，后马某申请仲裁要求支付违法解除劳动合同的赔偿金，某公司则认为马某已用足法定医疗期。经查，马某累计社会工作年限不满 10 年，在某公司的工作年限不满 5 年。

专家分析：本案中，马某累计工龄不满 10 年，在某公司的工作年限不满 5 年，根据原劳动部《企业职工患病或非因工负伤医疗期规定》其可享受 3 个月的医疗期。根据前述规章规定，3 个月的医疗期在 6 个月的计算周期内统计。本案马某于 2013 年 3 月 28 日首次病休，6 个月的计算周期应自 2013 年 3

月28日计算至9月27日，在该6个月的计算周期内，马某病休的时间（2013年3月28日至6月20日）并未超过3个月医疗期。马某于2013年9月29日第二次病休，应重新确定6个月计算周期，为2013年9月29日至2014年3月28日，该期间内马某实际享受的病休时间仅为1个月（2013年9月29日至10月30日），尚未超过法定的3个月医疗期，故某公司在医疗期未满的情况下提前解除劳动合同构成违法解除，仲裁机构最终裁决某公司向马某支付违法解除劳动合同的赔偿金。

案例2. 抑郁症是否需经司法鉴定方可认定精神病?

案例实录：王某于2016年3月2日入职上海某家政公司（以下简称家政公司），双方签订该日至2019年3月1日的劳动合同。王某因睡眠障碍、抑郁状态于2017年3月9日开始休病假，后经诊断为抑郁症（2017年6月21日确诊）。2017年6月9日，家政公司以超过医疗期为由通知王某解除劳动合同。王某则申请仲裁要求恢复劳动关系。庭审中，家政公司主张本案是否属于劳部发〔1995〕236号文中规定的精神病，应经司法鉴定判定。

专家分析：原劳动部《关于贯彻〈企业职工患病或非因工负伤医疗期规定〉的通知》规定，“对某些患特殊疾病（如癌症、精神病、瘫痪等）的职工，在24个月内尚不能痊愈的，经企业和劳动主管部门批准，可以适当延长医疗期”。本条被上海市、江苏省等多地的司法机关认为患上述特殊疾病的劳动者应当享受24个月最长的医疗期，而无须单位批准，即医疗期的计算已不再与劳动者的工龄挂钩。有些地区如浙江省①、山东省②、广东省持有不同观点，如广东省规定，“职工患特殊疾病的医疗期也应按劳部发479号文规定执行，即根据本人实际工作年限、在本单位工作年限计算医疗期，而不能理解为

① 详见浙江省高级人民法院民一庭、浙江省劳动人事争议仲裁院《关于审理劳动争议案件若干问题的解答（四）》（浙高法民一〔2016〕3号）。

② 详见山东省高级人民法院、山东省人力资源和社会保障厅《关于审理劳动人事争议案件若干问题会议纪要》（2019年8月1日）。

患特殊疾病的最少有24个月的医疗期”①。本案发生在上海市，法院最终以抑郁症属于精神疾病，可享受24个月法定最长医疗期为由判决家政公司应当与王某恢复劳动关系。

◆ 专家建议

综合上述案例以及企业在执行无过错解雇②（主要为医疗期解雇）中的其他潜在法律风险，如下建议可供参考：

1. 注意医疗期政策的地区差异

目前上海市与全国其他地区执行不同的医疗期政策，包括医疗期的长短计算方法、是否存在医疗期计算周期、享受24个月法定最长医疗期情形等，具体可参见下表：

表5-1 医疗期政策地区差异

比较项目	上海市	其他地区
法律依据	沪府发〔2015〕40号	劳部发〔1994〕479号，劳部发〔1995〕236号
医疗期长短	仅与本单位工龄挂钩，工作第1年，医疗期为3个月；以后工作每满1年，医疗期增加1个月，但不超过24个月。	同时与社会工龄和本单位工龄挂钩，医疗期为3—24个月。
最长医疗期	包括特殊疾病及被鉴定为完全丧失劳动能力的情形。	仅限癌症、精神病、瘫痪等特殊疾病。
计算周期	无计算周期限制，所有病休时间累积计算。	有计算周期限制；超出计算周期重新计算医疗期。

① 参见广东省劳动和社会保障厅《关于疾病医疗期问题的复函》（粤劳社函〔2004〕250号）。

② 有关不胜任解除、情势变更解除的操作可参阅本书其他章节内容。

2. 确定员工医疗期是否届满时的注意事项

第一，员工医疗期是否届满，主要根据员工的累计病休时间确定，而不区分疾病的类型和次数（并非每一种疾病都享受一次性医疗期），劳动关系存续期间所有各类疾病所产生的病休时间均可纳入医疗期计算。

第二，医疗期计算时如果员工连续休病假的，连续病假期间存在双休日、法定节假日的，不影响医疗期的计算，也即医疗期包含双休日和法定节假日，因为员工病休并不因适逢双休日而停止康复；如果员工断续休病假的，可剔除双休日和法定节假日，只计算工作日对应的病休天数，并以 21 个工作日①的病休时间计算为一个月医疗期的经过。

第三，在上海市以外地区，在确定医疗期届满时，还需注意对应的计算周期的限制，计算周期从病休第一天开始连续计算，如果第一个周期内医疗期并未届满，则该周期内的病休天数自动清零；周期届满后员工第二次病休的，以第二次病休时间重新计算医疗期，俗称“医疗期循环计算”。

3. 实施医疗期满解除的注意事项

如果确定员工医疗期已经届满，用人单位仍不能直接解除劳动合同，而应证明“劳动者不能从事原工作，且不能从事单位另行安排的其他工作”。这意味着当劳动者医疗期满返回公司上班，则公司不得实施解雇行为，如果员工继续提交病假单，则公司应通知其复职或安排其他工作岗位，如果员工既未复职也未接受岗位调整建议，则公司可在提前通知工会后通知员工解除劳动合同。

应当注意的是，虽然《劳动合同法》未规定医疗期满提前解除应安排劳动能力鉴定，但部分地区仍要求在解除前应当进行劳动能力鉴定，如天津市劳动和社会保障局《关于劳动者医疗期满进行劳动能力（复工）鉴定有关问题的通知》规定，“劳动者因患病或非因工负伤医疗期满进行劳动能力（复工）

① 12 个月医疗期对应全年日历天数为 365 天，对应全年工作日为 250 天，工作日折算为每月 20.83 天，四舍五入计算为 21 天。

鉴定的范围：（一）……在医疗期内医疗终结或在规定的医疗期满后，不能从事原工作，也不能从事用人单位另行安排的工作的”。而在上海市，如果被鉴定为完全丧失劳动能力，则可享受24个月医疗期，故对于非因工致残或者患难以治愈的疾病的员工，仍建议安排劳动能力鉴定程序。

◆ 相关法规

《劳动合同法》

第四十条 有下列情形之一的，用人单位提前三十日以书面形式通知劳动者本人或者额外支付劳动者一个月工资后，可以解除劳动合同：

（一）劳动者患病或者非因工负伤，在规定的医疗期满后不能从事原工作，也不能从事由用人单位另行安排的工作的；

（二）劳动者不能胜任工作，经过培训或者调整工作岗位，仍不能胜任工作的；

（三）劳动合同订立时所依据的客观情况发生重大变化，致使劳动合同无法履行，经用人单位与劳动者协商，未能就变更劳动合同内容达成协议的。

《企业职工患病或非因工负伤医疗期规定》

第三条 企业职工因患病或非因工负伤，需要停止工作医疗时，根据本人实际参加工作年限和在本单位工作年限，给予三个月到二十四个月的医疗期：

（一）实际工作年限十年以下的，在本单位工作年限五年以下的为三个月；五年以上的为六个月。

（二）实际工作年限十年以上的，在本单位工作年限五年以下的为六个月；五年以上十年以下的为九个月；十年以上十五年以下的为十二个月；十五年以上二十年以下的为十八个月；二十年以上的为二十四个月。

第四条 医疗期三个月的按六个月内累计病休时间计算；六个月的按十二个月内累计病休时间计算；九个月的按十五个月内累计病休时间计算；十二个月的按十八个月内累计病休时间计算；十八个月的按二十四个月内累计病休时间计算；二十四个月的按三十个月内累计病休时间计算。

劳动部《关于贯彻〈企业职工患病或非因工负伤医疗期规定〉的通知》

根据目前的实际情况，对某些患特殊疾病（如癌症、精神病、瘫痪等）的职工，在24个月内尚不能痊愈的，经企业和劳动主管部门批准，可以适当延长医疗期。

第五节　劳动合同到期终止的风险防控

◆ 必备知识

1. 劳动合同到期是劳动合同终止条件之一

除无固定期限劳动合同外，劳动合同一般均会明确具体的终止日期，即使是以完成一定任务为期限的劳动合同，也会有最终确定的终止日期。《劳动合同法》第四十四条规定，劳动合同期满的，劳动合同终止。可见，劳动合同期满是导致劳动合同终止的原因之一。

2. 用人单位终止合同应履行通知义务

劳动合同到期并不依赖于当事人的意思表示而发生法律效力，如果员工在劳动合同期满后离开公司，即使用人单位未通知劳动者终止劳动合同，双方劳动关系也因期满而终结。但考虑到劳动合同期满后劳动者可能继续为公司提供劳动，为避免形成新的事实劳动关系，用人单位通常需提前一定时间（最晚不得超过合同期满当日）告知劳动者期满终止不续签，有些地区如北京市还规定须提前30日书面通知劳动者。

由于《劳动合同法》并未规定合同期满终止必须提前通知，故用人单位未提前通知劳动者合同期满终止，但双方劳动关系确因期满而终结的，用人单位不构成违法终止劳动合同，但在北京市须额外向劳动者支付一个月工资的代通知金（以替代提前30日通知义务）。

3. 期满终止劳动合同受到特殊限制

根据《劳动合同法》的规定，即使劳动合同期限已经届满，用人单位仍不得直接终止合同，主要情形包括以下两类。

（1）劳动者正处于“三期”、医疗期等《劳动合同法》第四十二条规定的特殊情形，除因工伤丧失劳动能力人员按照《工伤保险条例》办理外，其余应将劳动合同顺延至相应情形消失时方可终止。

（2）劳动者符合签订无固定期限劳动合同条件，用人单位应当签订无固定期限劳动合同的情形。

如果上述情形下用人单位直接通知劳动者终止合同，将构成违法终止行为，劳动者有权要求恢复劳动关系或要求支付赔偿金。

◆ 典型案例

案例1. 劳动合同逾期，用人单位可否单方终止劳动关系？

案例实录：陆某于2013年11月15日进入广西某运输公司（以下简称运输公司）工作，职务为司机，并签订劳动合同一份。劳动合同约定合同期限为自2013年11月15日起至2014年11月15日止。该合同期满后，双方没有继续签订劳动合同，陆某继续在运输公司工作。2015年3月5日，运输公司以劳动合同已经期满为由通知陆某终止劳动关系。此后，陆某申请仲裁，要求运输公司支付违法解除劳动关系的赔偿金22500元。运输公司则认为，由于双方合同期满后无新的合同，不存在违约行为，不应支付赔偿金。

专家分析：《劳动合同法》实施之前，相关司法解释认为，劳动合同期满后，劳动者仍在原用人单位工作的，任何一方均可终止劳动关系[①]。《劳动合同法》实施后，解除及终止劳动合同的条件只能由法律或行政法规加以规定，不允许劳资双方约定终止条件，法律、行政法规以外的文件亦不能作为终止劳动关系的依据。本案运输公司与陆某的劳动合同已经届满，但运输公司并未与

---

① 最高人民法院《关于审理劳动争议案件适用法律若干问题的解释》第十六条第一款规定：“劳动合同期满后，劳动者仍在原用人单位工作，原用人单位未表示异议的，视为双方同意以原条件继续履行劳动合同。一方提出终止劳动关系的，人民法院应当支持。”劳动和社会保障部《关于确立劳动关系有关事项的通知》则规定，未签订书面劳动合同情形下，用人单位提出终止劳动关系的，应当按照劳动者在本单位工作年限每满一年支付一个月工资的经济补偿金。

之续签劳动合同，而是继续维系劳动关系。双方所形成的事实上的劳动关系受法律保护，解除终止仍应按《劳动合同法》执行，运输公司在3月5日终止劳动关系并未举证具有合理理由（如因陆某拒签新的劳动合同），其构成违法解除劳动关系，仲裁机构裁决运输公司向陆某支付赔偿金。

由此可见，终止劳动合同应尽可能在劳动合同期满前执行，逾期且未能证明员工过错导致合同无法续签的，则用人单位执行单方解雇仍应遵守法律规定。

案例2. 员工拒绝续签，终止原劳动合同是否应付补偿金?

案例实录：王某于2008年进入某地产公司（以下简称地产公司）工作，劳动合同约定每月工资为2500元。2009年3月王某的工资调整至每月4500元，但未有书面确认。在2010年10月31日合同到期前，公司找到王某询问是否愿意续签合同，待遇与原合同记载的工资标准即2500元一致。王某当即表示，应该按调薪后的工资标准执行。后双方未能完成续签，地产公司亦未支付经济补偿金。王某随即申请劳动仲裁要求单位支付合同到期终止的经济补偿金。

专家分析：《劳动合同法》规定，除用人单位维持或者提高劳动合同约定条件续订劳动合同，劳动者不同意续订的情形外，用人单位以合同期满为由终止固定期限劳动合同的应当支付经济补偿金。本案中，地产公司提供的记载“月工资2500元”的劳动合同虽然与此前的劳动合同版本约定内容一致，但王某的工资标准已经通过实际履行方式调整为每月4500元，上述调整不能因为欠缺书面形式而不具有法律效力，故地产公司在续订劳动合同时实质上降低了约定条件，王某拒绝续签劳动合同仍不影响其获得法定经济补偿金，最终仲裁机构裁决地产公司败诉。

案例3. 工会主席任期未满但合同到期可否终止?

案例实录：李某自2008年4月起到江苏某纺织公司（以下简称纺织公司）工作，双方劳动合同到2010年9月30日期满。李某自2009年12月开始担任单位工会主席，任期至2010年12月28日。2010年9月2日，纺织公司向李某发出书面通知，通知其合同到期后不再续签。李某离职后申请仲裁，要求公司支付违法终止劳动合同的赔偿金。

专家分析：根据《劳动合同法》的相关规定，在法律或行政法规规定的劳动合同应当顺延的情况下，用人单位以原合同期满为由终止合同构成违法终止。本案中李某任职工会主席，其劳动合同到期时工会主席任期未满，根据《工会法》第十八条的规定，基层工会专职主席、副主席或者委员自任职之日起，其劳动合同期限自动延长，延长期限相当于其任职期间；而非专职主席、副主席或者委员自任职之日起，其尚未履行的劳动合同期限短于任期的，劳动合同期限延长至任期期满。由于《工会法》属于“法律或行政法规”范畴，纺织公司应当按照《工会法》规定顺延劳动合同，但其选择提前终止合同构成违法终止。最终，仲裁机构裁决纺织公司向李某支付赔偿金。

◆ 专家建议

综合上述案例以及企业在执行合同期满终止操作时的其他潜在法律风险，如下建议可供参考：

1. 注意审查劳动合同应延续的情形

劳动合同应当顺延的情形较为复杂，既有《劳动合同法》《劳动合同法实施条例》的相关规定（如女职工“三期”、医疗期等），也有《工会法》《集体合同规定》等其他法律法规的特别规定，具体可包括：

（1）从事接触职业病危害作业的劳动者未进行离岗前职业健康检查，或者疑似职业病病人在诊断或者医学观察期间的；

（2）工伤职工停工留薪期未届满或者虽然停工留薪期已经届满但被鉴定为 1—6 级工伤的；

（3）女职工在孕期、产期、哺乳期内的；

（4）职工患病或者非因工负伤，在规定的医疗期内的；

（5）职工在本单位连续工作满 15 年，且距法定退休年龄不足 5 年的；

(6) 工会主席、副主席、工会委员在任期内的；

(7) 集体协商代表在履行集体协商职责期间的①；

(8) 符合续订无固定期限劳动合同条件的；

(9) 劳动合同期满，但是用人单位与劳动者依照《劳动合同法》第二十二条的规定约定的服务期尚未到期的，且双方未约定合同可以期满终止的。

2. 续订劳动合同时应固定员工续订意向

根据法律规定，如果用人单位维持原条件续订劳动合同，而劳动者不同意续订合同，此时用人单位终止劳动合同无须支付经济补偿金，但“劳动者是否同意续订”“用人单位是否维持原劳动合同条件续订”均需用人单位承担举证责任。

如果用人单位决定续签合同，应将续订通知书或者拟定好的劳动合同送达劳动者本人，并明确逾期未回复视为员工不同意续订合同。如果双方就新的合同条款协商不一致，用人单位应及时在合同期满前发出终止通知。

3. 避免劳动合同逾期终止现象

劳动合同期满前，用人单位应提前确定续订或终止意向，与劳动者续订劳动合同或终止劳动合同。如果因用人单位疏忽导致劳动合同到期时未终止劳动关系，而劳动者此后继续提供劳动，则双方形成事实劳动关系。此时用人单位再以合同期满为由终止合同存在较大的法律风险。

如果确因条款协商不一致导致原劳动合同逾期，用人单位可根据《劳动合同法实施条例》的规定，以员工拒签劳动合同为由终止劳动关系，但应向

---

① 《集体合同规定》第二十八条规定：“职工一方协商代表在其履行协商代表职责期间劳动合同期满的，劳动合同期限自动延长至完成履行协商代表职责之时，除出现下列情形之一的，用人单位不得与其解除劳动合同：（一）严重违反劳动纪律或用人单位依法制定的规章制度的；（二）严重失职、营私舞弊，对用人单位利益造成重大损害的；（三）被依法追究刑事责任的。职工一方协商代表履行协商代表职责期间，用人单位无正当理由不得调整其工作岗位。”但笔者认为《集体合同规定》系部门规章，并非法律或行政法规，严格对照《劳动合同法》，其不应属于劳动合同顺延情形。但从企业实操角度，为最大限度控制风险，仍建议将劳动合同顺延至协商代表职责履行完毕之时。

劳动者支付经济补偿金。如果劳动合同逾期超过一年，则视为双方已经订立了无固定期限劳动合同，用人单位不得再以员工拒签合同为由终止劳动关系。

◆ 相关法规

《劳动合同法》

第四十二条 劳动者有下列情形之一的，用人单位不得依照本法第四十条、第四十一条的规定解除劳动合同：

（一）从事接触职业病危害作业的劳动者未进行离岗前职业健康检查，或者疑似职业病病人在诊断或者医学观察期间的；

（二）在本单位患职业病或者因工负伤并被确认丧失或者部分丧失劳动能力的；

（三）患病或者非因工负伤，在规定的医疗期内的；

（四）女职工在孕期、产期、哺乳期的；

（五）在本单位连续工作满十五年，且距法定退休年龄不足五年的；

（六）法律、行政法规规定的其他情形。

第四十四条 有下列情形之一的，劳动合同终止：

（一）劳动合同期满的；

……

第四十五条 劳动合同期满，有本法第四十二条规定情形之一的，劳动合同应当续延至相应的情形消失时终止。但是，本法第四十二条第二项规定丧失或者部分丧失劳动能力劳动者的劳动合同的终止，按照国家有关工伤保险的规定执行。

第六节　劳动合同到龄终止的风险防控

◆ 必备知识

1. 退休与领取养老金两者并不可等同

根据相关行政法规，国家法定的企业职工退休年龄，是指国家法律规定的正常退休年龄，即男年满 60 周岁，女工人年满 50 周岁，女干部年满 55 周岁。达到法定退休年龄通常是劳动者领取基本养老保险待遇的前提条件之一，但是符合条件的劳动者（如从事有毒有害作业）也可根据相关政策在履行审批程序后提前领取养老保险待遇。同时，如果因劳动者缴费年限不足等原因，劳动者达到法定退休年龄仍无法领取基本养老保险待遇的情况亦不少见。

由此可见，达到退休年龄与领取养老金两者虽有牵连，但并不等同。

2. 达到退休年龄和领取养老保险待遇均是劳动合同终止的原因

《劳动合同法》第四十四条规定，劳动合同的终止条件包括：劳动者开始依法享受基本养老保险待遇以及法律、行政法规规定的其他情形。《劳动合同法实施条例》第二十一条规定，劳动者达到法定退休年龄的，劳动合同终止。由于《劳动合同法实施条例》属行政法规，其设置新的终止条件不违反上位法即《劳动合同法》的相关规定。

由此可见，如果劳动者未达到法定退休年龄但已经办理提前退休及领取养老金手续，其与用人单位签订的劳动合同也自动终止。如果劳动者达到法定退休年龄但未领取养老保险待遇，其劳动合同亦可终止。

3. 因劳动者原因导致劳动合同终止，用人单位无须支付经济补偿金

如果劳动者因领取养老金或者达到退休年龄被终止劳动合同，则用人单位无须支付经济补偿金。但用人单位应协助办理社会保险转移手续或者办理退休手续，如果因用人单位原因导致劳动者退休待遇受到损失的，用人单位应承担赔偿责任。

◆ 典型案例

案例 1. 达到退休年龄但不符合领取养老金条件，单位可否终止合同?

案例实录：2006 年 5 月，代某入职苏州某实业公司（以下简称实业公司）工作，双方签订无固定期限劳动合同，实业公司正常为代某缴纳各项社会保险费。2018 年 8 月 2 日代某年满 50 周岁，由于代某缴费年限不足，其尚不具备申领城镇职工养老保险待遇的条件。2018 年 8 月 31 日，实业公司以代某达到国家规定的法定退休年龄为由通知其终止劳动合同。后代某申请仲裁要求实业公司支付终止劳动合同的经济补偿金，认为其尚不符合领取退休金条件且劳动合同未到期，此外，实业公司未在退休当日终止合同。

专家分析：原劳动和社会保障部《关于制止和纠正违反国家规定办理企业职工提前退休有关问题的通知》中规定："国家法定的企业职工退休年龄是：男年满 60 周岁，女工人年满 50 周岁，女干部年满 55 周岁。"本案中代某所在的并非管理技术岗位，其法定退休年龄为 50 周岁，代某在职期间实业公司依法为其缴纳了社会保险，故其达到退休年龄时未能领取退休金并非实业公司导致，且《劳动合同法实施条例》明确规定达到法定退休年龄劳动合同终止。相关法律未规定因达到退休年龄终止劳动合同应支付经济补偿金，最终仲裁机构驳回了代某的诉讼请求。

案例 2. 销售经理是否应执行 55 周岁退休?

案例实录：王某于 2011 年 6 月入职某保险公司安徽分公司（以下简称保险公司）工作，担任营销代表一职，后升任营销经理，双方签订有劳动合同。

2019 年 1 月 8 日王某年满 50 周岁，此后保险公司继续为王某缴纳社保。2019 年 3 月 8 日，保险公司以达到退休年龄为由通知王某终止劳动合同。后王某申请仲裁，主张保险公司违法终止应支付赔偿金。

专家分析：本案发生在安徽省，根据《安徽省参加企业基本养老保险人员退休审批管理规定》第八条第五项规定，女职工在管理岗位工作的，退休年龄为 55 周岁，在工人岗位工作的，退休年龄为 50 周岁，企业中管理岗位、工人岗位设置、划分及其变更由企业自主决定，岗位目录和变更情况报主管该企业养老保险事务的劳动保障行政部门备查。本案中保险公司并未将岗位目录向劳动行政部门报备，且在王某达到 50 周岁时未为王某申报退休且继续缴纳各项社会保险费，结合劳动合同约定的岗位，难以认定王某退休年龄应为 50 周岁。最终，仲裁机构判决保险公司向王某支付赔偿金。

♦ 专家建议

综合上述案例以及企业在执行退休终止劳动合同操作时的其他潜在法律风险，如下建议可供参考：

1. 准确识别劳动者的法定退休年龄

目前争议较大的是女职工退休年龄的确定，因相关法律规定女干部执行 55 周岁法定退休年龄，然而目前劳动用工已市场化，干部与工人身份已经淡化，企业按照岗位进行劳动管理，因此在确定员工是否属于管理技术岗位时较容易发生争议。司法实践中有些地方如北京将举证责任分配给用人单位，由用人单位举证是否属于管理技术岗位；有些地方如上海则认为退休年龄争议不属于劳动争议处理范围，由企业自行决策。考虑到司法实践并未统一，用人单位可通过以下方式预防和控制风险：

（1）用人单位可提前通过劳动合同约定（约定是否属于管理技术岗位）、规章制度规定（如制定退休管理办法）等明确管理技术岗位的范围，预防该类风险；

（2）用人单位在决定执行退休终止合同前，可以向社会保险经办部门办理退休申报手续，由社保部门行使审核权，如果获得社保部门的审批，用人单位再行终止合同易获得司法机关的支持。

2. 及时为员工办理退休申报手续

根据各地相关政策，因达到退休年龄终止劳动合同，用人单位应当为员工办理退休申报手续。以上海市、北京市为例，《关于审核上海市企业职工办理退休退职手续若干问题的规定》明确规定："职工到达法定退休年龄（出生年月以职工身份证为准）的当月，单位应按规定为其及时办理退休（职）手续，并从批准退休的次月起发放养老金。"具体程序为用人单位按规定填写《本市企业职工退休（职）申请表》，送区、县中心审核同意后，由单位批准退休，发给《退休（职）证》。北京市劳动和社会保障局《关于严格按照国家规定办理企业职工退休有关问题的通知》则规定："企业职工退休的审批工作，按照养老保险费的缴拨渠道实行市、区、县劳动保障行政部门审批制度……已实行养老保险费按区、县属地缴拨的企业，职工退休由其所在区、县劳动保障行政部门负责审批。"

如果用人单位未及时为员工办理退休申报手续，不仅导致事后终止劳动合同可能被认定违法，劳动者因此所遭受的退休金损失也由用人单位承担。

3. 不符合领取退休金条件的员工，用人单位应及时确定是否终止合同

临近法定退休年龄的员工，可能因缴费年限不足等不符合领取养老保险待遇，此时用人单位如决定终止劳动合同，应及时书面通知劳动者，该终止劳动合同的行为不违反法律规定，且无须支付经济补偿金。

但如果用人单位选择继续使用劳动者，在上海市、山东省、河北省等多地的司法实践中会认为双方继续存在劳动关系，双方劳动关系存续期间应当执行《劳动法》的各项规定（包括继续缴纳各项社会保险费），用人单位如任意提前解除劳动关系，仍应支付经济补偿金或者承担违法解除劳动关系的法律责任。

◆ 相关法规

《劳动合同法》

第四十四条 有下列情形之一的，劳动合同终止：

……

（二）劳动者开始依法享受基本养老保险待遇的；

……

《劳动合同法实施条例》

第二十一条 劳动者达到法定退休年龄的，劳动合同终止。

国务院《关于安置老弱病残干部的暂行办法》

第四条 党政机关、群众团体、企业、事业单位的干部，符合下列条件之一的，都可以退休。

（一）男年满六十周岁，女年满五十五周岁，参加革命工作年限满十年的；

……

劳动和社会保障部《关于制止和纠正违反国家规定办理企业职工提前退休有关问题的通知》

国家法定的企业职工退休年龄是：男年满60周岁，女工人年满50周岁，女干部年满55周岁。从事井下、高空、高温、特别繁重体力劳动或其他有害身体健康工作（以下称特殊工种）的，退休年龄为男年满55周岁、女年满45周岁；因病或非因工致残，由医院证明并经劳动鉴定委员会确认完全丧失劳动能力的，退休年龄为男年满50周岁、女年满45周岁。

Chapter 6
员工规模裁减中的风险防控

与个别员工离职不同，企业执行规模裁减难度大幅上升，不仅面临高额的补偿成本开支，而且还可能遭遇员工抱团取暖、集体抵制等情况。但无论如何，规模裁减最终将细化为各种离职形式的综合运用，包括协商解除、情势变更解除、经济性裁员在内的离职形式存在不同的法律要求，也将面临不同的法律后果，需要准确加以区分。

在规模裁减中，用人单位不仅需要评估个案解除的法律风险，还需要评估产生集体劳动争议的风险，不仅应关心补偿标准等实体内容，还应积极关注民主程序、诚信沟通、工会参与、政府备案等程序性内容。

第一节　批量协商解除的风险防控

◆ 必备知识

1. 协商解除是合法的劳动关系终结形式

根据《劳动合同法》第三十六条的规定，用人单位与劳动者协商一致，可以解除劳动合同。可见，只要劳资双方达成一致，均可提前协商解除劳动合同关系，包括病假、工伤、“三期”等员工。如果用人单位提出协商解除劳动合同，劳动者亦接受，则仍然是合法的解除形式。

在用人单位推进人员安置分流过程中，协商解除的离职形式被大量运用，是社会效果最佳的一种离职形式。

2. 协商解除以就解除日期和解除形式达成一致为前提

用人单位是否就协商解除与员工达成一致，主要审查双方是否就劳动关系的解除形式（明确系协商解除）及解除的具体日期达成一致。至于解除的经济补偿金虽然是劳资双方商讨的重点，但并非协商解除的成立条件，如果劳资双方签署了协商解除协议，但未明确补偿标准，则可根据法律规定确定补偿标准。

司法实践中，在员工停止提供劳动后公司也未作任何处理的，也可能被认定为公司提出的协商一致的解除劳动合同，并据此要求用人单位支付经济补偿金。

3. 协商解除协议仍存在可撤销情形

协商解除劳动合同重点在于双方在意思表示真实的情况下达成合意，如果是因欺诈、胁迫、乘人之危签署的协商解除协议，因意思表示不真实、不自由而不能视为协商解除成立。另根据相关司法解释，如果协商解除协议记载内容显失公平，也将成为司法机关撤销协商解除协议的事由之一。

◆ 典型案例

案例 1. “协商解除经济补偿金”能否附加付款条件？

案例实录：2017 年 10 月 31 日，因组织架构调整，北京某技术公司（甲方，以下简称技术公司）与李某（乙方）签订解除劳动合同协议书，约定内容如下：“甲方支付乙方补偿金税前人民币叁拾万元整……该补偿金支付条件为乙方在职期间负责的下述两个项目工作进度达到以下条件：（1）某宽带接入网项目由法院终审结案；（2）某网络覆盖项目工程合同第一笔款项收回。”李某签署协议后于当日离职。由于涉案两个项目工作进度未达到协议约定的条件，技术公司未支付经济补偿金，后李某申请仲裁要求给付经济补偿，李某主张相关付款条件排除劳动者权利应属于无效约定。

专家分析：最高人民法院《关于审理劳动争议案件适用法律若干问题的解释（三）》第十条第一款规定，劳动者与用人单位就解除或者终止劳动合同办理相关手续、支付工资报酬、加班费、经济补偿或者赔偿金等达成的协议，不违反法律、行政法规的强制性规定，且不存在欺诈、胁迫或者乘人之危情形的，应当认定有效。本案中技术公司与李某签署的协议虽就补偿金支付附加了相关条件，但该条件设置并未构成违反法律强制性规定的情形，且李某未能举证协议存在欺诈、胁迫等法定情形，最终法院认定涉案协议有效并据此驳回了李某的诉讼请求。

案例 2. “1000 万元”是补偿金还是封口费？

案例实录：2010 年 1 月，陈某与某电器公司（以下简称电器公司）签署《高级管理人员劳动合同》。2011 年 3 月 9 日，某电器控股公司（以下简称控股公司）与陈某签订《协议》，约定陈某自 2011 年 3 月 10 日起，与控股公司及其附属公司全部解除已签订的《高级管理人员劳动合同》等法律文件，陈某不以口头或者书面的方式发表或披露集团任何成员的非公开资料；控股公司（或安排附属公司）支付给陈某税后1000万元的款项作为协议项下各项承诺的全部对价。如陈某违反承诺，则应全额退还所述的协议对价。2011年3月14日，控股公司下属电器公司向陈某支付了1000万元。后由于陈某接受媒体采访，控股公司认为陈某违约故而提起诉讼要求陈某退还1000万元款项。庭审中，陈某主张无证据证明电器公司是其附属公司，《付款回单》上已载明该1000万元是“高管经济补偿金”，该款项是其他协议的对价，与本案无关。

专家分析：实践中用人单位与劳动者就离职以后的权利义务设置相应的违约责任，不违反法律规定，应视为有效的约定。本案中陈某与电器公司存在劳动关系，却以控股公司的名义签署离职协议，但控股公司与陈某之间就保密义务、补偿款和违约责任达成的约定仍属有效。陈某虽主张该1000万元系电器公司的经济补偿金，但未提供相关证据证明，故仅凭银行回单的记载不足以充分证明1000万元并非涉案《协议》约定的对价，鉴于电器公司和控股公司之间的关联关系，且电器公司亦确认系控股公司的附属公司，最终法院判定涉案《协议》有效，且陈某确存在违约行为，应当全额退还1000万元。

案例3. 签署协商解除协议后员工被认定工伤，能否撤销？

案例实录：李某在长春某车灯公司（以下简称车灯公司）担任机加数控工（系接触职业危害因素岗位）。2016年7月14日，李某与车灯公司签订《协商解除协议书》，主要内容为：双方劳动关系于2016年7月14日解除；甲方将向乙方支付工资、缴纳社保及住房公积金至解除日；甲方向乙方支付82550元作为一次性的补偿款以及全部和最终的解决方案。2017年5月11日，经当地职业病鉴定机构鉴定，李某患职业性慢性煤油烟气中毒性阻塞性肺病（中度），后被认定为工伤并评定为五级伤残。李某遂申请仲裁，要求撤销协商解除协议、恢复劳动关系并支付各项工伤待遇。

专家分析：根据相关司法解释，协商解除协议存在重大误解或者显失公平情形，当事人请求撤销的，人民法院应予支持。本案中李某签署协商解除协议时，病情虽已存在，但却未被认定为职业病，基于李某的认知能力，其在当时是无法对其职业病病情及工伤伤残等级进行预判的，当然也无法对其签署协议的行为后果作出真实、正确的认识。鉴于李某是在对职业病病情、可享受的工伤待遇（五级伤残人员应保留劳动关系）等重要事项存在重大误解的情形下订立于己不利的《协商解除协议》，依据上述法律规定，李某享有撤销权。最终，法院撤销涉案解除协议并判决双方继续履行劳动合同。

◆ 专家建议

综合上述案例以及企业在协商解除操作时的其他潜在法律风险，如下建议可供参考：

1. 协商解除的补偿标准可综合各方面因素确定

协商解除补偿标准的确定是执行协商解除成功的关键，现行社会广泛存在的协商解除补偿标准多为“N＋1”，即在法定的补偿金基础上额外支付一个月的代通知金，用人单位可以结合以下因素确定补偿方案：

（1）过往本企业执行协商解除的补偿标准；

（2）同行业企业协商解除的补偿标准；

（3）公司周边企业协商解除的补偿标准；

（4）是否存在支付年终奖的惯例；

（5）单方解除劳动合同的条件是否具备。

通常，用人单位一旦确定协商解除补偿标准即不能随意修改，否则可能因内部不公导致更大的争议。在执行协商解除时用人单位也应诚信沟通，说明利害关系，并应考虑协商不一致如何处理的问题（包括变更合同、停工停产以及单方解除劳动合同的方案等）。

2. 协商解除协议应明确各关键要素

如果劳资双方能就协商解除达成一致，设计一份能避免“后遗症”的协商解除协议则至关重要。协商解除协议内容不宜过于复杂，应从便于沟通、预防风险角度考虑，通常应包括以下关键内容。

（1）协商解除的形式（员工提出或单位提出）；

（2）员工最后工作日和离职日期；

（3）工资支付截止日、社会保险公积金缴费截止月；

（4）工作交接内容和期限；

（5）补偿标准、支付条件和时限；

（6）员工应履行的义务包括保密义务、禁止招揽和竞业限制义务；

（7）年休假、加班费、奖金等；

（8）无争议条款；

（9）违约责任。

其中，无争议条款应明确双方就劳动关系所有权利义务包括工资、奖金、加班费、经济补偿金、年休假、各类法定福利、报销、股权等已全部了结，公司不再负有任何给付义务，双方再无其他争议。

3. 协商解除不免除用人单位法定义务

办理劳动合同协商解除手续时，用人单位应承担的支付工资、缴纳社保、为职业病危害岗位员工安排职业健康体检、为员工开具离职证明、转移社会保险手续等相关义务不能因此而豁免。涉及员工工伤的，一般应在作出劳动能力鉴定后安排协商解除，并落实相关工伤保险待遇。

如果用人单位未为劳动者履行职业健康检查义务或者存在发生工伤事件未予申报的情形，劳动者事后被鉴定为职业病或认定工伤的，用人单位将面临解除协议被撤销并恢复劳动关系的风险。

4. 用人单位可视情形就离职协议增设附加条件和违约责任

在特定情形下如劳动者需要完成相应的工作交接或者协商解除协议签署时间和最终离职日期相距较远时，用人单位就补偿金支付设定条件十分必要，也是可行的做法，但用人单位宜明确约定具体的付款条件，如工作交接的具体内容、完成标志如何界定？如在解除协议约定的离职日期到达前，劳动者除了正常履行工作职责、不得有违纪失职行为外，是否还有出勤率的要求，如因病缺勤，是否会影响补偿金的支付等，这些问题都需要事先明确。

对于离职以后的权利义务，包括保密、禁止招揽、不得对外发表针对公司或公司员工的言论等，用人单位可视情形确定是否有必要设置对应的违约金。如设置违约金，应明确协议项下支付的补偿金的对价性质，如补偿金不仅包括离职经济补偿，也包括员工履行协议所有内容的对价等。

◆ 相关法规

《民法典》

第一百四十七条 基于重大误解实施的民事法律行为，行为人有权请求人民法院或者仲裁机构予以撤销。

《劳动合同法》

第三十六条 用人单位与劳动者协商一致，可以解除劳动合同。

最高人民法院《关于审理劳动争议案件适用法律若干问题的解释（三）》

第十条 劳动者与用人单位就解除或者终止劳动合同办理相关手续、支付工资报酬、加班费、经济补偿或者赔偿金等达成的协议，不违反法律、行政法规的强制性规定，且不存在欺诈、胁迫或者乘人之危情形的，应当认定有效。

前款协议存在重大误解或者显失公平情形，当事人请求撤销的，人民法院应予支持。

《职业病防治法》

第三十五条 对从事接触职业病危害的作业的劳动者，用人单位应当按照国务院卫生行政部门的规定组织上岗前、在岗期间和离岗时的职业健康检查，并将检查结果书面告知劳动者。职业健康检查费用由用人单位承担。

用人单位不得安排未经上岗前职业健康检查的劳动者从事接触职业病危害的作业；不得安排有职业禁忌的劳动者从事其所禁忌的作业；对在职业健康检查中发现有与所从事的职业相关的健康损害的劳动者，应当调离原工作岗位，并妥善安置；对未进行离岗前职业健康检查的劳动者不得解除或者终止与其订立的劳动合同。

职业健康检查应当由取得《医疗机构执业许可证》的医疗卫生机构承担。卫生行政部门应当加强对职业健康检查工作的规范管理，具体管理办法由国务院卫生行政部门制定。

第五十五条 医疗卫生机构发现疑似职业病病人时，应当告知劳动者本人并及时通知用人单位。

用人单位应当及时安排对疑似职业病病人进行诊断；在疑似职业病病人诊断或者医学观察期间，不得解除或者终止与其订立的劳动合同。

疑似职业病病人在诊断、医学观察期间的费用，由用人单位承担。

第二节　情势变更解除的风险防控

♦ 必备知识

1. 情势变更解除存在实体条件的限制

《劳动合同法》第四十条规定，劳动合同订立时所依据的客观情况发生重大变化，致使劳动合同无法履行，经用人单位与劳动者协商，未能就变更劳动合同内容达成协议的，用人单位可以解除劳动合同。

上述客观情况发生重大变化的情形应指导致劳动合同无法继续履行的情形，用人单位内部经营情况发生一些变化（如工作量减少），但劳动者的工作职责、工作内容、工作地点等并未消失，则双方劳动合同仍然属于可以继续履行的范畴，不应认定为客观情况发生重大变化。用人单位就客观情况是否发生重大变化承担举证责任。

2. 情势变更解除存在程序条件的限制

即使存在客观情况发生重大变化的情形，用人单位也并非可以直接解除劳动合同，其还应受到相关程序的限制，包括：

（1）如果情势变更事项属于影响劳动者切身利益的事项，应履行民主程序，征求员工或工会意见；

（2）与员工协商变更劳动合同；

（3）解除劳动合同前应通知工会。

3. 情势变更解除存在适用对象的限制

根据《劳动合同法》第四十二条的规定，用人单位不得以情势变更为由解除下列受特殊保护的劳动者，具体包括：

（1）从事接触职业病危害作业的劳动者未进行离岗前职业健康检查，或者疑似职业病病人在诊断或者医学观察期间的；

（2）在本单位患职业病或者因工负伤并被确认丧失或者部分丧失劳动能力的；

（3）患病或者非因工负伤，在规定的医疗期内的；

（4）女职工在孕期、产期、哺乳期内的；

（5）在本单位连续工作满 15 年，且距法定退休年龄不足 5 年的；

（6）法律、行政法规规定的其他情形。

◆ 典型案例

案例 1. 中美贸易战撤销岗位，是“客观情况”还是“主观情况”？

案例实录：万某于 2004 年进入深圳某技术服务公司（以下简称技术公司）担任协调员。2018 年 11 月 9 日，技术公司向万某发出电子邮件，称由于中美贸易战给公司的业务带来冲击，万某所在的岗位将被撤销。后双方就变更岗位进行协商但未能达成一致，11 月 12 日，技术公司向万某发出解除劳动合同通知，理由为客观情况发生重大变化且协商变更合同未达成一致。万某则申请仲裁要求支付违法解除赔偿金。庭审中万某主张公司虽有业务下滑但 2018 年仍处于盈利状态，而技术公司未能提供财务审计报告等证明中美贸易战与岗位撤销之间存在关联，且该次岗位撤销仅针对万某一人，明显缺乏公平性。

专家分析：关于何为“客观情况发生重大变化”，《劳动合同法》未予说明。原劳动部办公厅《关于〈劳动法〉若干条文的说明》第二十六条第四款规定：“本条中的‘客观情况’指：发生不可抗力或出现致使劳动合同全部或部分条款无法履行的其他情况，如企业迁移、被兼并、企业资产转移等……”本案中，技术公司虽主张因中美贸易战公司订单减少，但未能提供相关证据证明撤销岗位的必要性和合理性，同时除万某所在岗位以外的工作岗位均未受到影响，该种情形难以认定客观情况发生重大变化导致劳动合同无法继续履行，最终法院判决技术公司败诉并支持了万某的诉讼请求。

案例 2. 集团内职能转移，是否属于客观情况发生重大变化？

案例实录：黄某于 2004 年入职广州某精细化工有限公司（以下简称化工公司），双方签订有劳动合同。2018 年年初化工公司的境外母公司作出在亚洲实施财务共享中心的决定，由集团下属另一家苏州科技公司（以下简称苏州公司）行使财务部门财务共享中心的职能，相关财务工作和职能由苏州公司负责，原财务部门所有工作岗位撤销。后化工公司以岗位撤销为由与黄某协商变更合同，提供了工作地点在上海市奉贤区的客户协调员工作，由于黄某未同意，化工公司以客观情况发生重大变化为由作出解雇决定。此后黄某申请仲裁要求支付赔偿金，其主张公司仍有两名财务人员在广州工作，并非所有岗位撤销。化工公司则辩称，两名员工一人为香港公司管理，一人为苏州财务共享中心管理，均不属于化工公司管理。

专家分析：本案的争议焦点在于是否存在周某劳动合同所依据的客观情况发生重大变化并导致劳动合同无法继续履行的情形。虽然《劳动合同法》并未明确“客观情况发生重大变化”的具体情形，但就本案而言，化工公司虽主张已撤销了包括黄某岗位在内的所有财务岗位，但所对应的工作职责、工作内容并未消失，化工公司也未能就仍保留两个财务岗位而不留用黄某作出合理解释，在此情况下无法得出“双方劳动合同无法继续履行”的结论。此外黄某工作地在广州市，化工公司提供工作地在上海市的客户协调员职位（非财务会计类职务），缺乏诚信协商的基础。最终，法院判决化工公司的解雇行为违法，并应向黄某支付违法解除劳动合同的赔偿金。

案例 3. 提供关联公司工作机会是否属于协商变更合同？

案例实录：那某于 2012 年进入深圳某集团公司（以下简称集团公司）工作，担任液体包装部经理一职。2013 年 1 月，集团公司另成立某 A 公司，并将液体包装部的资产和业务剥离至 A 公司运营，集团公司则撤销液体包装部。

根据“人随业务走”的基本原则，集团公司启动人员转移和安置工作。2013年4月，集团公司向那某发出了《协商沟通函》，明确协商方案包括：（1）支付“N+1”的经济补偿金协商解除劳动合同；（2）与A公司签订劳动合同，但工作内容、劳动报酬均不变。因那某均拒绝上述两种方案，4月28日，集团公司以客观情况发生重大变化为由通知那某解除劳动合同。嗣后，那某申请仲裁，要求集团公司支付违法解除劳动合同的赔偿金。

专家分析：本案集团公司因资产业务转移至A公司而撤销那某所在的液体包装部，根据原劳动部《关于〈劳动法〉若干条文的说明》的规定，资产业务转移属于客观情况发生重大变化的情形之一，那某所在的职位因公司业务转移、部门撤销而消失，其劳动合同客观上无法继续履行。然而，根据《劳动合同法》第四十条第三项的规定，即使发生情势变更事项，用人单位仍应履行与员工协商变更劳动合同的义务，而本案中从集团公司提供的协商方案来看，一为协商解除劳动关系，二为与其他单位建立劳动关系，两种方案的实质均是与集团公司解除劳动关系，而非在集团公司内部提供变更合同的方案，故该协商方案不属于法律规定的“协商变更劳动合同内容”的范畴，其单方解除与那某的劳动合同构成违法解除。最终，仲裁机构裁决集团公司败诉，并支持了那某要求支付违法解除劳动合同赔偿金的诉讼请求。

◆ 专家建议

综合上述案例以及企业在执行情势变更解除操作时的其他潜在法律风险，如下建议可供参考：

1. 准确识别是否构成情势变更

由于《劳动合同法》未明确情势变更的具体类型，为企业判断是否构成情势变更带来不确定性因素。但情势变更究其实质是企业内外部情况变化导致员工工作内容在企业内部消失的情形，包括企业出售资产和业务、关闭业务、业务整体转移或外包等，但从相关司法实践来看一般不包括以下情形：

（1）将两个岗位合并后撤销其中一个岗位；

（2）因生产任务不足产生冗员；

（3）公司产生亏损；

（4）针对个别员工的岗位撤销；

（5）员工岗位被其他员工顶替。

由于情势变更事由一般具有整体性特征，且多由于外部因素或经营情况的变化，用人单位以作出相关调整决议（如撤销部门）为名主张情势变更的，还应就调整决定的必要性（如公司遭遇严重亏损等）、合理性承担举证责任，比如提供相关的审计报告、资产处置协议等。有些地方如北京市对于组织架构调整引发的岗位撤销从严审查，一般不采纳成立情势变更①。

2. 积极与员工沟通情势变更事由

虽然用人单位调整组织架构、撤销相关岗位、关闭部分业务均属于企业自主权，但上述内容可能涉及劳动者的切身利益，劳动者的工作岗位可能不复存在，故上述事项应属于重大事项范畴，用人单位应当按照《劳动合同法》第四条的规定履行民主公示程序。

用人单位可通过工会、职工代表会议、员工沟通会等多种方式征求员工意

① 北京市高级人民法院、北京市劳动人事争议仲裁委员会《关于审理劳动争议案件法律适用问题的解答》（2017 年 4 月 24 日）规定："12. 哪些情形属于《劳动合同法》第四十条第三项规定的'劳动合同订立时所依据的客观情况发生重大变化'？'劳动合同订立时所依据的客观情况发生重大变化'是指劳动合同订立后发生了用人单位和劳动者订立合同时无法预见的变化，致使双方订立的劳动合同全部或者主要条款无法履行，或者若继续履行将出现成本过高等显失公平的状况，致使劳动合同目的难以实现。下列情形一般属于'劳动合同订立时所依据的客观情况发生重大变化'：（1）地震、火灾、水灾等自然灾害形成的不可抗力；（2）受法律、法规、政策变化导致用人单位迁移、资产转移或者停产、转产、转（改）制等重大变化的；（3）特许经营性质的用人单位经营范围等发生变化的。"

见，履行相应的民主程序①，告知公司的调整决定以及对员工岗位的影响、公司已采取的补救措施等。

3. 积极固定协商变更合同的证据

即使出现情势变更，用人单位并非能够直接解除劳动关系，还需履行协商变更劳动合同的义务。现实当中因未能举证协商程序从而导致单位败诉的案件比比皆是，用人单位可通过书面通知、会议讨论、电子邮件等多种方式固定协商不成的证据。

应当注意的是，用人单位不得以无岗位提供为由拒绝协商，或者以协商解除劳动关系来代替协商变更劳动合同内容，相关协商方案应在企业内部寻找，仅仅提供关联公司的就业机会或本公司其他岗位的面试机会一般不视为协商变更合同。在协商程序中，用人单位不得滥用协商权利，如提供惩罚性、侮辱性工作岗位，提供大幅降低员工工资的协商方案等。

4. 履行通知工会等法定程序

任何单方提前解除劳动合同的情形均应提前通知工会，情势变更解除亦不例外。用人单位在通知员工解除劳动合同前，可通过协商解除方式控制法律风险，确实无法就协商解除达成一致的，方可通知单方解除，但应明确解除的法律理由和事实理由，并应依法支付经济补偿金、代通知金等。

---

① 如《广东省劳动人事争议处理办法》（2017 年 5 月 1 日）规定：“用人单位出现生产经营重大变化，致使劳动合同无法继续履行的，应当制定相关工作方案。工作方案的内容包括拟采用的人员调整方案、劳动合同变更、解除或者终止及重新签订办法等。用人单位出现前款规定情形的，人力资源社会保障行政部门、有关行政主管部门和工会、企业代表组织应当根据需要或者用人单位、职工的请求，及时给予指导帮助。”上海市《关于促进本市企业重大改革调整中劳动关系稳定的操作指引》规定，未建立工会的企业可以将重大改革调整和劳动关系变更方案，以及其他涉及职工切身利益重大事项等情况及时告知企业主管部门、当地政府相关部门、企业代表组织和地方工会组织。企业所在地的工会组织应当积极会同企业主管部门、政府相关部门和企业代表组织，共同做好对涉及重大改革调整企业的工作指导，帮助制定工作预案、选举职工代表、依法依规履行民主协商程序，平稳有序推进企业重大改革调整，确保职工队伍稳定。

◆ 相关法规

《劳动合同法》

第四十条 有下列情形之一的，用人单位提前三十日以书面形式通知劳动者本人或者额外支付劳动者一个月工资后，可以解除劳动合同：

……

（三）劳动合同订立时所依据的客观情况发生重大变化，致使劳动合同无法履行，经用人单位与劳动者协商，未能就变更劳动合同内容达成协议的。

劳动部《关于〈劳动法〉若干条文的说明》

第二十六条 本条中的“客观情况”指：发生不可抗力或出现致使劳动合同全部或部分条款无法履行的其他情况，如企业迁移、被兼并、企业资产转移等，并且排除本法第二十六条所列的客观情况。

《民法典》

第一百八十条 因不可抗力不能履行民事义务的，不承担民事责任。法律另有规定的，依照其规定。

不可抗力是不能预见、不能避免且不能克服的客观情况。

第三节　经济性裁员的风险防控

◆ 必备知识

1. 经济性裁员存在实体条件限制

经济性裁员是个别劳动关系中的集体劳动关系，通常有人数要求，根据《劳动合同法》第四十一条的规定，只有在裁减人员20人以上或者裁减不足20人但占企业职工总数10%以上的情况方可执行经济性裁员。除了人数要求外，用人单位执行经济性裁员必须有法定事由，具体包括：

（1）依照《企业破产法》规定进行重整的；

（2）生产经营发生严重困难的；

（3）企业转产、重大技术革新或者经营方式调整，经变更劳动合同后，仍需裁减人员的；

（4）其他因劳动合同订立时所依据的客观经济情况发生重大变化，致使劳动合同无法履行的。

2. 经济性裁员存在程序条件限制

企业执行经济性裁员有严格的程序要求，结合《劳动合同法》的具体规定，主要包括：

（1）提前30日向工会或者全体职工说明情况（裁员的原因）；

（2）听取工会或者职工的意见（裁员名单、补偿方案等）；

（3）裁减人员方案向劳动行政部门报告；

（4）优先留用与本单位订立较长期限的固定期限劳动合同人员、与本单位订立无固定期限劳动合同人员以及家庭无其他就业人员，有需要扶养的老人或者需要抚养的未成年人的人员。

用人单位如果违反上述程序执行经济性裁员，将构成违法解除。

3. 经济性裁员存在特殊群体的限制

根据《劳动合同法》第四十二条的规定，用人单位不得以经济性裁员为由解除受特殊保护的劳动者，具体包括：

（1）从事接触职业病危害作业的劳动者未进行离岗前职业健康检查，或者疑似职业病病人在诊断或者医学观察期间的；

（2）在本单位患职业病或者因工负伤并被确认丧失或者部分丧失劳动能力的；

（3）患病或者非因工负伤，在规定的医疗期内的；

（4）女职工在孕期、产期、哺乳期内的；

（5）在本单位连续工作满 15 年，且距法定退休年龄不足 5 年的；

（6）法律、行政法规规定的其他情形。

◆ 典型案例

案例 1. 一个季度经营亏损能否视为“经营发生严重困难”？

案例实录：王某于 2012 年 4 月进入深圳某胶带有限公司（以下简称胶带公司）工作，双方签订有劳动合同。10 月，胶带公司以“订单大幅度减少，预期营业收入减少 50% 以上，从而导致经营严重困难”为由进行经济性裁员，王某在裁员名单范围。胶带公司制定裁员方案征求了工会意见，但未将裁员事项报告劳动行政部门。王某被解除劳动合同后申请仲裁，要求支付违法解除劳动合同的赔偿金。庭审中胶带公司提交了财务报告，证明 2014 年第三季度出现巨额亏损，公司生产经营发生了严重困难。

专家分析：本案胶带公司以经济性裁员为由执行解除，应审查其程序和实体条件是否符合法律规定。胶带公司仅举证证明 2014 年第三季度亏损，公司亦未发生停产等极端情况，尚难以认定为经营发生严重困难，可见胶带公司执行经济性裁员不符合实体条件；从程序角度，胶带公司虽制定裁员方案并履行民主程序，但并未将裁员事项报告所在地劳动行政部门，亦未遵守经济性裁员的程序性条件。可见胶带公司解除王某劳动合同的行为并不符合法律规定，最终仲裁机构裁决胶带公司向王某支付违法解除劳动合同的赔偿金。

应当注意的是，是否构成生产经营发生严重困难一般由司法机关根据用人单位提供的证据材料行使自由裁量权，一般而言应提交至少1—2年的财务审计报告以证明公司财务状况恶化，或者公司出现停工停产现金流锐减已无法正常发放工资等特殊情况，部分地区如辽宁省、河南省等地还需经过政府审核认定是否为困难企业。

案例2. 裁员名单是否应提交工会征求意见？

案例实录：深圳某通讯设备有限公司（以下简称通讯公司）因经营发生严重困难于2014年3月开始执行经济性裁员，其制定裁员名单时未包括汪某、聂某两人。后通讯公司将《经济性裁员方案》（含裁员名单）提交工会并征求职工代表意见，并于5月将裁员方案提交劳动部门备案后，解除了包括汪某、聂某等在内的20人的劳动合同。汪某、聂某申请仲裁，认为其不在裁员名单范围，通讯公司解除劳动合同系违法解除。

专家分析：根据《劳动合同法》第四十一条、《企业经济性裁减人员规定》第四条的规定，用人单位经济性裁减人员时，应提前30日向工会或者全体职工说明情况，提出裁减人员方案，内容包括被裁减人员名单、裁减时间及实施步骤等，并将裁减人员方案征求工会或者全体职工的意见。由此可知，被裁减人员名单是需要征求工会或全体职工意见的必要内容。本案中，通讯公司虽然就《经济性裁员方案》（含裁员名单）征求过工会和职工的意见，但该征求意见稿中并未将汪某、聂某列入被裁减人员名单，导致工会和职工无法就汪某、聂某被列入裁减人员名单提出意见，主张权利，通讯公司也未能举证证明其在公布最终确定的裁减人员名单前已就该名单征求工会或全体职工意见，因此，通讯公司解除与汪某、聂某的劳动关系并未履行法定程序，其应当向汪某、聂某支付违法解除劳动合同的赔偿金。

◆ 专家建议

综合上述案例以及企业在执行经济性裁员操作时的其他潜在法律风险，如下建议可供参考：

1. 准确识别经济性裁员的实体条件

目前企业执行经济性裁员主要事由为“经营发生严重困难”，对此用人单位须提供审计财务报告等第三方证据证明公司确实发生了严重困难，如果企业并未发生亏损，则难以成立“经营困难”。在司法实践中，法院一般结合以下因素对是否属于经营困难进行实体判断：

（1）企业亏损持续的时间、数额；

（2）企业的注册资本金、现金流、营业额；

（3）企业内部关于经营发生严重困难的界定；

（4）工会对是否属于经营困难的意见；

（5）公司是否停工停产、停止招聘等；

（6）公司采取的其他补救措施（停止安排加班、招聘、变更合同等）。

公司可以通过“就生产经营是否发生困难事项与工会进行民主评议”“向政府机构申报困难企业认定”等措施降低实体条件认定风险。

2. 严格履行经济性裁员的法定程序

用人单位在执行经济性裁员时应严格执行法律规定的各项程序条件，具体包括：

（1）提前 30 日向工会或全体职工（非职代会）说明情况，包括企业出现可经济性裁员的具体情形、产生的原因，对企业生产经营的影响程度、影响范围（部门、岗位等情况）。

（2）提出裁减人员的初步方案，具体包括：裁员依据的法定情形；裁员范围、裁员数量和比例；被裁减人员的选择标准与裁员名单；裁员时间及实施步骤；被裁减人员的经济补偿方式和标准。

（3）听取工会或者职工代表对裁员初步方案的合理意见并固定相关证据。

（4）修改完善后确定企业裁员方案和被裁减人员名单并予以公布。

（5）向劳动行政部门履行报告手续，报告时应提交裁员方案、裁减人员名册、提前说明情况、听取工会及职工意见情况、补偿金的预算情况等材料。

3. 依法公平合理确定裁员名单

裁员名单的确定是经济性裁员的核心环节，也是极容易引发争议的环节。用人单位可结合员工的工作年限、业绩表现等通过民主程序确定具体名单范围，同时还应注意禁止裁员的人员范围（《劳动合同法》第四十二条规定的人员）和优先留用的人员范围，避免违反法律规定。

用人单位可采取员工自行申报、职工民主评议、企业最后选定等多个程序确定名单的最终范围。而一旦确定最终裁员名单，用人单位不得随意更改人员范围，否则将导致违法解除风险。

◆ 相关法规

《劳动合同法》

第四十一条 有下列情形之一，需要裁减人员二十人以上或者裁减不足二十人但占企业职工总数百分之十以上的，用人单位提前三十日向工会或者全体职工说明情况，听取工会或者职工的意见后，裁减人员方案经向劳动行政部门报告，可以裁减人员：

（一）依照企业破产法规定进行重整的；

（二）生产经营发生严重困难的；

（三）企业转产、重大技术革新或者经营方式调整，经变更劳动合同后，仍需裁减人员的；

（四）其他因劳动合同订立时所依据的客观经济情况发生重大变化，致使劳动合同无法履行的。

裁减人员时，应当优先留用下列人员：

（一）与本单位订立较长期限的固定期限劳动合同的；

（二）与本单位订立无固定期限劳动合同的；

（三）家庭无其他就业人员，有需要扶养的老人或者未成年人的。

用人单位依照本条第一款规定裁减人员，在六个月内重新招用人员的，应当通知被裁减的人员，并在同等条件下优先招用被裁减的人员。

第四十二条 劳动者有下列情形之一的，用人单位不得依照本法第四十条、第四十一条的规定解除劳动合同：

（一）从事接触职业病危害作业的劳动者未进行离岗前职业健康检查，或者疑似职业病病人在诊断或者医学观察期间的；

（二）在本单位患职业病或者因工负伤并被确认丧失或者部分丧失劳动能力的；

（三）患病或者非因工负伤，在规定的医疗期内的；

（四）女职工在孕期、产期、哺乳期的；

（五）在本单位连续工作满十五年，且距法定退休年龄不足五年的；

（六）法律、行政法规规定的其他情形。

《企业经济性裁减人员规定》

第四条 用人单位确需裁减人员，应按下列程序进行：

（一）提前三十日向工会或者全体职工说明情况，并提供有关生产经营状况的资料；

（二）提出裁减人员方案，内容包括：被裁减人员名单，裁减时间及实施步骤，符合法律、法规规定和集体合同约定的被裁减人员经济补偿办法；

（三）将裁减人员方案征求工会或者全体职工的意见，并对方案进行修改和完善；

（四）向当地劳动行政部门报告裁减人员方案以及工会或者全体职工的意见，并听取劳动行政部门的意见；

（五）由用人单位正式公布裁减人员方案，与被裁减人员办理解除劳动合同手续，按照有关规定向被裁减人员本人支付经济补偿金，出具裁减人员证明书。

第四节　提前解散终止的风险防控

◆ 必备知识

1. 用人单位决定解散有严格的法定程序

根据《公司法》的相关规定，导致公司解散的原因包括：

（1）公司章程规定的营业期限届满或者其他解散事由出现；

（2）股东会或者股东大会决议解散；

（3）因公司合并或者分立需要解散；

（4）依法被吊销营业执照、责令关闭或者被撤销；

（5）人民法院依照《公司法》第一百八十二条的规定予以解散。

公司解散一般由股东会或董事会作出决议，并应在一定期限内成立清算组，清算公司各项对内对外债权债务，其中包括职工劳动合同的处理。根据《公司登记管理条例》的规定，清算组应当自成立之日起 10 日内将清算组成员、清算组负责人名单向公司登记机关备案，清算结束之日起 30 日内向原公司登记机关申请注销登记。

2. 用人单位提前解散可导致劳动合同终止

劳动关系系用人单位与劳动者之间的法律关系，如果用人单位一方主体不复存在，则双方劳动关系客观上无法维系，劳动合同只能终止。《劳动合同法》第四十四条规定，用人单位被依法宣告破产、被吊销营业执照、责令关闭、撤销或者用人单位决定提前解散的，劳动合同终止。

由此可见，解散事项可导致与该用人单位签订劳动合同的所有职工的劳动合同终止，包括工伤职工、“三期”女员工等。

3. 用人单位以解散为由终止合同应履行法定义务

虽然用人单位有权决定提前解散，亦有权以提前解散为由行使劳动合同终止权利，但用人单位仍应履行办理社会保险转移、足额支付经济补偿金等法定义务。即使用人单位因破产而解散，根据《企业破产法》的相关规定，欠职工的工资和医疗补助、伤残补助、抚恤费用，所欠的应当划入职工个人账户的基本养老保险、基本医疗保险费用，以及法律、行政法规规定应当支付给职工的补偿金属于优先清偿的债权范围。但是对于破产企业的董事、监事和高级管理人员，则其工资按照该企业职工的平均工资计算，而不得依据原合同约定工资支付。

◆ 典型案例

案例 1. 公司提前解散，何时可通知终止劳动合同？

案例实录：2004 年，李某入职江苏某集团公司（以下简称集团公司），双方签订有无固定期限劳动合同。2018 年 12 月 1 日，集团公司召开股东大会，表决通过《股东大会决议》，决定于 12 月 31 日解散公司。12 月 31 日，李某被通知终止劳动合同。此后，李某申请仲裁要求集团公司支付违法终止赔偿金，李某认为虽然股东作出解散决定，但公司直至申请仲裁时仍未成立清算组，也未向工商部门报告，在未启动清算程序的情况下终止职工劳动合同属于违法终止。

专家分析：《劳动合同法》第四十四条第五项规定，用人单位决定提前解散的，劳动合同终止。但就劳动合同终止时点现行法律并未规定，虽然公司解散过程中可陆续发生成立清算组、向工商部门报备、税务清算、正式注销等若干时点，但用人单位是否严格遵循公司法规定的解散程序属于不同的法律关系，而劳动法应以公司决策机关作出解散决定且公司实际停止经营作为判断依据。本案中集团公司虽未及时成立清算组并启动清算程序，但无证据证明公司继续经营，在股东会已作出解散决定的前提下，集团公司通知李某终止合同不违反现行法律规定，最终法院以李某的主张无法律依据为由判决李某败诉。

案例 2. 分公司被撤销可否终止劳动合同？

案例实录：王某于 2005 年 4 月入职上海某家电公司（以下简称家电公司）。2011 年 3 月 31 日，王某与家电公司常州分公司（以下简称常州分公司）签订无固定期限劳动合同，约定王某担任行政工作。2016 年 12 月 16 日，家电公司召开董事会会议，作出决议，自该日起注销常州分公司。2017 年 7 月 6 日，常州分公司作出《劳动合同终止通知》，通知王某根据《劳动合同法》第四十四条第五项终止劳动合同。后王某申请仲裁要求支付违法终止的赔偿金。王某主张常州分公司不具有法人主体资格，不能适用劳动合同法规定的用人单位被吊销营业执照、撤销等法定终止情形。

专家分析：《劳动合同法实施条例》第四条规定，劳动合同法规定的用人单位设立的分支机构，依法取得营业执照或者登记证书的，可以作为用人单位与劳动者订立劳动合同。可见分支机构具有用人单位主体资格，其能够与签订劳动合同的员工形成劳动合同订立、解除、终止相关的权利义务关系。《劳动合同法》第四十四条规定的“有下列情形之一的，劳动合同终止：……（五）用人单位被吊销营业执照、责令关闭、撤销或者用人单位决定提前解散的……”，也应包括分公司被吊销营业执照、责令关闭、撤销或者用人单位决定提前解散的情形，在分公司被撤销的情形下，分公司与劳动者签订的劳动合同也可依法终止。本案中家电公司于 2016 年 12 月 16 日作出注销常州分公司的决议，上述决议导致王某的劳动合同主体灭失，双方劳动合同只得参照《劳动合同法》第四十四条的规定执行终止。最终，法院驳回了王某的诉讼请求。

◆ 专家建议

综合上述案例以及企业在执行解散终止操作时的其他潜在法律风险，如下建议可供参考：

1. 公司应举证证明提前解散事由已经成立

根据公司法等相关规定，用人单位决议提前解散应当根据公司法、本公司章程等规定履行法定程序，或作出股东会决议/董事会决议。此外，用人单位应积极履行相关决议，包括停止经营、成立清算组、向工商部门办理注销登记手续。如用人单位内部虽作出解散决议，但公司继续经营也未向主管机关报备，则仍可能面临违法终止劳动合同的风险。

2. 分公司被撤销应区分情况确定劳动合同的处理

分公司被总公司撤销，一般应形成董事会决议并办理工商登记手续。对于与分公司签订劳动合同的职工，分公司可以“被总公司撤销”为由终止劳动合同。但对于与总公司签订劳动合同，被安排至分公司工作的员工而言，其劳动合同并非当然终止，而应由总公司评估劳动合同能否通过变更后继续履行，或与员工直接协商解除劳动合同，如符合情势变更条件的，亦可考虑单方解除劳动合同。

3. 公司关闭容易引发群体性事件，应提前防范风险

由于公司提前解散导致劳动关系的整体消灭，容易引发劳动者采取过激行为。虽然我国劳动法并未要求公司关闭应履行民主程序，但考虑到潜在的负面影响，用人单位仍应积极与员工进行诚信协商，制定公平合理的安置方案，如制定高于法定标准的补偿金以促成协商解除劳动合同，对于工伤、“三期”等特殊职工还应制定针对性的安置方案，以避免因“一刀切”引发不公。

我国劳动法并未规定公司关闭应通知工会或劳动行政部门，但从预防集体争议的角度，可将解散安置事项提前告知工会和当地劳动行政部门，以获得支持和谅解，在发生集体争议后依托工会、行政机关力量参与调处，最大限度化解争议。

◆ 相关法规

《劳动合同法》

第四十四条 有下列情形之一的，劳动合同终止：

……

（四）用人单位被依法宣告破产的；

（五）用人单位被吊销营业执照、责令关闭、撤销或者用人单位决定提前解散的；

……

最高人民法院《关于审理劳动争议案件适用法律若干问题的解释（四）》

第十三条 劳动合同法施行后，因用人单位经营期限届满不再继续经营导致劳动合同不能继续履行，劳动者请求用人单位支付经济补偿的，人民法院应予支持。

《公司法》

第一百八十条 公司因下列原因解散：

（一）公司章程规定的营业期限届满或者公司章程规定的其他解散事由出现；

（二）股东会或者股东大会决议解散；

（三）因公司合并或者分立需要解散；

（四）依法被吊销营业执照、责令关闭或者被撤销；

（五）人民法院依照本法第一百八十二条的规定予以解散。

《民法典》

第六十九条 有下列情形之一的，法人解散：

（一）法人章程规定的存续期间届满或者法人章程规定的其他解散事由出现；

（二）法人的权力机构决议解散；

（三）因法人合并或者分立需要解散；

（四）法人依法被吊销营业执照、登记证书，被责令关闭或者被撤销；

（五）法律规定的其他情形。

Chapter 7
7 项离职员工权益计算

离职时权益如何计算是劳动者关注的重点内容，如经济补偿金计算时是否应剔除加班费、经济补偿金何时应分段计算、医疗补助费是否应经劳动能力鉴定程序等。这些问题不仅与法律规定相关，更与各个地方的具体执行口径相关。HR 不仅需要准确理解国家层面的相关法律规定，还需要准确掌握地方裁判口径；不仅应关注补偿标准的合法性，还需考虑企业内部的公平性。

本章将全面梳理各项离职权益，包括经济补偿金、代通知金、竞业限制补偿金、医疗补助费、赔偿金等常见的劳动关系热点问题。

第一节　经济补偿金

◆ 必备知识

1. 经济补偿金属于解雇保护措施之一

经济补偿金，是指劳动合同解除或终止后用人单位依据法律规定或协议约定向劳动者支付的款项。经济补偿金虽然客观上具有弥补劳动者离职后收入减少的功能，但其毕竟与属于社会保障范围的“失业救济金”有本质区别。经济补偿金制度的设计加强了对被解雇劳动者的保护力度，是用人单位执行解除终止劳动合同时必须考虑的因素之一。

2. 经济补偿金具有“法定性”

根据我国劳动法律的规定，并非所有劳动合同解除终止的情形都产生经济补偿金支付义务，通常系劳动者被动解除劳动关系时，用人单位才需支付经济补偿金，具体包括如下情形：

（1）用人单位提出，与劳动者协商一致解除劳动合同；

（2）用人单位执行无过错解除劳动合同；

（3）用人单位执行经济性裁员；

（4）用人单位以合同期满为由终止劳动合同；

（5）用人单位决定提前解散终止劳动合同；

（6）劳动者因用人单位严重侵权、严重违约行为提前解除劳动合同。

除经济补偿金的支付条件由法律明确规定外，其支付时间和标准亦应按法律规定执行。根据《劳动合同法》的规定，经济补偿金在“劳动者办结工作交接时”支付，如果劳动者未办结工作交接，用人单位可以暂缓支付经济补偿金。经济补偿金的支付标准则结合劳动者离职前12个月的月平均工资、在本单位工作年限综合确定。

3. 经济补偿金具有“约定性”

虽然劳动法对经济补偿金的支付条件、支付时间、支付标准均有明确规定，但司法实践中仍允许用人单位与劳动者经协商一致，高于或低于法定标准支付经济补偿金。例如，劳动者辞职，但用人单位出于保密的需要愿意向劳动者支付经济补偿金，此并不违反法律规定。

相反，如果劳动者自愿放弃经济补偿金或者接受较低标准的经济补偿金，经双方协商一致达成协议，如果没有重大误解、显失公平等情形，则上述协议仍然具有法律约束力。

◆ 典型案例

案例1. 计算经济补偿金时是否应剔除加班费？

案例实录：李某于1999年9月进入无锡市A过滤器有限公司（以下简称A公司）担任保安一职。2013年5月13日，A公司以“客观情况发生重大变化，经协商不能就变更劳动合同达成协议”为由向李某出具了《终止或解除劳动关系通知单》，该通知单中解除劳动合同的时间是2013年4月7日。4月初，A公司一次性向李某支付了经济补偿金、代通知金等共计99202.60元。后李某申请仲裁要求A公司支付违法解除劳动合同的赔偿金。在庭审中李某主张其解除劳动合同前12个月的平均工资为4815.66元，加上公积金394.66元，两者之和为5210.32元。A公司则认为补偿金计算基数应剔除加班费和公积金。

专家分析：《劳动合同法实施条例》第二十七条规定，“劳动合同法第四十七条规定的经济补偿的月工资按照劳动者应得工资计算，包括计时工资或者计件工资以及奖金、津贴和补贴等货币性收入”。该条例虽未罗列加班费，但国家统计局《关于工资总额组成的规定》第四条中则明确，工资总额包含加班加点工资。《江苏省工资支付条例》第六十二条亦规定："本条例所称工资是指用人单位根据国家规定或者劳动合同的约定，依法以货币形式支付给劳动者的劳动报酬，包括计时工资、计件工资、奖金、津贴和补贴、加班加点工资以及特殊情况下支付的工资等，不包括用人单位承担的社会保险费、住房公积金、劳动保护、职工福利和职工教育费用。"

可见，加班工资也属于劳动者工资收入范畴，应计入经济补偿金计算基数。本案经仲裁、一审、二审和再审，最终江苏省高级人民法院作出判决，认定 A 公司违法解除，赔偿金计算基数可剔除公积金，但应包含加班费。

关于经济补偿金是否应剔除加班费，各地做法存在一定差异，如上海市①、福建省等地在司法实践中将加班费予以剔除。

案例 2. 劳部发〔1994〕481 号文废止，经济补偿金分段计算是否已取消?

案例实录：2003 年 4 月 15 日，张某入职大连某制品公司（以下简称制品公司），2017 年 4 月 28 日，制品公司向张某出具《解除劳动合同通知书》，载明解除原因为"订立劳动合同依据的客观情况发生变化不能协商变更合同"，并通知张某会给付 9.5 个月的经济补偿金。后张某申请仲裁，要求制品公司支付 14.5 个月的经济补偿金。诉讼中制品公司主张，《违反和解除劳动合同的经济补偿办法》已于 2017 年 11 月 24 日根据人社部发〔2017〕87 号通知宣布废止，被 2008 年 1 月 1 日生效的《劳动合同法》所替代，失去法律效力。根据新法优于旧法原则，经济补偿金应依据 2008 年 1 月 1 日生效的《劳动合同法》来计算，而不是依据已经被行政机关废止的政策性文件。

---

① 上海市高级人民法院 2013 年第 1 期《民事法律适用问答》中规定："第一，经济补偿从性质上看系用人单位与劳动者解除或终止劳动关系后，为弥补劳动者损失或基于用人单位所承担的社会责任而给予劳动者的补偿，故经济补偿金应以劳动者的正常工作时间工资为计算基数。第二，加班工资系劳动者提供额外劳动所获得的报酬，不属于正常工作时间内的劳动报酬。第三，从原劳动部《关于贯彻〈中华人民共和国劳动法〉若干问题的意见》第 55 条和《劳动合同法实施条例》第 27 条规定来看，也应认为经济补偿金不包含加班费。综上，我们认为在计算经济补偿金计算基数时不应将加班工资包括在内。"

专家分析：《劳动合同法》第九十七条第三款规定："本法施行之日存续的劳动合同在本法施行后解除或者终止，依照本法第四十六条规定应当支付经济补偿的，经济补偿年限自本法施行之日起计算；本法施行前按照当时有关规定，用人单位应当向劳动者支付经济补偿的，按照当时有关规定执行。"该条款表明：计算劳动者在《劳动合同法》施行前的解除劳动合同经济补偿金，按当时的有关规定执行；计算劳动者在《劳动合同法》施行后的解除劳动合同经济补偿金，按本法的有关规定执行。《违反和解除劳动合同的经济补偿办法》虽被废止，但在"当时"是具有法律效力的，该通知被废止并不影响其在先的法律效力，其作为 2008 年 1 月 1 日之前"当时"有效的规定，仍然是 2008 年 1 月 1 日之前经济补偿金的计算依据。最终，法院采信了张某关于经济补偿金应分段计算的主张。

◆ 专家建议

综合上述案例以及企业在执行经济补偿金核算时的其他潜在法律风险，如下建议可供参考：

1. 注意经济补偿金的计算周期

经济补偿金以月工资为计算单位，但该月工资并非劳动合同约定的基本工资，也非员工上一自然年度的平均工资，而系劳动者离职前 12 个月的平均月工资。如员工于 2020 年 7 月 15 日离职，一般计算 2019 年 7 月 1 日至 2020 年 6 月 30 日期间的平均工资。如果员工离职前工作未满 12 个月，则按实际月份，对于工作不足月的入职当月，一般剔除计算。

2. 注意经济补偿金的计算口径

经济补偿金以应发工资为统计口径，所谓应发工资是指用人单位每月向劳动者发放的应得工资，包括用人单位代为扣缴的社会保险个人部分、公积金个人部分以及个人所得税，而非实发工资。

在具体项目上，核算经济补偿金的月工资，不仅包括常规的基本工资，也包括年终奖、加班费（部分地区除外）、绩效奖金、各类津贴补贴等其他货币性收入，但应剔除劳动者因公出差产生的实报实销的差旅费用、公司实施股权激励产生的股票分红等股权收入。

对于劳动者离职前休病假、公司停工停产等导致劳动者实际收入低于正常工资标准的情形，离职前 12 个月平均工资是否应剔除上述“非正常工作期间”存在一定争议，如浙江省①、东莞市②、江苏省等地的司法实践中倾向于剔除计算，多数地区仍按实际发放的工资计算（但不得低于最低工资）。笔者则倾向于在经济补偿金基数已明确最低工资托底的情况下，主张剔除计算并无法律依据可循，用人单位可结合地方司法实践作相应的选择。

3. 注意经济补偿金的“封顶”和“托底”

2008 年《劳动合同法》明确规定，如果劳动者离职前月工资超过本地区上年度职工月平均工资三倍的，按照三倍封顶值计算。用人单位需特别注意的是，随着国家社保减负政策的推进，国务院要求各省应以本省城镇非私营单位就业人员平均工资和城镇私营单位就业人员平均工资加权计算的全口径城镇单位就业人员平均工资，作为核定缴费基数的上下限。这导致经济补偿基数上限可能与社保缴费基数上限脱钩，很多地区甚至不再发布本地区上年度职工月平均工资数据，取而代之的是城镇单位就业人员平均工资、城镇非私营单位就业人员平均工资、规模以上企业就业人员平均工资、城镇非私营单位在岗职工年平均工资、全省全社会单位在岗职工年平均工资等数据，如北京市 2019 年 8

---

① 浙江省高级人民法院民一庭、浙江省劳动人事争议仲裁院《关于审理劳动争议案件若干问题的解答（二）》（浙高法民一〔2014〕7 号）规定：“十一、劳动者解除或者终止劳动合同前十二个月包含医疗期等非正常工作期间，且在该期间内用人单位未支付正常工作工资的，经济补偿基数应如何确定？答：《劳动合同法》第四十七条第三款规定的‘本条所称月工资是指劳动者在劳动合同解除或者终止前十二个月的平均工资’，应理解为劳动合同解除或者终止前劳动者正常工作状态下十二个月的平均工资，不包括医疗期等非正常工作期间。”

② 《劳动争议裁审衔接工作座谈会议纪要》（东中法〔2019〕73 号）规定：“5. 在计算解除或终止劳动合同经济补偿金或赔偿金基数（即劳动者离职前 12 个月的月平均工资）时：（1）对劳动者非正常出勤月份的工资一般予以剔除。正常出勤月份是指当月正常工作时间满勤，且对劳动者非正常出勤一般不区分原因……”

月 16 日发布的《关于按照法人单位从业人员平均工资计算经济补偿封顶基数的通告》中明确："经研究决定，将北京市统计部门发布的北京市法人单位从业人员平均工资，作为《劳动合同法》规定的由当地政府公布的全市职工平均工资来计算经济补偿的封顶基数。"（2019 年平均工资数据：11715 元/月）上海市则暂以"本市城镇单位就业人员平均工资"（2019 年数据：9580 元/月）作为经济补偿金基数上限的测算依据，不与社保缴费基数上限（9339 元 ×3）挂钩。用人单位可向当地劳动行政部门咨询获得最新的测算口径。

此外，因劳动者患病等导致月收入降低甚至低于最低工资标准的，则应按照本地区当年度最低工资标准"托底"计算。

应当注意的是，如果劳动者工作地和用人单位注册地不一致时，按照劳动者工作地确定最低工资标准即社会职工月平均工资标准。例如，员工劳动合同签订在上海市，与上海市的公司建立劳动关系，但工作地在北京市，则应执行北京市的社会平均工资和最低工资标准。

4. 注意经济补偿金计算上的"前后差异"和"地区差异"

虽然《劳动合同法》在一定程度上统一了经济补偿金的计算规则，但在《劳动合同法》实施之前，各地关于经济补偿金的支付条件和计算规则并不一致。以劳动合同期满终止为例，在《劳动合同法》实施以前，全国多数地区规定合同期满终止无须支付经济补偿金。但也有例外，如山东省则规定，自 2002 年 1 月 26 日《山东省实施劳动合同制度办法》停止执行前用人单位招用的劳动者，劳动合同期满终止劳动合同时，用人单位应当按照《山东省实施劳动合同制度办法》中有关终止劳动合同计发经济补偿金的规定，发给劳动者至《山东省实施劳动合同制度办法》停止执行前的经济补偿金，最多不超过 12 个月。又如，江苏省外商投资企业在执行合同期满终止时，对于 2002 年 4 月 25 日《江苏省外商投资企业劳动管理办法》废止前的工龄段也应支付经济补偿金。

此外，由于《违反和解除劳动合同的经济补偿办法》（劳部发〔1994〕

481 号）被废止，涉及经济补偿的分段基数地区差异也较大。如北京市[①]、上海市等全国多数地区仍严格执行分段计算原则。但对于补偿基数封顶问题，浙江省则取消了分段计算规则[②]，明确依法计算的工作年限超过 12 年的，经济补偿金最多支付 12 个月工资。而广东省则规定，经济补偿月数上限、工作年限不满 6 个月经济补偿计发月数、经济补偿的计发基数问题统一适用《劳动合同法》第四十七条的规定[③]，虽然上述做法是否有违立法本意值得商榷，但用人单位仍需结合当地的审判实践作出准确判断。

---

① 《关于〈违反和解除劳动合同的经济补偿办法〉（劳部发〔1994〕481）被废止后劳动争议处理若干问题的意见》（2018 年 1 月 17 日）规定："一、对于在《劳动合同法》颁布前入职的劳动者解除劳动合同经济补偿金计算问题。《劳动合同法》第九十七条第三款规定，本法施行之日存续的劳动合同在本法施行后解除或者终止，依照本法第四十六条规定应当支付经济补偿的，经济补偿年限自本法施行之日起计算；本法施行前按照当时有关规定，用人单位应当向劳动者支付经济补偿的，按照当时有关规定执行。该条款的规定是以法律的形式，确认了在《劳动合同法》实施前计算解除劳动合同经济补偿金的方法，且在 1995 年 1 月 1 日开始实施的《劳动法》中也有解除劳动合同需要支付经济补偿金的规定。因此在《违反和解除劳动合同的经济补偿办法》（劳部发［1994］481）（以下简称 481 号文）被废止后，对于在《劳动合同法》颁布前入职的劳动者解除劳动合同经济补偿金的计算，仍应依法以 481 号文有关规定为标准，但在制作裁决书时不再提及 481 号文，而直接表述为'依据《劳动合同法》第九十七条第三款的规定'。"

② 浙江省高级人民法院民事审判第一庭、浙江省劳动人事争议仲裁院《关于审理劳动争议案件若干问题的解答（二）》（浙高法民一〔2014〕7 号）规定："十二、劳动者月工资高于用人单位所在直辖市、设区的市级人民政府公布的本地区上年度职工月平均工资三倍，其在用人单位的工作时间跨越 2008 年 1 月 1 日，劳动合同在《劳动合同法》施行后解除或者终止，劳动者要求用人单位支付经济补偿的，计算经济补偿的最高年限应如何认定？答：《劳动合同法》第四十七条第二款规定经济补偿的最高支付年限为十二年。劳动者工作时间跨越劳动合同法实施之日，依法计算的工作年限超过 12 年的，经济补偿金最多支付 12 个月工资。"

③ 广东省高级人民法院、广东省劳动人事争议仲裁委员会《关于劳动人事争议仲裁与诉讼衔接若干意见》（2018 年 7 月 18 日）规定："十、原劳动部《违反和解除劳动合同的经济补偿办法》废止后，经济补偿月数上限、工作年限不满六个月经济补偿计发月数、经济补偿的计发基数问题统一适用《劳动合同法》第四十七条的规定。根据《劳动合同法》第九十七条第三款的规定，《劳动合同法》施行之日存续的劳动合同在该法施行后解除或终止的，依照《劳动合同法》第四十六条规定用人单位应当支付经济补偿的，补偿年限从该法施行之日起计算。在《劳动合同法》施行前，按照当时的规定用人单位应当支付经济补偿的，仍适用当时规定。"

表 7－1　经济补偿金分段计算示意图（限于全国多数地区）

<table>
<tr><th>情形</th><th colspan="3">分段计算规则</th></tr>
<tr><td rowspan="4">2008 年
1 月 1 日
以前入职</td><td rowspan="2">月工资≥社会平均工资三倍</td><td>不胜任解除/协商解除</td><td>月工资×2008 年以前工龄（≤12）＋社会平均工资三倍×2008 年以后的工龄（≤12）</td></tr>
<tr><td>其他离职形式</td><td>月工资×2008 年以前工龄＋社会平均工资三倍×2008 年以后的工龄（≤12）</td></tr>
<tr><td rowspan="2">月工资＜社会平均工资三倍</td><td>不胜任解除/协商解除</td><td>月工资×2008 年以前工龄（≤12）＋月工资×2008 年以后的工龄</td></tr>
<tr><td>其他离职形式</td><td>月工资×（2008 年以前工龄＋2008 年以后工龄）</td></tr>
<tr><td rowspan="2">2008 年
1 月 1 日
及以后入职</td><td>月工资≥社会平均工资三倍</td><td colspan="2">社会平均工资三倍×工作年限（≤12）</td></tr>
<tr><td>月工资＜社会平均工资三倍</td><td colspan="2">月工资×工作年限</td></tr>
</table>

备注：上述月工资是指劳动者离职前 12 个月平均工资。

◆ 相关法规

《劳动合同法》

第四十六条　有下列情形之一的，用人单位应当向劳动者支付经济补偿：

（一）劳动者依照本法第三十八条规定解除劳动合同的；

（二）用人单位依照本法第三十六条规定向劳动者提出解除劳动合同并与劳动者协商一致解除劳动合同的；

（三）用人单位依照本法第四十条规定解除劳动合同的；

（四）用人单位依照本法第四十一条第一款规定解除劳动合同的；

（五）除用人单位维持或者提高劳动合同约定条件续订劳动合同，劳动者不同意续订的情形外，依照本法第四十四条第一项规定终止固定期限劳动合同的；

（六）依照本法第四十四条第四项、第五项规定终止劳动合同的；

（七）法律、行政法规规定的其他情形。

第四十七条 经济补偿按劳动者在本单位工作的年限，每满一年支付一个月工资的标准向劳动者支付。六个月以上不满一年的，按一年计算；不满六个月的，向劳动者支付半个月工资的经济补偿。

劳动者月工资高于用人单位所在直辖市、设区的市级人民政府公布的本地区上年度职工月平均工资三倍的，向其支付经济补偿的标准按职工月平均工资三倍的数额支付，向其支付经济补偿的年限最高不超过十二年。

本条所称月工资是指劳动者在劳动合同解除或者终止前十二个月的平均工资。

《劳动合同法实施条例》

第二十七条 劳动合同法第四十七条规定的经济补偿的月工资按照劳动者应得工资计算，包括计时工资或者计件工资以及奖金、津贴和补贴等货币性收入。劳动者在劳动合同解除或者终止前12个月的平均工资低于当地最低工资标准的，按照当地最低工资标准计算。劳动者工作不满12个月的，按照实际工作的月数计算平均工资。

国务院办公厅《关于印发降低社会保险费率综合方案的通知》

三、调整社保缴费基数政策

调整就业人员平均工资计算口径。各省应以本省城镇非私营单位就业人员平均工资和城镇私营单位就业人员平均工资加权计算的全口径城镇单位就业人员平均工资，核定社保个人缴费基数上下限，合理降低部分参保人员和企业的社保缴费基数。调整就业人员平均工资计算口径后，各省要制定基本养老金计发办法的过渡措施，确保退休人员待遇水平平稳衔接。

……

第二节　代通知金

◆ 必备知识

1. 代通知金并非法律概念

劳动法领域并无“代通知金”的法律概念。但对于法律规定的用人单位可以一个月工资代替履行提前30日通知义务的情形，用人单位普遍将该一个月工资称为“代通知金”。考虑到“代通知金”的命名为用人单位、劳动者和司法机关所广泛认同，本书仍将采用此说法。

2. 代通知金仅限于无过错解除

根据《劳动合同法》第四十条的规定及相关审判实践，用人单位仅在以下情形应当向劳动者支付一个月工资的代通知金：

（1）以劳动者医疗期满为由提前解除劳动合同；

（2）以劳动者不胜任工作为由提前解除劳动合同；

（3）以客观情况发生重大变化为由解除劳动合同；

（4）劳动合同期满（限北京地区）。

应当注意的是，如果在上述情形下用人单位已经履行了提前30日通知的义务，则无须向劳动者支付代通知金。用人单位以其他理由（包括违法解除）提前解除或者终止劳动合同①，无须向劳动者支付代通知金。

---

① 目前北京市的司法实践中，对于合同期满终止用人单位未提前30日通知劳动者的，也应支付1个月工资的代通知金。参见北京市高级人民法院、北京市劳动争议仲裁委员会《关于劳动争议案件法律适用问题研讨会会议纪要》（2009年8月17日）：“29. 用人单位未提前三十日通知劳动者劳动合同到期终止，劳动者要求用人单位按照《劳动合同法》第八十七条规定支付赔偿金的，不予支持；劳动者要求用人单位按照《北京市劳动合同规定》第四十七条规定，每延迟一日支付一日工资赔偿金的，应予支持。”

3. 代通知金以上个月工资为支付标准

《劳动合同法实施条例》第二十条规定："用人单位依照劳动合同法第四十条的规定，选择额外支付劳动者一个月工资解除劳动合同的，其额外支付的工资应当按照该劳动者上一个月的工资标准确定。"由此可见，代通知金并非按照合同约定工资标准确定，而是按照离职前上个月工资标准确定，且无上年度职工社会平均工资3倍的限制。

◆ 典型案例

案例．销售人员的提成是否计入代通知金？

案例实录：王某于2014年5月进入某医疗器械公司（以下简称医疗公司）担任销售经理，双方签订有3年期劳动合同。2015年12月31日，医疗公司以王某不胜任工作为由提前解除了王某的劳动合同（未履行提前30日通知义务）。经核算王某的月基本工资为9000元，离职前12个月平均工资为15000元。医疗公司向王某支付了30000元的经济补偿金及9000元的代通知金，对此王某提出异议，认为2015年11月其领取了一笔30000元的销售提成，故代通知金应为30000元，要求医疗公司补差，但遭到了医疗公司的拒绝，后双方发生争议。

专家分析：《劳动合同法实施条例》明确代通知金按照员工离职前上个月工资标准确定，但实践中员工离职上月工资可能因发放年终奖、销售提成等产生过高情形，也可能因病假、事假等产生过低情形。对此，上海市明确"可按解除劳动合同之前劳动者十二个月的平均工资确认"①。故本案中王某虽然于2015年11月领取了一笔高额销售提成，但不能反映其正常收入水平，应按

---

① 上海市高级人民法院《关于适用〈劳动合同法〉若干问题的意见》规定，《劳动合同法实施条例》规定"代通知金"的支付标准，应当以上个月的工资标准确定，但只以单月的工资为准，可能过高或过低，既有可能对用人单位不利，也有可能对劳动者不利，从整体上看不利于促进和形成和谐稳定的劳动关系。所以，结合劳动法和劳动合同法的立法精神，上个月的"工资标准"，应当是指劳动者的正常工资标准。如其上个月工资不能反映正常工资水平的，可按解除劳动合同之前劳动者十二个月的平均工资确认。

照 15000 元确定王某的代通知金标准，医疗公司以基本工资 9000 元核发代通知金亦与相关规定不符。

◆ 专家建议

综合上述案例以及企业在执行代通知金支付时的其他潜在法律风险，如下建议可供参考：

1. 执行无过错解除劳动合同优先选择支付代通知金

根据《劳动合同法》第四十条的规定，在医疗期满、不胜任工作、情势变更三种情形下，用人单位可选择提前 30 日书面通知劳动者解除劳动合同，或者选择立即通知劳动者解除劳动合同但额外向劳动者支付一个月工资的代通知金。

虽然法律赋予用人单位可选择是否支付代通知金的权利，但考虑到一旦用人单位告知劳动者即将解除劳动合同，双方信任关系不再，在此情况下额外支付代通知金反而能够取得劳动者的认同，以便于其立即寻找工作。而对用人单位而言，也无须担心在 30 日内出现员工怀孕、工伤等无法执行无过错解除劳动合同的情形。

2. 注意“代通知金”与“经济补偿金”的计算差异

根据《劳动合同法》的规定，经济补偿金按照劳动者离职前 12 个月平均工资计算，超过本地区上年度社会职工月平均工资 3 倍的，按照 3 倍封顶计算；代通知金则按照劳动者离职上月工资标准确定，且无社会平均工资 3 倍封顶的限制。

出现劳动者离职上月工资显著不合理的情形，用人单位可参照离职前 12 个月平均工资核定员工的代通知金数额（参考上海市规定）或剔除上月实际发放的浮动性收入（如奖金、加班费等）[1]。

---

① 无锡市劳动和社会保障局《关于印发〈无锡市劳动争议案件研讨会议纪要〉的通知》规定，两倍工资、代通知金的计发基数均应按照劳动者正常工作时间内的基本工资为计发基数，即扣除加班工资、奖金、津贴等。

3. 在协商解除情况下，代通知金标准“从约定”

基于法定的代通知金仅针对单方解除，故用人单位和劳动者执行协商解除并无支付代通知金的要求。但在企业用工实践中，用人单位往往愿意额外支付一个月代通知金以促成双方协商解除，此种情况下代通知金的计算方法完全可由双方自行约定，只要劳资双方达成协议，则相应的条款约定受法律保护。

4. 代通知金和经济补偿金可以合并申报纳税

虽然代通知金以上月工资标准为参照，但其与正常提供劳动获得收入不能等同，故其仍属于离职补偿范畴，可与用人单位同时发放的经济补偿金汇总按照“补偿金”科目纳税。具体计税方法可参见财政部、国家税务总局《关于个人所得税法修改后有关优惠政策衔接问题的通知》：

（1）个人与用人单位解除劳动关系取得一次性补偿收入（包括用人单位发放的经济补偿金、生活补助费和其他补助费），在当地上年职工平均工资3倍数额以内的部分，免征个人所得税；超过3倍数额的部分，不并入当年综合所得，单独适用综合所得税率表，计算纳税。

（2）个人领取一次性补偿收入时按照国家和地方政府规定的比例实际缴纳的住房公积金、医疗保险费、基本养老保险费、失业保险费，可以在计征其一次性补偿收入的个人所得税时予以扣除。

◆ 相关法规

《劳动合同法》

第四十条 有下列情形之一的，用人单位提前三十日以书面形式通知劳动者本人或者额外支付劳动者一个月工资后，可以解除劳动合同：

（一）劳动者患病或者非因工负伤，在规定的医疗期满后不能从事原工作，也不能从事由用人单位另行安排的工作的；

（二）劳动者不能胜任工作，经过培训或者调整工作岗位，仍不能胜任工作的；

（三）劳动合同订立时所依据的客观情况发生重大变化，致使劳动合同无法履行，经用人单位与劳动者协商，未能就变更劳动合同内容达成协议的。

《劳动合同法实施条例》

第二十条 用人单位依照劳动合同法第四十条的规定，选择额外支付劳动者一个月工资解除劳动合同的，其额外支付的工资应当按照该劳动者上一个月的工资标准确定。

第三节　赔偿金

◆ 必备知识

1. 赔偿金仅针对违法解除或终止劳动合同的情形

根据《劳动合同法》第八十七条的规定，用人单位违法解除或者终止劳动合同，应当按照经济补偿标准的二倍向劳动者支付赔偿金。可见，赔偿金系针对用人单位违法解除或终止劳动合同而设计，亦属于解雇保护的措施之一。

用人单位若系合法解除或终止劳动合同，无须向劳动者支付赔偿金；如果劳动者提前解除劳动合同，无论用人单位是否存在过错（如劳动者依《劳动合同法》第三十八条规定提出解除），用人单位亦无须支付赔偿金。

2. 赔偿金具有“惩罚性”

违法解除终止劳动合同的赔偿金按照经济补偿金标准的二倍计算，具有惩罚和遏制用人单位违法行为的功能。根据《劳动合同法实施条例》的规定，赔偿金的计算年限自用工之日起计算，即包含《劳动合同法》实施以前劳动者的工作年限。可见，《劳动合同法》实施后，大幅增加了用人单位违法解除或终止劳动合同的成本。

3. 赔偿金具有“或然性”

用人单位违法解除或终止劳动合同，并非只要支付赔偿金即了结争议。根据《劳动合同法》第四十八条的规定，用人单位违法解除或终止劳动合同，劳动者要求继续履行劳动合同的，用人单位应当继续履行。可见，如果劳动者被违法解除劳动合同，其可以选择要求用人单位支付赔偿金，亦可以选择要求与用人单位继续履行劳动合同。

如果劳动者选择要求继续履行劳动合同，且劳动合同能够继续履行的，用人单位无须向劳动者支付赔偿金，但应当与劳动者恢复劳动关系并赔偿违法解除或终止劳动关系期间的工资损失。

◆ 典型案例

案例 违法解除劳动合同赔偿金是否应分段计算？

案例实录：叶某于2000年6月起进入厦门某食品公司（以下简称食品公司）工作，双方自2012年起签订了无固定期限劳动合同，叶某离职前月工资为40000元。2018年12月27日，食品公司以叶某不能胜任工作为由向叶某发出《解除劳动合同通知书》。此后叶某申请仲裁，要求支付违法解除劳动合同赔偿金208万元。食品公司则认为即使违法解除，应支付的赔偿金也应当按照上年度社会平均工资3倍封顶计算（每月6288元×3倍×封顶12个月×2倍=452736元）。叶某则认为应当分段计算（即2008年以前工龄按照每月40000元计算）后再乘以2倍。

专家分析：《劳动合同法》第八十七条规定，赔偿金按照经济补偿金的二倍计算。《劳动合同法实施条例》则规定，赔偿金的计算年限自用工之日起计算。本案争议焦点在于经济补偿金的分段计算规则是否同时适用于赔偿金。《劳动合同法》第九十七条第三款规定："本法实施之日存续的劳动合同在本法施行后解除或者终止，依照本法第四十六条规定应当支付经济补偿的，经济补偿年限自本法施行之日起计算；本法施行前按照当时有关规定，用人单位应当向劳动者支付经济补偿的，按照当时有关规定执行。"根据该条款，显然经济补偿金分段计算只限于《劳动合同法》第四十六条所列举的情形，由于《劳动合同法》第四十六条并未将用人单位违法解除劳动合同的情形规定在内，而在《劳动合同法》实施之前的劳动法律法规也未规定用人单位违法解除劳动合同需按经济补偿金标准的二倍支付劳动者赔偿金。故叶某关于违法解除赔偿金应分段计算的主张缺乏依据。最终，法院认定食品公司违法解除，但应支付的赔偿金应为452736元。

应当指出的是，各地司法实践对赔偿金的具体算法亦存在一定的差异，如天津市高级人民法院规定①："用人单位违法解除劳动合同，劳动者请求用人单位支付赔偿金的，赔偿金计算年限应当区分《中华人民共和国劳动合同法》实施前后而分别计算。《中华人民共和国劳动合同法》实施前，是否支持劳动者提出的赔偿金的诉讼请求，应当按照当时的法律法规执行；《中华人民共和国劳动合同法》实施后，赔偿金计算年限自用工之日起计算，最早自 2008 年 1 月 1 日起算。"按上述观点，赔偿金需要分段计算。

◆ 专家建议

考虑到违法解除劳动合同的赔偿金一般由司法机关予以确定，用人单位一般不直接参与赔偿金的具体计算。但用人单位在评估单方解除或终止劳动合同所产生的赔偿金成本时，应当结合各地司法实践的差异确定具体的赔偿数值，以便管理者准确评估法律风险，作出妥善的选择。

表 7－2　违法解除赔偿金计算公式（天津等个别地区除外）

全国多数地区	赔偿金计算
月工资≥社会平均工资三倍	当地职工社会月平均工资三倍×工作年限（自用工日起算但≤12）×2 倍
月工资＜社会平均工资三倍	离职前 12 个月月平均工资×工作年限（自用工日起据实计算）×2 倍

◆ 相关法规

《劳动合同法》

第四十八条　用人单位违反本法规定解除或者终止劳动合同，劳动者要求继续履行劳动合同的，用人单位应当继续履行；劳动者不要求继续履行劳动合

① 详见天津市高级人民法院《关于印发〈天津法院劳动争议案件审理指南〉的通知》（津高法〔2017〕246 号）。

同或者劳动合同已经不能继续履行的，用人单位应当依照本法第八十七条规定支付赔偿金。

第八十七条 用人单位违反本法规定解除或者终止劳动合同的，应当依照本法第四十七条规定的经济补偿标准的二倍向劳动者支付赔偿金。

《劳动合同法实施条例》

第二十五条 用人单位违反劳动合同法的规定解除或者终止劳动合同，依照劳动合同法第八十七条的规定支付了赔偿金的，不再支付经济补偿。赔偿金的计算年限自用工之日起计算。

第四节　医疗补助费

◆ 必备知识

1. 医疗期满解除的医疗补助费法律依据存争议

原劳动部印发的《违反和解除劳动合同的经济补偿办法》第六条规定："劳动者患病或者非因工负伤，经劳动鉴定委员会确认不能从事原工作，也不能从事用人单位另行安排的工作而解除劳动合同的，用人单位应按其在本单位的工作年限，每满一年发给相当于一个月工资的经济补偿金，同时还应发给不低于六个月工资的医疗补助费。患重病和绝症的还应增加医疗补助费，患重病的增加部分不低于医疗补助费的百分之五十，患绝症的增加部分不低于医疗补助费的百分之百。"但上述部门规章已于2017年11月24日被人社部正式废止。

目前，除上海市、江苏省等地在地方性条例中仍保留医疗期满解除的医疗补助费规定外，《劳动法》《劳动合同法》均未规定医疗补助费制度，有些地区的法院以无法律依据为由不予支持医疗期解除劳动合同的医疗补助费诉请，也有些地区如北京市①、广东省②则明确医疗期满解除劳动合同仍需支付医疗补助费。

2. 劳动合同顺延至医疗期满终止仍须支付医疗补助费

原劳动部《关于实行劳动合同制度若干问题的通知》第二十二条规定："劳动者患病或者非因工负伤，合同期满终止劳动合同的，用人单位应当支付不低于六个月工资的医疗补助费；对患重病或绝症的，还应适当增加医疗补助费。"又根据原劳动部办公厅《关于对劳部发〔1996〕354号文件有关问题解释的通知》的规定，劳动合同因医疗期顺延至期满终止的，仅在被劳动鉴定委员会鉴定为5—10级的情况下，用人单位应当支付不低于6个月工资的医疗补助费。可见，用人单位以合同期满为由终止劳动合同且劳动者劳动能力确受影响的，仍需支付医疗补助费。

3. 医疗补助费支付标准具有法定性

根据相关规定，一般疾病的医疗补助费按照不低于6个月工资标准确定；

① 《关于〈违反和解除劳动合同的经济补偿办法〉（劳部发〔1994〕481号）被废止后劳动争议处理若干问题的意见》规定："二、关于医疗期满解除或终止劳动合同医疗补助费问题。关于医疗补助费不仅在481号文中有规定，在原劳动部《关于贯彻执行〈中华人民共和国劳动法〉若干问题的意见》（劳部发〔1995〕309号）（以下简称309号文）、《关于实行劳动合同制度若干问题的通知》（劳部发〔1996〕354号）、原劳动部办公厅《关于因病或非因工负伤医疗期管理等若干问题的请示的复函》（劳办函〔1996〕40号）、《关于对劳部发〔1996〕354号文件有关问题解释的通知》（劳办发〔1997〕18号）也有类似规定，即劳动者在劳动合同期限内患病、非因工负伤医疗期满后，仍不能从事原工作也不能从事由单位另行安排的工作的，或者劳动合同终止时，医疗期满、医疗终结，由劳动能力鉴定委员会参照工伤与职业病致残程度鉴定标准进行劳动能力鉴定。被鉴定为一至四级的，办理因病、非因工负伤退休退职手续，享受相应的退休退职待遇；被鉴定为五至十级，解除或者终止劳动合同的，按规定支付经济补偿金并应当支付不低于六个月工资的医疗补助费。因此，劳动者患病、非因工负伤在解除或终止劳动合同时，主张医疗补助费的，仍应按照上述相关规范性文件的规定予以执行，但由于目前缺乏患重病和绝症的规范性依据，劳动者主张增加医疗补助费的，依照谁主张谁举证的原则，由主张者就患重病或者绝症提供证据，并参照481号文的规定执行。"

② 广东省高级人民法院、广东省劳动人事争议仲裁委员会《关于劳动人事争议仲裁与诉讼衔接若干意见》（粤高法发〔2018〕2号）规定："十一、劳动者患病、非因工负伤医疗期满后，经劳动能力鉴定委员会鉴定为完全丧失劳动能力或大部分丧失劳动能力，不能从事原工作、也不能从事由用人单位另行安排的工作而解除劳动合同的，用人单位应按规定支付经济补偿并支付不低于六个月工资的医疗补助费。"

系重症或绝症的，还应增加医疗补助费。上述月工资标准与经济补偿金的月工资标准的计算规则略有不同，其不受当地上年度职工社会月平均工资三倍的限制。

◆ 典型案例

案例．违法解除劳动合同是否应支付医疗补助费？

案例实录：黄某于2010年7月入职上海某汽车模具公司（以下简称模具公司）担任测量员，双方签订的最后一份劳动合同期限为自2014年1月1日至2018年12月31日。2018年12月24日起黄某向模具公司连续请病假。2019年1月3日，模具公司以劳动合同到期终止为由，通知黄某解除劳动合同关系。黄某则申请仲裁要求模具公司支付违法解除劳动合同赔偿金和医疗补助费74000元。模具公司主张即使认定违法解除，也不应支付医疗补助费。

专家分析：医疗补助费的法律依据为原劳动部《关于实行劳动合同制度若干问题的通知》第二十二条的规定。上述部门规章并未有违法解除劳动合同应当支付医疗补助费的规定，在《劳动合同法》实施后亦未有新的政策，考虑到我国医疗保险制度的日益完善，劳动者的医疗费用已可以通过医疗保险得到较为充分的补偿，在此情况下不宜扩大医疗补助费的适用范围。最终，法院支持了黄某关于违法解除劳动合同的赔偿金的诉讼请求，但以无法律依据为由驳回了黄某关于医疗补助费的诉讼请求。

◆ 专家建议

根据现行规定，虽然《违反和解除劳动合同的经济补偿办法》已被废止，但《劳动法》时代所诞生的旨在解决员工离职后就医困难的医疗补助费制度并未完全废止，如上海市、江苏省、北京市、广东省仍明确在法定情形下用人单位仍需支付医疗补助费。故用人单位以医疗期满提前解除劳动合同仍需要做好支付医疗补助费的准备，可在离职前安排员工进行劳动能力鉴定，根据鉴定结果确定是否应支付医疗补助费。如果鉴定为完全丧失劳动能力并且符合办理提前退休退职手续的，此时员工的医疗保障已通过退休制度解决，无须支付医疗补助费，如果鉴定为部分或大部分丧失劳动能力的，应当支付医疗补助费。在上海地区，根据《上海市劳动合同条例》的规定，医疗期满提前解除无须办理劳动能力鉴定也应支付医疗补助费。

对于合同期满终止，包括上海市在内的全国多数地区均规定应根据劳动能力鉴定结果确定是否应支付医疗补助费。如果鉴定为部分或大部分丧失劳动能力，应当支付医疗补助费；如果鉴定为无等级或者完全丧失劳动能力并符合提前退休退职手续，则无须支付医疗补助费。

♦ 相关法规

劳动部《关于实行劳动合同制度若干问题的通知》

22. 劳动者患病或者非因工负伤，合同期满终止劳动合同的，用人单位应当支付不低于六个月工资的医疗补助费；对患重病或绝症的，还应适当增加医疗补助费。

劳动部办公厅《关于对劳部发〔1996〕354 号文件有关问题解释的通知》

二、《通知》第 22 条“劳动者患病或者非因工负伤，合同期满终止劳动合同的，用人单位应当支付不低于六个月工资的医疗补助费”是指合同期满的劳动者终止劳动合同时，医疗期满或者医疗终结被劳动鉴定委员会鉴定为5－10级的，用人单位应当支付不低于六个月工资的医疗补助费。鉴定为 1－4 级的，应当办理退休、退职手续，享受退休、退职待遇。

第五节　恢复劳动关系工资损失

◆ 必备知识

1. 恢复劳动关系仅限于违法解除终止情形

根据《劳动合同法》的规定，用人单位违法解除或终止劳动合同，劳动者要求继续履行劳动合同的，用人单位应当继续履行。在司法实践中，继续履行劳动合同又称为"恢复劳动关系"，可见恢复劳动关系多针对用人单位违法解除或终止劳动合同的情形。

2. 能否恢复劳动关系受制于多方面因素

由于恢复劳动关系的前提是双方仍有继续履行劳动合同的空间，劳动者存在继续履行劳动合同的预期利益。如果劳动者未与用人单位签订劳动合同或者劳动合同期限已经届满，此时并无恢复劳动关系的基础。

同时根据法律规定，"劳动合同已经不能继续履行"的，用人单位应当支付赔偿金，对于劳动者岗位已被撤销、劳动者实际已经与其他单位建立劳动关系等情况，法院亦可直接判决劳动关系不宜恢复。但各地关于恢复劳动关系的裁判尺度并不统一①，而由人民法院根据案情行使自由裁量权，用人单位不宜

---

① 北京市高级人民法院、北京市劳动人事争议仲裁委员会《关于审理劳动争议案件法律适用问题的解答》（2017年4月24日）规定："9. 用人单位违法解除或终止劳动合同后，劳动者要求继续履行劳动合同，哪些情形可以认定为'劳动合同确实无法继续履行'？劳动合同确实无法继续履行主要有以下情形：（1）用人单位被依法宣告破产、吊销营业执照、责令关闭、撤销，或者用人单位决定提前解散的；（2）劳动者在仲裁或者诉讼过程中达到法定退休年龄的；（3）劳动合同在仲裁或者诉讼过程中到期终止且不存在《劳动合同法》第十四条规定应当订立无固定期限劳动合同情形的；（4）劳动者原岗位对用人单位的正常业务开展具有较强的不可替代性和唯一性（如总经理、财务负责人等），且劳动者原岗位已被他人替代，双方不能就新岗位达成一致意见的；（5）劳动者已入职新单位的；（6）仲裁或诉讼过程中，用人单位向劳动者送达复工通知，要求劳动者继续工作，但劳动者拒绝的；（7）其他明显不具备继续履行劳动合同条件的。劳动者原岗位已被他人替代的，用人单位仅以此为由进行抗辩，不宜认定为'劳动合同确实无法继续履行的'情形。"

高估劳动关系无法恢复的可能性。

3. 恢复劳动关系判决具有追溯力

劳动者申请仲裁主张恢复劳动关系，一般从被解除劳动合同次日主张。但案件经过仲裁、诉讼审理，少则两月，多则两年，该期间员工实际未提供劳动，最终法院判决恢复劳动关系也在一段时间之后，但该判决同时具有追溯力，即从解除次日开始恢复劳动关系。上海市则规定，自仲裁申请之日起恢复劳动关系。

在恢复劳动关系期间（包括仲裁诉讼期间），劳动者虽然未提供劳动，但该未提供劳动的情形系用人单位违法行为导致，故仍然需要正常支付工资、缴纳社保等。

◆ 典型案例

案例．总经理被违法解雇，恢复劳动关系期间工资如何发放？

案例实录： 2004 年 1 月，王某进入上海某股份公司（以下简称股份公司）工作，2012 年 12 月升任总经理一职。2014 年 5 月 12 日，股份公司董事会决议免除王某的总经理职务。5 月 13 日，股份公司以王某严重失职为由发出了《解除劳动合同通知书》。后王某申请仲裁，要求恢复劳动关系并按照原工资标准每月 51900 元支付恢复期间的工资损失。股份公司则认为因王某总经理职务已被免除，且未实际提供劳动，故即使恢复劳动关系，也只能按照最低工资标准支付工资损失。经查，股份公司未能提供王某严重失职的充分证据。

专家分析：《劳动合同法》实施后，并未就继续履行劳动合同期间的工资损失计算作出明确规定。《上海市企业工资支付办法》第二十三条规定，用人单位单方解除劳动者的劳动关系，引起劳动争议，经劳动争议仲裁部门或人民法院裁决撤销单位原决定的，用人单位应当支付劳动者在仲裁、诉讼期间的工资。其标准为：用人单位作出决定之月时该劳动者所在岗位前 12 个月的月平均工资乘以停发月份。双方都有责任的，根据责任大小各自承担相应的责任。

本案特殊之处在于王某系总经理，其高额月薪必然包含履行总经理职务所对应的“对价”，但王某之所以未能提供劳动，又与股份公司的违法解雇行为存在必然联系。民事活动应当遵循自愿、公平、等价有偿、诚实信用的原则，对于恢复期间工资损失的判断涉及公平合理问题，人民法院可根据案情酌定损失，本案二审法院最终判定股份公司按照其企业内员工的月平均工资（每月13460元）确定王某的工资损失。

◆ 专家建议

鉴于恢复劳动关系对于企业而言风险极大，不仅意味着在劳资双方失去信任关系的前提下仍然需“继续合作”，而且还需承担仲裁、诉讼期间正常发放工资的巨额成本（对于高薪人员更是如此）。因此，用人单位在实施单方解除时必须评估恢复劳动关系的可能和所产生的风险。需注意的是，个别地区对于高薪人员适当限制恢复期间的工资损失，如规定不超过当地职工社会月平均工资的三倍①，有些则规定因程序瑕疵导致违法解除的仅按最低工资标准支付劳

---

① 天津市高级人民法院《关于印发〈天津法院劳动争议案件审理指南〉的通知》（津高法〔2017〕246号）规定：“28.【用人单位违法解除劳动合同的赔偿金与继续履行竞合问题的处理】用人单位违法解除劳动合同，劳动者要求继续履行合同并主张用人单位支付赔偿金及因违法解除劳动合同而导致的工资损失的，应当区分以下情况分别处理：（1）劳动合同具备继续履行条件的，应当判决双方继续履行劳动合同，同时还应当判决用人单位向劳动者支付自违法解除劳动合同之日起至判决生效之日止的工资损失；（2）劳动合同不能继续履行的，应当根据《中华人民共和国劳动合同法》第八十七条的规定判决用人单位向劳动者支付赔偿金，但不宜再判决用人单位支付自违法解除劳动合同之日起至劳动合同到期终止之日止（即劳动合同剩余期限）的工资损失；（3）劳动合同虽然具备继续履行条件，但已在劳动仲裁或者法院审理期间届满的，不应当再判决继续履行劳动合同，而应当判决用人单位向劳动者支付自违法解除劳动合同之日起至劳动合同届满之日止的工资损失。同时，还应当判令用人单位向劳动者支付合同到期终止的经济补偿金，不宜再判决用人单位向劳动者支付赔偿金。本条规定的工资损失，是指用人单位违法解除劳动合同之日前劳动者十二个月的月平均应得工资，劳动者在该用人单位工作不满十二个月的，按照实际工作月数计算月平均工资。该工资数额高于本市公布的上年度职工月平均工资三倍的，应当按照职工月平均工资三倍的数额确定。上述工资数额无法查明的，以劳动者所在行业平均工资为准。”

动者恢复期间的工资损失①。

此外，如果劳动者确已申请仲裁要求恢复劳动关系，而用人单位又确实存在岗位撤销、岗位已被第三人顶替、劳动合同已到期、双方曾多次发生冲突等情形，可以在仲裁诉讼中主张双方劳动合同客观上已无法继续履行，以获得司法机关不支持恢复劳动关系的判决。

◆ 相关法规

《劳动合同法》

第四十八条 用人单位违反本法规定解除或者终止劳动合同，劳动者要求继续履行劳动合同的，用人单位应当继续履行；劳动者不要求继续履行劳动合同或者劳动合同已经不能继续履行的，用人单位应当依照本法第八十七条规定支付赔偿金。

《上海市企业工资支付办法》

二十三、企业解除劳动者的劳动合同，引起劳动争议，劳动人事争议仲裁部门或人民法院裁决撤销企业原决定，并且双方恢复劳动关系的，企业应当支付劳动者在调解、仲裁、诉讼期间的工资。其标准为企业解除劳动合同前12个月劳动者本人的月平均工资乘以停发月数。双方都有责任的，根据责任大小各自承担相应的责任。

---

① 北京市高级人民法院、北京市劳动争议仲裁委员会《关于劳动争议案件法律适用问题研讨会会议纪要》(2009 年 8 月 17 日) 规定：“24. 用人单位作出的与劳动者解除劳动合同的处理决定，被劳动仲裁委或人民法院依法撤销后，劳动者主张用人单位给付上述处理决定作出后至仲裁或诉讼期间的工资，应按以下原则把握：（1）用人单位作出的处理决定仅因程序方面存在瑕疵而被依法撤销的，用人单位应按最低工资标准向劳动者支付上述期间的工资；（2）用人单位作出的处理决定因在实体方面存在问题而被依法撤销的，用人单位应按劳动者正常劳动时的工资标准向劳动者支付上述期间的工资。”

第六节　竞业限制补偿金

◆ 必备知识

1. 竞业限制的对象

根据《劳动合同法》的规定，竞业限制的人员限于用人单位的高级管理人员、高级技术人员和其他负有保密义务的人员。用人单位如果任意扩大人员范围，如与所有员工签订竞业限制协议，在司法实践中不会得到法院的支持。

2. 竞业限制的期限

根据现行法律规定，竞业限制期限最长不得超过两年，自员工离职时开始计算。如果用人单位与劳动者约定超过两年的竞业限制期限，超出两年的部分无效。

3. 竞业限制的补偿

用人单位要求劳动者履行竞业限制义务，应当向劳动者支付竞业限制补偿金，竞业限制补偿金可根据双方约定及地方性法规确定具体标准，但一般不应低于最低工资标准。如双方无约定，根据相关司法解释可按员工离职前 12 个月平均工资的 30% 确定（另不得低于劳动合同履行地最低工资标准）。

4. 竞业限制的违约金

根据法律规定，劳动者违反竞业限制约定，应当向用人单位支付违约金。违约金的数额首先由双方自行约定，但是如果违约金过高，司法机关可以酌情进行调整。如果双方未约定违约金，则用人单位只能要求劳动者赔偿所造成的损失。

◆ 典型案例

案例 1. 员工持续违反竞业限制义务可否二次主张违约金?

案例实录： 2015 年 12 月，马某进入北京 A 公司（以下简称 A 公司）工作，双方签订有竞业限制协议，协议约定竞业限制补偿金为月工资的 30%，违约金为 100 万元。2017 年 6 月 22 日，马某离职。因马某在职期间投资成立与 A 公司存在竞争关系的 B 公司，A 公司申请仲裁要求支付违约金，该案二审法院于 2018 年 8 月判决马某应支付 A 公司违约金 100 万元。在马某离职后，由于马某并未纠正违约行为，A 公司第二次申请仲裁要求马某继续履行竞业限制义务并支付违约金 42 万元。马某则主张 A 公司属于重复起诉，不应予以支持。

专家分析：《劳动合同法》第二十三条第二款规定："对负有保密义务的劳动者，用人单位可以在劳动合同或者保密协议中与劳动者约定竞业限制条款，并约定在解除或者终止劳动合同后，在竞业限制期限内按月给予劳动者经济补偿。劳动者违反竞业限制约定的，应当按照约定向用人单位支付违约金。"根据该条款的规定，保密协议或者竞业限制条款并未仅限于劳动关系结束后即劳动者离职之后，员工在职期间违反约定，仍应承担违约责任。本案马某在职期间违约被法院判决承担违约责任，其离职后继续违约，A 公司再次主张违约责任并不违反"一事不再理"原则，最终法院判决马某需支付违约金 42 万元。

案例 2. 关联公司给付股权激励可否作为竞业限制补偿金支付?

案例实录： 徐某于 2009 年 4 月进入腾讯上海公司（以下简称腾讯公司）从事网络游戏开发运营工作，2012 年 10 月双方签署《协议书》，约定："甲方母公司——腾讯控股有限公司授予乙方股票期权或限制性股票。乙方需承担保密和不竞争义务。如乙方违约，则乙方行使股票期权或限制性股票所获得的收益须全额返还给甲方。"后徐某先后被授予总计 31000 股限制性股票，经解禁并过户至徐某账户下的总股份数为 15832 股，折合 RSU 收益为人民币 2672842.89 元。2014 年 5 月，腾讯控股有限公司对股票按一股分为五股进行拆细。5 月 28 日，徐某离职。经查，徐某在职期间即成立某科技公司，与腾讯公司存在竞争关系。后腾讯公司申请仲裁，要求徐某支付违约金 2350 万余元。庭审中徐某主张，限制性股票系于劳动关系存续期间授予，属于徐某的工资薪金。股票不是用人单位给付，而是腾讯控股有限公司授予。根据相关司法解释，竞业限制的经济补偿应当为现金，限制性股票并非现金。

专家分析：根据《劳动合同法》的规定，竞业限制补偿金一般于离职后支付。但对于在职期间支付、通过关联公司支付、通过股权激励等方式支付是否可行，现行法律规定并未明确。竞业限制制度的主要目的是防止企业商业秘密泄露，同时需兼顾劳动者的生存权。本案中腾讯公司以股权激励方式于在职期间给付竞业限制对价，未违反法律禁止性规定，且徐某也从中受益，双方在《协议书》中的约定不违反公平合理原则，应视为有效约定。最终，二审法院判决涉案协议有效，徐某因违反竞业限制义务需向腾讯公司支付违约金 1940 万元。

◆ 专家建议

综合上述案例以及企业在执行竞业限制操作时的其他潜在法律风险，如下建议可供参考：

1. 事先约定竞业限制义务

竞业限制义务并非劳动者的法定义务，而须由用人单位与劳动者经协商一致后确定。故在员工入职时，用人单位应当评估员工工作岗位的重要性确定是否应设置竞业限制条款，以避免在离职时才要求与员工签署竞业限制协议，此时往往会遭到劳动者的拒绝，故竞业限制义务应提早谋划。

同时，考虑到劳动者亦可能于在职期间即违反竞业限制义务的情形，用人单位亦可约定劳动者在职期间违反竞业限制义务的，应当承担违约责任。目前，北京市、山东省、东莞市①、江苏省②、浙江省等地的司法实践中均认可该做法。

2. 合理约定竞业限制补偿金

虽然《劳动合同法》明确规定用人单位应当向劳动者支付竞业限制补偿金，但并未规定具体数额。对此，用人单位应当结合地方性规定确定补偿金的具体数额，如《深圳经济特区企业技术秘密保护条例》规定，“竞业限制协议约定的补偿费，按月计算不得少于该员工离开企业前最后十二个月月平均工资的二分之一”；《宁波市企业技术秘密保护条例》（2010 年修正）规定，“在竞业限制期间，企业应当按照竞业限制协议中的约定，向被竞业限制人员支付一定的补偿费。年补偿费不得低于该员工离职前一年从该企业获得的年报酬总额的二分之一”；《江苏省劳动合同条例》则规定，“用人单位对处于竞业限制期限内的离职劳动者应当按月给予经济补偿，月经济补偿额不得低于该劳动者离开用人单位前十二个月的月平均工资的三分之一”。

用人单位如以股权激励等方式支付竞业限制对价的，应区分薪酬福利和竞业限制补偿，通过书面协议明确对应关系和违约金的具体计算方式（如是否抵扣个人所得税等）。如用人单位在 offer 中约定了股权激励属薪酬福利范畴，事后再转变成竞业限制补偿支付形式，存在较大的法律风险。用人单位故意拆分工资结构转化成竞业限制补偿金的做法，由于涉及排除劳动者权利，司法实践中一般不予支持。如《天津市贯彻落实《劳动合同法》若干问题的规定》（津人社局发〔2013〕24 号）第十一条即规定，竞业限制经济补偿不能包含在劳动关系存续期间用人单位支付劳动者的劳动报酬中。

---

① 东莞市中级人民法院、东莞市劳动人事争议仲裁委员会《关于发布〈劳动争议裁审衔接工作座谈会议纪要〉的通知》（2019 年 10 月 10 日）规定，劳动者在职期间应当遵守用人单位有关竞业限制的规定，用人单位与劳动者可以书面约定劳动者在职期间违反竞业限制的违约责任。

② 《江苏省劳动人事争议疑难问题研讨会纪要》（2017 年 7 月 3 日）规定，劳动者在职期间遵守竞业限制是劳动者法定义务，劳动者在职期间违反竞业限制规定与他人经营同类业务的，用人单位追究劳动者的违约责任应予支持。双方对违约金有约定的，劳动者应当按照约定向用人单位支付违约金。

3. 合理约定违反竞业限制的违约金

对于竞业限制违约金的具体数额法律并无规定，但在司法实践中对于约定过高的违约金，人民法院可根据劳动者的具体违约情形、造成的损害后果，劳动者的具体职位、薪资、用人单位约定及支付竞业限制补偿金等情况综合判断，并可行使自由裁量权酌情调整。《劳动合同法草案》曾明确过违约金的上限，即劳动者违反竞业限制约定的，应当向用人单位支付违约金，其数额不得超过用人单位向劳动者支付的竞业限制经济补偿的3倍，但是该规定在后来正式实施的《劳动合同法》中被删除。笔者认为，虽然该条最后未被写入《劳动合同法》中，但是也为司法实践提供了有益的借鉴。

考虑劳动者可能持续违反竞业限制义务，用人单位亦可明确约定劳动者未纠正违约行为可以再次主张违约金①，或者事先设置动态违约金，如将违约金与员工违约开始时间和违约持续时间挂钩，避免劳动者尽早违约、持续违约对公司造成的不利影响。

4. 员工离职时及时清理竞业限制义务

根据相关司法解释规定，在劳动者离职前，用人单位可以书面通知免除劳动者离职后的竞业限制义务，无须额外向劳动者支付竞业限制补偿金，亦无须劳动者同意。但用人单位在劳动者离职后单方免除竞业限制义务的，则应额外向劳动者支付3个月的竞业限制补偿金。

故为了降低成本，用人单位在离职前即应审查是否有必要要求员工履行竞业限制义务，如确无必要，可及时免除劳动者的竞业限制义务。

---

① 如山东省高级人民法院、山东省人力资源和社会保障厅《关于审理劳动人事争议案件若干问题会议纪要》（2019年6月10日）规定，劳动者违反竞业限制约定，向用人单位支付违约金后，只要是在竞业限制协议期限内，用人单位支付了竞业限制经济补偿，劳动者仍然需要履行竞业限制义务。劳动者再次违反竞业限制约定，用人单位主张劳动者再次支付违约金的，应予支持。《2017年深圳市劳动人事争议疑难问题研讨会会议纪要》（2017年9月8日）亦规定，劳动者已支付违约金，用人单位要求继续履行竞业限制协议的，劳动者应当继续履行。劳动者继续违反竞业限制协议约定，用人单位再次主张劳动者支付继续违反约定期间违约金的，应予支持。

◆ 相关法规

《劳动合同法》

第二十三条 用人单位与劳动者可以在劳动合同中约定保守用人单位的商业秘密和与知识产权相关的保密事项。

对负有保密义务的劳动者，用人单位可以在劳动合同或者保密协议中与劳动者约定竞业限制条款，并约定在解除或者终止劳动合同后，在竞业限制期限内按月给予劳动者经济补偿。劳动者违反竞业限制约定的，应当按照约定向用人单位支付违约金。

第二十四条 竞业限制的人员限于用人单位的高级管理人员、高级技术人员和其他负有保密义务的人员。竞业限制的范围、地域、期限由用人单位与劳动者约定，竞业限制的约定不得违反法律、法规的规定。

在解除或者终止劳动合同后，前款规定的人员到与本单位生产或者经营同类产品、从事同类业务的有竞争关系的其他用人单位，或者自己开业生产或者经营同类产品、从事同类业务的竞业限制期限，不得超过二年。

最高人民法院《关于审理劳动争议案件适用法律若干问题的解释（四）》

第六条 当事人在劳动合同或者保密协议中约定了竞业限制，但未约定解除或者终止劳动合同后给予劳动者经济补偿，劳动者履行了竞业限制义务，要求用人单位按照劳动者在劳动合同解除或者终止前十二个月平均工资的30%按月支付经济补偿的，人民法院应予支持。

前款规定的月平均工资的30%低于劳动合同履行地最低工资标准的，按照劳动合同履行地最低工资标准支付。

第七条 当事人在劳动合同或者保密协议中约定了竞业限制和经济补偿，当事人解除劳动合同时，除另有约定外，用人单位要求劳动者履行竞业限制义务，或者劳动者履行了竞业限制义务后要求用人单位支付经济补偿的，人民法院应予支持。

第八条　当事人在劳动合同或者保密协议中约定了竞业限制和经济补偿，劳动合同解除或者终止后，因用人单位的原因导致三个月未支付经济补偿，劳动者请求解除竞业限制约定的，人民法院应予支持。

第九条　在竞业限制期限内，用人单位请求解除竞业限制协议时，人民法院应予支持。

在解除竞业限制协议时，劳动者请求用人单位额外支付劳动者三个月的竞业限制经济补偿的，人民法院应予支持。

第十条　劳动者违反竞业限制约定，向用人单位支付违约金后，用人单位要求劳动者按照约定继续履行竞业限制义务的，人民法院应予支持。

第七节　专项培训违约金

♦ 必备知识

1. 专项培训不具有强制性

《劳动合同法》第二十二条第一款规定："用人单位为劳动者提供专项培训费用，对其进行专业技术培训的，可以与该劳动者订立协议，约定服务期。"但用人单位对劳动者实施专项培训并非其法定义务。

2. 专项培训不同于岗位培训

鉴于专项培训可约定服务期，故其与一般的入职培训、岗位必备培训有所区别。首先，专项培训一般会产生培训费用，用人单位除正常支付工资外，还需支出额外的培训费；其次，专项培训针对的群体对象也是特定的，并非所有员工均可获得专项培训机会。

3. 服务期可以长于劳动合同期限

用人单位就专项培训与劳动者约定服务期，该服务期可长于劳动合同期限。《劳动合同法实施条例》第十七条规定："劳动合同期满，但是用人单位与劳动者依照劳动合同法第二十二条的规定约定的服务期尚未到期的，劳动合同应当续延至服务期满；双方另有约定的，从其约定。"

4. 劳动者违反服务期约定应支付违约金

《劳动合同法》第二十二条第二款规定："劳动者违反服务期约定的，应当按照约定向用人单位支付违约金。违约金的数额不得超过用人单位提供的培训费用。用人单位要求劳动者支付的违约金不得超过服务期尚未履行部分所应分摊的培训费用。"

由此可见，劳动者未遵守服务期承诺提前离职的，应向用人单位支付违约金。

◆ 典型案例

案例 1. 海外派遣能否作为专项技术培训设置服务期?

案例实录：李某于 2008 年 11 月入职广州某汽配公司（以下简称汽配公司）担任采购一职，双方签订有无固定期限劳动合同。2014 年 9 月双方签订一份海外派遣合同，期限为 2014 年 10 月 1 日至 2017 年 9 月 30 日，约定将李某派往日本公司，派遣课题为集团内调动，相关签证及出国手续费用均由汽配公司承担，派遣期间工资由日本公司支付。协议同时约定了 5 年服务期和 5 万元违约金。2017 年 4 月 8 日，李某提出辞职。后汽配公司申请仲裁要求李某支付违约金 5 万元。李某则主张其只是被安排至海外工作，办理的也是工作签证，不属于专项技术培训范畴，汽配公司也未支付培训费，而只是承担签证、差旅等费用。

专家分析：根据《劳动合同法》的规定，用人单位为劳动者提供专项培训费用，对其进行专业技术培训的，可以与该劳动者订立协议，约定服务期。虽然法律未规定专项技术培训的定义，但大体是指用人单位开展的为提高劳动者素质、能力、工作绩效等而实施的有计划、有系统的培养和训练活动，目的在于改善和提高劳动者的知识、技能、工作方法、工作态度以及工作的价值观等，培训的形式并不局限于课堂教育，还包括具体岗位上的能力培养。本案中李某前往日本母公司工作一定程度上有利于其技能提升，但汽配公司并未与李某签署专项技术培训协议，明确具体的培训计划和执行内容等事项，而仅通过一份海外派遣合同来设置服务期，且明确派遣课题为集团内调动，无法认定双方就该派遣工作系专项技术培训达成合意，最终仲裁机构未能支持汽配公司的诉请。

案例 2. EMBA 在读期间是否计入培训服务期?

案例实录：2007 年 6 月，孙某进入某管理有限公司（以下简称某公司）

担任副总经理，双方签署劳动合同至2013年5月31日。同时双方又签署书面培训协议一份，约定“公司同意资助你每年15万元的学费，如果你在学习期间或毕业后36个月内主动离职，则退还公司所有已付的费用”。2007年6月30日起，孙某开始攻读某大学EMBA课程，某公司总计支付培训费298000元。2009年6月23日，孙某取得工商管理硕士学位证书。2011年6月13日，孙某以电子邮件方式提出辞职，7月12日，孙某正式离职。2012年5月，某公司向某区劳动争议仲裁委员会申请仲裁，要求返还培训费298000元。仲裁裁决某公司败诉，后某公司向法院提起诉讼。

专家分析：《劳动合同法》规定，劳动者违反服务期约定的，应当向用人单位支付违约金。本案某公司出资给孙某提供EMBA培训，考虑到EMBA教育的专业性以及高额的培训费用，其当属专项培训无疑。案件的争议焦点在于EMBA学习时间较长，其学习期间是否应计入服务期？根据双方协议约定来看，如果孙某在学习期间及培训后36个月内离职的，也应退还已付费用，故服务期应包括培训期间，即包括读书期间2年和毕业后3年。据此，孙某应按照剩余未履行的服务期按比例支付违约金。

◆ 专家建议

综合上述案例以及企业在实施专项培训时的其他潜在法律风险，如下建议可供参考：

1. 区分日常工作和专项技术培训

由于法律并未明确规定专项技术培训的定义，故而在实践中很容易产生是培训还是工作的争议，特别是一些在岗培训项目，如未能事先签订协议明确相关活动的性质，则容易导致司法机关作出对用人单位不利的判断。

无论用人单位执行的是脱产培训还是在岗培训，如确属于系统性的培养和训练活动，则仍建议提前签署《专项技术培训协议》，对培训的性质、开展方式、费用、违约责任等进行清晰的约定，以避免事后产生争议。

2. 积极约定服务期起始时间

实践中许多用人单位仅约定服务期总共几年，但未约定从何时开始计算，双方若就服务期起始时间产生争议，则往往司法机关会作出有利于劳动者的判决。比如用人单位与劳动者约定服务期为3年，但劳动者接受培训时已经工作了1年，在约定不明确的情况下劳动者往往主张服务期从入职日开始计算，即剩余服务期只有2年；但用人单位则主张服务期应自培训结束后开始计算，剩余服务期为3年。由于剩余服务期的长短直接影响到违约金的计算，约定不明确的，用人单位将承担不利后果。

此外，在用人单位对劳动者实施多次专项培训的情况下，服务期是全部累计计算还是重新计算都可能产生争议，对此用人单位应当明确各次专项培训的服务期起始时间和累计计算的具体方法，避免产生理解歧义。

3. 约定培训费构成、固定培训费支出凭证

在司法实践中，专项培训的培训费用不仅包括培训费，也包括因培训产生的机票、差旅等费用，但一般不包括培训期间的工资。用人单位可与劳动者在培训协议中明确培训费的具体构成、金额以降低未来产生争议的可能。

同时，用人单位应当妥善保管培训的支出凭证，涉及关联企业代为支付的培训费用，应在关联企业之间实施内部结算，避免发生争议后无法举证本单位已支出的培训费用。

◆ 相关法规

《劳动合同法》

第二十二条 用人单位为劳动者提供专项培训费用，对其进行专业技术培训的，可以与该劳动者订立协议，约定服务期。

劳动者违反服务期约定的，应当按照约定向用人单位支付违约金。违约金的数额不得超过用人单位提供的培训费用。用人单位要求劳动者支付的违约金不得超过服务期尚未履行部分所应分摊的培训费用。

用人单位与劳动者约定服务期的，不影响按照正常的工资调整机制提高劳动者在服务期期间的劳动报酬。

《劳动合同法实施条例》

第二十六条 用人单位与劳动者约定了服务期，劳动者依照劳动合同法第三十八条的规定解除劳动合同的，不属于违反服务期的约定，用人单位不得要求劳动者支付违约金。

有下列情形之一，用人单位与劳动者解除约定服务期的劳动合同的，劳动者应当按照劳动合同的约定向用人单位支付违约金：

（一）劳动者严重违反用人单位的规章制度的；

（二）劳动者严重失职，营私舞弊，给用人单位造成重大损害的；

（三）劳动者同时与其他用人单位建立劳动关系，对完成本单位的工作任务造成严重影响，或者经用人单位提出，拒不改正的；

（四）劳动者以欺诈、胁迫的手段或者乘人之危，使用人单位在违背真实意思的情况下订立或者变更劳动合同的；

（五）劳动者被依法追究刑事责任的。

Chapter 8
6 种特殊员工的员工关系管理实务

在企业人力资源管理过程中，用人单位除面对普通的员工之外，还需处理涉及“三期”、病假、工伤、高管、外籍、台港澳、异地等特殊职工。特殊员工的管理与一般员工虽有相同之处，但亦有不同之处。诸如“三期”员工到底有哪些特殊保护、员工发生工伤单位应承担何种责任、解聘高管是否适用公司法、外籍员工应否签订无固定期限劳动合同、异地用工劳动标准如何执行等类似的问题是劳动争议领域的焦点问题，也是企业常常出现认知错误的领域。

第一节　“三期”女职工管理与风险防控

◆ 必备知识

1. “三期”女职工存在工作岗位限制

根据《女职工劳动保护特别规定》的规定，用人单位应当遵守女职工禁忌从事的劳动范围的规定，不得安排“三期”女职工从事法律禁止的工作岗位和工作内容。其中，孕期女职工不得从事的岗位包括：

（1）作业场所空气中铅及其化合物、汞及其化合物、苯、镉、铍、砷、氰化物、氮氧化物、一氧化碳、二硫化碳、氯、己内酰胺、氯丁二烯、氯乙烯、环氧乙烷、苯胺、甲醛等有毒物质浓度超过国家职业卫生标准的作业；

（2）从事抗癌药物、己烯雌酚生产，接触麻醉剂气体等的作业；

（3）非密封源放射性物质的操作，核事故与放射事故的应急处置；

（4）高处作业分级标准中规定的高处作业；

（5）冷水作业分级标准中规定的冷水作业；

（6）低温作业分级标准中规定的低温作业；

（7）高温作业分级标准中规定的第三级、第四级的作业；

（8）噪声作业分级标准中规定的第三级、第四级的作业；

（9）体力劳动强度分级标准中规定的第三级、第四级体力劳动强度的作业；

（10）在密闭空间、高压室作业或者潜水作业，伴有强烈振动的作业，或者需要频繁弯腰、攀高、下蹲的作业。

哺乳期女职工不得从事的工作包括：

（1）作业场所空气中铅及其化合物、汞及其化合物、苯、镉、铍、砷、氰化物、氮氧化物、一氧化碳、二硫化碳、氯、己内酰胺、氯丁二烯、氯乙烯、环氧乙烷、苯胺、甲醛等有毒物质浓度超过国家职业卫生标准的作业；

（2）非密封源放射性物质的操作，核事故与放射事故的应急处置；

（3）体力劳动强度分级标准中规定的第三级、第四级体力劳动强度的作业；

（4）作业场所空气中锰、氟、溴、甲醇、有机磷化合物、有机氯化合物等有毒物质浓度超过国家职业卫生标准的作业。

2.“三期”女职工存在工作时间限制

根据相关规定，怀孕 7 个月以上的女职工，用人单位不得延长劳动时间或者安排夜班劳动，并应当在劳动时间内安排一定的休息时间。

对哺乳未满 1 周岁婴儿的女职工，用人单位不得延长劳动时间或者安排夜班劳动。用人单位应当在每天的劳动时间内为哺乳期女职工安排 1 小时哺乳时间；女职工生育多胞胎的，每多哺乳 1 个婴儿每天增加 1 小时哺乳时间。

3.“三期”女职工存在休假保护

根据相关规定，“三期”女职工享有根据国家和地方规定的产前假、产假、哺乳假等特殊休假时间，上述期间用人单位应按国家和地方规定支付工资。

4.“三期”女职工存在解雇保护

根据相关规定，用人单位不得因结婚、怀孕、产假、哺乳等情形，降低女职工的工资或辞退女职工。具体来说，用人单位不得以医疗期满、不胜任工作、情势变更、经济性裁员、合同到期的理由解除或终止“三期”女职工的劳动合同。只有在女职工“三期”情形消失时用人单位方可根据相关规定依法解除或终止劳动合同。

◆ 典型案例

案例1. 哺乳期请事假未获批准可否算旷工？

案例实录：宫某于1997年1月进入某食品公司山东分公司（以下简称食品公司）工作，2010年3月1日双方签订了无固定期限劳动合同。2008年7月1日，食品公司营业地址由A区迁至B区。宫某属高龄孕妇，产假到期日为2010年9月4日。由于从家庭住址到单位新址路途较远，需乘坐公交转车到达，在途时间4个多小时，无法利用哺乳假进行哺乳，宫某在产假到期前向公司提交申请事假至哺乳期结束。食品公司于9月8日告诉宫某不准予请假，后宫某未上班，食品公司遂于10月11日以多日旷工为由单方解除了与宫某的劳动合同。后宫某申请仲裁要求食品公司支付违法解除劳动合同赔偿金。

专家分析：《女职工劳动保护特别规定》第九条第二款规定："用人单位应当在每天的劳动时间内为哺乳期女职工安排1小时哺乳时间；女职工生育多胞胎的，每多哺乳1个婴儿每天增加1小时哺乳时间。"实践中用人单位一般安排女职工提早下班1小时或延迟上班1小时，以保障女职工的哺乳时间。本案中宫某确因路途遥远无法保证哺乳时间，故而向公司申请事假，并非主观上恶意缺勤，但食品公司并未履行诚信沟通义务，既未回复不予批准休假的原因，也未提出落实哺乳时间的具体方案（如安排员工集中使用哺乳时间等其他替代方式），而简单按照旷工处理，不仅缺乏人性化管理，也违反了法律规定。最终案件经过仲裁、一审和二审，法院判决食品公司向宫某支付赔偿金。

案例2. 产假结束后返岗，用人单位能否合理调岗？

案例实录：2016年3月，袁某入职某游轮公司（以下简称游轮公司）担任大客户销售经理一职。2017年1月22日袁某因怀孕开始休假直至10月9日产假结束后返岗。次日，游轮公司安排袁某担任中小客户销售经理，负责接待中小旅行社。袁某拒绝此安排，经游轮公司多次沟通袁某仍拒绝到岗，后游轮公司以严重违纪为由向袁某发出解雇通知。嗣后，袁某申请仲裁，要求继续履行劳动合同。审理中袁某认为调岗应协商一致，何况其属于“三期”员工。而游轮公司则认为，虽然袁某系“三期”员工，但其仍应服从公司合理的调岗，公司安排其担任中小客户销售经理，虽然面向不同的客户群体，但工作内容仍属销售范围，且岗位调换后薪资待遇并未降低。

专家分析：根据《妇女权益保障法》等相关规定，用人单位不得因结婚、怀孕、产假、哺乳等情形，降低女职工的工资。但这并不影响用人单位合理行使用工自主权，本案中游轮公司基于袁某长期缺勤的情况调整袁某至中小客户销售经理职位，且工资保持不变，属于合理调岗范畴，袁某经多次沟通拒绝到岗，违反了相关制度规定，游轮公司据此解除劳动合同并无不当。二审法院认为，游轮公司合理安排袁某岗位，已尽诚信妥善之义务，袁某坚持要求于原岗位履职，致双方无法履行劳动关系，游轮公司经多次告知提醒无效后无奈解除双方劳动关系，不存在过错，最终判决袁某败诉。

案例3. 不知女员工怀孕，解雇后应否恢复劳动关系？

案例实录：2017 年 1 月，魏某入职某投资公司（以下简称投资公司）担任投资经理一职，2018 年 8 月 24 日，投资公司以所在部门撤销经协商无法就变更合同达成一致为由向魏某发出解除劳动关系通知书，并承诺支付 2018 年的薪酬和经济补偿金。魏某后申请仲裁要求撤销解除通知书并恢复劳动关系，而投资公司则以解除时不知员工已怀孕为由抗辩，且主张魏某怀孕的时间在解除劳动合同后。另查明，2018 年 9 月 20 日，魏某经彩超检查，报告单载明：“……宫内见孕囊大小 16mm × 17mm × 7mm，见胚芽直径 6mm，见心管搏动……”

专家分析：本案投资公司以客观情况发生变化为由解除劳动合同，如符合解除条件，魏某要求恢复劳动关系的理由即为在解除前已怀孕，属于解雇保护情形。故案件的争议焦点之一为魏某怀孕的时间。在医学临床上，受孕时间无法精确确定，对于孕期的确定一般依照医学常识进行倒推。临床上多采用妊娠龄来推算孕期，一般认定孕期从末次月经的第一天起算，若月经周期不规律，或者遗忘末次月经日期，则需根据超声检查胎儿发育情况估算孕周。妇产科超声诊断学理论认为，“妊娠 5 周，经腹扫查难辨心管搏动，经阴道超声常可见心管搏动；妊娠 6 周，胚胎呈小芽状，多数能见心管搏动”（详见谢红宁主编《妇产科超声诊断学》第 52 页）。本案中，魏某于 2018 年 9 月 20 日经彩超检查已见胚芽和心管搏动，采用医学标准可以推定妊娠 5 周或者 6 周，考虑到保护女性劳动者生育权益的法律原则，本案宜认定魏某妊娠 6 周，即怀孕的起始时间应为 2018 年 8 月 9 日，此时投资公司尚未作出解除决定。该案法院最后判决双方应恢复劳动关系。

◆ 专家建议

综合上述案例以及企业在实施“三期”女职工管理中的其他潜在法律风险，如下建议可供参考：

1. 涉职业禁忌岗位入职前应告知

涉女职工禁忌的岗位，用人单位在招录前即应告知女职工，否则因欺诈导致劳动合同无效的，劳动者可以根据《劳动合同法》第三十八条的规定提前解除劳动合同，并要求用人单位支付解除劳动合同的经济补偿金。

2. 依法为女职工缴纳生育保险

为女职工缴纳生育保险是用人单位的法定义务，在女职工休产假的情况下，可获得生育保险基金支付的生育津贴以及报销相应的手术费用。如果用人单位未依法缴纳生育保险，则产生的一切费用均应由用人单位承担。

同时，在员工生育津贴低于产前工资的前提下，用人单位还应补发工资。员工产前工资标准可按其休假前 12 个月的平均工资确定。

3. 调岗、解雇应履行诚信沟通义务

女职工基于怀孕、哺乳等原因无法从事原工作岗位的，用人单位可以合理安排工作岗位调整，但不得降低劳动者的工资收入。如果确属于合理调岗，“三期”女职工拒绝调岗的，应履行诚信沟通义务，在尽最大注意的前提下，如果“三期”女职工仍拒绝执行用人单位的合理安排，用人单位可以实施纪律处分，包括以严重违纪为由提前解除劳动合同。

用人单位在进行过错解除劳动合同时，应严格履行既定和法定的程序，包括通知工会、给予员工申辩权利等。

4. 保障符合条件的女职工的休假权利

基于女性的生理特殊性，用人单位应依法保护妇女在工作和劳动时的安全和健康，不得安排不适合妇女从事的工作和劳动。在员工请假程序存在一定瑕疵的情况下，用人单位应履行催告和核实义务，不宜立即按照旷工处理。

另外，“三期”女职工的休假权利（如延长生育假天数）因地方规定而有所差异，特别是2016年《人口与计划生育法》修改后，各地地方性人口与计划生育条例均迎来较大幅度的修改，用人单位可查询当地的人口与计划生育条例确定员工的具体休假天数（部分见表8－1）。

表8－1　全国各主要省份婚假、产假、护理假一览表

省市	婚假	产假（含延长生育假期）	陪产假/护理假
北京	10天	128天	15天
天津	3天	128天	7天
山东	3天	158天	7天
上海	10天	128天	10天
浙江	3天	128天	15天
安徽	3天	158天	10天（异地20天）
江西	3天	158天	15天
福建	15天	158天到180天	15天
广东	3天	178天	15天
广西	3天	148天	25天
湖北	3天	128天	15天
山西	30天	158天	15天
宁夏	3天	158天	25天
陕西	13天	158天	15天（异地20天）
四川	3天	158天	20天

续表

省市	婚假	产假（含延长生育假期）	陪产假/护理假
吉林	15 天	158 天	15 天
辽宁	10 天	158 天	15 天
青海	15 天	158 天	15 天
河北	18 天	158 天	15 天
河南	21 天	98 天 +3 个月	1 个月
江苏	13 天	128 天	15 天
吉林	15 天	158 天	15 天
重庆	15 天	128 天	15 天
云南	18 天	158 天	30 天
湖南	3 天	158 天	20 天
甘肃	30 天	180 天	30 天
海南	13 天	98 天 +3 个月	15 天
贵州	13 天	158 天	15 天
内蒙古	18 天	158 天	25 天
黑龙江	15 天	180 天	15 天
新疆	23 天	128 天	15 天

5. “三期”女职工劳动合同的解除应首选协商解除

由于女职工在“三期”内属于解雇保护范围，用人单位不得因劳动合同期满、医疗期满、不胜任工作、客观情况发生重大变化和经济性裁员解除，且对“三期”女职工执行过错解除（包括试用期不符合录用条件、严重违纪等）法院一般也从严审查。故而首选的解除形式是协商解除。

此外，女职工怀孕存在事后发现的情形，故而如协商解除后发现怀孕女职工不能要求恢复劳动关系，但如用人单位以劳动合同期满、医疗期满、不胜任工作、客观情况发生重大变化或经济性裁员执行解除的，即使事后发现女职工在离职前怀孕，用人单位仍有义务与女职工恢复劳动关系。

◆ 相关法规

《妇女权益保障法》

第二十六条 任何单位均应根据妇女的特点，依法保护妇女在工作和劳动时的安全和健康，不得安排不适合妇女从事的工作和劳动。

妇女在经期、孕期、产期、哺乳期受特殊保护。

第二十七条 任何单位不得因结婚、怀孕、产假、哺乳等情形，降低女职工的工资，辞退女职工，单方解除劳动（聘用）合同或者服务协议。但是，女职工要求终止劳动（聘用）合同或者服务协议的除外。

各单位在执行国家退休制度时，不得以性别为由歧视妇女。

《女职工劳动保护特别规定》

第四条第一款 用人单位应当遵守女职工禁忌从事的劳动范围的规定。用人单位应当将本单位属于女职工禁忌从事的劳动范围的岗位书面告知女职工。

第五条 用人单位不得因女职工怀孕、生育、哺乳降低其工资、予以辞退、与其解除劳动或者聘用合同。

第八条 女职工产假期间的生育津贴，对已经参加生育保险的，按照用人单位上年度职工月平均工资的标准由生育保险基金支付；对未参加生育保险的，按照女职工产假前工资的标准由用人单位支付。

女职工生育或者流产的医疗费用，按照生育保险规定的项目和标准，对已经参加生育保险的，由生育保险基金支付；对未参加生育保险的，由用人单位支付。

第二节　精神病、传染病、癌症等特殊疾病员工管理

◆ 必备知识

1. 精神障碍患者受国家特别法律保护

根据《精神卫生法》的规定，精神障碍患者的人格尊严、人身和财产安全不受侵犯。任何组织或者个人不得歧视、侮辱、虐待精神障碍患者。在劳动用工领域，精神障碍患者受到如下特别保护：

（1）用人单位应当对精神障碍患者的姓名、肖像、住址、工作单位、病历资料以及其他可能推断出其身份的信息予以保密。

（2）疑似精神障碍患者发生在工作场所伤害自身、危害他人安全的行为，或者有伤害自身、危害他人安全的危险的，所在单位应当立即采取措施予以制止，并协同公安机关将其送往医疗机构进行精神障碍诊断。

2. 传染病管理涉及公众利益，其预防管控措施具有强制性

根据相关法规，传染病分为甲类、乙类和丙类。

表 8－2　传染病类型

甲类传染病	鼠疫、霍乱。
乙类传染病	新型冠状病毒感染的肺炎 、传染性非典型肺炎、艾滋病、病毒性肝炎、脊髓灰质炎、人感染高致病性禽流感、麻疹、流行性出血热、狂犬病、流行性乙型脑炎、登革热、炭疽、细菌性和阿米巴性痢疾、肺结核、伤寒和副伤寒、流行性脑脊髓膜炎、百日咳、白喉、新生儿破伤风、猩红热、布鲁氏菌病、淋病、梅毒、钩端螺旋体病、血吸虫病、疟疾。

续表

丙类传染病	流行性感冒、流行性腮腺炎、风疹、急性出血性结膜炎、麻风病、流行性和地方性斑疹伤寒、黑热病、包虫病、丝虫病，除霍乱、细菌性和阿米巴性痢疾、伤寒和副伤寒以外的感染性腹泻病。

国家可根据传染病的严重程度调整预防和管控措施，如 2020 年，国家卫健委发布 1 号公告，将新型冠状病毒感染的肺炎纳入传染病防治法规定的乙类传染病，但采取甲类传染病的预防、控制措施，同时将其纳入检疫传染病管理。对于传染病，用人单位具有以下法定义务：

（1）执行人民政府有关防疫防控的决定或命令，如停工停业决定等；

（2）接受疾病预防控制机构、医疗机构有关传染病的调查、检验、采集样本、隔离治疗等预防、控制措施；

（3）发现传染病病人或者疑似传染病病人时，及时向附近的疾病预防控制机构或者医疗机构报告；

（4）依法支付被隔离职工于隔离期内的劳动报酬。

3. 并非所有癌症都是绝症

癌症是各类恶性肿瘤的泛指，从医学角度来说，癌症具有细胞分化和增殖异常、生长失去控制、浸润性和转移性等生物学特征，通常治疗周期较长，属于典型的重症，如不能持续康复，亦可能演变成绝症。虽然癌症较为严重，但不属于传染病范畴。

由于员工患癌症极容易对个人心理状态带来较大冲击，故而癌症的康复亟须心理和社会支持，患者保持乐观的心态对于癌症的康复治疗较为关键。从劳动法角度，癌症属于特殊疾病，个别地区给予最长 24 个月医疗期的保护，此外，如涉及癌症员工的劳动合同的解除终止，用人单位除支付法定经济补偿金外，还需支付最多 12 个月工资的医疗补助费。

由于癌症的成因较为复杂，员工主张因工作原因导致癌症通常难以获得支持，癌症亦不属于认定工伤的范畴，但用人单位应给予癌症劳动者更多的劳动保护和社会支持，避免歧视癌症患者，更不应从事损害癌症劳动者合法利益的行为。

◆ 典型案例

案例 1. 患抑郁症员工书写的辞职报告是否有效?

案例实录：陶某于 2015 年入职某金融公司（以下简称金融公司）担任财务管理工作。2017 年 5 月 20 日，陶某在电脑上写好电子版的辞职信，并将该文档保存在 U 盘内。6 月 28 日，陶某向金融公司提交了该辞职信，辞职信记载：由于身体状况变差，为不影响工作安排，决定辞去本职工作。双方于 7 月 12 日办理了离职交接手续，陶某则在《解除劳动合同证明书》上签名。2018 年 1 月，陶某的丈夫李某委托某法医精神病司法鉴定所对陶某的精神状况进行鉴定，具体评定为：被鉴定人陶某因患有“心境障碍：抑郁症”，出现情绪低落、兴趣减退、乐趣缺乏等症状，受疾病影响，对事物的判断能力部分削弱，其行使民事权利的能力和承担相应的民事义务的能力及保护自己及个人利益的能力均下降，不能做出正确的、主客观一致的意见表达，其病程已达一年以上。故评定被鉴定人陶某于 2017 年 6 月申请辞职时具有限制民事行为能力。后陶某申请仲裁要求恢复劳动关系。

专家分析：根据相关规定，不能完全辨认自己行为的精神病人是限制民事行为能力人，可以进行与他的精神健康状况相适应的民事活动。本案中陶某虽经司法鉴定在 2017 年 6 月申请辞职时为限制民事行为能力人，但其 2017 年 5 月用电脑书写辞职报告，6 月提交签名版辞职报告，7 月办理相关离职手续并签名，相关辞职表示系陶某真实意思表示，难以得出陶某申请辞职的行为与其精神健康状况不相适应的结论。最终，法院驳回了陶某的诉讼请求。

案例 2. 易性症患者执行性别重置手术如何审核病假?

案例实录：2015 年 4 月，高某入职北京某信息技术公司（以下简称技术公司）担任技术部产品总监一职。高某于 2018 年 6 月 27 日起未再出勤。2018

年4月16日，高某经上海市精神卫生中心诊断为易性症，需要进行男转女性别重置及手术，其后高某于6月27日通过微信向主管领导李某请假，同日进入第二军医大学附属长征医院住院手术。7月19日，高某出院，出院记录中记载“出院医嘱：建议休息一个月”。同日，该院出具病情证明单，建议术后全休两个月。自7月25日起高某陆续通过办公系统申请假期，但未获得公司批准。后技术公司在2019年8月27日以高某旷工为由送达了解除劳动合同通知。庭审中技术公司主张高某未按制度预先请假构成旷工、提供的病假资料有人为遮挡、病假期限不一致、高某朋友圈显示其病休期间一段时间在泰国等。高某则主张病情属实且病症特殊，前往泰国系为了疾病康复，不存在旷工行为。

专家分析：考虑到疾病的多样性和学界、大众对疾病认知的不断发展变化，以及个体差异性，用人单位在审批劳动者休病假申请时亦应考虑个体因素，不能一概而论。本案中高某所患易性症具有特殊性和私密性，其于提交病假材料时对部分内容有所遮掩尚符合情理，但技术公司直接不予批准涉及滥用公司管理权，其作出旷工认定亦与客观事实相违。最终，法院判决双方应继续履行劳动合同。二审法院认为，我们习惯于按照我们对生物性别的认识去理解社会，但仍然会有一些人要按照自己的生活体验来表达他们的性别身份，对于这种持续存在的社会表达，往往需要我们重新去审视和认识，这种重新审视和认识或许是一个非常漫长的过程，但确实越来越多的人选择包容，我们也确有必要逐渐转变我们的态度。因为只有我们容忍多元化的生存方式，才能拥有更加丰富的文化观念，才能为法治社会奠定宽容的文化基础，这或许就是有学者指出“社会宽容乃法治之福”的逻辑。我们尊重和保护变性人的人格、尊严及其正当权利，是基于我们对于公民的尊严和权利的珍视，而非我们对于变性进行倡导和推广。公安部治安管理局《关于公民手术变性后变更户口登记性别项目有关问题的批复》为变性人在户口登记中进行性别项目变更提供了明确依据，原国家卫生计生委办公厅发布的《性别重置技术管理规范（2017年版）》则为易性症患者进行性别重置技术提供了医疗技术规范。而如变性人作为劳动者，其就业的权利也应当受到法律保障。根据《劳动法》和《就业促进法》规定，劳动者享有平等就业和选择职业的权利；劳动者就业，不因民族、种族、性别、宗教信仰等不同而受歧视；用人单位招用人员、职业中介机构从事职业中介活动，应当向劳动者提供平等的就业机会和公平的就业条件，不得实施就业歧视。上述法律条文虽然并未明确规定劳动者不因变性而受歧视，但劳动者因为进行性别置换手术而转变性别并获公安机关认可后，其享有平等就业不受歧视的权利，应系题中之义。

案例 3. 员工从中、高风险地区返程后拒绝核酸检测是否构成违纪？

案例实录：李某在西安某投资公司（以下简称投资公司）担任市场经理一职，其于 2020 年 5 月 31 日至 6 月 10 日期间出差北京。由于李某出差涉及北京中、高风险地区，返回西安后投资公司通知李某接受核酸检测并由公司承担相关费用，而李某则以检测可能增加传染风险为由仅同意居家隔离但拒绝执行检测。后投资公司以李某严重违反公司规章制度为由解除了李某的劳动合同。李某申请仲裁要求恢复劳动关系，其认为并无证据证明其已感染或存在症状，且核酸检测只能自愿，不得强迫员工接受。

专家分析：一般而言，劳动者就医或诊断应坚持自愿原则，员工不同意诊断和就医无法按违纪处理，但新冠肺炎属于按照甲类传染病进行防控的乙类传染病，其不仅涉及李某本人的身心健康，更涉及投资公司其他员工的身体健康，亦关乎公众利益。当地疫情防控小组亦明确发出通知，规定国内中、高风险地区旅居史来陕人员，一律集中隔离 14 天，一律开展核酸检测。投资公司安排李某进行核酸检测亦是履行防控义务之举，李某拒绝核酸检测不仅违反地方防疫规定更有违劳动者基本职业道德，最终仲裁机构驳回了李某的仲裁请求。

◆ 专家建议

考虑到精神病、癌症、传染病的特殊性，用人单位对该类病症员工应预防相关的法律风险，避免与国家法律规定抵触，同时需兼顾人文关怀，避免与之发生劳动争议。

1. 对精神障碍员工应注意其民事行为能力

考虑精神障碍有可能导致员工丧失或部分丧失民事行为能力，故与精神障碍员工进行协商解除、劝退应特别注意其是否丧失民事行为能力的风险，必要时可由其成年配偶或父母在相关文件上签名，避免相关协议、文件无效的情形。

对于精神障碍员工患病期间，用人单位应承担劳动保护义务，给予国家法律规定的医疗期和病假待遇，医疗期届满的，优先考虑与患者、患者家属协商解除劳动合同。

2. 对涉传染病员工应注意兼顾公众利益

包括新冠肺炎在内的传染病，用人单位一方面需要保障涉传染病员工的合法权益，包括在确诊传染病前属于隔离期间的，应正常支付工资，如遇劳动合同到期应顺延至相应情形消失。隔离期不计入员工法定医疗期，员工确诊传染病后依法享受病假待遇并享有国家法定医疗期。另一方面用人单位应当遵循国家和地方有关传染病防治的有关决定、命令，及时报告相关病例，如瞒报病例导致传染病传播的，用人单位还将面临刑事责任风险。

在企业用工管理中，用人单位可制定与传染病防治有关的规章制度，如要求员工配合进行检测、违反防疫规定将导致纪律处分乃至劳动合同解除等后果。

3. 对癌症员工在病假程序、医疗待遇等方面应加强人文关怀

身患癌症的员工面临较大的心理压力，而来自企业的人文关怀和社会支持对癌症患者的康复至关重要，如用人单位采取较为严苛的手段对待癌症员工，如对癌症患者的病假程序提出严苛的要求，亦可能导致患者病情恶化。

具备经济条件的用人单位可通过商业保险、提高病假待遇、延长法定医疗期、允许在家办公、豁免劳动能力鉴定等手段为癌症员工提供更多的经济支持，除此之外，员工的上级也应履行沟通关怀义务，从心理上提供更多的支持。对于癌症病患的人性化处理有利于提高员工的幸福感，增强团队凝聚力，相反则可能导致其他员工对公司的负面评价，最终损及企业的长远利益。

◆ 相关法规

《民法典》

第二十二条 不能完全辨认自己行为的成年人为限制民事行为能力人，实施民事法律行为由其法定代理人代理或者经其法定代理人同意、追认；但是，可以独立实施纯获利益的民事法律行为或者与其智力、精神健康状况相适应的民事法律行为。

《精神卫生法》

第八十三条 本法所称精神障碍，是指由各种原因引起的感知、情感和思维等精神活动的紊乱或者异常，导致患者明显的心理痛苦或者社会适应等功能损害。

本法所称严重精神障碍，是指疾病症状严重，导致患者社会适应等功能严重损害、对自身健康状况或者客观现实不能完整认识，或者不能处理自身事务的精神障碍。

本法所称精神障碍患者的监护人，是指依照民法通则的有关规定可以担任监护人的人。

《传染病防治法》

第三十一条 任何单位和个人发现传染病病人或者疑似传染病病人时，应当及时向附近的疾病预防控制机构或者医疗机构报告。

第四十一条 对已经发生甲类传染病病例的场所或者该场所内的特定区域的人员，所在地的县级以上地方人民政府可以实施隔离措施，并同时向上一级人民政府报告；接到报告的上级人民政府应当即时作出是否批准的决定。上级人民政府作出不予批准决定的，实施隔离措施的人民政府应当立即解除隔离措施。

在隔离期间，实施隔离措施的人民政府应当对被隔离人员提供生活保障；被隔离人员有工作单位的，所在单位不得停止支付其隔离期间的工作报酬。

隔离措施的解除，由原决定机关决定并宣布。

第七十七条 单位和个人违反本法规定，导致传染病传播、流行，给他人人身、财产造成损害的，应当依法承担民事责任。

第三节　工伤员工管理与风险防控

◆ 必备知识

1. 工伤认定执行无过错责任

考虑到劳动者在工作中的职业危害风险，我国《工伤保险条例》执行无过错责任原则，即劳动者在工作中遭受伤害，无论是否存在履职过错，均不影响工伤的认定，亦不影响工伤待遇的多少。根据前述行政法规，可以认定工伤的情形包括：

（1）在工作时间和工作场所内，因工作原因受到事故伤害的；

（2）工作时间前后在工作场所内，从事与工作有关的预备性或者收尾性工作受到事故伤害的；

（3）在工作时间和工作场所内，因履行工作职责受到暴力等意外伤害的；

（4）患职业病的；

（5）因工外出期间，由于工作原因受到伤害或者发生事故下落不明的；

（6）在上下班途中，受到非本人主要责任的交通事故或者城市轨道交通、客运轮渡、火车事故伤害的；

（7）在工作时间和工作岗位，突发疾病死亡或者在48小时之内经抢救无效死亡的；

（8）在抢险救灾等维护国家利益、公共利益活动中受到伤害的；

（9）职工原在军队服役，因战、因公负伤致残，已取得革命伤残军人证，到用人单位后旧伤复发的。

2. 缴纳工伤保险费系用人单位法定义务

根据《社会保险法》的规定，职工应当参加工伤保险，由用人单位缴纳工伤保险费，职工不缴纳工伤保险费。用人单位缴纳工伤保险费的义务不能通过协议免除，即使劳动者申请不缴纳工伤保险费，也属于与法律规定相悖的做法，发生工伤事故后，用人单位仍应负有承担所有工伤赔偿责任的义务。

3. 工伤保险待遇由用人单位与工伤保险基金共同承担

根据《工伤保险条例》的规定，如果用人单位已经依法为员工缴纳工伤保险费，则相应的工伤待遇由用人单位和工伤保险基金共同承担，具体项目如表 8－3 所示：

表 8－3　工伤保险待遇承担标准

工伤情形	用人单位承担	工伤保险基金承担
无等级	停工留薪期工资	工伤治疗费 伙食补助费 交通、食宿费
7—10 级	停工留薪期工资 一次性就业补助金	工伤治疗费 伙食补助费 交通、食宿费 一次性伤残补助金 一次性医疗补助金 安装假肢等辅助器具费 生活护理费
5—6 级	停工留薪期工资 一次性就业补助金 伤残津贴	工伤治疗费 伙食补助费 交通、食宿费 一次性伤残补助金 一次性医疗补助金 安装假肢等辅助器具费 生活护理费

续表

工伤情形	用人单位承担	工伤保险基金承担
1—4 级	停工留薪期工资	工伤治疗费 伙食补助费 交通、食宿费 一次性伤残补助金 伤残津贴 安装假肢等辅助器具费 生活护理费
工亡		一次性工亡补助金 供养亲属抚恤金 丧葬费

◆ 典型案例

案例 1. 员工在家办公突发疾病死亡，能否认定工亡？

案例实录：2018 年年初，在某保险公司从事医疗查勘定损工作的男子许某，在家中处理工作时突发胸痛，经抢救无效于次日死亡。事发后，某保险公司向成都市人社局提出工伤认定申请。成都市人社局认为，许某受到的伤害不符合相关条例规定的情形，决定不予认定（或者视同）工伤。许某父母不服，向四川省人社厅提出行政复议申请，复议结果维持了原认定结果。人社局认为，死者李某生前系驻外工作人员，其因病在居住地点而非办公地点死亡，不属于在工作时间和工作岗位，不符合应予认定为工伤的情形。李某家属则提起行政诉讼，主张李某属于在家办公性质，系在工作岗位上突发疾病死亡，病发时是工作时间且与客户联络保险理赔事宜，应认定为工亡。

专家分析：根据《工伤保险条例》相关规定，视为工伤（亡）的条件主要是在工作时间和工作岗位突发疾病死亡。对此，“工作岗位”相对于“工作场所”而言，强调更多的是岗位职责、工作任务。虽然“家中”不属于工作场所，但职工在家中工作，亦属于完成岗位职责。本案从许某的工作性质来看，其作为保险公司的人伤查勘员，所在岗位属于外勤性质，不能因在家中突发疾病，从而否定工伤（亡）情形的存在。许某突发疾病时处于上班时间，其正在与客户电话联系处理保险理赔事宜，与工作明显相关。最终，法院撤销四川省人社厅作出的行政复议决定并要求成都市人社局应于判决生效之日起60日内重新作出工伤认定的决定。

案例2. 工伤员工劳动合同期满能否终止劳动合同?

案例实录：曹某于2009年9月进入北京某工程公司（以下简称工程公司）工作，双方签订了期限至2013年4月6日的劳动合同，曹某的职务是工程部经理，月工资7500元。2010年9月17日，曹某在工作中排除火灾时受伤，经当地医院治疗，诊断为腰椎峡部裂（L5）。2011年3月3日，曹某所受伤害被人社部门认定为工伤，2012年11月26日被鉴定为工伤9级。2011年4月至2012年4月，曹某在工程公司正常上班。2012年5月4日，曹某发生交通事故，5月5日至5月10日，曹某因交通事故导致颈部受伤、髌骨骨折等而住院治疗，此后曹某以颈椎外伤、右髌骨骨折等为由休病假，未再到岗工作。2013年3月4日，工程公司出具《终止劳动合同意向通知书》，写明双方合同将于2013年4月6日届满终止，曹某于当日签收。后曹某申请仲裁，要求工程公司撤销《终止劳动合同意向通知书》，继续履行劳动合同。

专家分析：工伤职工需要暂停工作接受工伤治疗的，在停工留薪期内，原工资福利待遇不变，由所在单位按月支付。停工留薪期一般不超过12个月。本案中，曹某2010年9月17日遭受的第一次伤害为工伤，其工伤停工留薪期最迟也应至2011年9月16日届满。2012年5月4日曹某遭受的第二次伤害为非因工负伤，并非旧伤复发情形，故无须重新确定停工留薪期。曹某第二次遭受伤害的病休应计算病假医疗期，其至2013年4月6日合同期满时已用足医疗期，故工程公司终止劳动合同不违反法律规定。最终，仲裁机构驳回了曹某的仲裁请求。

案例3. 上班遭遇交通事故，侵权赔偿与工伤赔偿能否兼得?

案例实录：周某系某置业有限公司（以下简称置业公司）职工，2012年10月12日，周某在上班途中发生交通事故，被他人撞伤。2014年1月2日，周某经人社局认定为工伤。2014年9月16日，周某的伤情经劳动能力鉴定委员会鉴定为因工致残程度9级。2013年8月26日，周某与置业公司协商解除劳动关系。置业公司未为周某缴纳其工作期间的社会保险费。嗣后，周某申请仲裁，要求置业公司支付：(1) 一次性伤残补助金31168元；(2) 一次性工伤医疗补助金28152元；(3) 一次性伤残就业补助金28152元；(4) 鉴定费350元。置业公司则认为，周某已从案外第三人处获得伤残赔偿，不能重复获得工伤保险待遇。

专家分析：根据《工伤保险条例》的有关规定，劳动者因工作遭受事故伤害，应有获得医疗救助、经济补偿的权利。本案中，置业公司未为周某缴纳其工作期间的社会保险费，故周某无法从工伤保险基金中获得工伤保险待遇的理赔，理应由置业公司承担全部赔偿。另依据最高人民法院《关于审理人身损害赔偿案件适用法律若干问题的解释》等有关规定，在第三人侵权引起工伤事故的情形下，会产生两种赔偿请求权：一是工伤职工的工伤保险赔偿请求权；二是工伤职工向第三人提起的侵权损害赔偿请求权。两种请求权的权利基础和归责原则不同，工伤赔偿请求权基础是劳动者因发生工伤事故获得的一种社会保险利益，工伤保险损害赔偿实行无过错责任原则，有社会保险性质；而第三人侵权损害赔偿请求权基础是劳动者因第三人侵权致害而取得，侵权损害赔偿实行的是民法的填平原则、过错原则和过失相抵原则，侵权损害赔偿的损失包括财产性损失及非财产性损失，其性质属于私法领域的赔偿。故在员工人身权受到第三人侵害的同时又被劳动行政部门认定为工伤的，劳动者可分别提起侵权损害赔偿之诉及工伤保险赔偿之诉。本案中，周某虽然已从第三方获得残疾赔偿金，但民事案件中的残疾赔偿金与工伤赔偿领域的“一次性伤残补助金”“一次性医疗补助金”“一次性就业补助金”等均属于对人身伤害的货币化救济方案，而非员工实际遭受的损失，故员工可以兼得上述项目。本案经仲裁、一审和二审程序，最终二审法院支持了周某的诉讼请求。

案例4. 超出工伤保险目录范围外的医疗费是否应由公司承担？

案例实录：何某于2017年8月入职广东某通讯设备公司（以下简称通讯公司）。8月19日，何某在工作地点下楼梯时摔倒致右脚受伤，后被认定为工伤并鉴定为9级伤残。何某治疗期间由通讯公司垫付了医疗费用，其中医疗费34596元不属于工伤保险目录范围。何某申请仲裁要求给付工伤待遇，而通讯公司则要求扣减不属于工伤保险医疗目录范围以内的费用。

专家分析：《工伤保险条例》第三十条规定，治疗工伤所需费用符合工伤保险诊疗项目目录、工伤保险药品目录、工伤保险住院服务标准的，从工伤保险基金支付。对超出工伤保险目录范围的医疗费如何负担，该条例并未作出明确规定，但不能据此认为用人单位只要缴纳了工伤保险费用后，对于职工的工伤医疗费用就完全免责。工伤保险制度设立的目的在于分散用人单位的用工风险，而非免除风险，除非用人单位举证证明劳动者超出工伤保险目录范围的医疗费与治疗工伤无关或者具有非必要性、非合理性，否则用人单位对超出工伤保险目录范围的医疗费亦应当承担赔偿责任①。本案中，通讯公司并未提供证据证实其主张扣除的医疗费与治疗工伤无关或者具有非必要性、非合理性，最终法院未能采信通讯公司的主张。

◆ 专家建议

综合上述案例以及企业在实施工伤员工管理中的其他潜在法律风险，如下建议可供参考：

1. 依法为员工缴纳工伤保险，清理缴费障碍

考虑到员工一旦发生工伤事故，如果用人单位未缴纳工伤保险费，则需承担高额的赔偿责任，对于丧失劳动能力的职工还可能必须保留劳动关系至法定退休年龄。故用人单位应当在入职当月即为员工办理社会保险登记手续，对于员工无法提交离职证明、存在缴费障碍的情形，应当督促员工及时办妥相关手续，如果无法在指定期限内办理，应及时依法终止劳动关系。

同时，用人单位可为员工再行购买商业保险，以进一步抵御工伤赔偿的风险。

---

① 就超出工伤保险目录范围外的医疗费承担，各地司法实践存在一定争议。如浙江省高级人民法院民一庭、浙江省劳动人事争议仲裁院《关于审理劳动争议案件若干问题的解答（二）》（浙高法民一〔2014〕7 号）规定："十六、用人单位已依法为劳动者缴纳了工伤保险，劳动者工伤医疗费超出社保基金报销目录范围的费用，如何承担？答：用人单位已依法为劳动者缴纳了工伤保险，劳动者工伤医疗费超出社保基金报销目录范围的费用原则上不应由用人单位承担，但超出目录范围的费用经用人单位同意或者认可的除外。"

2. 及时为工伤员工办理工伤申报手续

根据《工伤保险条例》的规定，员工发生伤害事故后，所在单位应当自事故伤害发生之日或者被诊断、鉴定为职业病之日起30日内，向统筹地区社会保险行政部门提出工伤认定申请。如逾期未提交申请的，则在此期间发生的工伤待遇等有关费用由用人单位负担。

因此，当用人单位对是否属于工伤存有异议或者因特殊原因无法判断（如劳动者上下班发生交通事故后交通事故责任短期内未能确定）时，仍可向社保行政部门提交相关材料以确定是否属于工伤，避免缴纳工伤保险费仍无法理赔的情况。

3. 及时跟进管理员工的停工留薪期

根据法律规定，工伤员工享有停工留薪期，但停工留薪期一般不超过12个月。职工发生工伤，经治疗伤情相对稳定后存在残疾、影响劳动能力情形的，应当进行劳动能力鉴定。但现实当中也存在员工小伤大养、拖延劳动能力鉴定的情况，对此用人单位应跟踪员工的停工留薪期，督促员工及时办理劳动能力鉴定手续。无正当理由拒绝鉴定的，可根据规章制度处理。

关于停工留薪期的具体时限，《工伤保险条例》未作规定，但北京、安徽、成都、河北、吉林、陕西、天津、新疆、重庆、山东、湖北、宁夏等省市均出台了地方性的《停工留薪期管理办法》，用人单位可查询相关目录确定员工的具体停工留薪期长短，对于无地方性规定的地区只得根据医疗机构的证明确定，但最长也不得超过12个月。如果员工经过12个月仍无法治愈或者须进行二次手续，用人单位可协助员工办理延长停工留薪期手续，以确定能否延长停工留薪期。

在停工留薪期内，用人单位应正常支付工资，一般按照员工受伤前12个月平均工资标准确定，如上海等部分地区允许剔除加班费。超过停工留薪期后员工继续因工伤治疗的，《工伤保险条例》未规定如何支付工资，北京等省市规定可支付病假待遇，无规定的地区可参考执行。

4. 配合员工办理工伤保险待遇支付手续

对于依法缴纳社会保险的用人单位，员工发生工伤后大部分待遇由工伤保险基金承担，包括医疗费、伤残补助金等，但用人单位应提示员工妥善保管相关凭据，如果用人单位事先垫付医疗费用的，也可要求劳动者在获得社保理赔后返还公司。对于用人单位应当承担的停工留薪期工资、就业补助金等，用人单位应依法及时支付。对于员工多次发生工伤的情况，根据规定按最高的伤残级别计发一次性伤残就业补助金和一次性工伤医疗补助金。

如因第三人侵权导致员工发生工伤，用人单位应积极配合员工向侵权方索赔，对于实际发生的误工费、医疗费等，如果第三方已经支付的，用人单位无须额外支付，但对于一次性的伤残补助、医疗补助等员工可以重复获赔。关于侵权责任与工伤保险责任竞合的处理，各地做法不一①，用人单位可根据地方裁判口径确定如何支付待遇。

---

① 如浙江省高级人民法院民事审判第一庭《关于审理劳动争议案件若干问题的意见（试行）》第三十七条第一款规定："劳动者因他人的侵权行为导致工伤的，一般应先向侵权人请求民事侵权赔偿；如其就民事侵权已实际获得相应赔偿，其可以要求用人单位或社会保险机构在工伤待遇总额内补足工伤待遇。如因侵权人逃逸等原因，劳动者无法向侵权人主张赔偿的，其可以要求用人单位或者社会保险机构依法先行支付工伤停工留薪期工资福利、伤残津贴、工伤医疗费、丧葬补助金、供养亲属抚恤金等工伤保险待遇；其向侵权人主张后实际获得民事侵权赔偿的，可在工伤保险待遇范围内按总额补差的办法结算；其向侵权人主张后仍不能实际获得民事侵权赔偿的，用人单位或者社会保险机构应依法支付工伤保险待遇。用人单位或者社会保险机构支付相关费用后，可以向民事侵权人进行追偿，人民法院可视情追加劳动者为当事人。"北京市高级人民法院《关于审理工伤认定行政案件若干问题的意见（试行）》第十二条规定："因机动车事故引起的工伤，应当首先按照《道路交通安全法》等相关法律、法规的规定处理赔偿问题。机动车事故赔偿已给付医疗费、护理费、残疾用具费、误工工资、丧葬费等费用的，工伤保险经办机构不再支付相应待遇。机动车事故赔偿已给付死亡补偿费或者残疾生活补助费的，不再发给工伤保险的一次性工亡补助金或者一次性伤残补助金。但交通事故赔偿低于工伤保险的一次性工亡补助金或者一次性伤残补助金的，应由工伤保险经办机构补足差额部分。因机动车事故肇事者逃逸或者其他原因，受伤害职工不能获得机动车事故赔偿的，经有权机关证明，工伤保险经办机构应按照《工伤保险条例》等相关规定给予工伤保险待遇。"上海市高级人民法院民一庭《关于审理工伤保险赔偿与第三人侵权损害赔偿竞合案件若干问题的解答》规定，工伤保险赔偿和侵权损害赔偿中相同并存重复的项目主要有这样一些，即：工伤保险赔偿中的原工资福利待遇（侵权损害赔偿中的误工费）、医疗费、停工留薪期间的护理费和生活护理费（侵权损害赔偿中的护理费）、住院伙食补助费、交通费、外省市就医食宿费（侵权损害赔偿中的外省市就医住宿费和伙食费）、康复治疗费（侵权损害赔偿中的康复费、康复护理费、适当的整容费、后续治疗费等）、辅助器具费（侵权损害赔偿中的残疾辅助器具费）、供养亲属抚恤金（侵权损害赔偿中的被抚养人生活费）、丧葬补助金（侵权损害赔偿中的丧葬费）等费用，我们认为这些项目如果重复赔偿，则违反了民法的填平原则和实际赔偿原则。故对上述项目，采取同一赔偿项目按照就高原则进行认定的方式来处理比较合理。"就高原则"是指上述侵权损害和工伤保险相同并重复的赔偿项目，按照各自的计算标准，确定两者之中数额较高的作为劳动者应获得的赔偿数额的计算原则。

♦ 相关法规

《工伤保险条例》

第十四条 职工有下列情形之一的，应当认定为工伤：

（一）在工作时间和工作场所内，因工作原因受到事故伤害的；

（二）工作时间前后在工作场所内，从事与工作有关的预备性或者收尾性工作受到事故伤害的；

（三）在工作时间和工作场所内，因履行工作职责受到暴力等意外伤害的；

（四）患职业病的；

（五）因工外出期间，由于工作原因受到伤害或者发生事故下落不明的；

（六）在上下班途中，受到非本人主要责任的交通事故或者城市轨道交通、客运轮渡、火车事故伤害的；

（七）法律、行政法规规定应当认定为工伤的其他情形。

第十五条 职工有下列情形之一的，视同工伤：

（一）在工作时间和工作岗位，突发疾病死亡或者在48小时之内经抢救无效死亡的；

（二）在抢险救灾等维护国家利益、公共利益活动中受到伤害的；

（三）职工原在军队服役，因战、因公负伤致残，已取得革命伤残军人证，到用人单位后旧伤复发的。

职工有前款第（一）项、第（二）项情形的，按照本条例的有关规定享受工伤保险待遇；职工有前款第（三）项情形的，按照本条例的有关规定享受除一次性伤残补助金以外的工伤保险待遇。

第三十三条 职工因工作遭受事故伤害或者患职业病需要暂停工作接受工伤医疗的，在停工留薪期内，原工资福利待遇不变，由所在单位按月支付。

停工留薪期一般不超过12个月。伤情严重或者情况特殊，经设区的市级劳动能力鉴定委员会确认，可以适当延长，但延长不得超过12个月。工伤职工评定伤残等级后，停发原待遇，按照本章的有关规定享受伤残待遇。工伤职工在停工留薪期满后仍需治疗的，继续享受工伤医疗待遇。

生活不能自理的工伤职工在停工留薪期需要护理的，由所在单位负责。

最高人民法院《关于审理工伤保险行政案件若干问题的规定》

第四条 社会保险行政部门认定下列情形为工伤的，人民法院应予支持：

（一）职工在工作时间和工作场所内受到伤害，用人单位或者社会保险行政部门没有证据证明是非工作原因导致的；

（二）职工参加用人单位组织或者受用人单位指派参加其他单位组织的活动受到伤害的；

（三）在工作时间内，职工来往于多个与其工作职责相关的工作场所之间的合理区域因工受到伤害的；

（四）其他与履行工作职责相关，在工作时间及合理区域内受到伤害的。

第六条 对社会保险行政部门认定下列情形为“上下班途中”的，人民法院应予支持：

（一）在合理时间内往返于工作地与住所地、经常居住地、单位宿舍的合理路线的上下班途中；

（二）在合理时间内往返于工作地与配偶、父母、子女居住地的合理路线的上下班途中；

（三）从事属于日常工作生活所需要的活动，且在合理时间和合理路线的上下班途中；

（四）在合理时间内其他合理路线的上下班途中。

第四节　高管管理与风险防控

◆ 必备知识

1. 高级管理人员的定义

《劳动法》并未规定高级管理人员的定义，我国《公司法》第二百一十六条规定，高级管理人员，是指公司的经理、副经理、财务负责人，上市公司董事会秘书和公司章程规定的其他人员。可见，公司高管分为“法定高管”和“约定高管”，前者是指公司的总经理、副总经理、财务负责人，上市公司董事会秘书；后者是指公司章程规定的其他人员，如规定人事总监为公司高管，亦可认定其为高管范畴。

最高人民法院《关于审理劳动争议案件法律适用若干问题的解释（三）》征求意见稿曾规定，《劳动合同法》第二十四条中“用人单位的高级管理人员”，是指用人单位的董事长、副董事长、总裁、总监、经理、副经理、财务负责人，上市公司董事会秘书以及用人单位章程规定的其他人员。虽然征求意见稿中关于“高级管理人员”范围的内容最终未出现在颁布实施的正式稿中，但司法实践中，《劳动法》与《公司法》对“高级管理人员”的理解略有不同，《劳动法》界定的高级管理人员范围更广。

2. 我国《劳动法》未排除对高管的适用

我国《劳动法》未明确劳动者的定义，上至总经理、下至操作工均可纳入劳动者范畴。《劳动合同法》第二十四条第一款规定，“竞业限制的人员限于用人单位的高级管理人员、高级技术人员和其他负有保密义务的人员”，可见，高管仍然可以与公司建立劳动关系，与公司形成的权利义务关系仍然受到

《劳动法》的约束。

3. 对高管适用《劳动法》时受到《公司法》的限制

根据《公司法》相关规定，董事会有权决定高管薪酬、作出聘任高管的决议。而《劳动合同法》则规定，变更劳动合同应与员工协商一致。此时会产生《公司法》与《劳动法》的冲突问题，在司法实践中高管的职务任免、薪酬确定等特殊事项应当遵循《公司法》的规定，也即“特别法优先适用原则”，但对于最低工资、社会保险缴纳、劳动关系的解除等一般事项仍应遵守《劳动法》的规定。

◆ 典型案例

案例 1. 高管薪酬未经董事会决议的效力如何?

案例实录：周某于 2003 年 5 月 1 日进入上海某血液技术有限公司（以下简称上海公司）工作。2005 年 8 月 22 日，双方签订承诺函，确认周某系受香港注册的北京某血液技术发展有限公司委派出任上海公司高级管理人员、董事，承诺函第四条约定：“上海公司同意周某作为人才引进，给予其不低于人民币 40 万元的年薪报酬。”2007 年 12 月 29 日，周某与上海公司签订劳动合同，约定合同期限为 2008 年 1 月 1 日至 12 月 31 日，其间周某担任常务副总裁，基本月工资为人民币 9000 元。12 月 28 日，双方续签劳动合同，期限为 2009 年 1 月 1 日至 12 月 31 日，约定被告基本月薪为人民币 15000 元。之后，双方未签订劳动合同。经查，上海公司章程规定，总经理、总会计师等高级管理人员的工资待遇由董事会决定。2011 年 1 月 13 日，周某申请仲裁，要求上海公司补齐 2005 年 9 月至 2011 年 1 月的工资差额人民币 174 万元。上海公司则认为承诺函是周某自行加盖了公章，另外，相关待遇未经董事会决议认可，不能作为补发工资的依据。

专家分析：本案中，周某作为上海公司的董事并实际履行常务副总裁的职务，故而其副总裁的职位应属于实际上的“高级管理人员”，应当适用《公司法》关于高级管理人员的规定，鉴于上海公司章程明确规定高级管理人员的报酬事项应当由董事会决定，本案中所涉承诺函虽有公司公章，但金额巨大，根据公司章程规定属于董事会决议的职权范围之内，故而仅以承诺函主张年薪差额，与《公司法》的规定相违背，也与双方签订并实际履行的劳动合同中约定的报酬不符，最终法院驳回了周某的诉讼请求。

对于高管索要巨额劳动报酬的争议，各地司法实践中也形成了一些谨慎的做法，上海市高级人民法院曾规定，企业现任法定代表人或负责人向企业主张薪酬的，由于存在身份上的重合，劳动争议处理机构均不应受理。法定代表人或负责人不再行使职权时，要求企业支付薪酬的，可以受理，但仍应慎重审查其请求。劳动争议案件审理中，应严格审查一方当事人对另一方当事人陈述的案件事实明确表示承认的行为，发现该承认行为可能损害国家、社会、集体及他人利益的，仍应明确要求另一方当事人提供证据证明相应事实。企业高级管理人员要求企业支付高额薪酬主张不成立时，其工资待遇可参照本市相同或相近行业职工平均工资标准予以确定；本市相同或相近行业没有职工平均工资标准的，可参照本市职工平均工资标准①。上述规定有利于防范公司高管通过虚假诉讼等方式恶意追索高额劳动报酬的行为，有利于公司及其股东利益的维护。

案例 2. 高管解聘，适用《公司法》还是《劳动法》？

案例实录：李某系某环保科技有限公司（以下简称科技公司）股东，并担任总经理职务。科技公司为有限责任公司，其股权结构为：葛某持股 40%、李某持股 46%、王某持股 14%。三人共同组成董事会，由葛某担任董事长，其余二人为公司董事。公司章程规定："董事会行使包括聘任或者解聘公司经理等权利；董事会须由三分之二以上的董事出席方为有效；董事会对所议事项作出的决定应由占全体股东三分之二以上的董事表决通过方为有效。"

---

① 参见上海市高级人民法院《关于审理劳动争议案件若干问题的解答》（沪高法民一〔2006〕17 号）。

2009 年 7 月 18 日，经董事长葛某电话召集，科技公司召开董事会，会议经葛某、王某表决同意通过了“鉴于总经理李某不经董事会同意私自动用公司资金在二级市场炒股，造成巨大损失，现免去其总经理职务，即日生效”的决议。该决议由葛某、王某及监事签名，李某未在该决议上签名。2009 年 7 月 27 日，李某以该决议依据的事实错误，且在召集程序、表决方式及决议内容等方面均违反了《公司法》的规定，应予撤销为由，向法院提起诉讼，要求撤销上述董事会决议。

专家分析：根据《公司法》第二十二条的规定，公司股东会或者股东大会、董事会的决议内容违反法律、行政法规的无效。股东会或者股东大会、董事会的会议召集程序、表决方式违反法律、行政法规或者公司章程，或者决议内容违反公司章程的，股东可以自决议作出之日起 60 日内，请求人民法院撤销。由于李某作为公司董事、高管的同时尚具备“股东”身份，这也为其提起诉讼申请撤销董事会决议提供了条件。本案中，科技公司作出的罢免李某总经理职务的董事会决议，其程序并不违背《公司法》的规定，其内容（免除职务的决定）也并不违背法律的强制性规定。至于免除职务的原因，并不属于《公司法》范畴内的司法审查的范围。最终法院审理后认为，“聘任和解聘总经理是公司董事会的法定职权，只要董事会决议在程序及内容上不违反法律、行政法规和公司章程的规定，即应认定为有效。法院对董事会决议中的解聘事由是否属实不予审查和认定，因为其对董事会的决议效力亦不构成影响”，并据此驳回了李某的诉讼请求。

虽然科技公司经董事会决议免除李某的总经理职务，但此并不必然导致双方劳动关系的消灭，科技公司尚可以为李某安排其他职务。如公司径自解除劳动合同，则司法机关可审查劳动合同解除的具体原因；如系科技公司以“私自动用公司资金在二级市场炒股，造成巨大损失”为由解除李某的劳动合同关系，则仲裁机关、审判机关应当审查该解除所依据的事实是否成立，如事实存在偏差，科技公司应当承担违法解除劳动合同的责任，如向李某支付违法解除劳动合同的赔偿金。

案例3. 高管以加盖公司印章书证主张高额补偿是否应获得支持？

案例实录：2013 年 6 月 17 日，M 公司与夏某签署自 2013 年 6 月 17 日起至 2016 年 6 月 16 日止的《劳动合同》，约定夏某出任公司中国区董事总经理。夏某陆续担任 M 公司法定代表人、董事长及董事职务。2014 年 12 月 2 日，M 公司以夏某有不服从管理指令等严重违纪行为为由解除其劳动合同。夏某离职后双方曾就公章返还等涉诉。

2015 年 3 月 23 日，夏某申请劳动仲裁，要求恢复与 M 公司的劳动关系。该案经仲裁、一审、二审，夏某败诉。2017 年 10 月 24 日，夏某再次申请仲裁，要求 M 公司支付尚未履行劳动合同期间的工资 380 万元。审理中夏某提供了一份落款日期为 2013 年 6 月的《补充协议》，协议记载如 M 公司提前解约，需支付剩余合同期工资并依法支付违法解除赔偿金。M 公司申请对印章进行司法鉴定，鉴定结果确认了印章的真实性，但同时记载："印章不是在标称的时间盖印形成，而是在 2013 年 10 月 8 日之后盖印形成；无法判断检材上打印体文字及落款处签名字迹的形成时间。"

专家分析：印章真实不等于协议真实，协议形成行为与印章加盖行为在性质上具有相对独立性，协议内容是双方合意行为的表现形式，而印章加盖行为是各方确认双方合意内容的方式，二者相互关联又相互独立。在有证据否定或怀疑合意形成行为真实性的情况下，即不能根据印章的真实性直接推定协议的真实性。本案中夏某提供的协议印章虽然真实，但形成于 2013 年 10 月 8 日以后，与夏某关于 6 月签署协议的主张相左，在无其他证据印证的情况下，该补充协议难以达到证明目的。并且夏某作为法定代表人、总经理和董事长，对内是公司的最高负责人，代表公司行使职权，其自身的劳动合同事项不可能由其自己或公司其他员工确定，否则就会产生利益冲突从而损害公司利益，故与一般员工相比，夏某的举证责任分配，其意思表示形成过程的真实性比印章真实性更为重要。最终，二审法院判决夏某败诉。

◆ 专家建议

综合上述案例以及企业在实施高管管理中的其他潜在法律风险，如下建议可供参考：

1. 完善公司章程，控制公司高管道德风险

鉴于公司高管薪酬待遇较高，并且其易于掌控公司的各类资源（如公章），其与公司之间的权利义务关系较为复杂，一旦发生纠纷对公司的影响也较为重大。因此，严控劳动合同签订、各项待遇的决策程序十分重要。

以劳动合同签订为例，参考原劳动部《实施〈劳动法〉中有关劳动合同问题的解答》的规定："实行公司制的企业厂长、经理和有关经营管理人员，应依据《中华人民共和国公司法》中有关经理和经营管理人员的规定与董事会签订劳动合同。"如公司章程明确规定高管劳动合同的签订、各项待遇的确定应经过董事会批准，此将极大地限制高管利用职务之便签署各类合同、协议的行为。公司章程亦可同时规定高管薪酬的决策程序。

2. 控制高管的劳动合同履行风险

除了常规劳动报酬以外，高管追索高额加班费的案例不胜枚举。对此，用人单位可通过积极申报不定时工时制、推行加班审批制度以控制加班费风险。对于高管利用自身职权侵害公司利益的行为，公司应通过制定各项规章制度、签署协议等加以防范，如财务政策中明确高管的财务审批权限、在保密协议中约定高管在职期间的竞业禁止义务、在奖金政策中明确高管的约束性条件。

3. 解聘高管应当注意"解职"与"解聘"的区别

虽然《公司法》规定，董事会有权解聘高管职务，且无须任何理由。但此并不代表用人单位可以随意解除与高管的劳动合同，高管劳动合同的解除事项仍然须严格执行《劳动合同法》的规定。如以严重违纪为由解雇，用人单位应当举证严重违纪事实的存在以及履行法定的解除程序；如以不胜任为由解除，用人单位仍须证明已履行调岗或培训程序。

通常，高管的职务一旦被免除，其劳动合同客观上即无法继续履行，此时用人单位可以与高管协商变更劳动合同。如双方无法达成一致，用人单位再实施解除劳动合同，此时的法律风险要远小于直接解除劳动合同。

◆ 相关法规

《公司法》

第四十九条 有限责任公司可以设经理，由董事会决定聘任或者解聘。经理对董事会负责，行使下列职权：

……

（六）提请聘任或者解聘公司副经理、财务负责人；

（七）决定聘任或者解聘除应由董事会决定聘任或者解聘以外的负责管理人员；

……

第一百一十三条第一款 股份有限公司设经理，由董事会决定聘任或者解聘。

第二百一十六条 本法下列用语的含义：

（一）高级管理人员，是指公司的经理、副经理、财务负责人，上市公司董事会秘书和公司章程规定的其他人员。

……

最高人民法院《关于适用〈中华人民共和国公司法〉若干问题的规定（五）》

第三条 董事任期届满前被股东会或者股东大会有效决议解除职务，其主张解除不发生法律效力的，人民法院不予支持。

董事职务被解除后，因补偿与公司发生纠纷提起诉讼的，人民法院应当依据法律、行政法规、公司章程的规定或者合同的约定，综合考虑解除的原因、剩余任期、董事薪酬等因素，确定是否补偿以及补偿的合理数额。

第五节　外籍、台港澳员工管理与风险防控

◆ 必备知识

1. 外国人在华就业应办理审批手续

与聘用中国籍员工不同，用人单位聘用外国人需为外国人申请就业许可，经批准取得外国人就业许可证书后方可聘用。外国人入境后还需办理居留许可、就业证件等，否则将构成非法就业。

根据《出境入境管理法》的规定，非法聘用外国人的，用人单位将承担被罚款的行政责任，每非法聘用1人处以1万元的罚款，有违法所得的，还将被没收违法所得。对于非法就业的外国人，除被处以罚款外，还可能被驱逐出境。

如果未依法办理就业许可手续，境内用人单位直接招用外国人，双方不建立《劳动法》意义上的劳动关系①，双方权利义务不受劳动法律法规的保护，实践当中一般按照民事雇佣关系处理，仅支持外国人应获得的劳务报酬收入。

2. 合法就业的外国人受《劳动法》的特别保护

在中国境内合法就业的外国人，其与聘用单位之间成立劳动关系，根据《外国人在中国就业管理规定》等相关规定，用人单位应执行劳动基准，在劳动合同履行期间遵守最低工资规定、依法为外国人缴纳社会保险、保障外国人年休假等假期权益。如果双方发生劳动争议的，劳动争议仲裁委员会将依法受理并按照相关劳动法规进行审理裁决。

虽然外国人与境内用人单位的劳动关系受《劳动法》的保护，但考虑到

① 广东省等部分地区按照无效劳动关系处理。

外国人身份的特殊性，其在适用《劳动法》具体规定时仍然与中国籍员工存在不同，具体包括：

（1）外国人的劳动合同期限一般不超过 5 年，无须执行《劳动合同法》第十四条的规定；

（2）外国人无须执行中国计划生育政策；

（3）外国人不享有计划生育奖励政策（如延长生育假期、陪产假等）；

（4）外国人不强制执行中国的法定退休年龄制度；

（5）外国人就业证到期后一般无法恢复劳动关系。

3. 台港澳人员在内地就业无须办理就业许可

根据人力资源和社会保障部于 2018 年 8 月 23 日发布的决定，自 2018 年 7 月 28 日起，台港澳人员在内地（大陆）就业不再需要办理《台港澳人员就业证》，用人单位可直接与台港澳人员建立劳动关系。

但对于台港澳人员在 2018 年 7 月 28 日之前的用工关系，仍需结合是否办理就业证审查双方是否存在劳动关系。

4. 合法就业的台港澳人员受《劳动法》的特别保护

对于台港澳就业人员，由于取消了就业证限制，其与内地公司建立劳动关系后，相关权利义务将完全参照《劳动法》执行，包括依法缴纳社会保险费、执行解雇保护和支付经济补偿金等。

◆ 典型案例

案例 1. 外国人非法就业的“就业”如何认定？

案例实录：2014 年 3 月 31 日，某公安分局在工作中发现韩国国籍人员金某未按规定取得工作许可和工作类居留许可在上海某实业公司（以下简称实业公司）工作，涉嫌非法就业，遂于当日立案调查。经查，实业公司为处理另案纠纷向某区人社局提交了该公司 2013 年 11 月工资表及授权委托书。工资表载明，该公司于 2013 年 11 月向金某实际发放工资 5139 元；授权委托书载明，金某在该公司的职务为财务人员。

2014 年6 月6 日，某公安分局认定金某在未取得工作许可和工作类居留证件之情况下，先后持“外国人任职者家属类居留许可”及“外国人私人事务类居留许可”，私自非法就业。对金某作出罚款人民币 10000 元的处罚。金某则提起行政诉讼，要求撤销处罚决定，并称其丈夫金某某系实业公司的实际投资人，其本人不是实业公司员工，仅为其丈夫及实业公司管钱，且其持有的居留许可证及签证完全可以就业，某公安分局认定其非法就业错误。

专家分析：根据相关规定，外国人非法就业除行为主体为外国国籍人员、违法地点为中国境内外，还应具备两个构成要件：“非法”和“就业”。就“非法”而言，根据《出境入境管理法》第四十一条第一款、第四十三条第一项的规定，外国人在中国境内工作，应当按照规定取得工作许可和工作类居留证件，未按照规定取得上述证件在中国境内工作的，即属“非法”。就“就业”而言，为他人提供了劳务并获取了报酬即构成“就业”。本案中，金某在仅持有任职者家属类居留许可及私人事务类居留许可，无工作许可及工作类居留证件的情况下，为实业公司处理财务及其他相关事宜，实业公司亦向金某发放工资，并代为申报缴纳工资薪金所得个人所得税，亦曾向其他部门出具金某系该公司财务的授权委托书，金某的行为已经构成外国人非法就业。最终，法院根据《出境入境管理法》的规定驳回了金某的诉讼请求。

案例 2. 可否与外籍员工约定提前解除劳动合同的条件？

案例实录：李某为德意志联邦共和国人，曾为某公司的中国产品总监。双方于2011 年9 月16 日签订无固定期限劳动合同，主要约定：生效日自2011 年10 月 1 日起；月薪 30000 元。双方劳动合同还约定，任何一方可提前一个月书面通知对方终止合同，未能提前一个月书面通知对方而终止合同，应以相应数额的薪水作为未能提前通知对方的补偿；该合同还就其他事项作了约定。某公司为李某办理了2011 年9 月 20 日至2014 年8 月 31 日的《外国人就业证》。2013 年 11 月 27 日，某公司向李某发送了《解除雇佣关系回复函》，主要内容为：双方的雇佣关系将于2013 年 11 月 28 日终止。后李某申请仲裁要求恢复劳动关系。

专家分析：根据《外国人在中国就业管理规定》的相关规定，在中国就业的外国人的工作时间、休息、休假劳动安全卫生以及社会保险按国家有关规定执行。但就外国人的劳动合同解除事项是否严格执行《劳动合同法》的规定，相关政策未予明确，本案发生在上海市，上海市劳动局《关于贯彻〈外国人在中国就业管理规定〉的若干意见》中明确，用人单位与获准聘雇的外国人之间有关聘雇期限、岗位、报酬、保险、工作时间、解除聘雇关系条件、违约责任等双方的权利义务，通过劳动合同约定。根据上述规定，用人单位可与外国人约定解除劳动关系的条件，也即除劳动基准以外的事项可通过“意思自治”原则确定。本案中，李某与某公司并未约定提前解除应恢复劳动关系，最终法院以无法律依据为由驳回了李某要求恢复劳动关系的诉讼请求。

应当注意的是，除上海市以外的全国大部分地区，均认为外国人的劳动合同解除事项应严格执行《劳动合同法》的规定。

案例 3. 对台港澳员工能否以超过退休年龄为由终止合同？

案例实录：2010 年 11 月 21 日，李某（系香港行政区居民）受聘至上海某医疗器械公司（以下简称医疗器械公司）工作，双方末份劳动合同期限自 2014 年 11 月 21 日起至 2019 年 11 月 20 日止。李某在职期间医疗器械公司未为其办理过就业证。2019 年 10 月 21 日，医疗器械公司以李某“已年满 60 周岁，达到法定退休年龄”为由终止劳动合同。李某随后申请仲裁要求公司支付经济补偿金，其理由为医疗器械公司未缴纳社保，且其不执行内地退休年龄制度。

专家分析：人力资源和社会保障部于 2018 年 8 月 23 日颁布决定，自 2018 年 7 月 28 日起，台港澳人员在内地（大陆）就业不再需要办理《台港澳人员就业证》。但台港澳居民主张与境内实际用工主体在 2018 年 7 月 28 日前存在合法劳动关系的，仍需要审查劳动者是否持有《台港澳人员就业证》。李某在医疗器械公司任职期间并未办理《台港澳人员就业证》，其于 2018 年 7 月 28 日之前未取得在该公司合法就业资格，故双方此前并非合法劳动关系。2018

年 7 月 28 日之后，李某虽继续为医疗器械公司提供劳动，然而公司终止劳动合同时李某已到达法定退休年龄，其主张经济补偿金并无法律依据，最终法院驳回了李某的诉请。

◆ 专家建议

综合上述案例以及企业在外籍、台港澳员工管理中的其他潜在法律风险，如下建议可供参考：

1. 妥善办理就业证件，避免非法就业风险

目前外国人在中国就业的主要形式为境外派遣以及境内直接雇用，两者均需办理就业证件。目前实践中外国人非法就业的形态主要包括：

（1）未办理就业证；

（2）就业证到期后未续办；

（3）就业证记载的用人单位与外籍员工实际提供劳动的单位不一致。

如果招用的外籍员工同时已获得中国永久居留权，则用人单位可凭居留证件办理入职手续。对于台港澳员工，由于已取消就业证办理要求，故用人单位可参照本地员工的要求为其办理入职手续。

2. 妥善安排劳动合同期限与就业证期限

考虑到外国人就业许可的特殊限制，外国人的劳动合同期限尽可能与就业证的期限匹配，避免就业证未到期而劳动合同已到期或者劳动合同未到期而就业证已到期的情况。

在司法实践中，仅以就业证到期为由终止劳动合同存在违约解除的风险，如因用人单位原因导致未续办就业证，外籍员工往往可以主张经济补偿金（因用人单位原因导致合同无效）或赔偿损失。

3. 严格执行劳动基准，发挥意思自治空间

在外国人劳动关系履行期间，用人单位应遵守最低工资、工作时间（加班等）、休息休假（如年休假、产假等）、社会保险、劳动安全卫生等强制性的劳动基准。

在上海地区，对于劳动基准以外的事项，用人单位可以根据意思自治原则与员工约定各项权利义务，包括辞职的提前预告期、违约解除的责任、超过中国法定退休年龄后的用工关系性质等，以降低发生争议后的风险和成本。但在其他地区，应当严格参照相关劳动法规履行《劳动法》项下的权利义务。

◆ 相关法规

《出境入境管理法》

第八十条 外国人非法就业的，处五千元以上二万元以下罚款；情节严重的，处五日以上十五日以下拘留，并处五千元以上二万元以下罚款。

介绍外国人非法就业的，对个人处每非法介绍一人五千元，总额不超过五万元的罚款；对单位处每非法介绍一人五千元，总额不超过十万元的罚款；有违法所得的，没收违法所得。

非法聘用外国人的，处每非法聘用一人一万元，总额不超过十万元的罚款；有违法所得的，没收违法所得。

《外国人在中国就业管理规定》

第五条 用人单位聘用外国人须为该外国人申请就业许可，经获准并取得《中华人民共和国外国人就业许可证书》（以下简称许可证书）后方可聘用。

第十七条 用人单位与被聘用的外国人应依法订立劳动合同。劳动合同的期限最长不得超过五年。劳动合同期限届满即行终止，但按本规定第十八条的规定履行审批手续后可以续订。

第二十一条 用人单位支付所聘用外国人的工资不得低于当地最低工资标准。

第二十二条 在中国就业的外国人的工作时间、休息、休假劳动安全卫生以及社会保险按国家有关规定执行。

第二十三条第一款 外国人在中国就业的用人单位必须与其就业证所注明的单位相一致。

《在中国境内就业的外国人参加社会保险暂行办法》

第三条 在中国境内依法注册或者登记的企业、事业单位、社会团体、民办非企业单位、基金会、律师事务所、会计师事务所等组织（以下称用人单位）依法招用的外国人，应当依法参加职工基本养老保险、职工基本医疗保险、工伤保险、失业保险和生育保险，由用人单位和本人按照规定缴纳社会保险费。

与境外雇主订立雇用合同后，被派遣到在中国境内注册或者登记的分支机构、代表机构（以下称境内工作单位）工作的外国人，应当依法参加职工基本养老保险、职工基本医疗保险、工伤保险、失业保险和生育保险，由境内工作单位和本人按照规定缴纳社会保险费。

《香港澳门台湾居民在内地（大陆）参加社会保险暂行办法》

第二条第一款 在内地（大陆）依法注册或者登记的企业、事业单位、社会组织、有雇工的个体经济组织等用人单位（以下统称用人单位）依法聘用、招用的港澳台居民，应当依法参加职工基本养老保险、职工基本医疗保险、工伤保险、失业保险和生育保险，由用人单位和本人按照规定缴纳社会保险费。

第六节　异地用工管理与风险防控

◆ 必备知识

1. 异地用工的概念和特点

伴随企业跨区域经营现象愈加普遍，企业异地用工也愈加普遍。异地用工大体是指劳动者劳动合同履行地与用人单位所在地（注册地或主要办公经营地）不一致的情形。

上述不一致将导致各类劳动标准可能在地区之间存在差异，诸如最低工资标准、社会保险费的缴纳标准、公积金的缴费政策、高温费的计发标准、病假工资、婚假天数等均可能存在差异。企业往往追求内部管理的统一性，但地区之间的巨大差异又使得用人单位“一刀切”的操作存在合规风险，用人单位需要在合法和内部公平之间寻求最佳平衡点。

2. 异地用工的法律适用

《劳动合同法实施条例》第十四条规定：“劳动合同履行地与用人单位注册地不一致的，有关劳动者的最低工资标准、劳动保护、劳动条件、职业危害防护和本地区上年度职工月平均工资标准等事项，按照劳动合同履行地的有关规定执行；用人单位注册地的有关标准高于劳动合同履行地的有关标准，且用人单位与劳动者约定按照用人单位注册地的有关规定执行的，从其约定。”

上述规定是指在劳动合同履行期间，涉及最低工资、劳动保护、劳动条件等项目，如果用人单位未与劳动者约定具体适用何地政策，则按照劳动合同履行地确定相关标准的适用；如果用人单位与劳动者约定适用注册地有关标准，且有关标准高于劳动合同履行地标准的，则执行双方约定。可将上述规则简述为“无约定，执行履行地标准”“有约定，就高执行”。

3. 异地用工发生争议的处理

因异地用工发生劳动争议，根据《劳动争议调解仲裁法》的规定，在劳动争议仲裁阶段，劳动者和用人单位均可以选择向劳动合同履行地或用人单位所在地劳动争议仲裁委员会提出仲裁申请。如果双方当事人分别向劳动合同履行地和用人单位所在地的劳动争议仲裁委员会申请仲裁的，由劳动合同履行地的劳动争议仲裁委员会管辖，可见仲裁阶段执行“劳动合同履行地优先管辖原则”。

但如果案件进入诉讼阶段，根据相关司法解释，劳动者和用人单位均可以选择向劳动合同履行地或用人单位所在地人民法院提起诉讼。如果双方当事人分别向劳动合同履行地和用人单位所在地的人民法院起诉的，则案件由先受理的人民法院管辖，也即诉讼阶段执行“起诉在先优先管辖原则”。

◆ 典型案例

案例 1. 异地用工，防暑降温费、采暖补贴标准如何执行？

案例实录：2017 年 3 月贾某入职上海某管理公司，双方签订书面劳动合同，约定贾某的岗位为客户专员，实际工作地点为天津滨海分公司。2019 年 5 月 15 日，管理公司以滨海分公司解散为由，口头通知贾某解除劳动合同。后贾某向天津滨海新区劳动争议仲裁委提起仲裁，要求管理公司支付 2018 年度防暑降温费 800 元、采暖补贴 520 元。管理公司则认为高温费应按天津市标准发放，而上海市则无采暖费规定。

专家分析：根据法律规定，劳动合同履行地与用人单位注册地不一致的，有关劳动者的最低工资标准、劳动保护、劳动条件、职业危害防护和本地区上年度职工月平均工资标准等事项，按照劳动合同履行地的有关规定执行。用人单位注册地的有关标准高于劳动合同履行地的有关标准，且用人单位与劳动者约定按照用人单位注册地的有关规定执行的，从其约定。本案中，管理公司和贾某未就高温费标准适用上海市有关规定作出约定，故高温费应按照劳动合同履行地天津市的相关规定执行。天津市《关于建立全市职工平均工资发布及工资保险福利待遇正常调整制度的暂行办法》第三条第八项规定："机关、事业单位和企业职工防暑降温费的月标准，按上年度全市职工月平均工资的3%确定，计算时四舍五入保留到角。每年 6 月至 9 月按月发放或一次性发放。"故管理公司应予支付 2018 年防暑降温费 672 元。关于采暖补贴，根据《关于做好调整我市居民供热价格工作的通知》（津政办发〔2008〕156 号）的规定，将采暖补贴标准由每名职工每年 420 元调整到 520 元，上调 100 元。企业按上述补贴标准参照执行。故管理公司还应发放贾某 2018 年度采暖补贴 520 元。

案例 2. 不定时工时制能否跨地区适用？

案例实录：刘某与上海某保险公司签订劳动合同，双方约定适用不定时工时工作制，工作地点在湖北省武汉市。刘某实际在武汉市担任分支机构运营主任职务，保险公司则在上海市浦东新区获得不定时工时制的行政许可。后刘某于 2017 年 11 月离职后申请仲裁，向保险公司主张休息日加班费 36000 元。保险公司认为刘某实际执行不定时工时制且经政府审批，而刘某则主张保险公司未在湖北省获得不定时工时许可，且根据《湖北省企业实行不定时工作制和综合计算工时工作制审批办法》第五条规定，保险公司亦未在武汉市办理备案手续。

专家分析：不定时工时制审批实质上是一项行政许可，《行政许可法》第四十一条规定，法律、行政法规设定的行政许可，其适用范围没有地域限制的，申请人取得的行政许可在全国范围内有效。可见，一项行政许可如果有地域限制，行政机关作出的准予行政许可决定应当明确规定该行政许可的适用范围。本案中，保险公司获得的不定时工作制审批并未限定在上海市范围内，故其可以适用于在湖北省工作的刘某。考虑到不定时工作制审批执行属地管理，用人单位只能在注册登记地办理审批手续，刘某主张应在工作地获得行政许可并无法律依据，也无可操作性。不过部分地区①要求异地获得的行政审批文件应当向本地劳动行政部门备案。但备案系管理性规定而非效力性规定，未备案也不影响行政许可的效力。故本案刘某的仲裁请求最终被驳回。

◆ 专家建议

综合上述案例以及企业在执行异地用工中的其他潜在法律风险，如下建议可供参考：

1. 严控劳动合同、规章制度签署程序

在异地用工实践中，部分用人单位在异地的办事机构往往无专业 HR 推进人事管理工作，有些则直接委托当地的直线管理人员完成劳动合同、员工手册签署工作，一旦存在代签或漏签的情况，则用人单位将面临支付双倍工资、无法引用规章制度处罚员工等法律风险。

考虑到劳动合同、规章制度签署工作的重要性，用人单位应当通过面签、电子邮件、会议签到等多种方式完成上述法律文件的签署工作，如果通过快递递交文件，应当妥善保管快递凭证。

2. 劳动基准事项执行履行地标准

由于员工主要在劳动合同履行地工作和生活，有关最低工资、社会平均工资、高温费、采暖补贴、病假工资、医疗期、各类地方性假期等，可执行劳动合同履行地政策，规章制度对此可加以明确。如果规章制度仅约定执行某地标准，如病假工资按照上海市的政策执行，则在江苏省工作的员工可从高主张病假待遇（上海市病假待遇高于江苏省）。

3. 属地管理事项执行注册地标准

诸如社会保险缴费、公积金缴费、社会保险待遇理赔、工资申报与个税扣

---

① 如四川省劳动和社会保障厅《关于加强对用人单位实行特殊工时制度管理有关问题的通知》规定："同一用人单位的生产经营场所涉及两个及以上市、州行政区域的，由注册登记地受理。非注册地的用人单位应将注册地劳动保障行政部门的审批意见和实行特殊工时制度的方案报当地劳动保障行政部门备案。"

缴、特殊工时制申报等，根据《社会保险法》《住房公积金管理条例》《个人所得税法》等有关法律法规均执行属地管理，即用人单位应在注册地完成社保缴费、个税扣缴、代理理赔、特殊工时申报等。如果用人单位委托其他单位在异地为员工代缴社保等，反而存在违法风险，一旦发生工伤事故，用人单位无法在异地理赔的，只能自行向劳动者赔偿损失。

4. 地方裁判口径执行管辖地标准

涉及无固定期限劳动合同的签订规则、加班费计算基数能否约定、搬迁是否构成合同变更等诸多法律法规规定不明确的事项，一般各地司法机关将按照本地司法实践进行裁判（而并非按照注册地或履行地的裁判口径执行）。考虑到劳动争议既可能在劳动合同履行地进行审理，也可能在用人单位注册地进行审理，用人单位可结合履行地和注册地的地方裁判口径，从高执行相关标准以降低法律风险。

◆ 相关法规

《劳动合同法实施条例》

第十四条 劳动合同履行地与用人单位注册地不一致的，有关劳动者的最低工资标准、劳动保护、劳动条件、职业危害防护和本地区上年度职工月平均工资标准等事项，按照劳动合同履行地的有关规定执行；用人单位注册地的有关标准高于劳动合同履行地的有关标准，且用人单位与劳动者约定按照用人单位注册地的有关规定执行的，从其约定。

《劳动争议调解仲裁法》

第二十一条 劳动争议仲裁委员会负责管辖本区域内发生的劳动争议。

劳动争议由劳动合同履行地或者用人单位所在地的劳动争议仲裁委员会管辖。双方当事人分别向劳动合同履行地和用人单位所在地的劳动争议仲裁委员会申请仲裁的，由劳动合同履行地的劳动争议仲裁委员会管辖。

最高人民法院《关于审理劳动争议案件适用法律若干问题的解释》

第八条 劳动争议案件由用人单位所在地或者劳动合同履行地的基层人民法院管辖。

劳动合同履行地不明确的，由用人单位所在地的基层人民法院管辖。

第九条 当事人双方不服劳动争议仲裁委员会作出的同一仲裁裁决，均向同一人民法院起诉的，先起诉的一方当事人为原告，但对双方的诉讼请求，人民法院应当一并作出裁决。

当事人双方就同一仲裁裁决分别向有管辖权的人民法院起诉的，后受理的人民法院应当将案件移送给先受理的人民法院。

Chapter 9
4种员工关系危机事件的处置实务

企业与员工之间出现争议和矛盾的情形并不少见，多数是通过双方和解、协商乃至通过仲裁、诉讼方式解决。但在极端情况下，员工关系中的个别事件可能导致企业经营或公司声誉遭受严重负面影响，或者导致处置成本的几何级数增加，该类事件可归入员工关系危机事件范畴，需要企业引起高度重视。诸如员工集体性停工、员工死亡、员工极端过激维权（跳楼自杀）等事件的处理失当，可能导致企业停摆甚至关闭。

第一节　员工突发死亡事件的处置与应对

◆ 必备知识

1. 员工死亡分为因工死亡和非因工死亡

生老病死乃是常态，但劳动者于劳动关系存续期间死亡，难免会导致员工家属与用人单位之间的情绪对立，并且还会导致相关权利义务的清理和各类赔偿数额的确定。根据员工死亡类型的不同，可分为因工死亡和非因工死亡。

员工因工死亡主要是指符合《工伤保险条例》规定的工亡情形，既包括在履行职务过程中因第三人侵权导致的工亡情形，也包括上下班途中发生交通事故工亡的情形，还包括因工外出被宣告死亡、在工作岗位突发疾病于24小时内死亡的情形。员工符合工亡条件的，则用人单位应依法申报工亡，并根据国家和地方规定确定相应的待遇给付，包括一次性工亡补助金、供养亲属抚恤金、丧葬费等。

员工非因工死亡是指员工在非工作时间因疾病或意外事故导致死亡的情形，由于在非工作时间发生或者不符合工亡认定条件，用人单位一般无须按照《工伤保险条例》的规定承担相应的赔偿责任，但应根据地方规定给付丧葬补助费和抚恤金①。

---

① 《社会保险法》第十七条规定："参加基本养老保险的个人，因病或者非因工死亡的，其遗属可以领取丧葬补助金和抚恤金；在未达到法定退休年龄时因病或者非因工致残完全丧失劳动能力的，可以领取病残津贴。所需资金从基本养老保险基金中支付。"但实践中，有些地方未能将该两笔费用纳入社保支付范围，仍要求用人单位承担。

2. 员工因工死亡不代表公司的责任仅限于工伤赔偿责任

虽然在员工符合工亡的条件下，用人单位有义务及时申报工亡，并按照《工伤保险条例》等有关规定协助理赔，在用人单位依法参保的情况下，用人单位无须额外承担其他费用。但若用人单位未依法参保包括参保基数低于法定标准，则用人单位应当赔偿给近亲属所造成的损失。

如果因用人单位违反《安全生产法》（主要为因安全生产事故导致的工亡案件）或者在劳动者因职业病导致死亡的情况下，劳动者家属还可向用人单位提起侵权损害赔偿。

3. 员工非因工死亡不代表公司可以完全免责

员工非因工死亡仅代表员工死亡情形不符合工亡认定条件，缺乏根据《工伤保险条例》理赔的条件。但如果用人单位对劳动者的死亡存在一定过错，如未能履行相应的安全保障义务或劳动保护义务，劳动者家属仍可向用人单位主张侵权赔偿责任，人民法院亦可适用过错责任或公平责任要求用人单位承担家属必要的损失。

◆ 典型案例

案例 1. 员工超时加班在家猝死，单位应否承担赔偿责任?

案例实录：尤某生前于 2006 年 3 月入职扬州某集团公司（以下简称集团公司）从事驾驶工作。集团公司曾于 2017 年 8 月 2 日安排尤某进行体检。体检报告显示尤某存在“高血压、高血脂、窦性心动过缓伴心律不齐、T 波改变、心脏增大，呈主动脉型等、中度脂肪肝、谷氨酰转肽酶偏高”等情形，其他项目体检未发现明显异常。根据集团公司的车辆运行统计表，尤某死亡前 6 个月内（2017 年 10 月 27 日至 2018 年 4 月 25 日），每月超时加班 108.06 小时。

2018 年 4 月 25 日晚 7 时左右，尤某上班期间向妻子陶某反映身体不适。尤某于晚 8 时下班回家吃饭，晚 9 时 25 分左右，陶某发现尤某突然倒地、意识丧失，遂将其送至扬州市第一人民医院救治，后经抢救无效于当晚 11 时许被宣告死亡，死亡原因为心源性猝死。后陶某为尤某申报工亡，但劳动行政部门作出不予认定工亡的决定。陶某等人提起诉讼，要求集团公司支付医疗费、死亡赔偿金、丧葬费、精神损害抚慰金及办理丧事人员的交通费、误工费等总计 972896.35 元。集团公司则主张无证据证明尤某的超时加班与死亡存在直接的因果关系，双方之间不存在侵犯人身权的基本事实。

专家分析：根据《侵权责任法》的规定，行为人因过错侵害他人民事权益的，应当承担侵权责任。本案中集团公司确存在安排尤某超时加班的违法事实，而尤某死亡导致家属损失亦是客观状态，只是超时加班与死亡之间是否存在因果关系存在争论，但现有证据无法排除超时加班和死亡之间的因果关系，且超时加班必然导致身体健康受损亦是常识，最终法院酌定集团公司承担10%的赔偿责任。法院审理后认为，尤某的死亡原因是“心源性猝死”。关于“猝死”，世界卫生组织将其定义为“平素身体健康或貌似健康的患者，在出乎意料的短时间内，因自然疾病而突然死亡”。该定义说明猝死只是一种死亡的状态，其具体原因系死者某种身体疾病。尤某死亡后，相关机构未对尸体进一步进行解剖，无法查明其具体死亡的医学原因，因而也无法较为确切地通过医学鉴定等方式来确定长期超时加班与该种疾病之间的因果联系。然而，根据医学常识以及一般人的经验、认知等常理、医院研究等表明，长期的长时间工作、高负荷工作、不合理休息以及非常规的作息时间对身体健康必然造成损害。尤某在死亡前存在长期超时加班，长期未合理休息的情况，必然对其身体健康造成损害，尤某下班后至死亡前时间间隔短且生活状况正常未进行有损于健康的其他活动，可以推断出其长期的过度加班劳动与死亡结果之间存在高度可能性的因果关系。但是也可以推断出，长期过度加班仅是造成死亡结果的其中一个因素，尤某生前即存在“高血压、高血脂、窦性心动过缓伴心律不齐、T 波改变、心脏增大，呈主动脉型等、中度脂肪肝、谷氨酰转酞酶偏高”的身体异常状态，无法查明或排除该身体状况与死亡结果之间的因果关系。同样，也无法查明或排除其他诸如尤某个人身体素质、心理素质、生活习惯、日常饮食、遗传因素以及其他一些偶然性因素与“猝死”这一结果之间的因果关系。

综上可以推断出，集团公司在尤某生前安排其长期过度加班这一行为与尤某死亡这一结果之间存在一定的因果关系。

案例2. 员工因工死亡，要求额外赔偿怎么办？

案例实录：黄某系佛山某科技公司（以下简称科技公司）职工，2016年8月31日12时10分许，黄某在科技公司烧结车间因发生白电油泄漏爆燃被烧伤，后因多器官功能衰竭死亡。经认定工亡后社保部门核定黄某近亲属工亡待遇合计657878元，包括丧葬补助金33978元和一次性工亡补助金623900元。后黄某家属提起诉讼，再次要求科技公司支付死亡赔偿金（42537.4元/年×20年）超出一次性工亡补助金623900元的其余部分和精神损失费50000元。科技公司则主张已通过工伤保险待遇理赔，不应再由公司支付赔偿。

专家分析：《安全生产法》第五十三条规定："因生产安全事故受到损害的从业人员，除依法享有工伤保险外，依照有关民事法律尚有获得赔偿的权利的，有权向本单位提出赔偿要求。"劳动者因安全生产事故获得工伤保险待遇后，如人身损害赔偿项目与劳动者已获得的工伤保险待遇项目在本质上相同，劳动者请求人身损害赔偿的，应当在人身损害赔偿项目中扣除相应的工伤保险待遇数额。本案中黄某因安全生产事故发生工亡，其近亲属除获得工伤保险待遇外仍可向科技公司主张侵权损害赔偿。而黄某近亲属获得的一次性工亡补助金和侵权赔偿中的死亡赔偿金虽名称不同，但性质相同，故科技公司仍需支付其中的差额，而对于精神损害赔偿系侵权赔偿中的独有项目，科技公司应依法承担赔偿责任。最终，法院判定科技公司支付黄某家属死亡赔偿金差额56698元，精神损害抚慰金50000元。

◆ 专家建议

考虑到无论员工是因工死亡还是非因工死亡都可能导致公司业务和声誉遭受严重影响，企业有必要提前建立与之相关的流程和应对机制，在处理该类事件时，以下建议可供公司参考：

1. 救人为先

无论何时，当公司员工的生命安全有危险时，挽救生命都为第一原则。公司应该以协调提供紧急医疗救助挽救生命为首要事项。建议采取的行动如下：第一时间拨打 120 急救电话，安排必要的帮助；管理人员安排提前垫付费用；通知员工直系亲属或者紧急联系人；通知公司 HR 及商业保险公司；第一时间收集相关的文件、证明、证据等。

需要指出的是，虽然法律未规定用人单位应当垫付抢救费用，但出于生命权大于财产权的本旨，用人单位及相关管理人员应完成相关费用的紧急授权，并及时垫付费用，避免因费用问题导致延误就医。

2. 做好内外部沟通

在员工伤亡事件发生之初，公司应立即成立紧急事件处理小组，确定相关分工（一般由直线经理、HR、法务组成，必要时将指派外部律师），及时通过微信群、邮件、电话会议等方式通报事故进展和伤员情况。此外，相关情况应同时通报直线经理、HR、法务，如有必要，通知公共关系部门。此外，还需就事件联络当地相关部门如公安局/派出所，协助调查、处理。如有必要，也可事先向劳动行政部门报告。

3. 跟进调查

公司紧急事件处理小组应尽可能地收集各方面的信息（包括与员工家属有关的信息等）以帮助进一步调查分析，包括每天联系会议、及时更新事件进展、撰写书面报告。

在发生死亡事件的情况下，无论是否属于工亡，均建议用人单位将相关事故在 30 日内向劳动行政部门报告，由劳动行政部门确定是否属于工亡，于此期间也可要求员工家属配合提交相关资料等。

4. 现场处置

公司应安排特定人员参与现场处置，一般不少于 2 人。现场处置人员应获得适当授权，包括给付一定数额的抚慰金，代为签署相关文件等。在与员工家属沟通的过程中，应避免正面冲突，以优先安抚员工家属的情绪为主，一方面不以个人代表公司作出承诺，另一方面也要及时传达家属的合理诉求，并进行相应的记录签名，形成相应的备忘录、会议记录等，以便于与家属和公司进行后续沟通。

在一些特定场合，公司可能还需安排家属的住宿和餐饮事宜。

5. 准备补偿方案并获得批准

公司紧急处理小组与（外部）律师根据适用法律法规讨论补偿方案，同时考虑商业保险、社保及其他相关可能补偿，相关补偿方案报批公司总部获得批准。公司亦可了解过往发生的案例、其他关联公司发生的类似案例或同行业企业发生的类似案例作为补偿标准设置的参考。

一般而言，即使法律上公司无须承担责任，公司仍可考虑给予一定金额的人道主义赔偿以减少家属的损失。

6. 谈判及签署最终文件

在员工家属人数较多的情况下，应建议双方缩减沟通谈判人数，一般以各方不超过3人为宜。谈判地点尽量避免安排在工作场所，可安排在酒店会议室、地方调解组织、派出所等第三方场所，如有第三方调解组织介入调解则更为妥当。会谈现场一般需提供特别的安保支持。

公司需要精准确定员工近亲属的范围，确定协议签署主体，一般不建议公司参与家属之间的补偿内部分配事宜，相关补偿费用应明确具体金额和计算方式、是否需代扣个人所得税等，避免在协议履行期间发生争议。考虑员工死亡事件的谈判可能会开展多次，建议每次谈判应进行面谈记录并安排双方签字确认以便于继续沟通汇报。

如果谈判不顺利且矛盾可能进一步升级，则公司可提前预备媒体通告，预防大篇幅的负面报道。在双方谈判很难达成一致的情况下，公司仍可出具书面盖章的和解方案送达员工家属，也可以引导其通过仲裁诉讼来解决争端。

◆ 相关法规

《民法典》

第一千一百六十五条第一款 行为人因过错侵害他人民事权益造成损害的，应当承担侵权责任。

第一千一百七十九条 侵害他人造成人身损害的，应当赔偿医疗费、护理费、交通费、营养费、住院伙食补助费等为治疗和康复支出的合理费用，以及因误工减少的收入。造成残疾的，还应当赔偿辅助器具费和残疾赔偿金；造成死亡的，还应当赔偿丧葬费和死亡赔偿金。

《安全生产法》

第五十三条 因生产安全事故受到损害的从业人员，除依法享有工伤保险外，依照有关民事法律尚有获得赔偿的权利的，有权向本单位提出赔偿要求。

《职业病防治法》

第五十八条 职业病病人除依法享有工伤保险外，依照有关民事法律，尚有获得赔偿的权利的，有权向用人单位提出赔偿要求。

《因工死亡职工供养亲属范围规定》

第二条 本规定所称因工死亡职工供养亲属，是指该职工的配偶、子女、父母、祖父母、外祖父母、孙子女、外孙子女、兄弟姐妹。

本规定所称子女，包括婚生子女、非婚生子女、养子女和有抚养关系的继子女，其中，婚生子女、非婚生子女包括遗腹子女；

本规定所称父母，包括生父母、养父母和有抚养关系的继父母；

本规定所称兄弟姐妹，包括同父母的兄弟姐妹、同父异母或者同母异父的兄弟姐妹、养兄弟姐妹、有抚养关系的继兄弟姐妹。

第三条 上条规定的人员，依靠因工死亡职工生前提供主要生活来源，并有下列情形之一的，可按规定申请供养亲属抚恤金：

（一）完全丧失劳动能力的；

（二）工亡职工配偶男年满60周岁、女年满55周岁的；

（三）工亡职工父母男年满60周岁、女年满55周岁的；

（四）工亡职工子女未满18周岁的；

（五）工亡职工父母均已死亡，其祖父、外祖父年满60周岁，祖母、外祖母年满55周岁的；

（六）工亡职工子女已经死亡或完全丧失劳动能力，其孙子女、外孙子女未满18周岁的；

（七）工亡职工父母均已死亡或完全丧失劳动能力，其兄弟姐妹未满18周岁的。

第二节　集体性停工事件的处置与应对

◆ 必备知识

1. 劳动争议分为权利争议和利益争议

根据劳动争议的类型，其可分为权利争议和利益争议。前者是就实现既有权利义务产生争议，如围绕劳动合同约定的劳动报酬、规章制度规定的年终奖、法律法规规定的社会保险等产生争议，该类争议有明确的履行义务可供参考，属于合法性争议。劳动者如认为用人单位损害其权益，可通过与用人单位协商和解、向调解组织申请调解、向仲裁机构申请仲裁以及向人民法院提起诉讼，还可向劳动行政部门投诉举报以维护其权益。

而对于后者，是指确定或变更原有条件所产生的争议，如因劳动者要求增加劳动报酬、改善工作环境等产生争议，该类权利义务并无明确的合同、制度或法律规定作为履行依据，属于合理性争议，故无法通过仲裁、诉讼或劳动监察解决争端，劳动者可与用人单位开展集体协商解决双方存在的分歧和争议。

2. 员工集体停工不能以享有罢工权免责

2001 年 2 月 28 日，第九届全国人民代表大会常务委员会第二十次会议决定：批准我国政府于 1997 年 10 月 27 日签署的《经济、社会及文化权利国际公约》。该公约第八条第一款丁项规定工人有权罢工，但应按照各个国家的法律行使此项权利。

尽管如此，从国内立法角度，罢工权在中国既没有明确的法律依据保障，又没有权利行使的具体规范。我国现行生效的《宪法》《工会法》《劳动法》等法律没有对工人如何行使罢工权利进行立法规定。《宪法》只是规定中华人民共和国公民有言论、出版、集会、结社、游行、示威的自由，并没有规定中华人民共和国公民享有罢工的自由，且规定公民在行使自由和权利时，不得损害国家的、社会的、集体的利益和其他公民的合法的自由和权利。《工会法》只是规定企业发生停工、怠工事件时工会的职责，并没有规定工人在何种条件下享有罢工自由，也没有就工人行使罢工权的程序作出规定。《劳动法》等劳动法律法规中没有出现过与“罢工”有关的字眼。立法机关没有就工人如何行使罢工权进行立法并不表示不维护工人合法权益。立法机关已经出台了《劳动合同法》《劳动争议调解仲裁法》等法律法规。劳动者完全可以依法通过协商，向劳动主管部门投诉、举报及申请劳动仲裁等途径维护自己的合法权益。

故而在劳动者与用人单位就劳动关系事项发生争议的情况下，不能以集体停工或罢工来免除责任，员工集体停工仍按照违反规章制度进行评价。

3. 劳动者享有集体协商权利

根据《集体合同规定》等有关规定，劳动者可就劳动报酬、工作时间、休息休假、保险和福利、奖惩、裁员等事项与用人单位开展集体协商。职工一方的协商代表由本单位工会选派。未建立工会的，由本单位职工民主推荐，并经本单位半数以上职工同意。用人单位一方的协商代表，由用人单位法定代表人指派，首席代表由单位法定代表人担任或由其书面委托的其他管理人员担任。

开展集体协商，职工方与企业发生争议的可以提请企业所在地地方总工会、企业方面代表组织协调。经协调仍未能解决争议的，当地人力资源社会保障行政部门应当派出人员或者从集体协商专家名册中指定人员进行协调。

◆ 典型案例

案例．员工因要求集体加薪而停工，公司能否以旷工处置？

案例实录：张某于 2016 年进入某印刷公司从事印刷工作。2017 年 7 月，因部分员工投诉公司环境有毒，印刷公司安排某疾病预防控制中心对公司工作场所（包括印刷车间在内）的空气采样检测，结果判定为合格。2018 年 1 月 5 日下午，张某及其所在车间的 20 余名员工开始集体停工。印刷公司与张某等员工谈判，员工方提出改善工资、福利等要求，但双方未能达成一致。次日，当地街道调解组织人员至印刷公司处主持双方进行调解，但调解未果。公司即于当日发布通告，希望印刷部全体员工能够冷静处理，有事可以慢慢沟通，维持正常的工作秩序，否则将按照公司制度进行处罚。1 月 8 日，张某等 20 余名员工上班打卡后进公司，因双方对上述争议事项仍未协商一致，张某等人集体前往区政府信访办公室反映问题，之后于下班时回公司打卡。1 月 11 日，印刷公司以参与怠工构成严重违纪为由解除了张某的劳动合同。后双方就此涉诉。

专家分析：根据《劳动法》的规定，企业有依法自主确定劳动报酬的分配方式和工资水平的权利，虽然劳动者提出加薪用人单位并无必须同意的义务，但劳动者集体要求改善工作环境、增加劳动报酬仍属于行使集体协商权利的范畴，虽然员工于协商期间擅自停工并不妥当，但印刷公司直接以严重违纪为由解除了张某的劳动合同，未能正确回应员工的诉求，最终法院判决印刷公司败诉。法院审理认为，本案双方就是否增加劳动报酬的争议发生之时，正是我国国内通货快速膨胀、生活成本急剧增长的时段，也恰逢国家有关部门大力推进工资集体协商制度之机。在此种情况下，劳动者提出集体协商增加工资报酬，应属其合理行使合同当事人一方协商权的正当方式和现实选择。对此，用人单位作为上诉人，同样应当关注社会现实，尊重员工要求协商的这一程序权利，在保留对劳动者恶意磋商或其他相关不当行为进行追究权利的同时，给予劳动者合理的宽容，并积极地进行磋商和回应。就本案而言，公司与员工也确实进行了一定的协商，并请劳动调解部门初步介入，但其之后的应对行为则显然操之过急，在劳动者仍有协商意愿的情况下，即以员工协商期间存在停工行为实施合同解除，应属处罚过度。

◆ 专家建议

考虑到员工发生集体停工事件对企业经营影响极大，企业需要积极预防相关集体劳动争议的发生，如确遭遇了集体停工事件则应分类进行处理。

1. 企业应健全民主协商机制和沟通申诉渠道

在劳动合同履行期间，用人单位和各级管理者无法确定公司对员工作出的任何一个决定完全合法、合理，故对于个别的劳动关系事项，用人单位宜通过规章制度明确规定员工的申诉和沟通渠道，引导员工逐级反映自己的诉求和问题，避免员工因投诉和沟通无门直接停工或煽动其他员工停工的极端举动。

而对于集体劳动关系的调整事项，如修改公司规章制度、变更薪酬福利条件、公司集体搬迁、公司实施人员裁减、降薪等，这些举措势必影响劳动者的切身利益，企业应当在公布实施调整方案前，充分与工会、职工代表和全体员工沟通，确保信息公开透明，积极采集员工的合理意见，在民主协商过程中化解员工的情绪，解答员工的疑问，只有严格履行民主程序才能最大限度地避免因此引发集体争议案件和停工事件。

2. 企业应对各级管理者进行员工关系沟通培训

近年来，因为管理者的错误言行引发劳动者极端对抗行动的例子并不鲜见，作为员工上级的管理者需要了解相关法律规定，积极向员工解释相关的决定，避免员工出现误解。在对个别员工的管理过程中，如纪律惩处、绩效评价、工作和加班安排等，应秉承相互尊重，不滥用管理权的原则，将员工日常的劳动关系矛盾消解在萌芽状态，即使员工对管理者的部分决定不满，管理者也可明确告知员工下一步的沟通途径。

管理者在日常工作中，尤其要避免对员工采取歧视性的处理，比如两个员工打架，性质接近，管理者留下其中一个而解雇另一个，这种不公平的做法更容易引起员工更激烈的反应。

3. 发生集体争议后应积极开展集体协商，避免简单粗暴地执行违纪处理

对于一些员工指责公司违法的案例，管理者除了积极进行解释和劝导外，还可以提请地区调解组织、劳动监察部门和上级工会进行调处，协助对有关法律问题进行解释，比如在股权收购案件中员工要求支付经济补偿金，如果劳动行政部门参与解释该主张无法律依据，则很大程度上能澄清员工的误解。对于权利类集体争议，可以引导劳动者通过仲裁、诉讼或劳动监察解决问题，而非采取集体停工的做法，如经劝导无效仍拒绝复工的，公司可以循序渐进地推进违纪处理，直至满足解除劳动合同的条件。

而对于一些因利益争议引发的集体案件，如员工集体要求加薪的案件，企业应主动开展集体协商，如有工会的，可以由工会组织员工开展集体协商，如未成立工会，公司可提请所在地的工会组织参与代表的推举，而后开展集体协商。集体协商期间除协商代表履行职责外，其余员工应正常履行工作职责，经劝阻无效的，可按规章制度进行处理。在对员工违纪行为进行定性时，应避免将员工的不当行为直接归入“罢工”范畴，基于现行法律规定，并无明确的“罢工”定义，劳动者集体停工的性质仍然是拒绝履行劳动合同的问题。从企业规章制度角度，将停工、怠工行为列入违纪行为并不违反法律规定，但将劳动者未提供劳动的行为定义为“罢工”，则会导致性质认定的风险。

◆ 相关法规

《集体合同规定》

第八条 集体协商双方可以就下列多项或某项内容进行集体协商，签订集体合同或专项集体合同：

（一）劳动报酬；

（二）工作时间；

（三）休息休假；

（四）劳动安全与卫生；

（五）补充保险和福利；

（六）女职工和未成年工特殊保护；

（七）职业技能培训；

（八）劳动合同管理；

（九）奖惩；

（十）裁员；

（十一）集体合同期限；

（十二）变更、解除集体合同的程序；

（十三）履行集体合同发生争议时的协商处理办法；

（十四）违反集体合同的责任；

（十五）双方认为应当协商的其他内容。

《广东省企业集体合同条例》

第二十三条 开展集体协商，企业不得有下列行为：

（一）限制、干扰工会履行职权或者职工方产生协商代表，对职工方协商代表打击报复；

（二）拒绝提供集体协商所必需的材料或者提供虚假材料；

（三）拒绝执行集体协商调解协议。

第二十四条 开展集体协商，职工不得有下列行为：

（一）违反劳动合同约定，不完成劳动任务；

（二）违反劳动纪律，或者以各种方式迫使企业其他员工离开工作岗位；

（三）堵塞、阻碍或者封锁企业的出入通道和交通要道，阻止人员、物资等进出，破坏企业设备、工具或者破坏企业正常生产经营秩序和公共秩序。

《上海市集体合同条例》

第二十一条 在进行集体协商期间，企业及其职工应当维护本企业正常的生产、工作秩序，不得采取任何影响生产、工作秩序或者社会稳定的行为。

企业不得采取下列行为：

（一）限制职工一方协商代表的人身自由，或者对其进行侮辱、威胁、恐吓、暴力伤害；

（二）拒绝或者阻碍职工进入劳动场所、拒绝提供生产工具或者其他劳动条件；

（三）拒绝提供与集体协商议题相关的资料或者提供虚假资料；

（四）其他干扰、阻碍集体协商的行为。

职工不得采取下列行为：

（一）限制企业一方人员的人身自由，或者对其进行侮辱、威胁、恐吓、暴力伤害；

（二）违反劳动合同约定，不完成劳动任务，或者以各种方式迫使企业其他员工离开工作岗位；

（三）破坏企业设备、工具等扰乱企业正常生产、工作秩序和社会公共秩序的行为；

（四）其他干扰、阻碍集体协商的行为。

第三十四条 职工一方或者企业一方无正当理由拒绝或者拖延另一方的集体协商要求，或者双方在集体协商过程中不能达成一致或者签订集体合同的，职工一方可以提请上级工会、企业一方可以提请企业方面代表进行指导。经指导仍未能达成一致的，集体协商的任何一方可以提请人力资源社会保障部门协调处理。集体协商双方未提请协调处理的，人力资源社会保障部门认为必要时，也可以进行协调处理。

职工一方提请指导、协调处理，已建立工会的，由工会提出；尚未建立工会的，由职工一方协商代表提出。

人力资源社会保障部门协调处理集体协商争议时，可以会同同级工会或者企业方面代表共同处理。

第三节　员工过激维权与过度维权的处置与应对

◆ 必备知识

1. 员工可以通过多种渠道维护自身权益

在企业用工实践中，员工权利被侵害的情况并不少见，包括工资的扣减、社保未足额缴纳、遭遇不合理的岗位调整、违法解除劳动合同等。劳动者在权益受损时可以通过多种方式来维护自身权利，具体包括直接与用人单位进行协商沟通、提请工会组织协助维权、申请劳动仲裁和提起诉讼，或者就用人单位的违法行为向劳动行政部门、公积金管理中心投诉举报。

2. 员工从事损害公司利益的活动可作纪律惩戒

根据《民法典》等有关规定，劳动者与用人单位发生争议，如不通过正常渠道或途径解决争端，而采取损害公司或其他员工合法利益的行为，不仅可能导致相关民事、行政和刑事责任，亦可能违反公司相关制度，遭到纪律处分乃至解除劳动合同的处理。

比如劳动者通过微博、微信朋友圈等发表针对公司或其他员工的不实言论和贬损言论，可能导致侵犯公司或公司员工的名誉权。如果劳动者通过扰乱公司秩序的方式表达诉求，如冲击公司办公场所、试图跳楼等，还可能涉及行政拘留等治安处罚。如果劳动者肆意泄露公司商业秘密或者实施敲诈勒索等行为，还可能构成刑事犯罪。

3. 员工过度维权不仅消耗司法资源，亦可能导致个人职业声誉受损

实践中，劳动者通过频繁报警、多次申请仲裁或诉讼等方式表达诉求的情

况屡见报端。有些劳动者针对同一用人单位发生 40 多起仲裁、诉讼案件，有些故意将加班费、奖金、经济补偿金等诉请拆分成多个案件申请仲裁，企图增加企业的诉讼成本，这些行为不仅导致司法资源的极大浪费，增加企业的案件处理成本，也导致维权者职业声誉受损。

目前，有些地方政府开始规制劳动者的过度维权行为，比如 2020 年 4 月 30 日，湖州市南太湖新区人民法院联合湖州市劳动人事争议仲裁院、湖州市劳动保障监察支队共同出台《关于建立“劳动者维权异常名录”的实施意见》，该意见规定，符合连续三年内在同一劳动人事争议仲裁院申请仲裁 5 件以上或者在全市范围内申请仲裁 7 件以上等 4 项条件的，可纳入“劳动者维权异常名录”。纳入“劳动者维权异常名录”的劳动者，将被通报到辖区内各劳动中介、人才市场、行业协会等相关单位，法院对所涉案件从严审查，通过关联案件检索，强化法律关系甄别，一旦发生不诚信诉讼、恶意诉讼行为，从严惩处，涉嫌刑事犯罪的，移送公安机关处理。2020 年 6 月 1 日，桐乡市人民法院会同桐乡市劳动人事争议仲裁院、桐乡市劳动保障行政执法队也联合出台《关于建立“劳动者维权异常名录”的实施意见》，对过度维权现象予以规制。

◆ 典型案例

案例 1. 员工威胁跳楼，能否视为严重违纪？

案例实录：王某于 2014 年进入某五金公司（以下简称五金公司）担任维修技师一职。2018 年 10 月 30 日，王某因对上级有不当言行被公司处以书面警告处分。次日，王某身着写有“黑心企业”的衣服前往公司四楼的窗户处试图跳楼。公司报警后经民警多次劝阻王某方返回办公楼内，此后王某称身体不舒服卧地不起，在 120 救护车赶到后王某却拒绝随 120 救护车至医院检查，120 急救到场的医生测量王某血压正常后离开。11 月 4 日，五金公司以王某扰乱公司秩序构成严重违纪为由解除了王某的劳动合同。随后王某申请仲裁要求恢复劳动关系，主张其当日虽言行欠妥，但并未给公司造成任何经济损失。经查，五金公司员工手册纠纷解决程序规定："公司员工因工作关系而发生的一些纠纷，或对处罚有异议时，公司会尽力予以解决，解决程序如下：员工应将纠纷立即以书面形式递交直接主管处理；直接主管在三日之内未做出圆满答复，员工可将纠纷报告递交上一级经理直至总经理处理。如员工从事扰乱公司正常秩序的行为，按严重违纪处理。"

专家分析：本案中五金公司员工手册有明确的沟通申诉程序规定，并进一步规定扰乱公司正常秩序可按严重违纪处理。而王某在收到书面警告处分后并未按照公司制度规定的申诉流程提出异议，直接采取试图跳楼、佯装有病卧地不起等不当行为，导致警方和120急救介入，客观影响了公司的办公秩序，虽无法证明给公司造成具体经济损失，但该行为已符合员工手册规定的解除条件，最终法院判决王某败诉。

案例2. 员工频繁报警，企业该怎么办?

案例实录：陈某于2018年5月16日进入某食品公司（以下简称食品公司）从事普工工作。自2019年3月起，陈某因工作安排与上级李某发生争执。后李某不再与陈某当面沟通，而是通过短信安排陈某的每日工作，陈某则以侵犯个人隐私为由在三日内三次报警，民警介入后均调停无果。食品公司即以陈某多次恶意报警损害公司利益为由解除了陈某的劳动合同。后陈某申请仲裁，要求食品公司支付违法解除劳动合同的赔偿金。

专家分析：本案中陈某对上级主管的工作安排不满，采取频繁报警的方式并不值得提倡和鼓励，有滥用权利之嫌，但报警本身仍是公民寻求帮助的合法救济途径之一。食品公司未就陈某的工作态度问题积极主动地与其沟通，而是任由管理人员以发短信的方式安排工作，从而激化了双方矛盾。最终法院未能采信食品公司的主张，认为陈某的行为不足以认定为严重违纪，据此判决食品公司应支付违法解除劳动合同的赔偿金。

◆ 专家建议

过激维权和过度维权在劳资矛盾较为紧张的企业内并不少见，企业需要以建立和谐劳动关系为宗旨，最大限度避免该类事件的发生。

1. 过激维权的反面是“暴力管理”

与劳动者过激维权相对应，管理者未能正确行使管理权的情况亦十分常见。有些管理者完全忽视法律规定，如强制安排员工加班，拒绝加班则给予纪律处分；有些管理者则在日常工作中缺乏沟通意识，如员工请假不作任何回应，员工缺勤后直接以旷工处理；有些管理者则凭个人喜好对个别员工的不当行为进行处理，但对具有类似情况的其他员工则未作出处理。这些不当行使管理权的行为日积月累，导致个别案件矛盾爆发，从而产生员工的过激维权行为。

用人单位宜加强与员工沟通和协调有关的管理者培训，合理行使劳动管理权，确保员工的沟通和申诉渠道畅通，最大限度减少“暴力管理”的现象。

2. 管理过激行为不宜“操之过急”

在企业用工管理过程中，员工通过不当的渠道或形式表达诉求，如群发邮件、张贴大字报等，有些管理者在处理类似事件时较为情绪化，认为该类行为严重违背了公司价值观，故而选择直接解除劳动合同，而非就员工所反映的问题进行深入调查。

面对员工的不当行为，用人单位不仅应看到员工过错的一面，也需要了解其诉求合理的一面，特别是对员工所反映的一些事实，用人单位应当开展必要的调查，调查期间可以安排员工进行停职休假，待调查终结后再进行有效的处理。用人单位缺乏沟通核实程序直接作出纪律处分，不仅发生劳动争议的风险较大，而且可能导致员工过激行为的升级。实际上如果员工处于离职状态，其过激行为将更加难以约束，即使案件胜诉，也无法做到真正的定分止争。

3. 企业避免员工碰瓷，应加强“背景调查”

随着价值观的多元化，社会上确实有一些劳动者为了追求利益最大化采取碰瓷式就业，入职后就积极收集证据，试图通过拖延签订劳动合同、激怒管理者等方式获得高额赔偿。该类员工的就业经历普遍时间较短，如用人单位不慎招用，后续处理成本较大。

要预防该类问题，企业应在招聘环节开展必要的“背景调查”，包括对候选人的相关劳动争议诉讼记录进行必要的调查（相关网站：中国裁判文书网），如发现员工频繁发生劳动争议的，应谨慎录用。用人单位在面试、入职阶段已询问劳动者离职的原因、是否曾发生劳动争议等事项，如劳动者存在虚假陈述的，可以作为事后实施纪律处分的理由。

当然，对于一般普通劳动者提起仲裁的，用人单位应避免采取一些导致矛盾进一步激化的举动，如否认最基本的案件事实，在明知存在赔偿责任的情况下故意拖延时间、拒绝调解等。须知，用人单位采取错误的维护自身权益的方式也可能导致劳动者采取过度维权的举动，从而导致双输的结局。

◆ 相关法规

《劳动争议调解仲裁法》

第三条 解决劳动争议，应当根据事实，遵循合法、公正、及时、着重调解的原则，依法保护当事人的合法权益。

第四条 发生劳动争议，劳动者可以与用人单位协商，也可以请工会或者第三方共同与用人单位协商，达成和解协议。

第五条 发生劳动争议，当事人不愿协商、协商不成或者达成和解协议后不履行的，可以向调解组织申请调解；不愿调解、调解不成或者达成调解协议后不履行的，可以向劳动争议仲裁委员会申请仲裁；对仲裁裁决不服的，除本法另有规定的外，可以向人民法院提起诉讼。

《劳动保障监察条例》

第九条 任何组织或者个人对违反劳动保障法律、法规或者规章的行为，有权向劳动保障行政部门举报。

劳动者认为用人单位侵犯其劳动保障合法权益的，有权向劳动保障行政部门投诉。

劳动保障行政部门应当为举报人保密；对举报属实，为查处重大违反劳动保障法律、法规或者规章的行为提供主要线索和证据的举报人，给予奖励。

第四节　员工关系舆情事件的处置与应对

◆ 必备知识

1. 企业内部管理行为失当可能引发舆情事件

通常，企业内部管理行为的影响一般仅限于内部，但随着以微博、微信为代表的社交媒体的迅速普及，劳动者将企业的不当管理行为“添油加醋”后公之于众的情况十分常见，如企业处理失当也可能引发公关危机，甚至对企业正常经营产生负面影响。

越来越多的企业开始意识到，社交媒体的管理已是企业员工行为管理的重要组成部分。如果不加以管理和规范，轻则导致媒体负面报道，重则可能导致企业商业秘密泄露，给公司造成不可挽回的损失。

2. 劳动者的私生活经网络发酵易对劳动合同履行产生影响

劳动者的私生活一般不会影响劳动合同的履行，但是随着社交媒体的普及，以及越来越多的劳动者在网络空间发表个人见解，个人言行也可能与所在单位的利益产生激烈碰撞。如劳动者在非工作时间通过微信朋友圈、微博等发表对公司或同事不利的言论，其属于言论自由范畴还是可受企业规章制度约束值得探讨。劳动者在非工作时间并非能够完全剥离作为特定公司员工的身份，故其言论对于公众而言可信度更高，如其言行不受企业制度约束，将客观减损企业利益，并不利于劳动关系的和谐稳定。

此外，如劳动者在私生活中违反社会公德，相关事件被媒体曝光后容易导致企业遭受负面评价，导致企业声誉受损。对于劳动者违反社会公德的行为能否纳入严重违纪行为处理，在司法实践中亦存在一定的争论。

3. 网络并非法外之地，用人单位和劳动者均应遵守“网络公德”

互联网极大便利了劳动者和企业之间的沟通和协调，但网络并非实施侵权行为的避风港，通过网络发表不当言论被行政拘留和刑事拘留的情况常见于报端。我国《网络安全法》规定：“任何个人和组织使用网络应当遵守宪法法律，遵守公共秩序，尊重社会公德，不得危害网络安全，不得利用网络从事危害国家安全、荣誉和利益，煽动颠覆国家政权、推翻社会主义制度，煽动分裂国家、破坏国家统一，宣扬恐怖主义、极端主义，宣扬民族仇恨、民族歧视，传播暴力、淫秽色情信息，编造、传播虚假信息扰乱经济秩序和社会秩序，以及侵害他人名誉、隐私、知识产权和其他合法权益等活动。”《民法典》则规定：“网络用户、网络服务提供者利用网络侵害他人民事权益的，应当承担侵权责任。”

故而，无论是对劳动者还是用人单位而言，使用网络均应遵守国家法律，避免产生违法或侵权行为。

◆ 典型案例

案例 1. 公司“暴力裁员”风波，管理者做错了什么？

案例实录：据媒体报道，2019 年 11 月 23 日，一名自称在某易公司工作了 5 年的老员工发文，题为《某易裁员，让保安把身患绝症的我赶出公司。我在某易亲身经历的噩梦!》。该文章指责某易公司暴力裁减患病员工，引发媒体和公众舆论的高度关注。事件起因是管理者认为该员工绩效不达标，希望与员工协商离职，但实际上该员工于 2018 年 11 月刚获得晋升评审，员工无法接受负面的绩效评价，此后提起的绩效复核又受到阻挠，但是某易公司仍在员工病假期间实施了解雇决定。

专家分析：用人单位与员工协商解除劳动合同是最高频的业务场景之一，但是用人单位在决定与劳动者协商解除前应对客观事实进行准确评估，而非完全依赖于个别管理者的主观判断。通常，企业在不具备单方解除的前提下贸然与员工协商解除并非上策，如本案例中即使员工绩效存在问题，管理者也应首先通过培训或调岗手段继续履行劳动合同，只有在员工仍不胜任工作的情况下，用人单位方可获得单方解除的权利。然而，管理者对员工的绩效评价缺乏证据证明，嗣后又不让员工按照正常流程执行绩效申诉，无论是从实体还是程序上均难以令员工信服。用人单位要避免被员工指责违法，势必应当健全企业内部劳动用工的合规管理体系，只有在遵守法律和程序的前提下行使劳动管理权，才不会忌惮员工动辄诉诸媒体。

案例 2. 员工与已婚者恋爱被曝光，能否解雇？

案例实录：凌某曾在某电视台工作，后入职某影视文化公司担任新闻记者。2018 年 5 月，凌某与已婚男性朱某发生婚外情的事件被媒体报道。凌某在接受公司调查时承认与朱某发生感情，且朱某属于已婚状态。后影视公司以凌某严重违反社会公德构成严重违纪为由解除了与凌某的劳动合同。凌某则申请仲裁，要求影视公司支付赔偿金。庭审中，凌某主张个人私生活不在公司规章制度管理范围。双方劳动合同则约定：劳动者不能做出有损国家利益、社会公德和他人利益的言行，否则公司有权解除劳动合同。

专家分析：从社会公序良俗及职业道德准则角度出发，民事行为应当尊重社会公德，维护社会公共利益及公序良俗，以弘扬社会主义核心价值观。树立正确的婚姻家庭观念，不介入他人合法存续的婚姻关系，这既是社会公德、家庭美德和个人品德的必然要求，也是社会主义核心价值观对公民个人层面价值准则要求的应有内涵。本案中凌某作为第三者介入他人家庭，不仅与社会主义核心价值观背道而驰，也违背了社会公序良俗。双方劳动合同亦约定员工有违反社会公德损害公司利益的行为可做解雇处理，凌某的婚外情事件引发当地媒体报道，在社会上造成了不良影响，也势必导致社会对影视公司产生负面评价。最终，法院驳回了凌某的诉讼请求。

◆ 专家建议

随着企业内部管理行为和员工个人私行为愈加受社交媒体的影响，企业需要从员工管理角度避免和预防因此引发的负面事件并在相关事件发生后妥善处理，避免造成负面影响的扩大。

1. 完善劳动人事合规管理仍是避免舆情事件的基础

员工通过媒体曝光公司的内部丑闻或者违规行为之所以能够“得逞”，很大程度上是因为企业自身并没有做好劳动合规管理，包括超时加班、规章制度违法、欠发工资、漏缴社保等，如果企业确实存在违法行为，再加之部分管理者缺乏沟通意识导致与员工之间的矛盾激化。相关不当行为被诉诸网络后，企业很难扭转乾坤。

要避免舆情事件，企业就需要做好内功，完善劳动合规管理，只是应尽可能在工资、社保、公积金等民生领域保障员工的基本权益。而后在具体个案处理中严格遵循法定程序和内部程序，避免直接违反法律规定或者严重违反内部程序的情形出现。

2. 企业应加强对社交媒体的管理，避免员工“祸从口出”

考虑到员工的社交媒体行为可能被理解为代表公司立场，从而导致公司遭到负面评价或深陷舆论旋涡，企业宜制定针对社交媒体行为的相关规章制度，如规定未经公司许可批准，不得通过各种渠道或形式发表针对公司、公司雇员的评论，一则为了防止公司信息外泄，二则避免相关言论被媒体所误读。对于不遵守公司社交媒体管理的行为，公司可设定相应的处罚规定，包括警告、记过或解除劳动合同等。

当然，员工针对公司以外的第三方发表评论应属于言论自由的范畴，但也应提示避免发布侵犯他人隐私或名誉的信息或者违反国家法律规定的相关信息，如因此导致公司遭到负面评价，员工亦应接受规章制度规定的处分。

3. 企业应倡导员工遵守社会公德和公序良俗，避免对劳动合同履行产生影响

虽然用人单位对员工的管理范围一般局限于与劳动合同履行相关的事项，但劳动者遵守基本的社会公德和公序良俗仍是其作为公民的基本义务，如违反社会公德和公序良俗导致被媒体负面评价进而导致公司声誉受损，亦可能导致解除劳动合同的处分。

企业可以在相关规章制度中明确员工负有遵守社会公德和公序良俗的义务，避免损及公司利益。在发生相关事件后，企业应立即通过媒体或网络作出相应的澄清，及时对涉案当事人作出处理，如延误处理亦可能导致声誉损失的进一步扩大。

◆ 相关法规

《网络安全法》

第十二条 国家保护公民、法人和其他组织依法使用网络的权利，促进网络接入普及，提升网络服务水平，为社会提供安全、便利的网络服务，保障网络信息依法有序自由流动。

任何个人和组织使用网络应当遵守宪法法律，遵守公共秩序，尊重社会公德，不得危害网络安全，不得利用网络从事危害国家安全、荣誉和利益，煽动颠覆国家政权、推翻社会主义制度，煽动分裂国家、破坏国家统一，宣扬恐怖主义、极端主义，宣扬民族仇恨、民族歧视，传播暴力、淫秽色情信息，编造、传播虚假信息扰乱经济秩序和社会秩序，以及侵害他人名誉、隐私、知识产权和其他合法权益等活动。

《民法典》

第一千零二十八条 民事主体有证据证明报刊、网络等媒体报道的内容失实，侵害其名誉权的，有权请求该媒体及时采取更正或者删除等必要措施。

第一千一百九十四条 网络用户、网络服务提供者利用网络侵害他人民事权益的，应当承担侵权责任。法律另有规定的，依照其规定。

Chapter 10
人力资源证据管理实务

在企业人力资源管理过程中，用人单位与劳动者一旦发生争议，则需要提供证据证明相应的事实以应对司法审查，然而由于企业管理者缺乏基本的证据常识导致案件败诉的情形比比皆是，不仅导致公司承担较高的赔偿成本，也对后续的员工管理产生负面影响。企业管理者虽非专业的法律工作者，但了解基本的证据常识有利于预防劳动争议，也是企业推进劳动人事合规管理的重要组成部分。

第一节　人力资源6种常见证据类型

◆ 必备知识

1. 事实分为客观事实和法律事实

“以事实为根据，以法律为准绳”是我国的一项基本司法原则，但何为“事实”？究竟是不以人的意志为转移、具有客观性和唯一性的“客观事实”，还是根据法律规定、证据规则等还原的“事实”？考虑诉讼活动的特殊性，仲裁机构或人民法院需要查明的为法律事实。

尽管客观事实具有唯一性和不可更改性，对于定分止争具有稳定性。但由于客观事实无法全盘没有遗漏地保存并事后呈现，导致纷争的仲裁者无法感知客观事实，且仲裁诉讼活动具有时限性、裁判者的认知亦存在局限性，故而司法活动只能以法律事实作为裁决的依据。实践中，法律事实既可能与客观事实完全相符，也可能存在偏差甚至出现与客观事实完全相左的情况。

2. 法律事实主要通过证据和举证责任来推导

在争议发生后，除了自然规律、定理等无须举证的事实以外，其他的法律事实均需提供证据加以证明，如通过各方当事人提交的证据能够查明与裁判结果相关的事实，则可以此为依据作出裁判。但如果各方当事人无法提供证据，或者证据真伪不明，此时裁判者只能根据相关法律规定和自由裁量确定举证责任分配，由承担举证责任的一方承担不利后果。

故而在人力资源管理活动中，用人单位应注意留存客观证据，如劳动合同、规章制度签名、规章制度履行民主程序的证据、请假单、纪律处分及送达凭证、劳动合同解除通知及送达凭证等。

3. 证据材料不等于证据

证据是能够证明案件的真实情况并被人民法院作为认定案件事实的根据的各种事实材料。而证据材料，是当事人提供或者法院收集的，用于证明案件事实的材料。证据和证据材料的根本区别在于：证据是已经被人民法院认定为案件事实，已被作为判案根据的材料；证据材料则只是收集到、尚未决定可否作为判案根据的材料。

故而当事人提供的证据材料是否最终被认定为证据，还需经人民法院的审核和认定。而判定证据材料是否可作为有效证据使用时，需依据证据所具有的三个特性：第一，客观性，即证据是客观存在的或者是对客观存在的客观反映。第二，关联性，即证据与待证事实之间需存在一定的内在联系。第三，合法性，即证据需符合法定形式要求以及收集证据的程序应合法。

4. 常见的 6 种证据类型

根据《民事诉讼法》的规定，民事证据主要包括当事人的陈述、书证、物证、视听资料、电子数据、证人证言、鉴定意见和勘验笔录八种类型。考虑到鉴定意见一般是案件发生后就专门问题的鉴别，而勘验笔录在劳动争议案件中极为少见，故而人力资源管理活动中最常见的证据类型为 6 种，需要企业管理者有初步的了解。

表 10－1　证据类型及相关定义和示例

证据类型	定义	相关范围或示例
当事人的陈述	指当事人就案件有关事实的陈述	仲裁申请书、起诉状、答辩状、质证意见以及庭审笔录中当事人对事实的陈述
书证	指以文字、符号、图形等形式所记载的内容或表达的思想来证明案件事实的证据	劳动合同、员工手册、解除通知书、工牌、工作场所照片
物证	指以物品本身所存在的物理性特征来证明案件事实，如物品的长、宽、高、质量、痕迹等特征	电脑、钥匙、工作服、工作帽

续表

证据类型	定义	相关范围或示例
视听资料	指利用录音、录像等技术手段反映的声音、图像以及电子计算机储存的数据证明案件事实的证据	录音资料、影像资料
电子数据	指通过电子邮件、电子数据交换、网上聊天记录、博客、微博客、手机短信、电子签名、域名等形成或者存储在电子介质中的信息	电子邮件、网络系统数据、微信聊天记录、微博日志、网页记录、短信等
证人证言	指了解案件的真实情况，依法被仲裁机构或人民法院传唤作证的自然人或组织对相关事实的陈述	当庭陈述、证明

◆ 典型案例

案例 1. 劳动合同原件缺失怎么办?

案例实录：李某于 2018 年 2 月 1 日进入福建某销售公司（以下简称销售公司）从事网络销售工作。2019 年 6 月李某离职后申请仲裁，要求销售公司支付因未签劳动合同而应支付的二倍差额工资 76952.5 元。庭审中销售公司主张公司因搬迁导致李某的劳动合同丢失，另申请了两位员工出庭作证，证明李某确实与公司签署过劳动合同。而李某则对公司的说法不予认可，对证人证言的真实性也不予认可，认为公司证人与公司有利害关系，证人证言不足信。

专家分析：本案中销售公司主张曾与李某签署过书面劳动合同，但就此只能提供证人证言，并无其他证据印证销售公司的主张，故仅凭孤立的证人证言无法证明双方曾签署书面劳动合同的事实。销售公司另主张劳动合同因搬迁遗失，但就此亦未提供任何证据加以证明，本案中销售公司甚至不能举证书面劳动合同的复印件，最终导致案件败诉。假如销售公司在签署书面合同后将书面合同扫描归档或者通过邮件、短信等方式通知员工签署劳动合同，在丢失劳动合同后及时报警，再结合证人证言，本案亦可能改判不支持员工的二倍工资诉请。

案例 2. 未经对方同意的录音是否具有法律效力?

案例实录：李某于 2016 年 4 月入职上海某翻译公司（以下简称翻译公司）担任外语翻译一职，2019 年 4 月离职后申请仲裁，向翻译公司主张 50 万元的加班费。庭审中李某提供了一份于办公场所与公司人力资源部经理张某对话的录音资料，记载“李：你这 200 个小时是怎么计算出来的？是门禁记录的时间吗？张：不是，是查找了你在此期间发送的各种邮件。”翻译公司则主张该录音未经张某同意而录制，属于违法证据，不能作为认定事实的依据。

专家分析：最高人民法院《关于未经对方当事人同意私自录制其谈话取得的资料能否作为证据使用问题的批复》（法复〔1995〕2 号，现已失效）曾规定：“未经过对方当事人同意私自录制其谈话，系不合法行为，以这种手段取得的录音资料，不能作为证据使用。”最高人民法院《关于适用〈中华人民共和国民事诉讼法〉的解释》则规定，对以严重侵害他人合法权益、违反法律禁止性规定或者严重违背公序良俗的方法形成或者获取的证据，不得作为认定案件事实的根据。故法复〔1995〕2 号批复所指的“未经过对方当事人同意私自录制其谈话，系不合法行为”应当理解为系对涉及对方当事人的隐私进行的偷录并侵犯对方当事人或其他人合法权益的行为。本案中李某于办公场所将与人力资源经理的沟通过程进行录音，未侵犯他人隐私或违反其他禁止性规定，最终法院采信了该录音的证明力，判决翻译公司向李某支付 200 小时的加班费总计 78000 元。

◆ 专家建议

考虑到不同类型的证据在司法实践中的要求不尽一致，企业管理人员除了需了解一份材料归属于何种证据类型以外，还需要掌握一些常见证据类型的举证要求。

1. 当事人陈述证明力极低

当事人陈述是当事人对自己所认为的“客观事实”的描述，由于当事人出于自身利益的考虑可能会作出虚假陈述，其证明力往往较低，故仅凭当事人的陈述一般无法证明待证事实。但在当事人陈述于己不利的情况下，则司法机关可将当事人的陈述作为认定事实依据，而无须对方举证证明。比如在一起劳动争议案件中，劳动者承认与同事发生了肢体冲突，则用人单位未能提供录音录像、证人证言、报警记录等证明员工打架的事实，但人民法院仍可依据当事人的陈述即自认，认定相关违纪事实成立，继而支持公司违纪解除劳动合同的主张。

虽然作为一种证据类型，当事人陈述系在仲裁诉讼活动过程中形成，但人力资源管理活动中用人单位也可事先采集员工的“当事人陈述”，如在发生相应的违纪事件后与员工进行面谈，了解事发的具体经过，让劳动者在相应的面谈记录上签名，则在争议发生后，劳动者不可在仲裁、诉讼活动中随意更改其陈述。从预防员工虚假陈述、出尔反尔的角度，企业管理者事先给予员工申辩机会、固定员工对于相关事实的陈述对企业极为重要。

2. 勿高估证人证言的证明力

证人证言属于言词证据，本质上属于了解事件经过的案外人对过去事情的回忆，证人证言又被称为“被污染的记忆”，特别是时间越久，证言的稳定性越差。故而证人证言在民事案件中普遍证明力较低，仅凭证人证言通常不能达到证明目的，特别是公司申请员工出庭作证，由于员工与公司存在劳动关系，属于有利害关系的证人证言，其证明力更低。

另外，根据证据规则，证人需要亲自出庭作证，接受双方当事人和法庭的质询，如果用人单位仅提供员工的书面证言，则不符合证明的形式要件，法院可不予采纳其为证据，并且在实践中员工不配合出庭作证的情况也十分常见，用人单位指望证人出庭作证来解决事实认定问题，风险较大。

3. 书证和物证应注意保留原件、原物

劳动争议案件中书证占有极高的比例，如劳动合同、员工手册签收页等，如果用人单位不能提供相关材料的原件，则劳动者可能否认相关复印件的真实性，一般认为，没有原件核对的复印件，又无其他证据相互印证的，不具有证明力。用人单位需要就原件缺失承担不利后果。

故而公司对人力资源管理过程中极为重要的书证，如劳动合同、各类协议、员工手册及签名页、会议记录、解除通知书、警告信及各类文书的送达凭证，应作妥善保管。为了避免原件成为孤证，也可结合电子数据或其他形式印证原件的形成过程，如通过邮件通知员工在指定时间、地点签署劳动合同，如将书面劳动合同扫描并归档等，与原件形成过程相关的证据可以印证复印件的证明力，以降低公司的举证风险。

4. 用人单位的管理者与员工沟通应谨言慎行

目前多数手机均具有录音功能，劳动者通过录音获取对单位不利的证据的情况十分常见。这就要求无论是企业管理者还是人力资源从业人员，在与员工就有关事实进行澄清沟通时，需要尊重客观事实，避免在对相关情况缺乏了解的情况下仅凭猜测或预测就“自认”了相关事实，从而导致公司败诉的风险。

同时，企业业务部门的管理者和人力资源从业者在与员工沟通前应统一口径，避免不同管理人员不相一致的陈述给公司带来风险。

◆ 相关法规

《民事诉讼法》

第六十三条 证据包括：

（一）当事人的陈述；

（二）书证；

（三）物证；

（四）视听资料；

（五）电子数据；

（六）证人证言；

（七）鉴定意见；

（八）勘验笔录。

证据必须查证属实，才能作为认定事实的根据。

最高人民法院《关于民事诉讼证据的若干规定》（法释〔2019〕19号）

第十条 下列事实，当事人无须举证证明：

（一）自然规律以及定理、定律；

（二）众所周知的事实；

（三）根据法律规定推定的事实；

（四）根据已知的事实和日常生活经验法则推定出的另一事实；

（五）已为仲裁机构的生效裁决所确认的事实；

（六）已为人民法院发生法律效力的裁判所确认的基本事实；

（七）已为有效公证文书所证明的事实。

前款第二项至第五项事实，当事人有相反证据足以反驳的除外；第六项、第七项事实，当事人有相反证据足以推翻的除外。

第十四条 电子数据包括下列信息、电子文件：

（一）网页、博客、微博客等网络平台发布的信息；

（二）手机短信、电子邮件、即时通信、通讯群组等网络应用服务的通信信息；

（三）用户注册信息、身份认证信息、电子交易记录、通信记录、登录日志等信息；

（四）文档、图片、音频、视频、数字证书、计算机程序等电子文件；

（五）其他以数字化形式存储、处理、传输的能够证明案件事实的信息。

第十五条 当事人以视听资料作为证据的，应当提供存储该视听资料的原始载体。

当事人以电子数据作为证据的，应当提供原件。电子数据的制作者制作的与原件一致的副本，或者直接来源于电子数据的打印件或其他可以显示、识别的输出介质，视为电子数据的原件。

第六十三条 当事人应当就案件事实作真实、完整的陈述。

当事人的陈述与此前陈述不一致的，人民法院应当责令其说明理由，并结合当事人的诉讼能力、证据和案件具体情况进行审查认定。

当事人故意作虚假陈述妨碍人民法院审理的，人民法院应当根据情节，依照民事诉讼法第一百一十一条的规定进行处罚。

最高人民法院《关于适用〈中华人民共和国民事诉讼法〉的解释》

第一百零六条 对以严重侵害他人合法权益、违反法律禁止性规定或者严重违背公序良俗的方法形成或者获取的证据，不得作为认定案件事实的根据。

第一百一十六条 视听资料包括录音资料和影像资料。

电子数据是指通过电子邮件、电子数据交换、网上聊天记录、博客、微博客、手机短信、电子签名、域名等形成或者存储在电子介质中的信息。

存储在电子介质中的录音资料和影像资料，适用电子数据的规定。

第二节　证据材料的形成与保管

◆ 必备知识

1. 企业用工管理应具备“痕迹意识”，善于形成证据材料

在进入司法程序之前，用人单位对劳动者进行管理所形成的“痕迹”只能称为潜在的证据材料，而非证据。因为争议尚未形成，与案件事实有关的“证据”也无法提前定义。但用人单位预防劳动争议风险和证据风险的主要手段并非发生争议后形成证据，而应具备“痕迹意识”，在日常人力资源管理活动中，包括就有关事项对员工进行通知、与员工面谈、与员工达成一项协议等，注意形成规范的证据材料。

所谓规范的证据材料，是指一份材料事后被作为证据材料提交，其基本符合法庭的要求，不容易被对方所轻易否认或找出瑕疵。比如用人单位给员工发送一封警告信，记载员工因多次迟到，故公司给予书面警告处分，员工也在警告信上签名。发生争议后，员工主张该警告信所记载的“多次迟到”并不明确，既未标明具体次数，又未明确迟到的具体时间，且在警告信处签名只代表“收到”而非“认可”，如该案用人单位无法确切举出员工迟到的证据，该警告信仍存在失效风险。

2. 企业用工应建立“档案意识”，善于保管证据材料

人力资源管理过程中形成的材料未必在形成当初就投入使用，有些案件可能在十年后才涉及该份材料的提供，如员工 2008 年入职，当初签署了一份《员工手册确认书》，但员工直至 2018 年年底才因严重违纪被解除。此时劳动争议发生后，公司虽内心确认包括该员工在内的所有员工均曾签署员工手册，

但因为人力资源经理多次更替导致目前无法寻得材料，最终导致案件败诉。

有人认为，企业因为人员流动、公司搬迁等诸多原因导致文件或物品丢失的情况十分普遍，要求举证十年前签署的一份材料是否对用人单位过于苛刻。然而考虑涉案举证责任多由用人单位承担，故用人单位并不能轻易地以时间较长进行免责。这也是企业为何需要建立"档案意识"，注意为所有员工进行内部建档，并注意材料保管人的确定，在人员发生变动时妥善办理材料移交手续。

3. 新《档案法》实施，企业应履行档案管理的法定职责

2020 年 6 月 20 日，《档案法》完成修订，新《档案法》将于 2021 年 1 月 1 日起实施。该法第九条规定，机关、团体、企业事业单位和其他组织应当确定档案机构或者档案工作人员负责管理本单位的档案，并对所属单位的档案工作实行监督和指导。此意味着企业也有义务履行档案管理职责。该法第十三条同时规定："直接形成的对国家和社会具有保存价值的下列材料，应当纳入归档范围：……（二）反映国有企业事业单位主要研发、建设、生产、经营和服务活动，以及维护国有企业事业单位权益和职工权益的；……非国有企业、社会服务机构等单位依照前款第二项所列范围保存本单位相关材料。"可见，涉及维护公司利益和职工权益的材料，均属于应当归档的范围。

◆ 典型案例

案例 1. 拍摄的照片能否证明员工脱岗睡觉？

案例实录：雷某于 2008 年 8 月 28 日入职广州某电子公司（以下简称电子公司）从事模具维修。电子公司在 2018 年 11 月以雷某分别于 10 月 20 日和 10 月 24 日两次夜班脱岗睡觉，严重违反公司规章制度为由，解除与雷某之间的劳动合同。后雷某申请仲裁，要求电子公司支付违法解除赔偿金。庭审中电子公司举证了两张雷某睡觉的照片和一份面谈记录，其中照片未显示具体拍照时间，只显示一名成年男子以正面仰躺姿势在类似生产车间的地面上睡觉，但照片仅显示了该男子侧面，且人物面部形态不甚清晰。后经司法鉴定，鉴定机构表示，图像角度单一，没有涉及人物正、侧面影像或人物多角度影像，缺乏必要的人物五官形态特征及五官比例信息，无法应用相关人像鉴定的方法和原理对其进行人像同一性鉴定。而面谈记录则只有管理者吴某的签名，并无雷某本人签名。最终，法院以证据不足为由判决电子公司败诉。

专家分析：本案中电子公司虽就雷某的夜班脱岗行为进行了证据采集，包括照片和面谈记录，但照片并不能显示具体的面部特征，也不能证明具体拍摄时间，无法证明拍摄对象系雷某。而面谈记录只有管理者签名而无雷某本人签名，故仍不能认定面谈记录内容属实。假使公司安排与雷某面谈时进行录音，并出示相关照片要求雷某解释，如果谈话中雷某承认睡觉属实，则即使面谈记录上没有雷某的签名也能佐证相应事实。在员工拒签面谈记录的情况下，公司可将面谈记录通过短信、邮件等方式再次告知员工，以印证面谈记录的形成时间，从而降低被员工否认的风险。

案例2. 员工的考勤资料是否需保管2年?

案例实录：刘某入职江苏昆山某投资公司（以下简称投资公司），2018年12月离职后申请仲裁要求投资公司支付2010年10月至2015年10月每天提前半小时上班的加班费5805元，2010年10月至2017年10月额外两个小时训练的加班费6193元。庭审中，投资公司认可每天有两个小时训练的事实，但主张并非强制，不应认定为加班，经仲裁庭要求，投资公司未能提供刘某在职期间的考勤记录。

专家分析：《江苏省工资支付条例》第十七条第二款规定："用人单位应当建立劳动考勤制度，书面记录劳动者的出勤情况，每月与劳动者核对并由劳动者签字。用人单位保存劳动考勤记录不得少于二年。"本案中刘某关于2015年10月以前每天加班半小时的主张已超过2年时间，应由其本人就此提供证据，然刘某未能提供证据故无法采信其加班主张。而关于2016年12月至2017年10月期间的加班主张，双方均确认存在训练事实，但投资公司也未能举证2年内的考勤记录，最终法院判定投资公司应依法支付该期间内的加班费。

◆ 专家建议

考虑到证据形成和保管过程中的风险，用人单位应在以下方面做好相关的基础工作：

1. 注意证据材料形成的规范要求

证据材料的形成应当符合内容明确、形式规范的要求，避免因内容不明确、形式不规范而不具有证明力。考虑到不同证据类型的要求不一，建议用人单位分类收集、整理证据：

书证，涉及可能变成书证的证据材料。用人单位应清晰记载具体内容，如向劳动者发送的警告信，不仅应明确记载违纪行为发生的具体时间段、发生次数，而且应记载处罚的相关依据等，在员工签名的上方记载“本人确认上述事实并认可公司的处理决定”，则员工的签名可理解为接受了处罚，而非代表员工仅收到了公司的处罚通知书。此外，通过快递方式将警告信送达员工的书面凭证仍属于书证范畴，用人单位应准确填写员工的家庭住址、手机号码、寄件人姓名、寄出日期，并在寄件内容处填写“警告信××年××月××日”字样。又如，涉及绩效考评的书面材料，考核人处不仅应有考核人的签名，而且应填写书写日期以印证证据的形成时间，如员工拒绝签名，则应备注“×××于××年××月××日经当面沟通后拒绝签署”，嗣后再将该考核表通过电子邮件等方式送达员工，进一步印证该考核面谈的过程。

视听资料，涉及录音和录像资料。用人单位如安排对员工谈话进行录音的，应当检查录音设备的存储容量、系统生成时间等，确保显示的录制时间和客观时间完全相符。

电子数据，涉及邮件、微信聊天记录、公司网络系统等。如上级主管通过邮件安排员工工作，该邮件应注意抄送相关对象，对员工的工作布置应有明确的截止时间安排等。管理者与员工的沟通应注意明确前因后果，如对员工执行绩效改进计划，则明确是因员工绩效考核不达标属于不胜任工作而开展。

2. 防范证据材料的保管风险

涉及书证、物证类材料，用人单位应为每个员工建档，将重要的人力资源资料进行归档备案，包括入职期间的入职登记表、签署的劳动合同及各类协议、规章制度签名页、各类休假申请、员工提交的各类个人资料，以及公司对员工进行纪律处分、奖励、考核评价、职务调整、离职处理的各类通知及送达凭证等，上述重要材料的原件应确保归档备案，并扫描形成复制件归档。用人单位应建立人事档案管理相关制度，明确人事档案（含原件和复制件）的保管流程、保管人、移交流程等信息，涉及人事变动导致保管人变更的，应办理交接手续，并将相应的交接清单归档。

涉及视听资料类材料，用人单位应保管好相关视听资料的母本和复制件，避免丢失母本导致事后无法进行司法鉴定。

涉及电子数据类材料，如员工通过邮件形式提交的辞职报告，可安排打印后再让员工签名并归档。重要的邮件（如涉及合同续签、纪律处分、离职处理等）应注意备份，人力资源部门可以和 IT 部门进行有关电子数据类的存证讨论，如因服务器容量有限或者服务器更换可能导致重要邮件遗失的，可以事先办理公证手续。如果是用人单位就员工手册履行民主程序和公示程序的电子邮件，考虑其重要性，可以在完成相关邮件发送后即办理公证手续，并将公证书作为书证进行归档。

3. 合理确定员工资料的保管期限

根据现行劳动法规，涉及用人单位工资支付凭证的保存，一般以 2 年为限。部分地区如江苏省则规定考勤记录保存 2 年备查。虽然说 2 年为限的做法在涉及加班费案件时对企业较为有利，但也可能导致涉及年休假的处理、病假医疗期核算时无法查清相关事实，故而对于员工在职期间的材料，因无法判断未来发生争议时的利弊关系，仍建议不设保管期限，对于各类规章制度签收页、对员工实施纪律处分、绩效评价类的证据尤其如此。

在员工已离职的情况下，有些用人单位则直接销毁所有人事资料，该种做法存在较大的法律风险。若员工在 10 年后主张仍属于公司员工，当时只是办理了停薪留职手续，如用人单位无法举证员工的具体离职时间和离职形式，仍可能存在败诉风险。故对于已离职员工的材料，证明离职时间和离职形式的材料需永久保管，其他材料可在2年后销毁。用人单位可建立材料销毁制度，明确相关的审批程序和执行规范。

◆ 相关法规

《工资支付暂行规定》

第六条 用人单位应将工资支付给劳动者本人。劳动者本人因故不能领取工资时，可由其亲属或委托他人代领。

用人单位可委托银行代发工资。

用人单位必须书面记录支付劳动者工资的数额、时间、领取者的姓名以及签字，并保存两年以上备查。用人单位在支付工资时应向劳动者提供一份其个人的工资清单。

《档案法》

第九条第一款 机关、团体、企业事业单位和其他组织应当确定档案机构或者档案工作人员负责管理本单位的档案，并对所属单位的档案工作实行监督和指导。

第十三条 直接形成的对国家和社会具有保存价值的下列材料，应当纳入归档范围：

……

（二）反映国有企业事业单位主要研发、建设、生产、经营和服务活动，以及维护国有企业事业单位权益和职工权益的；

……

非国有企业、社会服务机构等单位依照前款第二项所列范围保存本单位相关材料。

第三十六条 机关、团体、企业事业单位和其他组织应当积极推进电子档案管理信息系统建设，与办公自动化系统、业务系统等相互衔接。

第三节 举证责任与证据“三性”

◆ 必备知识

1. 用人单位对劳动关系相关事项承担更多的举证责任

劳动关系中用人单位系管理方，是相关证据的主要形成方和保管方，故而在争议发生时需承担更多的举证责任。该处的“举证责任”不能仅仅理解为出示证据材料即可，而应满足“出示证据材料且能达到证明相关事实”的要求。

如在一起打架斗殴案件中，员工主张并未发生肢体冲突，而用人单位则主张员工与他人发生打架事实。用人单位提供了四名员工的证词，但均遭到劳动者的否认，由于缺失报警记录、面谈记录、现场的录音录像等其他证据加以印证，孤立的证人证言仍无法证明员工存在发生肢体冲突的事实，故最终案件结果是用人单位未能完成举证义务，承担败诉后果。

根据相关法律规定，用人单位在以下情形下承担举证责任：

（1）证据材料由用人单位掌握和管理的，如考勤记录、工资支付凭证、报销记录、劳动合同等；

（2）就劳动合同解除的合法性所产生的争议；

（3）就减少劳动报酬所产生的争议；

（4）就员工工龄计算所产生的争议。

2. 正确理解“谁主张，谁举证”原则

“谁主张，谁举证”是民事案件的主要举证原则，劳动争议中除法律规定应由用人单位举证的事实以外，一般也执行“谁主张，谁举证”原则。比如员工主张加班，应就加班事实承担初步举证责任，如员工主张劳动关系已解除的，应就劳动合同解除事实承担举证责任。又如，用人单位主张员工绩效不达标的，应就考核过程的公平性和考核结果的客观性进行举证。

但是根据证据学基本原理，当事人一方就主张的消极事实（没有发生的事实）往往无须承担举证责任，如用人单位主张劳动者存在性骚扰行为，但劳动者否认的，劳动者无义务自证清白，用人单位需提供相关证据证明涉案违纪事实的成立，否则应承担不利后果。

在司法实践中，举证责任分配可能随着事实调查的进行而发生改变，仲裁机构和人民法院对于举证责任分配亦有一定的自主权。

3. 证据的“三性”评价是司法审查的重中之重

在双方当事人提供相关的证据材料以后，法院如何围绕证据材料来查明相关的事实？最主要的方式是由双方当事人就各自提供的证据材料进行质证，即对对方的证据材料发表意见，质证意见主要围绕证据的“三性”即真实性、合法性、关联性。

所谓证据的真实性，是指证据记载内容和形成过程是否符合客观真实，一般而言双方均确认的证据材料（如双方签署的劳动合同）真实性最高，第三方机构出具的材料（如医院出具的病假单、派出所出具的报警记录、公证机关出具的公证文书等）真实性认可度也较高，但是各方当事人自制的材料（如员工自己制作的工作记录、公司自己撰写的情况说明）往往真实性认可度极低。

所谓证据的合法性，是指证据的取得和来源必须合法，如用人单位在厕所安装监控，发现员工花大量时间蹲厕打游戏，即使该证据是真实的，因侵犯隐私证据取得不合法，该证据亦不具有证明力。但是员工使用公司电脑设备和公司邮箱所形成的相关邮件往来（如反映员工与供应商不正当经济往来），用人单位将此作为证据出示，则劳动者主张侵犯其隐私难以获得认可，因公司邮箱属于公司财产。对于未经对方同意的录音资料，如未涉及侵犯他人隐私或采取违背公序良俗的方法获得，一般也不认定为非法证据。

所谓证据的关联性，是指相关证据材料能否充分证明己方主张的待证事实。如用人单位提供指纹考勤记录能否证明员工旷工？员工提供工资发放凭证能否否定旷工事实？须知，在劳动争议案件中，证据证明力的判断无须达到“排除一切合理怀疑”的标准，而仅需满足“高度可能性”或“优势证据”的条件。比如用人单位主张员工的报销发票是虚假的，但是劳动者以涉案发票无本人签名否认发票系其本人提交，假如涉案发票与员工报销的总金额相符，财务凭证也无明显的拆分痕迹，则法院仍可能从“高度盖然性”角度认可发票是劳动者本人提交。

◆ 典型案例

案例. 电子考勤记录能证明员工旷工吗?

案例实录：周某在某公司担任模具工程师，劳动合同约定执行标准工时制。2019 年 3 月 11 日，某公司向周某发出解除劳动合同通知：“你于 2018 年 12 月到 2019 年 1 月期间多天没有任何考勤打卡记录，此行为已严重违反公司《员工行为管理条例》，公司决定解除与你的劳动合同。”后周某申请仲裁要求某公司支付违法解除赔偿金。庭审中某公司提供了周某 2018 年 12 月至 2019 年 1 月的指纹考勤记录，显示有 13 天无考勤记录，也无用餐记录。周某则提供银行转账凭证证明涉案日期均正常发放了工资，不存在旷工行为，并且主张涉案考勤记录未办理公证手续，无法证明考勤记录打印件和原始服务器保留数据完全一致。

专家分析：本案的争议焦点在于周某是否存在旷工行为。根据相关法律规定，解除劳动合同案件应由用人单位承担举证责任，本案中某公司提供了相关考勤记录显示周某多达 13 天无考勤记录，但周某提供的工资发放记录显示上述日期均已正常发放工资，结合周某执行标准工时制的事实，考勤记录与工资发放记录确存在矛盾之处，故仅凭考勤记录不足以证明员工旷工，且该考勤记录仅为打印件，无法确认与原始服务器保留数据是否一致，某公司既未办理公证也未当庭演示考勤记录的形成过程，故无法确认其真实性。由于某公司并未完成举证义务，最终法院判决某公司败诉。法院同时认为，发现员工旷工绝非只有考勤这一方式，上级主管安排工作时亦可发现，假使某公司所述属实，其在两个月内均未发现员工旷工也有违常理。

◆ 专家建议

考虑用人单位应承担的举证责任以及具体案件中证据的“三性”风险，用人单位可在以下方面做好相关的基础工作：

1. 就执行举证责任倒置的事项，用人单位应严格进行证据准备

如前所述，就用人单位作出解除决定、减少劳动报酬、计算工作年限发生争议的，由用人单位承担举证责任，此意味着用人单位就上述领域应执行最严格标准的证据准备。

如用人单位单方解除劳动合同，涉及违纪解除的，需准备解除依据（相关规章制度履行民主程序和公示告知程序）、违纪事实（证明员工确存在相关违纪事实）和解除程序（通知员工、给予员工申辩、通知工会、内部审批等）的相关证据材料。如涉及不胜任解除，则用人单位需举证员工第一次不胜任的事实（如考核目标设定、绩效反馈、评估面谈、考评结果等相关材料）、公司实施针对性培训或调岗的事实、员工第二次不胜任及通知工会的事实。如涉及客观情况发生变化解除，则应举证客观情况发生变化导致劳动合同无法履行的事实（如公司搬迁的决定、公司撤销部门的董事会决议、公示材料等）、与员工协商变更劳动合同的事实及通知工会的相关证据材料。

又如，用人单位为避免工龄争议，可在相关入职登记表中记载员工的入职时间，或者在劳动合同中明确约定工龄起算的具体时间点。

再如，涉及减少劳动报酬的，用人单位应保管相关的与员工达成降薪意见的协议或者因员工不胜任而执行调岗减薪的通知书及送达凭证等。

2. 用人单位应当预防证据“三性”风险，提前做好证据补强

用人单位提供的材料能否证明待证事实需要自己事先加以判断，比如用人单位通过 OA 公示一份考勤制度，能否证明员工确已知晓呢？在争议发生时员工是否会主张并未收到相关制度，也未被通知要求查看考勤制度。故而从证据关联性角度，用人单位除了通过 OA 公示以外，还有必要安排培训签到或通过邮件群发相关考勤制度。又如安排员工签收的环节，是否可能发生员工否认签收的情况？这些问题都需要管理者反思相关工作流程的设计，如除了安排员工签收之外，是否还同时通过公告栏公示来降低规章制度的效力被否认的风险。

在多数情况下，证据相互印证会比孤立的证据更为有利，用人单位宜通过多环节印证相关证据的真实性，如与员工就有关事项的面谈记录，如果用人单位在面谈前发邮件通知，面谈时做好书面记录并安排员工签名，面谈后再将面谈记录发送给员工，则容易形成证据闭环，面谈记录上即使没有员工签名，其真实性被认可的可能性仍会大幅提升。

3. 用人单位尤其应注意控制电子数据的证据风险

包括微信、邮件、公司网络系统在内的电子数据极大地便利了人力资源管理活动，但考虑电子数据的不稳定性，其亦可能导致相关电子数据的真实性不被确认，导致企业用工风险几何级数增加。在司法实践中，劳动者往往否认相关电子数据的真实性，具体理由可能包括否认持有和使用相关账户，如否认微信为本人持有和使用、否认电子邮件为本人持有、否认相关网络系统上的记录系本人填写等。

要控制电子数据风险，用人单位应甄选合格的供应商，比如相关休假记录能否显示具体的申请日期和时点、审批的日期和时点，供应商提供的软件系统能否做到所有的记录均有时间痕迹，在发生争议后还能否当庭演示或办理公证。如果不能办理，有何替代解决方案。如果用人单位切换系统供应商，是否应进行电子数据存储和移交。

对于劳动者否认自己是使用人的问题，用人单位可在员工入职时或在职期间通过书面形式采集或告知相关账户的使用人、使用规则以及相关法律后果，如明确告知员工的 OA 账户为邮箱地址，则该账户将用于相关制度发布、休假审核、纪律惩处、职务晋升等，并安排员工签名，以最大限度控制使用人的身份认定风险。

◆ 相关法规

《劳动争议调解仲裁法》

第六条 发生劳动争议，当事人对自己提出的主张，有责任提供证据。与争议事项有关的证据属于用人单位掌握管理的，用人单位应当提供；用人单位不提供的，应当承担不利后果。

最高人民法院《关于民事诉讼证据的若干规定》（法释〔2001〕33 号）

第六条 在劳动争议纠纷案件中，因用人单位作出开除、除名、辞退、解除劳动合同、减少劳动报酬、计算劳动者工作年限等决定而发生劳动争议的，由用人单位负举证责任。

最高人民法院《关于民事诉讼证据的若干规定》（法释〔2019〕19 号）

第九十三条 人民法院对于电子数据的真实性，应当结合下列因素综合判断：

（一）电子数据的生成、存储、传输所依赖的计算机系统的硬件、软件环境是否完整、可靠；

（二）电子数据的生成、存储、传输所依赖的计算机系统的硬件、软件环境是否处于正常运行状态，或者不处于正常运行状态时对电子数据的生成、存储、传输是否有影响；

（三）电子数据的生成、存储、传输所依赖的计算机系统的硬件、软件环境是否具备有效的防止出错的监测、核查手段；

（四）电子数据是否被完整地保存、传输、提取，保存、传输、提取的方法是否可靠；

（五）电子数据是否在正常的往来活动中形成和存储；

（六）保存、传输、提取电子数据的主体是否适当；

（七）影响电子数据完整性和可靠性的其他因素。

人民法院认为有必要的，可以通过鉴定或者勘验等方法，审查判断电子数据的真实性。